HISTOIRE LITTÉRAIRE

DES

PATOIS

[PHONOPOLISMES]

Evreux, A. HÉRISSEY, imp. — 25 ;.

HISTOIRE LITTÉRAIRE

PHILOLOGIQUE

ET

BIBLIOGRAPHIQUE

DES PATOIS

ET

DE L'UTILITÉ DE LEUR ÉTUDE

PAR

PIERQUIN DE GEMBLOUX

Les expressions propres des patois sont des restes
de l'ancien langage national, qui, bien examinées,
peuvent servir à en retrouver les origines.

BAUZÉE.

NOUVELLE ÉDITION

SUIVIE DE LA BIBLIOGRAPHIE GÉNÉRALE DES PHONOPOLISMES BASQUES

PARIS

AUGUSTE AUBRY, LIBRAIRE ÉDITEUR
Rue Dauphine, 16

1858

PRÉFACE.

Comme le dit proverbialement l'auteur de toutes les langues; la pâte s'est étendue sous le rouleau, et j'ai peut-être été fort long, malgré ma ferme résolution d'être extrêmement rapide et court, tant le sujet embrassé, dans son ensemble, était à la fois intéressant et vaste! Cependant je n'ai voulu faire, et selon toute probabilité je n'ai même pas fait autre chose dans le fond, qu'un véritable prospectus de la manière dont devrait être approfondie et traitée une question de ce genre, par une réunion de savants du premier ordre. Destinée donc à n'avoir que l'étendue ordinaire de tous les fragmens qui composent ma *Correspondance Archéologique et Philologique*, j'ai fini par me trouver à l'étroit dans le cadre élargi de cette immense lettre. Il n'y avait pas encore quinze jours que je l'improvisais, pour un but que l'on reconnaît à chaque pas, que le volume était déjà assez avancé pour ne plus permettre ni additions, ni corrections, et pourtant commencé avant le premier ministère de l'auteur du *Tableau de la Littérature au Moyen-Age*, à qui il devait être dédié, il n'était point encore terminé à son second avénement au ministère de l'instruction publique, ce qui ne permit point à l'extrême délicatesse du célèbre écrivain d'en accepter la dédicace. Une maladie grave et longue fut cause de cette lenteur si préjudiciable à l'ouvrage.

1

On s'apercevra, j'espère, que tous les points de vue
sous lesquels j'ai envisagé cette belle question sont complètement neufs. J'aurais pu encore en aborder bien
d'autres, et j'éprouve peut-être quelque regret de ne l'avoir
pas fait, car l'importance du sujet avait été généralement
entrevue, puisque, dans le fait, je ne connais point d'ouvrage sérieux en philosophie ou en philologie dans lesquels
elle n'ait point été examinée longuement quoique fort su-
perficiellement, et cependant il n'en est point de plus importante, comme on pourra s'en convaincre bientôt. La
langue d'un peuple en effet n'est autre chose, tout bien
considéré, que la raison révélée de ce même peuple, et
l'on doit très-facilement sentir dès-lors que les plus légères étincelles de cette magnifique somme d'intelligence
sont beaucoup trop précieuses pour les laisser inutilement
se perdre ou s'éteindre sous la cendre. Je lis quelquefois
dans ma pensée, dit M. A. A. Monteil, les historiens qui,
aux temps futurs, écriront l'histoire nationale. Ils rient
tous de ce qu'aucune histoire de France, avant l'*Histoire
des Français* (1), ne parle des progrès et des variations
de la langue. Ils ont raison. En effet, la langue n'opère-
t-elle pas tous les progrès de la raison, tous les progrès
de la société? De plus, n'est-elle pas la seule dépositaire
de ces progrès? De plus, ne s'incorpore-t-elle pas, ne
charrie-t-elle pas avec elle nos plus antiques et nos plus
riches matériaux historiques (2)? Ce sont précisément
aussi ces mêmes considérations qui ont fait dire à M.
Charrière :

Après une révolution de plusieurs siècles, accomplie
en sens inverse du moyen-âge, la force des choses nous a

(1) Ceci est une erreur. Voyez entr'autres l'Abrégé d'Histoire de France de mon collègue et ami G. Peignot.

(2) Traité des Matériaux manuscrits, etc., t. ij, p. 13.

replacés naturellement en face des œuvres qu'il inspira, avec une intelligence nouvelle de leur sens littéraire et de leur formule sociale. Cependant il faut le dire, jusqu'ici le mouvement a été purement scientifique et s'est borné à des publications qui ne s'adressent qu'à un petit nombre de lecteurs érudits et supposent une initiation préalable qui manque à la plupart des autres, tandis qu'on devrait aspirer à leur faire prendre la place qui leur est due dans l'esprit et le sentiment des générations nouvelles. A une époque où les préjugés nationaux ont fléchi devant le besoin des communications morales avec les littératures étrangères, on s'explique difficilement cette répulsion qui tient encore notre vieille langue éloignée des intelligences. La réprobation qui opère pendant plusieurs siècles sur une étude et sur des œuvres, que le sentiment national aurait dû seul préserver, tenait au dédain des institutions mal jugées, et s'est propagé de siècle en siècle par l'é-ducation, livrée toute entière aux influences qui les pros-crivaient. Aujourd'hui que cette action de la société contre elle-même est épuisée, et que la raison publique cherche dans les ruines du passé ce qui peut le mieux s'adapter à son état présent, nous ne savons rien de plus propre à lui donner une saine direction que ne le serait, selon nous, l'introduction de cette connaissance dans les études de la jeunesse (3). Le même écrivain dit, dans un autre passa-ge : N'y a-t-il pas plus qu'un ridicule à voir le jeune Fran-çais, au sortir de l'examen où il a prouvé ses connaissan-ces, et son droit d'aspirer par elles aux professions qu'elles lui ouvrent, incapable d'expliquer peut-être en vertu de quelle loi primitive du langage il porte le nouveau titre qu'il vient d'acquérir et qui semble lui reprocher

(3) **Chronique en vers de Bertrand Duguesclin. Introduc-tion, p. LXXI**

l'oubli de la seule étude qu'il ait négligée (1)? Comment !
nos élèves traduiraient Eschyle et Sophocle, Virgile et Cicéron et ne comprendraient pas une ligne d'un volume
français du treizième siècle ? Et cette science, de première
nécessité, n'est même point indiquée dans le programme
du baccalauréat ès-lettres? On n'agit pas autrement à
Vienne et à Londres ! Ce fait est d'autant plus déplorable
pourtant qu'un quart-d'heure de travail, par semaine et
pendant l'année où le cours d'Histoire de France est obli-
gatoire, suffirait pour combler cette lacune flétrissante.
Ainsi donc, nous ignorons légalement cette belle langue
et cette riche littérature que l'on parlait et que l'on étudiait jadis en Angleterre, en Écosse, en Italie, en Espagne, en Grèce et jusque dans le duché d'Athènes, tout
aussi bien qu'à Paris; que Martino da Canale et Brunetto
Latini préférèrent à leur propre idiome, *parce que*,
disaient-ils, *la langue françoise cort parmi le monde
et est plus déleitable à lire et à oir que nule autre.*
Cette étude ne vaudrait-elle pas mieux que d'apprendre l'Anglais, l'Allemand, le Slave, l'Arabe ou
l'Espagnol? Et, pour ne citer encore qu'un seul exemple
des dangers de l'ignorance de nos patois, je me rappelle
avoir vu un professeur de rhétorique des plus distingués,
dans un de nos bons colléges royaux de France, ignorer,
quoiqu'élève de l'école normale, la valeur des mots latins
Alauda (2) et *Chors* (3), qui se trouvèrent dans une
même composition pour les prix et que lui aurait apprise
tous nos patois. J'ai vu enfin ce même professeur donner

(1) *Ibidem.*

(2) Nom gaulois de l'alouette. V. Suetone (*Vita Cæsaris*),
Pline (lib. II, chap. XXXVII), Marcellus Empiricus (cap.
XXIX), Gregorius Turonensis (Hist., lib. IV, cap. 30).

(3) Forme une famille très-nombreuse en Grèce. V. Court
de Gebelin, Dictionnaire Grec, p. 496.

une origine identique à l'expression de *faire bonne chère à quelqu'un*, si commune dans nos vieux écrivains, et à celle de *faire bonne chair avec quelqu'un*. Ici le patois l'eût encore ramené non seulement à la véritable acception, mais encore à l'étymologie que nous avons donnée ailleurs (1). C'est absolument le mot *Cara* des patois du Cantal et non le *Caro* des latins. C'est enfin l'expression qu'on trouve si souvent dans Sophocle et ailleurs ; ὦ κάρα Οἰδίπου ! au lieu du κεφαλή φίλη d'Homère. Quoiqu'il en soit, la première de ces expressions signifie faire bon accueil, etc.

A propos de l'un des passages cités plus haut, de l'introduction à la chronique de Duguesclin, M. L. D. .s fait aussi les réflexions suivantes (2), qui cadrent avec ces idées.

Ce vœu de M. Charrière, formulé d'une manière claire et précise, mais jeté comme par hasard au milieu d'une longue préface toute palpitante de hautes questions historiques, est passé inaperçu, ou du moins n'a pas sérieusement attiré l'attention de ceux à qui la société a confié le soin de veiller à l'éducation publique. Cependant, il faut le dire, la manifestation d'un fait de cette nature est d'une véritable importance, car elle soulève une question du plus haut intérêt, et par conséquent digne en tout point des méditations des hommes sérieux à qui l'expérience a appris à connaître les relations intimes qui existent entre les mœurs et le langage d'une société. Sans doute les difficultés sont grandes, mais elles ne sont pas insurmontables. Je conviens toutefois qu'il n'est guère

(1) Histoire de Sainte-Jeanne de Valois, in-8o, Bourges 1840, p. 301.

(2) L'Echo de l'Instruction Publique, no du 20 décembre 1840.

possible de lever immédiatement tous les obstacles qui sont inhérents à la matière; mais c'est précisément parce qu'il y a beaucoup à faire, qu'il faut se hâter de se mettre à la besogne. Qu'on examine ce qui se passe au milieu de nous; qu'on suive avec quelque attention le mouvement littéraire et philologique qui nous entraîne chaque jour plus rapide, qu'on essaie d'analyser ce mélange bizarre et confus des termes empruntés aux langues étrangères, qu'on cherche à se rendre compte de cette foule d'expressions qu'une déplorable facilité enfante pour des besoins imaginaires, et l'on verra s'il n'est pas temps, s'il n'est pas très-urgent de couper court à ce singulier système d'importation de mots hétérogènes et à ce débordement de néologismes dont l'inconcevable alliance semble destinée à mettre un jour en question l'existence de la véritable langue française. Non que je prétende cependant établir en principe qu'il ne faut jamais emprunter ni jamais créer des termes. Loin de moi cette pensée mortelle. Une langue vivante doit avoir toujours le droit de faire comme notre grand comique, de prendre son bien là où elle le trouve, comme aussi il faut qu'elle ait la latitude de produire elle-même, quand le droit de revendication lui fait défaut. Seulement il est bien entendu que, dans le premier cas, il faut que l'alliance et, dans le second, que la filiation soient bien établies; en d'autres termes, il faut que les principes d'une sévère analogie soient toujours observés. Ceci posé, je reviens à la question.

La langue française est le produit longuement élaboré des idiômes vulgaires dont nos ancêtres faisaient usage au moyen-âge. Suivant le caprice de la mode ou l'inconstance du caractère national, suivant l'influence des circonstances et des événemens, cette langue subit beaucoup de variations et de modifications successives avant de se fixer. Ces sortes de révolutions, plus fréquentes qu'on ne

le pense généralement, rejetaient d'une part pour introduire d'une autre ; mais il faut avoir le courage de le dire,
le plus souvent elles appauvrissaient la langue au lieu de
l'enrichir. Il résulte de ces faits, incontestables pour tout
homme qui s'est un peu familiarisé avec nos anciens
idiômes, que ces idiômes possédaient de véritables richesses qui ne demandent qu'à être réunies et mises en
circulation. Par malheur, leur existence est généralement
ignorée, d'où il résulte que de très-bons esprits se trouvent dans l'impossibilité de puiser à la bonne source, et
qu'alors même que de nouveaux besoins se font impérieusement sentir, ils ne peuvent les satisfaire qu'impar-
faitement. Comment en effet pourrait-on avoir recours à
des moyens qu'on ne connaît pas? Il importe donc essentiellement de rendre populaires ces idiômes primitifs ; car
il est évident que, dès qu'ils seront connus, on aura recours à eux de préférence aux langues étrangères.

Mais pour bien faire comprendre toute l'utilité de cette
branche essentielle d'enseignement, qu'il me soit permis
de produire aussi quelques exemples de l'inconvénient de
l'ignorance de ces idiômes. Ces exemples feront mieux
ressortir le tort que l'on aurait de laisser plus long-temps
ensevelis dans l'oubli ces éléments précieux d'instruction
et de perfectionnement.

Le premier que je citerai je le prendrai dans le vocabulaire de nos industriels ; c'est l'un de ces termes abâtardis,
généralement usité pour désigner une partie essentielle
des chemins de fer, le mot *Rail*, dont nos économistes
et nos hommes d'état se sont appliqués à faire usage à la
face de la nation. Il est fort peu de personnes qui ne
soient bien persuadées que ce mot est un emprunt fait
aux Anglais et qu'il a été importé parmi nous, parce
qu'il était devenu indispensable pour exprimer une idée
nouvelle, également empruntée à l'Angleterre. Cependant

cette croyance constitue une erreur complète, car le mot anglais *rail* n'est en réalité que le vieux mot roman et français *rais*, signifiant *rayon*, *ligne*, dont la langue anglaise s'est emparée en l'altérant. Il en est de même de *tunnel*, roman *tonnel* ou *tonnella*, ancien français *tonnel* ou *tonnelle*, dont la signification correspond à ce qu'on appelle aujourd'hui *arcade*, *voûte*, mais qui se dit encore en parlant des berceaux de verdure ménagés dans les jardins ; j'en dirai autant en parlant de *wagon*, substantif formé du roman *vaguar*, ou du vieux français *vaguer*, venant du latin *vagari*, *aller çà et là*, *se diriger de côté et d'autre*, *courir le pays* (1). Certainement ce n'est que l'ignorance complète de nos idiômes primitifs qui a pu faire prendre le change à cet égard, car les mots anglais ont trop de ressemblance avec nos vieux mots pour qu'on s'y fût trompé si l'on avait eu les moindres notions de ces idiômes.

Quand il a été question d'établir des entrepôts, pour exprimer une des parties essentielles de ces établissements, c'est encore à l'Angleterre qu'on a demandé un nom, et les bassins destinés à recevoir les bateaux chargés de marchandises, ont été appelés *doock*, pour ainsi dire, d'une commune voix. Or, c'est encore l'ignorance de nos idiômes primitifs qui a fait tout le succès du mot prétendu anglais, car, nous le savons tous, nos industriels ont la manie de parler anglais, absolument comme les pédants ont celle de parler latin ou grec. Fort heureusement la mode, dans ce cas, a eu complètement tort, attendu que le mot *doock* n'est qu'une altération du mot roman *dorc* signifiant *vase*, *bassin*.

(1) C'est une erreur, ce mot appartient à la famille qui donna *wagen* aux allemands, *vcho* aux romains, ὀχέω aux grecs, etc.

Le mot *palletot* est aussi généralement regardé comme anglais d'origine, quoique essentiellement endémique, et fort usité au 13ᵉ siècle, voire même au 14ᵉ.

Il est de toute impossibilité sans doute de dire *à priori* quelles lumières de ce genre peuvent jaillir tout-à-coup de ces recherches éclairées et soigneuses, afin de donner à la fois la raison et la vie à une foule de choses que nous entendons sans les comprendre. On conçoit très-bien le ridicule des recherches de Gorop-Bakan, pour savoir quelle dut être la langue du ciel et qui finit par déclarer que le Flamand était l'idiôme du paradis terrestre. Cette solution ridicule d'une question absurde ne saurait être redoutée ici, et dans cette étude si intéressante rien d'ailleurs ne sera ni perdu ni inutile : tout, au contraire, donnera des résultats importants. A chaque pas nous surprendrons l'esprit humain dans le mécanisme de son plus sublime ouvrage, et nous verrons qu'il ne crée pas des mots pour chaque chose, mais au contraire que l'analogie des choses le conduit toujours philosophiquement à celle des mots. Par l'étude réfléchie de ces combinaisons, variées à l'infini, nous comprendrons facilement pourquoi le verbe *iaab* (désirer), fut dérivé du verbe *aab* (aimer), chez les Hébreux, tandis que les Grecs firent venir leur verbe désirer (λιλαιω), du verbe vouloir (λαω), etc. Chacun de ces peuples saisit un des points de vue différents de ces sentiments particuliers, et tous deux n'en ont pas moins raison. Ces faits de linguistique n'ont besoin ni d'explication ni de justification.

D'autres mots ne présenteront point sans doute ainsi l'étude philosophique approfondie de tous les symptômes de chacune de nos passions, mais ils offriront à notre étonnement d'autres questions non moins intéressantes, tout aussi imprévues et dont très-souvent l'histoire même pourra faire son profit. Ainsi, certaines expressions rappellent des traditions perdues, dessinent énergiquement les traits les plus pittoresques de la vie de nos pères, en un mot, des mœurs, des coutumes transformées en paroles et qui en sont aujourd'hui les uniques traces. On sent dès-lors que l'étude des patois doit entrer aussi, pour une très-grande part, dans l'ensemble des faits qui doivent constituer l'Histoire Nationale. On ne saurait donc jamais trop vivement recommander les collections des mots vulgaires ou des dénominations topiques sur tous les points de la patrie. Ces collections valent certainement cent fois mieux, et ne coûtent pourtant pas aussi cher, que toutes celles dont la laborieuse inutilité occupe tant d'amateurs. Ainsi, si l'on voulait trouver des preuves philologiques de la présence des Arabes dans les Gaules Méridionales, on en verrait d'incontestables témoignages dans :

1° Le mot *Rikiki*, qui sert à désigner toute liqueur forte, parce que les Arabes appellent *Kiki* le palma christi, le *Kikajou* de Jonas, dont la traduction a donné lieu à tant de logomachies.

2° L'expression, avoir de quelque chose à *Jabo*, c'est-à-dire à foison.

3° Le serment de Montpellier : *per Mahom*! par Mahomet!

4° L'expression, parler charabiah, qui vient du nom de Scharakiah, ville d'Arabie qui donna son nom aux Sarrasins.

5° Le jurement, sans équivalent français, de *Chabal* ou *Chiabal*! qui ne vient point de *Caballus*, comme on pourrait le croire, ce qui donnerait un mot vide de sens, mais bien de *Giabalah*, fils d'Aïhem, prince des Arabes, de la race des Gassanides qui régnaient en Syrie et qui, du temps d'Omar même, apostasia (Ben Schohnah).

6° L'expression de *coulou d'Abussine*, c'est-à-dire aune-safran et qui vient de : couleur d'Abou-Saïd Ben Algiaptou, ou Behadir Khan (le brave Khan), sultan des Mogols, de la race de Genghiz Khan (1317 de J. C.)

7₀ Le jurement amical, affectueux ou modéré de *Magrabiou!* qui vient de *Maghraby* (Occidental) ou *Magharibé* (Occidentaux). Je rappellerai à ce propos que Ptolémée cite un peuple appellé *Machurebe*, habitant la province d'Alger (1), ce qui se rapporte à l'assertion de plusieurs auteurs qui prétendent que certaines tribus arabes se retirèrent dans l'Afrique Occidentale. Ce Machurebe ne serait-il pas l'équivalent du mot arabe actuel *Maghraby* et l'origine aussi du verbe languedocien *Machurar* (noircir), etc.?

Nous pourrions retrouver ainsi des origines orientales à un grand nombre de localités, telles que Castel-Sarrasin (2), etc. Près de Laverpillière, on voit une crypte, appartenant à M. le comte de Montauban, que les paysans nomment *Sarrasinière*, et non loin de là se trouvent *Serezin* et *Chaffa* : la chaîne des montagneslittorales du département du Var se nomme montagnes Mauresques, etc.

On comprend très bien sans doute que tous les patois des Gaules méridionales,et même des Gaules centrales jusqu'à la Loire, contiennent des mots ou des dénominations de source orientale, mais on s'expliquerait difficilement la découverte de quelques mots slaves dans ces mêmes idiômes. Cependant, dans son *Histoire de la Poésie Scandinave*, M. Du Méril reproduit souvent une idée qui paraît le préoccuper beaucoup, c'est celle de la grande influence que, selon lui, les Scandinaves ont exercée sur la langue et la littérature des autres peuples de l'Europe.

(1) Shaw, Voyage, p. 84, et les extraits à la fin, p. 23. — Pline, lib. ii, no 2.

(2) Gal·iaChristi ana, t. i, p. 160. — Baron de Gaujal, t. i, p. 170. — Dom Vaissette, t. i, p. 544. — Reinaud, p. 90.

Au premier abord on pourrait croire que cette idée vient de ce que l'auteur ne prend pas toujours le mot Scandinave dans son acception habituelle. Ainsi, lorsqu'il soutient, p. 47, que les Franks sont d'origine Scandinave, il est clair qu'il donne à cette race une étendue qu'on ne lui a jamais attribuée. Rask considère les Germains et les Scandinaves comme deux branches d'une même souche, le Goth ou Gothique. Quand on n'admettrait pas cette filiation, toujours est-il vrai qu'il faut distinguer les Scandinaves des Germains, quoique très-assurément il existe de très-grandes affinités entre les deux familles, mais aussi entre chacune d'elles et celles des Goths. De là résulte la possibilité de trouver des mots scandinaves, germains ou goths dans la plupart de nos patois. Les Franks appartiennent bien incontestablement à la famille germanique, et M. Du Méril est peut-être le premier qui leur ait donné une autre origine. Confinés aux extrémités de l'Europe, les Scandinaves n'ont pu exercer qu'une faible influence sur le midi de cette partie du monde, tandis que les Germains et les Goths, étant en contact avec plusieurs peuples méridionaux, ont dû leur communiquer beaucoup de mots, d'idées et de préjugés et en recevoir beaucoup à leur tour. Une grande partie, du reste, de ce qu'a dit M. Du Meril sur l'influence des Scandinaves, doit donc s'appliquer aux peuples de race germanique. Moyennant cette concession, on sera souvent d'accord avec ce savant littérateur. Mais lorsque, dans une dissertation de plus de soixante pages, il cherche à démontrer les origines scandinaves des langues romanes, il est impossible de se rendre à des argumens que l'on peut résumer ainsi :

Quand le latin s'est corrompu dans les diverses parties de l'empire romain, chaque province a modifié son langage d'après l'influence qu'exerçaient sur elle les peuples avec lesquels elle était en contact ; or, les Gaulois ont reçu

chez eux des Grecs, des Frank , des Burgondes , des
Saxons et des Normands. Les colonies grecques influèrent
très-peu sur la production de nos patois méridionaux ,
quoiqu'il cite lui-même deux dictionnaires composés uniquement pour réunir tous les mots dérivés du Grec. M.
Du Méril convient ensuite que l'idiôme des Franks devint,
jusqu'à un certain point, celui des vaincus ou des indigènes ; mais selon lui c'est aux Saxons , aux Normands,
infectant les côtes de l'ouest et s'y établissant, qu'il faut
attribuer la plus grande part dans le nouveau langage qui
se forma dans les Gaules. Les rapports de ses habitans,
dit-il enfin, avec une population soumise au même prince,
régie par les mêmes lois et dont les intérêts étaient
communs , formèrent un langage intermédiaire où
chaque nation apporta une partie de son vocabulaire ;
aussi retrouve-t-on dans le Français des formes grammaticales, des expressions figurées et des locutions qui sont
évidemment d'origine islandaise, et pour toute preuve , de
ces assertions si nouvelles, l'auteur cite seulement et dans
les notes quelques mots et quelques expressions qui, lors
même qu'on adopterait leur origine scandinave directe, ne
prouveraient nullement encore que les langues romanes
dérivent de l'Islandais. A l'égard des formes grammaticales, l'auteur détruit lui-même son assertion en conve-
nant qu'elles sont fort peu nombreuses. Voilà la théorie
de M Du Méril ; on la comparera avec la nôtre , et l'on
décidera qui de nous est le plus voisin de la vérité. Du
reste, cette question est complètement étrangère d'ailleurs
à l'utilité de l'étude des patois, qui est un des points de vue
que nous avons le plus cherché à démontrer aussi.

Sous ce dernier rapport, l'histoire ecclésiastique elle-
même ne saurait pas rester étrangère aux études que nous
préconisons. Elle ne peut en effet se passer de la connaissance de ces idiômes qui furent pendant si long-temps les

plus heureux auxiliaires de sa marche et de ses progrès ; et pour n'en citer ici qu'un exemple en courant, nous rappellerons que si les plus innombrables recherches ne produisirent jamais après tout que des résultats purement hypothétiques et contradictoires , pour ne pas dire nuls , sur l'hérésie vaudoise, c'est, il faut bien le dire enfin , parce que ces sectaires ne se servirent que de cette langue pour conserver ou transmettre la tradition de leurs dogmes religieux. Ainsi se trouverait infirmée par conséquent une assertion du savant et profond Bossuet (1), quant à leurs dogmes, quant à leurs livres, quant à leur moralité, qui fit dire à Louis XII qu'ils étaient meilleurs chrétiens que nous. Mais les savants auraient rougi de puiser des renseignemens indispensables à une pareille source , et lorsqu'ils y ont été contraints par la force des choses, ils avaient toujours la précaution de s'excuser , en rougissant, d'employer un tel langage ; ou bien ils disaient avec Dominicy , célèbre jurisconsulte de Cahors : *Je ne rougirai pas de produire le langage usuel et antique de ces pays, quoique barbare, puisqu'il me fournit de si nobles preuves (2).* En remontant également à cette source, l'histoire ecclésiastique aurait appris, par exemple , que cette religion des Vaudois était bien antérieure à l'an 1100, puisque le poème de la *Noble Leyczon* porte cette date.

J'en dis autant pour l'histoire littéraire et la littérature, et je ne doute nullement que si les professeurs Fleming et Tibbius ont enfin admis dans leur beau dictionnaire anglais les expressions patoises employées tour à tour par Burns, Walter-Scott, etc., il ne faille un jour aussi

(1) Histoire des Variations , lib. xi.

(2) De Prærogativâ Allodiorum , p. 55. *Nec pudebit usualem et antiquam harum regionum sermonem licet barbarum proferre , dum tam nobile suppeditat argumentum.*

que l'Académie Française obéisse au vœu populaire en imitant leur exemple. Il y a long-temps en effet que le peuple lui crie, avec Ronsard : Je supplie très-humblement ceux auxquels les muses ont inspiré leurs faveurs de n'être plus tant latiniseurs, ni grécaniseurs comme ils le sont, plus par ostentation que par devoir, et de prendre pitié, comme bons enfans, de leur pauvre mère naturelle.

Jusqu'à présent les demi-savants, les éplucheurs de mots, se sont amusés à réunir des expressions énergiques qu'ils ont déclaré n'être pas françaises ; à frapper du titre de gasconismes, des locutions indigènes bien supérieures à celles dont nous nous servons, au lieu d'en enrichir aussi la langue nationale. Dans beaucoup de cas, par exemple, l'accord des temps est bien évidemment une règle absurde que le peuple foule presque toujours aux pieds avec bonheur, que les grammairiens modernes imaginèrent et que les anciens ignorèrent également. Ainsi, ce vers de Sophocle :

$$\text{Διόλλυμαι πολλῷ μᾶλλον γε, ἢν φράσω}$$

est très-certainement à la fois logique et naturel. Le serviteur dit : *Je suis perdu beaucoup plus sans doute si je parlerai* et non si *je parle*, puisqu'il parle mais sans dire ce qui doit le compromettre.

Enfin, l'action qu'on l'invite à faire ne se fait pas, et par conséquent elle est tout naturellement au futur et non pas au présent. Les savants en *us* ne sentent pas toute ce nuances délicates qui n'échappent jamais au génie du peuple, que nous notons si pédantesquement comme des fautes grossières et que nous faisons disparaître ainsi. Les mêmes observations s'appliquent encore à cet autre vers de la même tragédie :

Ταῦθ ἦν καὶ ὅπωσπερ σὺ φησ

Comme on le dit , les évènements passés en effet ne
sont pas , n'existent point , mais ils étaient , ἦν , etc. Il
est évident qu'il en est de même pour cette phrase de
Démosthène : Ἀλλα μήν εἰ τοῦτο γενήσεται , etc. *Mais si cela
arrivera* que nous traduisons par : *mais si cela arrive.*
Quoique l'évènement soit au futur , nous mettons au
présent le temps qui indique cette circonstance. Nous
pourrions , comme on le sent bien , multiplier à l'infini
les autorités les plus célèbres en faveur des fautes admirables que le peuple fait journellement contre les savantes
lois de notre grammaire.

Nous avons cherché à démontrer aussi que l'étude des
patois n'est pas moins utile, quant à l'étymologie immédiate de notre propre langue. En effet , que de mots
resteraient éternellement inconnus , quant à leur source
et à leur valeur , si nos patois n'existaient plus ! Ainsi ,
les Vaudois nommaient *Barbes* leurs pasteurs, et cette
expression servit aussi de mot d'ordre et de moyen de
reconnaissance entre les membres dispersés de la même
communion. Sait-on d'où vient ce mot et ce qu'il veut
dire ? Non , si l'on ignore qu'en Piémontais il signifie
oncle (1). On a proposé plusieurs étymologies du mot
poltron , mais c'est surtout dans le latin et l'allemand
que l'on s'est plu à aller chercher l'origine d'un mot que
les langues néo-celtiques possèdent seules. Dom Bullet ,
par exception , a été beaucoup plus raisonnable puisqu'il
l'a trouvée dans les dialectes indigènes (2) en le faisant
venir de *pωl* (mou, lâche) et *trum* ou *trom* (beaucoup,

(1) Muston , ouvrage sur les vallées Vaudoises.

(2) T. III , p. 284.

trop), d'où en effet *poltrun* en Albanais, (lâche , paresseux), poltrone en Italien, poltron en Espagnol, et *pouilltron* en Bas-Breton. Il est évident aussi que l'on ne peut trouver l'étymologie de Trinquetaille, nom de l'un des faubourgs d'Arles, que dans le patois indigène (1) etc.

Je connais bien des savants, très-respectables d'ailleurs, qui auraient un très-grand besoin de connaître nos patois , et cela pour bien écrire leur propre langue. J'en citerai plus d'une preuve, et par exemple je parle, aussi, à la page 126 et suivantes, d'un mot français dont on ignore généralement la bonne orthographe. On le trouve dans une ballade bretonne :

> Livirid d'in-mé va mamm-gaer ,
> Da bérag a *zonn* ar c'hléier ?

Et comme ce mot, quoiqu'écrit par *z*, soit bien évidemment le même que celui dont nous parlons, M. de La Villemarqué, ne le connaissant pas, ne l'orthographie pas moins très-plaisamment ainsi , en citant une vieille traduction traditionnelle de cette chanson :

> Oh! dites-moi, ma mère, ma mie ,
> Pourquoi ces saints sonnent ainsi ? (2)

Et pourtant ce mot se retrouve , non seulement dans nos patois , mais encore dans toutes les langues : l'Amérique même possède une prison pénitentiaire nommée Sing-Sing. Il serait curieux de connaître aussi l'origine et la cause de cette dénomination , ainsi que de celle de la langue singalée que parlent les peuples de Selon, que l'on nomme vulgairement Ceylon.

Nous avons recherché ainsi l'étymologie réelle de plusieurs mots français, et nous avons vu qu'elle ne pouvait

(1) H. Clair , monuments d'Arles , p. 189.
(2) Barzas-Breiz , t. 1 , p. 18 et 22.

2

être trouvée que dans nos patois : tels sont ceux de *être en âge*, *sing*, *folie*, etc., et à propos des preuves administrées à l'appui de cette dernière étymologie, nous aurions pu même ajouter que l'on trouvait encore en Bretagne la magnifique église de Notre-Dame-du-Foll-Coat, ainsi que la sépulture de Salaün ar foll, qui y donna lieu (1), etc.

A quelles langues irait-on donc demander aussi l'explication de certaines devises qui ornent un grand nombre d'armoiries françaises ? Celles des Quelen, par exemple ? *Eu-per emser Quelen*, c'est-à-dire le Houx est toujours vert, et dans le fait Quelen est toujours dans sa force. Maintenant il faut savoir en outre qu'à cette orgueilleuse devise, les ducs de la Vauguion, l'une des branches de la maison Quelen, portaient des feuilles de houx dans leurs armes. Il est bien évident que, nos dialectes vulgaires une fois perdus nous manquerons d'une foule de lumières indispensables, et, comme l'a dit Charles Nodier, si les patois étaient perdus, il faudrait créer une académie spéciale pour en retrouver les traces, pour rendre au jour ces inappréciables monuments de l'art d'exprimer la pensée. En archéologie grammaticale, il n'y a peut-être pas une notion positive dont on puisse approcher autrement que par les patois. Malheureusement ce n'est pas pour eux que les académies tressent des couronnes ; bien au contraire (2).

J'ai réclamé, chemin faisant, la fondation d'une académie centrale, exclusivement consacrée à toutes les études que peuvent nécessiter les patois, sous tous les points de

(1) De Freminville, Antiquités du Finistère, p. 253. — Le même, Antiquités de la Bretagne, p. 126. — Le P. Cyrille Pennée, dévot pèlerinage à Notre-Dame-du-Foll-Coat, etc.

(2) Notions de linguistique.

vue, et où l'on ne s'occuperait jamais que des innombrables questions qui s'y rattachent. En province, on n'a pas
très-bien compris mon désir et son but; mais à Paris, les
savants, et surtout ceux de l'académie française, ont haussé
les épaules. Je ne doute pourtant pas que cette création ne
fût cent fois plus utile que celle de Louis XIV, destinée à
ne donner tout son temps qu'à la langue d'oil. Que ré-
pondrait-on en effet à celui qui demanderait à quoi sert
l'académie française, et surtout à quoi a-t-elle servi jusqu'à présent? Il faudrait bien lui dire à rien, absolument à rien, avec ses prétentions illégitimes d'être la
classe la plus importante de l'Institut et de faire un bon
dictionnaire français. Sa constitution organique n'est-elle
pas là qui s'oppose à ce qu'elle soit jamais plus utile? En
sorte que dès aujourd'hui l'on pourrait la supprimer, sans
aucun autre dommage que celui de l'intérêt ou de l'amour-
propre de ses membres, et la remplacer ensuite, avec le
plus grand avantage, par une académie celtique. C'est l'inutilité comparative de l'académie française qui explique très-
bien toutes les attaques qu'elle a subies, sans altérer la santé
de ses membres, ni le doux repos de ses fauteuils, alors
que pas un sarcasme ne fut dirigé contre les autres classes de l'Institut. La force des choses doit donc inévitablement amener cette suppression, à laquelle toutes les autres
classes suppléeront facilement et heureusement, même pour
la confection du dictionnaire étymologique de la langue
nationale, dont peuvent s'occuper avec succès tout au plus
deux ou trois hommes sur quarante. Plus la société française tendra vers son âge de maturité, plus elle deviendra
positive et plus elle s'éloignera de ces jeux d'esprit, de
ces fleurs brillantes de l'enfance des hommes et des peuples, qui ne sont jamais que le présage d'une récolte abondante de bons fruits. La saison de les cueillir est arrivée
et par conséquent celle des fleurs est passée; aussi la

poésie s'en va-t-elle, et puisque l'Almanach des Muses a
terminé sa longue agonie, l'académie, qui l'alimenta si
long-temps, ne saurait lui survivre. L'art de bien dire n'est
pas un but, ce n'est qu'un moyen d'y arriver. MM. Cou-
sin, Lacretelle, Molé, de Bonald, Guizot, Scribe, Droz,
Ségur, Thiers, de Feletz, de Salvandy, Flourens, Châteaubriand, Mignet, de Barante, Villemain, Dupin l'aîné,
et Nodier, l'ont très-bien senti, et toutes les sciences en
ont besoin. C'est ainsi que toutes les sociétés purement
littéraires ou poétiques ont disparu depuis long-temps
du sol qu'elles recouvraient depuis le x1e siècle, sous les
noms différents de Chambres de Rhétorique, Puy d'Amour,
Cour d'Amour, Jeux sous l'Ormel, etc. Elles mouraient précisément au moment où la Société Royale des Antiquaires
perdait, avec sa primitive désignation, le noble but de ses
travaux, sans abandonner toutefois sa belle devise. L'A-
cadémie des Jeux Floraux, qui avait exilé de sa cour la
poésie vulgaire, vient de l'y rappeler en proposant pour
sujet du prix qu'elle donnera cette année la question suivante : Quelle a été l'influence des croisades sur la littérature provençale et sur la littérature française ? Cette
académie serait bien située pour se constituer l'académie
de la langue d'oc dont nous parlions, puisque Paris possède l'académie de la langue d'oil. Elle ne ferait d'ailleurs
que revenir à sa première destination.

Il est une vérité bien débattue que l'étude consciencieuse
des patois mettra toujours en lumière, je veux parler de
l'origine des langues, des idiômes. Ces moyens admirables de communication de la pensée à une autre pensée
est tellement d'invention humaine que l'on s'apercevra
toujours que les expressions physiques s'appliquent constamment aux opérations métaphysiques. A chaque idée
matérielle correspond une idée morale analogue. Ainsi
l'on dit partout : dévorer un affront et son ennemi ; dé-

chirer son ame et son habit ; saisir une chose avec l'esprit et avec la main ; creuser un sujet et un fossé ; le cœur
et l'oreille entendent ; l'ame et l'eau sont agitées, etc.
Ces cercles de vibrations si différentes, et même si opposées, attestent, ce me semble, que les deux puissances de
la terre, le physique et le moral de l'homme, contribuèrent seules à leur formation. Ici, tout est bien
évidemment le travail, le produit de la matière et le
contraire eût certainement eu lieu si les langues avaient
été l'œuvre immédiate de l'Éternel. Alors le langage moins
mobile, moins altérable, moins changeant, moins va-
riable aurait été en outre tout métaphysique et n'eût été
que par extension appliqué au langage matériel. Quelle
que soit la langue examinée sous ce point de vue, cette
vérité demeurera incontestable et démontrera irrésistiblement que si la voix a été donnée à l'homme, lui seul
s'en est servi pour exprimer sa pensée de la manière la
plus merveilleuse et la plus admirable (1). Et, ce qui prouve
encore que toutes les langues émanent d'une source unique,
c'est qu'elles offrent le même système d'élocution (2) et
que leurs patois ascendants ou descendants sont avec
elles dans une complète harmonie ; car, on a beau dire,
nous ne comprendrons jamais l'existence d'une langue
qui ne serait ni précédée ni suivie de dialectes auxquels
elle donnerait ou devrait la vie.

Je n'ignore pourtant pas que des savants, d'ailleurs forts
recommandables, adoptent des opinions diamétralement
opposées. Je sais très-bien que M. Eichoff, par exemple, prétend que le russe n'a point de dialectes, ni pour ascen-

(1) Pierquin de Gembloux, Positions d'orthophonie et
d'orthologie, in-8o. Bourges 1841.

(2) Pierquin de Gembloux, de l'Unité de l'espèce humaine,
in-8o. Bourges 1840.

dants, ni pour descendants ; mais c'est bien évidemment
une erreur, et la proposition que nous avons émise tout
simplement, sans même penser qu'il fût à propos de
l'examiner, n'en reste pas moins exclusive. Ainsi, il est
évident que le russe doit à son tour une foule d'expressions au contact des Mongols, des Polonais, des Allemands, etc. L'industrie ou le commerce lui en donnèrent
aussi un grand nombre de françaises, de hollandaises,
d'anglaises, et tous ces emprunts, grâce à la souplesse et
à la régularité des langues slaves, n'y produisent point
une bigarrure analogue à celle de l'anglais, par exemple,
parce que les nouvelles racines ont revêtu les formes, les
flexions et la nature, pour ainsi dire, de la langue nationale, l'une des plus remarquables de l'Europe. Mais
il en est de même du Bas-Breton et du Basque, que nous
avons cru devoir aborder encore une fois sous le point de
vue de sa prétendue antiquité, car les injures de M.Chaho(1),
à propos de notre opinion à ce sujet, ne nous empêchent
pas de juger, en toute liberté d'esprit, ce peuple, dont
Scaliger disait si spirituellement : *on assure qu'ils s'entendent entre eux, mais je n'en crois rien*, et ne s'oppose point non plus à nous faire reconnaître qu'autant que
tous les autres peuples de la surface gallique, ils ont de
la grâce, de l'esprit et de l'imagination (2).

(1) Voyage en Navarre.
(2) A l'appui de ce vérités je ne citerai que le chant élé-
giaque suivant, digne d'Anacréon.

Goacen lagun, goacen beraz', gaureo Athiçanera.
Urço churibat aguercen da Athiçaneco plaçara :
Hura bildu nahi bainuque neure surictara.

Athiçaneco plaçan bada ihiztari abilic :
Urço hari yarraiqui çaizco bat edo biga ondotic
Baïnan ecin edequi diote batu ere lamaric.

Dans ce fait faux donc, il y a pourtant, comme toujours, quelque chose de vrai et le voici. Le russe, tel
qu'il est parlé dans la Russie propre et dans ses dépendances, n'offre point, il est vrai, tous ces patois multipliés qui accompagnent l'existence des autres langues
chrétiennes; mais cela vient bien évidemment de ce qu'elle
les a absorbés. Il en est exactement de même dans les
provinces centrales de la France, de l'Espagne, de l'Italie, du Portugal, etc. Le grand russe, parlé dans le
nord de l'Empire, est la langue littéraire et officielle. Le
petit russe, concentré dans le midi, rappelle plus fidèlement les formes antiques, mais tous deux sont étroite-
ment liés à la langue liturgique (l'esclavon). Cette circonstance, étrange peut-être au premier abord, est très-
naturelle pourtant puisque le russe est lui-même un magnifique dialecte des belles langues slaves. Ainsi, nul
doute également que le français ne soit aussi le produit
des patois indigènes, c'est-à-dire des différents dialectes
néo-celtiques, et cette vérité n'avait même pas échappé à
l'helléniste Ronsard. Je te conseille, dit-il positivement à
ceux qui veulent écrire en français, d'user indifféremment
de tous les dialectes, entre lesquels le courtisan est toujours le plus beau (1).

Ce que proposait ainsi l'homme de génie qui doit tous
ses défauts à l'emploi de la méthode que nous combattons,
car Ronsard serait incontestablement le plus sublime des

Belatcha becen arin baninz ibilteco airian,
Urçagno hura hatuman niro airian edo lurrian,
Edo ganaz sarnindaite haren urço teguian.

Urçogno hare erran çantan aldi batez eguia
Ganaz onsa cerratcen cela haren urço teguia
Eta nequè içanen cela haren barnerat sertcia.

(1) Préface de la Franciade.

poètes de son siècle, s'il n'avait pas emprunté des mots à des langues étrangères et mortes, fut imité en cela par Ménage et Vaugelas, tandis qu'au contraire le savant Henry Estienne pensait tout autrement, puis que à choisir entre le peuple et la cour, comme source naturelle des mots français, il n'hésitait point à proscrire la dernière. Ainsi il écrivait au président de Mesme : La cour est la forge des mots nouveaux, le palais leur donne la trempe, et le grand désordre qui est en notre langage, procède, pour la plus part, de ce que Messieurs les courtisans se donnent le privilége de légitimer les mots bâtards et de naturaliser les étrangers. Il a reproduit la même opinion dans son traité de la conformité du langage français avec le grec, c'est encore dans cet ouvrage que cet illustre philologue dit : Messieurs les courtisans se sont oubliez jusques-là, d'emprunter d'Italie leurs termes de guerre (laissant leurs propres et anciens)…. et d'ici à peu d'ans, qui sera celuy qui ne pensera que la France ait appris l'art de la guerre en l'echole d'Italie, quand il verra qu'elle usera des termes italiens…. Voilà comment, un jour, les disciples auront le bruit d'avoir esté les maîtres. Avant de sortir de notre pays, dit-il encore, nous devrions faire notre profit des mots et des façons de parler que nous y trouverions, sans reprocher les uns aux autres : ce mot-là sent sa boulie, ce mot-là sent sa rave, ce mot-là sent sa place Maubert. Opinions éminemment justes que Malherbe émit aussi plus tard.

Sous un point de vue, Ronsard voulait prolonger la fusion des patois dans la langue nationale, formée de leurs débris : c'était encore une recommandation toute classique, puisqu'après tout ce n'était conseiller autre chose que d'imiter ce qu'avaient si heureusement fait Homère, Ennius, Dante, Rabelais, etc. M. Hello, il faut bien le dire aussi, est le seul écrivain à ma connaissance

qui paraisse contraire à cette marche philosophique (1),
et cela vient, selon toute probabilité, de ce que ce magistrat n'a jamais réfléchi sur la question et qu'il ne s'est
jamais occupé de linguistique.

C'est dans la crainte d'être trop long que je n'ai pas
dit un mot de la supériorité de nos patois, sur la langue
nationale, dans la théorie des appellations personnelles,
question intéressante et curieuse que j'ai examinée
ailleurs (2) ; mais il y a pourtant une circonstance de cette
théorie que nous ne saurions passer sous silence, tant elle
prouve de légèreté de la part des savants qui la consa-
crèrent. Le peuple donne les deux genres à ses noms
propres ; la langue française suit le même principe
quant aux noms de baptême, mais elle le proscrit quant
aux noms patronimiques, ce qui est évidemment absurde
et inconséquent.

J'ai démontré leur utilité, quant à la langue des
trouvaires (3) ; aussi, j'ignore complètement pourquoi M.
Paulin Paris rend le vieux mot français *dervé* (4), par *insensé* ; il est évident que c'est dans l'expression indigène Drus
qu'il faut aller en chercher l'origine, et dès-lors il équi-
vaudrait à *possédé*. C'est en effet le sens et la source de
ce vocable. J'en dirai autant de *conchir* (5), que ce savant traduit par *souiller*, tandis qu'il est encore patois et
n'a pas cette acception, si ce n'est toutefois par extension
fort large et comme tant d'autres. J'en dis autant de *che-*

(1) Philosophie de l'Histoire de France, p. 180.
(2) Essai sur la Langue et la Littérature Morvandèles, in-8.
Nevers 1841.
(3) Les Trouvaires du Berri, précédés d'un discours sur
l'histoire de la langue et de la littérature de cette province,
avant le xiiie siècle, in-8o, Moulins 1841.
(4) Romancero Français, p 201.
(5) *Ibid.*, p. 98.

vance qu'il fait venir de *cavere* (1) , *eschar* qu'il traduit par *parcimonieux* et qui vient du patois *esquichar* ; *escondir* qu'il rend par *s'excuser*, se *disculper* et qui vient dn patois *escondre*, etc., toutes ces traductions sont d'autant plus extraordinaires que l'érudition profonde de M. Paulin Paris n'a pas dédaigné d'employer le moyen dont nous parlons pour éclairer ses pas (2).

Enfin, nos patois si utiles sont pourtant si peu connus que M. Francisque Michel lui-même rencontrant, dans un manuscrit de la bibliothèque du roi (3), une tirade en vers qu'il reconnait n'être ni en langue d'oc, ni en langue d'oil, ne sait à quel dialecte néo-celtique le rattacher, et se borne à dire tout simplement que ce patois approche du Flamand (4) ; cependant cet infatigable éditeur de poètes anglo - normands explique certaines expressions par le secours des patois (5), qu'il connaît, tels que ceux de Picardie (6), de Lorraine (7), tandis qu'il commet aussi de grandes erreurs lorsqu'il rencontre des expressions dont la langue d'oc pourrait seule lui donner la valeur réelle. Ainsi, il traduit *gaveles* par *javelles* (poignées de bled non encore mises en gerbes) au lieu de *sarment* (8), qui est l'acception de ce mot dans tous les dialectes, tels que le Bas-Breton , le Basque , le Picard, le Languedocien (*Gavelli* , *Gavella*, *Gavilla*, *Gavella* , *Gavels* , etc.) Ce même savant n'aurait pas dit non plus que notre verbe godailler, qui veut dire manger avec de la

(1) *Ibid.* , p. 87.

(2) *Ibid.*, p. 65.

(3) Supplément Français, no 184!, folio 213 ; recto, colon. 2, verso 31.

(4) Théâtre Français au Moyen-Âge, p. 76 , note.

(5) *Ibid.* , p. 175.

(6) *Ibid.* , p. 56.

(7) *Ibid.* , p. 100.

(8) *Ibid.* , p. 184.

canaille, vint de l'Anglais good ale (bonne bière, bonne ale), s'il s'était rappelé qu'il dérive aussi de nos patois. On peut en dire autant de son étymologie du verbe requinquer (1).

J'ai recherché rapidement et conscieusement aussi quelle était la source réelle de nos patois, et je l'ai naturellement trouvée dans des idiômes topiques mais éteints; j'en ai conclu conséquemment que la ressemblance incontestable qu'ils offrent quelquefois avec le grec ou le latin, était tout simplement le résultat inévitable d'une filiation identique, c'est-à-dire que des langues issues parallèlement des mêmes souches doivent offrir les mêmes aspects, les mêmes traces. Ainsi, quoique l'espagnol, le portugais, l'italien, le français aient un très-grand nombre de mots absolument semblables, on ne dira pas que l'une ou l'autre de ces langues procède de sa congenère. Il en est exactement de même pour un patois relativement au grec ou au latin, car il est bien incontestable que les mots les plus semblables n'ont que très-rarement une origine commune. En effet, le Persan *Smerdis* veut dire homme; il a fourni à cette même langue le verbe *Merden* (mourir) et les mêmes idées ont donné lieu aux mêmes mots en grec, en latin, en français, en malais, etc. L'analogie la plus complète ne prouve souvent rien : ainsi les mots *Daou Glas*, signifient: *Du Glas*, en languedocien, et les *deux deuils* ou les *deux meurtres*, en bas-breton. Il est bien probable cependant que l'expression générale de sonner le glas ou le deuil est toute celtique aussi. Qui ne dirait que les mots suivants ont la même source, tant leur orthographe est identique ?

---

(1) *Ibid.*, p. 203. — Voyez Pierquin de Gembloux, Notices Historiques, Archéologiques et Philologiques sur Bourges et le département du Cher, in-8o, Bourges, 1840.

ἔργοσ — action — ergot, ongle.

χάρμησ — combat — charmes.

Urinari — plonger — uriner.

λατριν — serviteur — ....

μοιρηγενέσ — né heureux — morigéner.

νεπουσ — sans pieds — népotisme, etc.

Βάσανος — pierre de touche — basane et basané.

Φεῦ! φεῦ! — ah! ah! — feu! feu!

Αιγλα — flambeau — aigle.

Θεωρια — procession — théorie.

Ἄθεος — abandonné des Dieux — athée, etc. etc.

Il est donc bien évident, même par ce petit nombre d'exemples, qu'en fait d'étymologies, les mots similaires ne dérivent pas toujours d'une même source, et que, pour satisfaire aussi complètement que possible aux simples exigences de la probabilité, il faut nécessairement que les mots soient analogues et par l'esprit et par la lettre. Cette double loi est absolue et pourtant elle n'est peut-être pas constamment sans exceptions, puisque dans toutes les langues (1), et il en est de même dans tous nos patois,

---

(1) Hebreu. *Zamar* (calculer) et *amar* (raconter), *Sipper* (conter) *sipper* (chiffre) et *saphar* (compter), d'où notre mot chiffre.

Chinois *Cum* (parler et compter)

Dialectes néo-celtiques. *Comps* (conte), *compsour* (parleur), *compsein* (parler) et *comptein* ou *contein* (calculer).

Allemand. Zählen et bezählen (compter) de zahl (nombre) die erzählung (conteur) et leurs autres dérivés.

Anglais. *Account* (compter), *count* (conter), *counting-house* (comptoir) et *account* (conte), *tale* (compte et conte), *teller* (conteur et compteur), *to tell* (compter et conter)

les expressions de compter et conter, ainsi que tous les
mots de ces deux catégories, ont une même source
étymologique, ce qu'il n'est pas facile d'expliquer. Cette
orthographe différente ne s'est même introduite que très-
tard dans l'usage, puisqu'on ne la trouve pas encore dans
Callepin. Quoiqu'il en soit, cette bizarrerie étymologique
viendrait-elle de ce que les Rhapsodes, les Minnesinger,
les Troubadours, les Trouvaires, etc., payaient leurs dé-
penses ou leur écot avec des récits ou des chants? Ce n'est
guère probable, mais il pourrait se faire que l'analogie

Grec.	Λογιστης (calculateur) λογίζομαι et συλλο-γίζομαι (calculer) συλλογίσμος (calcul) λογιστέος (comptable), etc., venant de la même racine que λέγω (dire, parler, raconter) et que λόγος (discours, conte, narration) ainsi que tous leurs dérivés, λογισμος (raisonnement) etc.
Espagnol.	Cuntar, a les deux significations, mais on dit cuenta (compte) et cuento (conte).
Portugais.	Conta (calculer) d'où contar (compter), contador (compteur) et conto (conte); contar (conter), contador (conteur).
Italien.	Conto (compte), contare (compter), contatore (compteur), contatrice (compteuse) et conto (conte), contar (conter).
Français.	Court de Gebelin donne aussi la même origine à ces mots, que les troubadours et les trouvaires écrivaient de la même manière, et pourtant il n'est point encore à l'extrème vérité étymologique puisqu'il n'admet pas la complète identité des deux expressions. Ce qu'il y a de bien remarquable dans les mots de cette valeur, c'est que l'expression d'énumerer, qui vient bien évidemment du verbe latin numerare (calculer), a complètement perdu aussi sa signification primitive pour prendre encore précisément celle de raconter.

des opérations intellectuelles, dans ces deux cas, fût la cause unique de cette espèce de synonimie. Nous disons en effet, calculer une affaire aussi bien que la raisonner (1), etc. Enfin, une petite fille, âgée de dix ans, et qui s'occupe beaucoup de philologie, prétend que cette confusion et cette étymologie unique viennent de ce que l'on cherche avec autant d'exactitude toutes les parties d'une anecdote pour en former un tout, que les fractions d'une somme quelconque pour en former un total. Voilà un nouveau point d'identité entre la rhétorique et les mathématiques dont M. de Saint-Cyr n'avait point fait mention (2).

Du reste, dans les recherches de ce genre, il faut soigneusement distinguer, dans toute nation, ce qui constitue la société réelle de la société légale. Jusqu'en 1792, par exemple, l'Ecole de Médecine de Paris rédigeait ses procès-verbaux en latin; jusqu'en 1840 certaines épreuves furent soutenues en cette même langue dans toutes nos facultés, et bien évidemment elle était autrefois comme aujourd'hui tout aussi inconnue du peuple. Les sermons prononcés en langue vulgaire, comme aujourd'hui, dès le temps de Charlemagne, furent traduits dans la langue universelle et scientifique du xviie siècle. Des sermons français du xiiie siècle, en faisant mention des réjouissances du premier de l'an, nous révèlent, d'une manière positive, qu'alors que la société légale comptait de Pâqnes à Pâques, la société réelle partait du premier du mois de janvier pour arriver à décembre (3); les tribunaux luttaient journellement contre le peuple à ce sujet, et,

(1) εἰσ ὑμῶν δύναται λογίσατθαι πόσον χρόνον πολεμειτε Φιλίππω Demosthène, Olynth. ii, vers la fin.

(2) Essai sur le Perfectionnement des Beaux-Arts par les sciences axactes, 2 vol. in-8o, Paris 1803.

(3) A. Monteil, Essai sur les Manuscrits, etc., t. ii, p. 15.

comme d'ordinaire pourtant, celui-ci finit par avoir raison
en cela, comme pour la langue que l'on voulait lui imposer, de même qu'en Italie, en Espagne, en Portugal, etc.
Le français s'est emparé de la diplomatie précisément au
moment de nos plus grands revers. Ainsi les années malheureuses de Louis XIV l'introduisirent dans les confé-
rences d'Utrecht et de Rastadt, tandis que les premières
années de la révolution ne firent qu'en généraliser encore
l'usage. Telle est pourtant la puissance des langues bien
faites sur l'esprit des peuples, alors même qu'ils sont
nos plus mortels ennemis !

J'ai réfuté toutes les objections absurdes ou sérieuses
faites contre l'étude des patois : il en est une pourtant
contre laquelle je n'ai absolument rien à dire, il faut
bien que j'en convienne. Que peut-on répondre en effet
aux philantropes qui vous disent : j'accorde tout ce que
vous me dites ; mais les patois et leur étude ne sont pas
des moyens de civilisation ? C'est vrai, mais l'astronomie,
la physique, etc., sont dans ce cas, et si de l'Encyclopédie
des connaissances humaines on voulait effacer aussi toutes
celles qui ne sont point des moyens de civilisation, que
nous resterait-il ?

Quant aux puissants secours que l'étude de nos patois
fournit à la linguistique et à la philologie, je crois l'avoir
démontré de la manière la plus complète, et c'est désormais une vérité acquise, que le sanscrit, le gothique, l'allemand, l'irlandais, etc., sont singulièrement facilités
par les dialectes de la Bretagne, tandis que le zend l'est par
celui de l'Alsace et de la Lorraine, le grec et le latin par
ceux de la Provence et du Languedoc, le celte par les
dialectes de la France centrale et de l'Armorique, les
troubadours par le Languedocien, les trouvaires par le
Picard. Il faudra donc nécessairement ajouter au nouveau programme du baccalauréat ès-lettres la phrase sui-

vante, copiée presqu'en entier au fragment intitulé : Huit mois au ministère de l'instruction publique , que l'illustre écrivain-ministre a fait insérer dans la Revue des Deux Mondes. Une épreuve nouvelle a été introduite, l'*Explication grammaticale et littéraire*, non pas *des Classiques Français* , mais des auteurs français antérieurs au XIVe siècle , etc.

Ce même dédain pour le latin défiguré, comme disait M. le chevalier de Jaucourt, a nui encore à la langue couronnée et par suite aux grammairiens nationaux du XVIIe siècle surtout. Malgré leur savoir , leur goût, leur discernement, ils ont , pour le malheur de notre idiôme et celui de leur gloire , considéré la langue française comme n'ayant absolument aucune relation avec nos dialectes vulgaires , et comme si elle était née immédiatement, et sous nos yeux même, de la corruption de la langue d'Horace et de Virgile. Ménage fut un de ceux qui poussèrent au point le plus extrême le danger de cette opinion ; il eut même jusqu'au courage de la formuler en loi, dans ces propres termes : Notre langue doit être fixée d'après l'analogie latine , quant aux mots isolément considérés; d'après la grecque, pour le tour de la phrase , et, dans ce qui concerne l'usage , il faut consulter les bons auteurs.

Si l'esprit de Ménage avait agité tous nos rois depuis Charlemagne, et que les rois aient réellement quelqu'influence sur les idiômes de leurs peuples (1) , je ne sais

(1) Pomponius Marcellus disait au néologiste Tibère qui, selon Suétone, respectait la langue romaine , la protégeait ou la défendait contre les vocables étrangers: Vous pouvez donner le droit de bourgeoisie romaine aux hommes, mais non pas aux mots, car votre autorité ne s'étend pas jusque-là. César disait , au rapport d'Aulu-Gelle : *Tamquam scopulum , sic fugias insolens verbum* , etc.

vraiment pas quel jargon on parlerait aujourd'hui dans ma patrie. Un fait certain pourtant, c'est que des travaux d'analyse philologique aussi importants que les grammaires (1) réclament, encore plus impérieusement que tout autre labeur intellectuel de cette espèce, une connaissance approfondie, non seulement des premiers monuments de nos idiômes indigènes, mais encore de nos patois qui les précédèrent et qui leur survivent. Ainsi il est incontestable qu'avant d'entreprendre une Grammaire et un Dictionnaire de la Langue Française actuelle, il faut d'abord avoir fait la Grammaire et le Dictionnaire non seulement de la langue d'oil et de la langue d'oc, dès le xie siècle, mais encore de tous nos patois; car, quoiqu'en dise l'auteur du Dictionnaire Philosophique, la syntaxe du xvie siècle n'était pas plus abandonnée au caprice que celle du xiiie. Hors de là, point de salut; les milliers d'essais infructueux tentés depuis plus de quatre siècles, dans des principes différents, en sont la preuve, et ce travail préparatoire si indispensable a encore été entrevu, tenté, exécuté même par des étrangers, à notre grande honte (2)!

Je rappellerai à ce propos que Vaugelas lui-même faisait très-justement observer que les tournures de phrases et les tropes usitées par Villon, loin d'avoir passé de mode, avaient beaucoup moins vieilli, en général, que les tournures, que les locutions admises plus tard sur l'autorité des grammairiens. Villehardoin, Rutebœuf, Joinville, Marie de France, Berte aux grands pieds, etc., sont bien plus faciles à comprendre en effet que Ronsard, Rabelais et les deux Marot.

(1) Quintilien, lib. i, cap. iv, § i.

(2) Orell, Alt Franzoesische Grammatick, etc., — Denina, Clef des Langues. — Wolf, — Frédéric Diez, — Immanuel Becker, — Schlegel, etc.

L'explication de ce fait me paraît fort simple. Villon est le dernier écrivain qui ait suivi les anciennes règles de la langue d'oil, que ses successeurs abandonnèrent pour celles des romains. Les innovations malheureuses ne sortant point du cercle des livres, ni de ceux qui les lisent, ne purent faire oublier les tournures et les tropes indigènes, qui continuèrent à former l'éloquence du peuple. Elles se propagèrent de génération en génération, tandis que les autres allaient se poser tranquillement à l'état de cadavre dans ces catacombes de livres que le peuple ne consulte jamais. C'est delà du reste que sont partis nos premiers grammairiens : ainsi, au lieu de faire une Grammaire Nationale, d'après les textes, d'après la langue écrite ou parlée, ils ont tous imité Hugues Faidit qui voulut calquer, bon gré malgré, sa Grammaire Romane sur la Grammaire Latine de Donat. Cette belle langue ainsi mutilée, dans le moule d'une autre qui lui était complètement étrangère, étendue sur ce nouveau lit de Procuste, fut impitoyablement sacrifiée, sans que l'exécuteur fût arrêté le moins du monde par le nombre d'inepties, d'absurdités ou de faussetés que cette méthode entraînait inévitablement (1). Pas un de nos innombrables grammairiens qui se soit éloigné depuis de cette route ainsi frayée. Au xiiie siècle, les savants en us n'avaient point encore gâté ni la Langue ni la Grammaire françaises. Il suit delà que la Grammaire Nationale n'est possible qu'avec nos patois ou les vieux dialectes d'oil et d'oc, ce qui revient au même. Une marche opposée nous étonne à bon droit ; car jusqu'alors elle n'avait encore été suivie par aucun grammairien pour aucune langue. En effet, on chercha constamment les règles syntaxiques dans les langues elles-

(1) Voyez F. Guessard, Grammaires Romanes inédites du xiiie siècle, in-8o, Paris 1840.

mêmes. C'est ainsi qu'on agit pour le latin lui-même, et si M. Beudant a fait mieux que ses devanciers, c'est qu'au lieu d'opérer sur la grammaire latine, il l'a oubliée pour n'envisager que l'ensemble des idiômes indo-germaniques, dans leurs rapports avec notre propre langue. Sa grammaire française n'annonce donc pas un pédagogue hérissé de latin, mais un philologue ayant plus étudié l'idiôme indigène que l'idiôme conventionnel des écrivains illustres du xviie siècle.

Dans le premier volume des *Remarques* de Vaugelas, on retrouve encore notre même opinion, à propos de l'adjectif doué. Tous les bons écrivains, dit-il, s'en servent, et non-seulement les modernes mais encore les anciens. Amyot le dit à tout propos. Sur quoi il faut noter que de toutes les façons de parler, qui sont aujourd'hui en usage, les meilleures sont celles qui l'étaient déjà du temps d'Amyot, comme étant de la vieille et de la nouvelle marque, tout ensemble. M. Saint-Bris a donné récemment quelques preuves à l'appui de ces vérités (1), et l'immortel auteur du Télémaque regrettait vivement cette langue de ses pères, à laquelle notre système d'instruction publique n'accorde point la moindre attention. Il y trouvait, disait-il, je ne sais quoi de court, de naïf, de hardi, de vif et de passionné, que La Fontaine connaissait et imitait si bien, sans oser proclamer qu'ils étaient ses modèles, tant ce mépris était universel et profond!

C'est peut-être même dans le courage de Chapelain à le braver, plutôt que dans son poème, qu'il faut chercher l'origine de la haine dont l'accablèrent Boileau et ses adhérents. C'est du moins ce que l'on peut conclure d'un dialogue spirituel et gracieux adressé au cardinal de

1) Bibliothèque des Chartes, t. 1, p. 391.

Retz (1), dans lequel ce poëte avoue son admiration pour la langue des trouvaires et où il s'écrie avec raison : Si Aristote revenait, et qu'il se mît en tête de trouver une manière d'art poétique en Lancelot du Lac, je ne doute pas qu'il n'y réussît, aussi bien qu'en l'Iliade et en l'Odyssée.

En flétrissant systématiquement ainsi tout écrivain gaulois ou patois, ces illustres philologues se privèrent donc des bases essentielles de leurs importants travaux, et proscrivirent en même temps, et à leur insçu, les monuments et l'étude de ces différentes littératures de tout le poids de leur autorité. De là résulte nécessairement ce désaccord inévitable que l'on rencontre entre eux dès qu'il s'agit d'une question grammaticale. Ouvrez tour-à-tour Henry Estienne, Ménage, Patru, Bouhours, Coëffeteau, Regnier, Desmaretz, Th. Corneille, Vaugelas, La Mothe Levayer, d'Olivet, Beauzée, Lemarre, etc., et vous verrez, à chaque pas, la preuve de notre assertion. Ce que je dis des travaux de ces grammairiens remarquables s'applique tout aussi justement même à la dernière édition du Dictionnaire de l'Académie Française ; aussi pourrait-on dire avec raison, du français de nos grammairiens et de nos vocabulistes, ce que Quintilien disait du dialecte grec créé dans la Péninsule Italique : *Aliud est latinè, aliud grammaticè loqui.*

---

(1) Le P. Desmollets, Continuation des Mémoires de Sallengre, t. VI. *La Lecture des Vieux Romans*, et seq. Nous ferons remarquer en passant que le savant que nous citons se trompe en regardant comme une contraction le changement réciproque d'*al* en *au*. C'est tout simplement l'échange euphonique du *U* en *L* et vice versâ, que l'on faisait aussi bien du reste après l'*o* qu'après l'*a*. Ainsi l'on a dit également *fol, col, sol, molton, maufaiteur, loiaument*, etc., pour s'arrêter enfin à dire *fou, cou, sou, mouton, malfaiteur, loyalement*, etc.

Nous n'avons pas oublié non plus d'indiquer ce que la
littérature nationale proprement dite devrait aussi à l'é-
tude approfondie de notre littérature patoise; et, s'il e t
vrai que les Scandinaves et les femmes saxonnes, agitées
par de violentes passions, improvisaient des chants sublimes (1), nous avons prouvé qu'il en était encore de
même sur le sol gaulois et particulièrement parmi les
vierges de la vallée d'Aspe. Nous en avons cité un exemple sur mille. En rapportant ce chant de deuil, nous avons
moins cédé à l'admiration pour la piété filiale que pour la
beauté du poème. Dans toutes les occasions analogues,
nous avons été conduit par le même motif, n'imitant
point en cela ceux qui ne savent que leur patois et qui
n'admirent que les poésies dans leur dialecte maternel (2).
Il est de fait qu'en général, il en est des différents dialectes
de la patrie comme des langues mortes les moins cultivées;
nous ne savons guères passablement que celui de notre
village, et quand nous nous hasardons à parler des autres,
il est à peu près certain que nous ne disons que des inepties. J'en ai cité plus d'une preuve, et je pourrais les
multiplier encore. Ainsi, M. Alexandre Dumas a souvent
parlé des patois sans les connaître (3), mais cela lui arrive pour tant d'autres choses qu'on ne peut même pas lui
en adresser un reproche. Enfin, quant à la littérature,
nous aurions pu ajouter que c'est à l'étude des patois
que nous devons le bel opéra de Richard Cœur-de-
Lion, puisque l'histoire intéressante de Blondel ne se
trouve que dans un manuscrit en langue d'oil, apparte-

(1) Aug. Thierry, Conquête des Normands, t. 1, p. 189.

(2) Jules Janin, Voyage d'un Homme Heureux. Ad Calc.
Revue des Deux Mondes, 2e livraison de décembre 1840.

(3) Histoire de Napoléon. — Impressions de Voyage.

nant au Musée Britannique (1), etc. Nous avons indiqué ensuite quelques-unes des pertes dues au dédain de cette
même branche de la littérature nationale, que des poètes
aussi suaves que Burns recommandent à l'étude, à l'imitation ou à la traduction des hommes de mérite.

Cette longu econspiration du pouvoir national en faveur
des langues du nord contre celles du midi, et qui commence pour ainsi dire avec le pouvoir de Charlemagne,
n'a pas été non plus sans une influence désastreuse sur
ce pouvoir et sur la chose publique, car les mots marchent
avec les idées, et c'est leur véhicule le plus innocent. Elle
explique très-bien, par exemple, pourquoi la littérature
des peuples septentrionaux est vulgaire aujourd'hui en
France, tandis que rien n'y est plus rare que la lecture de
Dante, de Bocace, de Pétrarque, de Ercilla, de Lopez de
Vega, de Cervantes, de Camoes, de Bocage, de Diniz,
de Quevedo, etc., alors que nous trouvons partout Schiller, Goethe, Byron, Walter-Scott, Shakespeare, etc.
Sous le grand Louis la proscription n'était pas complète ;
elle n'avait pas atteint son but du moins ; la nation se
rappellait encore que la langue de Racine et de Molière devait
son existence aux patois indigènes, c'est-à-dire à ceux
qui avaient une étonnante ressemblance avec les idiômes
du midi de l'Europe, et elle tenait fortement encore
aux belles littératures du midi qui, dès ce moment, nous
furent connues. A mesure que les patois disparaissaient,
nous finissions par oublier peu à peu ces chefs-d'œuvres
divers, et comme, dans la nature morale, le vide n'est nulle
part, d'autres études philologiques et littéraires rempla-
cèrent celles-là, et, comme les choses passent avec les
mots, la philosophie nébuleuse de l'Allemagne, le Cons-

(1) Ado. Mss., no 7103. — Voyez Francisque Michel, Rapport au Ministre de l'Instruction Publique, p. 101.

titutionalisme de l'Angleterre, ainsi que le Romantisme de ces deux nations à langues germaniques entrèrent chez nous par la même porte. Telle est une partie de l'influence des mots sur les idées, influence que nous pourrions faire voir partout si c'était ici le lieu. Concluons de là que la branche aînée des Bourbons aurait mieux fait, dans son intérêt et dans le nôtre peut-être, d'élever un mur chinois entre les idées des peuples à souche germanique et nous, et par conséquent de multiplier nos relations et nos rapports avec les peuples et les littératures du midi de l'Europe. Nous citerons plus d'un exemple de révolutions sociales ou politiques dues seulement à l'influence des idiômes sur les idées des masses.

Le dédain des patois a fait négliger encore à la fois et la biographie et la bibliographie de cette portion de notre gloire. Ce n'était pas ici le lieu de réparer la première de ces omissions, qui a fait dire avec juste raison à M. Brunet de Bordeaux : les écrivains patois ont été un peu négligés dans la *Biographie*; cependant, puisque l'on a accordé 51 colonnes à Michaelis, 40 à Zoega, 72 à Wieland, 40 à Yacoub, à Yahia ou à Yakout, puisque Ssema Tching, Ssema Than et Ssema Thsian en ont envahi 31, puisque l'on n'a pu refuser de très-longs articles à une dixaine de Rhesenpois, à je ne sais combien de Phraates, il y aurait eu moyen sans doute de consacrer au moins quelques lignes à la Bellaudière, à Gros, à Courtet de Prades, à d'Astros, etc., d'autant mieux que d'autres auteurs, que rien ne recommande particulièrement, (Drouhet, Gautier, Saboly), ont été mentionnés à leur rang. Les volumes, mis au jour, du supplément, sans combler toutes ces lacunes, ont donné des détails sur Chapelon et sur Daubasse.

Ces reproches, aussi justes que raisonnables, ne pourront être que trop long-temps encore adressés aux biographes, et c'est pour y mettre un terme que je me pro-

pose de publier également un jour une Biographie spéciale des auteurs patois, dans laquelle ils pourront puiser
ensuite En attendant, je me borne à placer à la suite de
cette lettre un simple extrait des recherches bibliographiques faites par nous pendant vingt années. Quant à cette
partie importante, je n'ai qu'un mot à en dire ; elle
est si abrégée que je suis presque fâché d'avoir consenti
à la réduire ainsi, d'autant plus qu'imprimée sur cette
malheureuse terre d'oil, toujours si fatale à la langue
d'oc, les titres de certains ouvrages ont été estropiés et
que le déplacement des cartes n'a que trop souvent inter-
verti le désordre alphabétique.

Je rappellerai enfin en terminant que dans tout ouvrage
il y a constamment deux parties bien distinctes : le texte,
dont l'auteur est responsable, et le titre, qui est l'œuvre in-
dustrielle des libraires. De cette collaboration illégitime, il
résulte que la plupart du temps ces deux parties sont dans un
complet désaccord ; en voici une nouvelle preuve. Ainsi,
je repousse violemment toute responsabilité pour le titre
prétentieux d'un ouvrage qui a besoin de beaucoup d'in-
dulgence et qui, après tout, n'est autre chose que la préface de notre Langatlas Idiomographique de la France, de
la Belgique-Wallonne et de la Suisse-Romande. Qu'il
me soit permis à propos de cet ouvrage, digne d'un Bé-
nédictin, de déplorer l'indifférence des savants français
qui abandonnent un sujet aussi beau à la plume d'un
philologue prussien. N'est-il pas honteux, en effet, que
l'ouvrage de M. Schnakenburg ait été conçu, exécuté
et imprimé à Berlin !

LETTRE

A MM.

LES MEMBRES DES COMITÉS HISTORIQUES

DE LA LANGUE

et de la

LITTÉRATURE FRANÇAISES ,

ET DE CELUI

DES CHRONIQUES, CHARTES ET INSCRIPTIONS

PRÈS LE MINISTÈRE DE L'INSTRUCTION PUBLIQUE.

Messieurs,

Je viens de recevoir et de lire avec attention les rapports faits au ministre de l'instruction publique , par les Comités historiques de la langue française et des chroniques. Ces pages, peu nombreuses, prouvent à la fois le zèle et les lumières des Comités, quant à notre vieille littérature; mais j'ai vu avec peine que votre érudition ne s'occupait que fort peu de la

1

langue. L'expérience est faite pourtant, et malgré les travaux
nombreux que nous possédons, chaque jour nos savans les
plus illustres se trompent sur la valeur des mots employés
dans les ouvrages que vous arrachez si glorieusement à
l'oubli, à la mort. Il faudrait suivre une marche plus logique,
ce me semble.

On est généralement convenu qu'il faut comprendre
une langue avant de s'occuper de sa littérature. Com-
mençons donc par réunir en même temps les élémens d'un
bon dictionnaire, étymologique ou non. Au point où vous
reculez vos premières investigations, la langue a un besoin impérieux de ce secours, que nos livres ne nous prêtent
jamais. Voilà donc encore des recherches dignes de votre zèle.
Mais les élémens de ce beau monument, vous ne les trouverez que d'une manière incomplète et pénible dans les ouvrages; c'est ailleurs qu'il faut les rechercher : c'est dans nos
patois. Et, cependant, ni les Compte Rendus, ni les Question-
naires ne font la plus légère mention de cette ressource unique. Permettez-moi de vous rappeler toute son importance,
et vous jugerez ensuite si ce n'est point là que votre instruction, votre sagacité et votre zèle doivent d'abord se concen-
trer. Vous pourrez élever ainsi un monument ethnographique à la gloire de la nation la plus spirituelle, la plus
philosophique, la plus illustre, et ce monument digne d'elle
sera unique au monde.

Je commencerai par poser en principe :

Qu'il n'existe point de langues qui n'aient des dialectes
d'autant plus multipliés que les subdivisions territoriales
furent plus fréquentes, plus nombreuses et de plus longue
durée. C'est ce qui fait que, malgré les efforts énergiques et
continuels d'un pouvoir trop souvent despotique, et naturellement centralisateur dès qu'il a conscience de son existence,
chaque nation est toujours composée de plusieurs peuples,
ethnologiquement parlant. Et comme sur toute la surface
du globe l'homme se sert principalement de la parole pour
exprimer ses pensées, ses besoins, ainsi que son histoire,
il n'y a pas non plus d'idiôme populaire ou domestique qui
n'ait aussi sa littérature spéciale, faite avec ses sensations
individuelles et plus ou moins riche, selon le degré de
l'intelligence générale; avec cette différence pourtant que la

moindre partie des peuples de l'Italie, de l'Espagne, du Portugal et de la France, comprennent Tasso, Cervantes, Camoës et Racine; tandis que l'autre partie, celle que l'on dédaigne comme trop ignorante, a aussi sa langue à part et ses trésors littéraires inconnus et que toute la nation est bien loin de comprendre. Cette littérature même n'existât-elle point, nous verrons qu'il y aurait encore, dans chaque dialecte, des raisons suffisantes pour les étudier avec soin.

Ce que nous dirons s'applique indistinctement aux dialectes de toutes les langues, pourvu qu'elles se trouvent dans les mêmes circonstances, et celles ci sont inévitables. La langue tudesque elle-même offre d'innombrables preuves à l'appui de nos assertions, et cependant il n'existe encore que quatre recueils de poésies, en dialectes vulgaires, et qui sont tous très-remarquables. L'un est dans l'idiôme des bords du Rhin : Hebel en fut le collecteur. L'autre, édité par Grübel, est dans le patois de Nuremberg. Un troisième, dans le dialecte de la Silésie, est dû à Holtéi, et le dernier enfin, dans le dialecte de Vienne, est le travail de Castelli.

Je sais très-bien que si l'on voulait suivre topographiquement ces dialectes theutoniques, jusque dans les montagnes de la Suisse, on trouverait encore une littérature spéciale et des dialectes différents; mais ils ne possèdent point, jusqu'à présent du moins, une littérature aussi riche, aussi tranchée et recueillie surtout en corps d'ouvrages, à quelques exceptions près toutefois. Je me trompe : des entreprises moins étendues, moins exécutables peut-être que notre atlas idiomographique de la France, de la Belgique et de la Suisse romande ont déjà été tentés aussi en Allemagne. L'un est de M. le professeur Wackernage, de Bâle, dans le premier volume de son livre de lecture allemande (1). Il s'est plu à choisir, dans les écrivains les plus célèbres, des fragmens qui concourent à former aussi un tableau complet des développemens, des améliorations et des progrès successifs de la langue allemande, écrite ou conventionnelle, depuis les temps les plus reculés, à commencer par la célèbre chanson de Hildebrand (viiie siècle), et par l'évangile

(1) Deutches-Lesbuch, 2 vol. in-8 de 1,500 pages chacun. Bâle, Librairie de Schweigœuyser, 1839.

méso-gothique d'Ulphilas, premier monument connu des dialectes theutoniques. Puis, passant par tous les âges philologiques, il donne des fragmens des essais religieux d'Ottfried , des traductions de Boëce , de la Bible , des Chroniques en vers, des Lettres municipales des xie, xiie et xiiie siècles. Il arrive ensuite à la poésie des Minnesinger , aux sermons de Touler et conduit la langue allemande jusqu'à Luther. Ici se retrouve bien sans doute un grand nombre de dialectes, jusqu'au moment où le meilleur s'est formé, des emprunts faits à tous les autres par un homme de génie. Mais après tout , cette collection précieuse ne présente jamais que le dialecte conventionnel , créé par le peuple sans doute, mais gâté , ou perfectionné si l'on veut, par des hommes de science et qui , il faut bien en convenir aussi, survit toujours aux autres , qui ne servent partout qu'à la pensée intime ou domestique et ne figurent point sous la plume des écrivains.

L'Italie , bien plus riche que la France, l'Espagne, le Portugal et l'Allemagne , ne rivalise encore, sur ce point de vue , qu'avec elle même. Sa littérature nationale, en effet, est seule aussi riche que sa littérature vulgaire. L'important et volumineux ouvrage de M. Salvi prouvera cette assertion. Les travaux de l'académie de Madrid, ceux du vénérable évêque d'Astorga et de Tastu surtout, nous révèleront aussi quelle est l'opulente littérature populaire de l'Espagne. Le Portugal reprend aussi cette œuvre , déjà si bien commencée dans les siècles précédens par l'académie royale de Lisbonne, par le vicomte de Santarem, etc.

Au milieu de ce travail général d'archéologie intellectuelle, la France paraît seule rester dans la plus complète indifférence, peut-être même garder son plus profond mépris. Laharpe, dit M. Villemain, a dédaigné ces études ; à nos yeux elles ont quelque chose de plus satisfaisant et de plus nouveau que la redite, même ingénieuse, pour les grands écrivains du xvie siècle. C'est de plus, comme le dit encore l'illustre écrivain, une clef pour ouvrir les belles littératures du Midi , trop négligées de nos jours. Un recueil complet de tous ces dialectes, dit Court de Gebelin, serait un excellent préliminaire à l'étude des langues en général, et offrirait le tableau le plus exact de toutes les révolutions du langage.

dans les Gaules, depuis que la langue latine s'y introduisit.
Nous aurions la plus vive reconnaissance pour ceux qui
voudront bien compléter nos vocabulaires en ce genre, et
nous faire connaître les livres qui pourront y contribuer.
Nous en tirerions un supplément à notre ouvrage actuel,
qui deviendrait très-précieux, surtout lorsqu'on pourrait le
comparer avec le grand travail de M. de Sainte-Palaye (1).
Ce qui reste à faire, dit enfin Charles Nodier, ce sont de
bonnes bibliographies, de bonnes grammaires, de bons dictionnaires patois, car j'ai dit ailleurs, et je répète, qu'on
n'arrivera jamais sans cet intermédiaire à des notions saines
sur l'étymologie immédiate. C'est surtout une grammaire
soigneusement comparée de ces patois précieux, dans lesquels sont encloses, sous leur forme la plus essentielle et la
plus reconnaissable, toutes les origines de la langue ; mais
pour cela, il ne faut pas les détruire, il faut les étudier (2). En-
couragé par l'opinion de ces savans et par l'exemple de bien
d'autres, recherchons rapidement aujourd'hui quelques-
uns des avantages réels et immédiats d'une histoire littéraire bibliographique et philologique des dialectes vulgaires
de la France, de la Belgique et de la Suisse romande.

Chez les savans allemands, en général, on ne regarde
comme ridicule, et par suite comme blâmable, que l'oisiveté;
mais ce qui chez eux est toujours noble et vraiment digne
de louange, par-dessus toute chose, c'est l'étude approfondie de tout ce qui se rattache à l'histoire de l'intelligence
humaine. Qu'est-ce, en effet, que l'étude philosophique des
langues, si ce n'est celle de nos facultés morales elles-mêmes,
surprises en action et jugées sur leur plus noble travail, dans
le mécanisme admirable de leur œuvre la plus belle ! Voilà,
quant à la philosophie transcendantale ; mais les résultats
n'en seront pas moins utiles encore quant à l'histoire politique, quant à l'histoire littéraire, quant à l'histoire de la
langue et même quant à la littérature proprement dite.
Chaque langue a ses beautés et ses agrémens, dit l'abbé

(1) Dictionnaire Etymologique de la Langue Française, tom. 1, pag.
xxxiv.

(2) Notions Elémentaires de Linguistique, pag 304.

Tallemant, dans son discours à l'Académie Française, et Dieu a donné à tous les peuples des paroles pour faire connaître leurs pensées. Il y a donc un orgueil mal fondé à croire une langue plus diserte qu'une autre : en France même il y a des langages particuliers dans lesquels il y a des manières de s'exprimer qui sont inimitables. Il n'est pas besoin d'avoir beaucoup exercé son esprit à la réflexion, dit Charles Nodier, pour comprendre que le patois, composé plus naïvement et selon l'ordre progressif des besoins de l'espèce, est bien plus riche que les langues écrites, en curieuses révélations, sur la manière dont elles se sont formées. Presqu'inaltérable dans la prononciation, dans la prosodie, dans la mélopée, dans l'orthographe même, quand on l'écrit, il rappelle partout l'étymologie immédiate, et souvent on n'y arrive que par lui. Jamais la pierre-ponce de l'usage et le grattoir du puriste n'en ont effacé le signe élémentaire d'un radical. Il conserve le mot de la manière dont le mot s'est fait, parce que la fantaisie d'un faquin de savant ou d'un écervelé de typographe ne s'est jamais évertuée à détruire son identité précieuse dans une variante stupide. Il n'est pas transitoire comme une mode. Il est immortel comme une tradition. Le patois, c'est la langue vivante et nue. Le beau langage, c'est le simulacre, le mannequin (1). Je pose en fait premièrement, que l'étude des patois de la langue française, bien plus voisins des étymologies, bien plus fidèles à l'orthographe et à la prononciation antiques, est une introduction nécessaire à la connaissance de ses radicaux ; secondement, que la clef de tous les radicaux et de tous les langages y est implicitement renfermée. J'en conclus que tout homme qui n'a pas soigneusement exploré les patois de sa langue ne la sait encore qu'à demi (2). Le patois, c'est la langue du père, la langue du pays, la langue de la patrie. Cette langue s'est conservée dans les races simples, éloignées du centre, isolées par des circonstances que je tiens pour extrêmement heureuses, des moteurs immédiats de l'éducation progressive. Elle a, sur la langue écrite, sur la langue imprimée, l'avantage immense de ne se mo-

(1) *Ibid.* pag. 246.
(2) *Ibid.* pag. 254.

difier que très-lentement. Le patois a été l'intermédiaire essentiel des langues autochtones et des langues classiques, qui se sont faites dans les villes comme l'indique les noms, si bien éclaircis par l'étymologie, de leurs propriétés les plus saillantes, *la politesse*, *l'atticisme*, *l'urbanité*, *la civilité*, *l'astuce*. Du côté des paysans, il n'y a que la *rusticité et le patois* (1).

Ce sont précisément toutes les conditions variées et nombreuses qu'embrasse l'étude des dialectes vulgaires qui font que nos premières paroles doivent être des cris de regret. Il faut bien l'avouer, la révolution faite par le peuple, et à son profit par conséquent, doit encore compter parmi les malheurs qui l'accompagnèrent l'extinction menaçante et progressive des langues populaires. Ce meurtre, le plus barbare de tous, n'est qu'une branche égarée de la tyrannie homicide, léguée aux préjugés qui lui survivent. Comment, la Convention put-elle s'égarer au point de ne pas voir toute la portée de la proscription dont elle frappa les langues élémentaires de celle dont les sons retentissaient alors sur la surface du globe, ces langues harmonieuses, fruit du génie de nos pères, et que tant de chefs-d'œuvre, que tant de services importans recommandaient à la piété filiale, à l'orgueil de la patrie? Comment, en effet, cette assemblée illustre put-elle se fourvoyer dans ses puissantes capacités, jusqu'à assimiler l'intelligence et ses sublimes inspirations aux produits du commerce et de l'industrie, et vouloir astreindre les citoyens de toutes les contrées de l'empire à parler une même langue, comme à ne porter qu'une même cocarde? N'était-ce pas déjà trop que de l'obliger à ne parler que grec toutes les fois qu'elle voudrait mesurer son champ, son bois ou son vin? A prononcer ainsi des mots barbares, puisqu'ils sont malfaits, et sans valeur idéologique puisqu'ils sont empruntés à une langue inconnue du peuple? Comment le savant abbé Grégoire a-t-il pu, dans son intéressant rapport sur la nécessité de généraliser la langue française, voir aussi dans cette absurde proscription une condition essentielle de l'unité nationale? Est-ce que nulle part au monde,

(1) *Ibid.* pag. 246.

à aucune époque historique, cette prétendue unité politique exista? Où fut-elle jamais l'emblème ou l'expression d'une nationalité vigoureuse? La volonté d'un peuple conquérant, d'un peuple roi, ne diffère que par le degré d'injustice ou de déraison de son aveugle autorité, des volontés absolues et arbitraires d'un Alexandre ou d'un Charlemagne.

Il en est exactement de la langue universelle comme de la monarchie prétendant au même but. Ce sont deux non-sens, deux faits d'une exécution impossible, qui dénotent le délire ou l'ignorance, parce qu'ils sont tous deux également en opposition avec la nature de l'homme et de tous les agens qui influent sur son physique, sur son moral, même à son insu. On concevrait, à la rigueur, qu'un même système politique s'appliquât assez bien à des nations différentes; mais ce que l'on ne comprendra jamais, c'est qu'un pouvoir tyrannique quelconque prétende soustraire irrésistiblement les organes vocaux à l'action de l'intelligence, à la puissance inappréciable, quoique profonde, de tous les accidens célestes, atmosphériques, géologiques, etc., qui, définitivement, concourent à la constitution des dialectes, et infliger ainsi à une contrée les diverses inflexions vocales qui appartiennent à une autre: tout comme si l'on forçait les habitans du centre de la France à abandonner leur affreux jargon pour parler les patois harmonieux du Midi, ou à prononcer leur idiôme d'après les règles des articulations opposées de l'Allemagne, de l'Angleterre, de l'Espagne ou de l'Italie. Il est bien possible cependant que l'égalité politique, proclamée en 89, ait précisément pour résultat moral définitif une conséquence linguistique de ce genre, c'est-à-dire l'égalité de la parole parmi des hommes qui jouissent d'une même existence politique. Dans tous les cas nous sommes encore bien loin d'entrevoir ce but, et une fois atteint nous pensons que cette situation ethnographique ne pourrait jamais être de longue durée.

Il y a plus encore, c'est que cette marche absurde ayant atteint ce but irraisonnable, serait précisément l'unique moyen d'arriver à la perte de la langue nationale. Ce serait reproduire en effet le chaos phonétique, l'inintelligible cacophonie dont parlent les Livres Saints. Ce serait en un mot tout

confondre de nouveau pour ne rien obtenir de bien et remplacer l'organisation morale actuelle par une inextricable
confusion. Telle est d'ailleurs la marche naturelle du despotisme qui se perd toujours dans le but ridicule de ses folles
volontés.

Quant à nous, dont l'occupation principale est l'étude des
langues et surtout de leur sublime philosophie, nous deman-
dons, pour elles toutes, une large protection. Nous ne cesserons
pas d'implorer ni de réclamer justice pour elles. Nous
tâcherons de faire entendre, s'il en est temps encore, quelques paroles conservatrices. Peut-être y a-t-il du courage à caresser ainsi, dans l'exil et la proscription, des villages, des hameaux, des montagnes, ces langues populaires,
au moment même où les classes aisées et éclairées, répu-
diant le peuple et ses sublimes travaux, rougissant de leur
langue maternelle, proscrivent tous ces moyens d'expression,
nés sur notre sol et pères de notre langue.

Les savants sont loin de partager ces préjugés, et lorsqu'on
est assez heureux pour citer contre l'opinion générale des
noms tels que ceux de MM. Villemain, Champollion-Figeac,
Fauriel, Tastu, Millin, Charles Nodier, G. Peignot, Amanton,
Raynouard, Rochegude, Roquefort, Orioli, Magnin, Balbi,
Salvi, Dartois, Fallot, Paulin Paris, Francisque Michel,
l'évêque d'Astorga, etc., on peut aisément se consoler des
anathèmes de ceux qui regardent comme bien au-dessous
d'eux l'étude ethnographique du globe ou des états, ou d'une
province, car il faut se limiter aussi dans cet immense travail.

Citerons-nous en outre quelques-uns de ces hommes pro-
fonds qui, comme Court de Gébelin, Etienne Guichard,
Ducange, Carpentier, Dom Bullet, etc., se sont occupés aussi
de l'étude des patois, sans toutefois publier leurs intéressantes recherches ? Ils sont trop nombreux sans doute, mais
nous ne saurions omettre de rappeler cependant l'importance
que Boissy-d'Anglas et Rabaut Saint-Etienne, par exemple,
attachaient aux travaux de cette nature. Ce sont eux qui
engagèrent M. Aubanel, antiquaire et poète distingué, à
traduire en patois le poète de Théos. Ces deux législateurs
célèbres eurent même le projet, bien arrêté, de répondre au
vœu de Court de Gébelin en publiant un grand ouvrage dans le

2

genre de ceux de Noël et de Laplace, exclusivement consacré aux richesses littéraires de nos différents dialectes. Rabaud Saint-Etienne fit plus encore puisqu'il commença une grammaire, et, disait-il plaisamment à ce sujet, quand j'arrivai au verbe auxiliaire avoir, et qu'il me fallut écrire *qu'ague*, j'y renonçai. Le duc de Bassano ne conçut-il pas sous l'empire le projet d'une édition monumentale des Noëls de La Monnoye? Le comte Chaptal n'avait-il pas celui d'honorer ainsi les charmantes poésies de l'abbé Fabre?

D'autres, à l'instar du bon Lafontaine, se firent un plaisir, et quelquefois même un mérite, une gloire, comme le grand Scaliger, d'en connaître et d'en parler un très-grand nombre. « La mère de M. de l'Escale, dit l'illustre commentateur, savoit très-bien le lombard, le gascon et le françois. Le père savoit tous les dialectes de la Guyenne et parloit fort bon françois, sans avoir jamais été en France plus loin que Bordeaux. Mon père estoit estranger et parloit bon gascon : il n'y a françois, quoiqu'il eût demeuré cinquante ans en gascogne, qui puisse joindre quatre mots sans faillir et sans faire incongruité. Ma mère estoit fort éloquente en gascon ; Catherine de Médicis, la reine-mère, dit-il encore, parloit aussi bien son gorre de parisien qu'une revendeuse de la place Maubert, etc. »

J'ignore quel inconvénient un gouvernement peut trouver dans cette division des différents peuples d'une nation, par la distinction des langues. Quant à moi, je n'y vois que des avantages de plus grande sécurité. Nul doute que ce ne soit encore un excellent moyen politique, et dès que le pouvoir l'abandonna, dans son aveuglement, il passa tout puissant aux mains des factieux. L'opposition politique ou religieuse, en effet, se servira toujours des langues populaires contre ceux qui les proscriront. C'est ainsi, par exemple, qu'Arrius, excommunié par l'évêque d'Alexandrie, repoussé par les chefs de l'église, s'adressa directement à la foule et composa, pour tous les états, des recueils de chants. L'on sait ce qui en arriva. N'en résulta t-il pas, en effet, que des hommes éminents, surpris par cette route détournée, furent poussés, entraînés par le torrent populaire, dans l'Arianisme?

Ce moyen immanquable ne fut-il donc pas employé par

les apôtres eux-mêmes? Paul le sublime ne préféra-t-il pas
le latin rustique à celui de Ciceron ou de Virgile, que le
peuple ne parla jamais. Certains pères de l'église préfèrè-
rent-ils la langue d'Eschile ou de Démosthène à celle du
peuple grec? Les conciles n'exigèrent-ils pas expressément
que l'on parlàt partout, au peuple, dans la langue qu'il entendait? N'ordonnèrent-ils point de suivre en tous lieux ce
moyen assuré d'une propagande nécessaire et courte? Nos
missionnaires n'agissent-ils point ainsi sur toute la surface du
globe? Ne prêche-t-on point encore en patois dans la Provence et dans la Basse-Bretagne? Très-certainement les é-
glises réformées n'ont dû leurs succès qu'à cette condition,
parce qu'il y a dans le cœur de tous les hommes un accès immense à la flatterie, et que la première et la plus puissante
est de consentir à parler la langue qu'ils composèrent. C'est
là leur véritable et juste orgueil. On le retrouve partout; il
exista toujours; aussi le roi-prophète dit-il: *Qui dixerunt
linguam nostram magnificabimus.*

Telle est la pensée de tous les peuples, et très-certainement la plus forte cause de la haine que portaient aux Romains les nations vaincues, que cinq siècles de domination
n'ont fait qu'exalter, fut non-seulement la langue latine imposée aux vaincus, mais encore cette coupable habitude
d'une intolérable insolence de ne répondre jamais qu'en latin, même aux grecs. La même cause produit partout les
mêmes résultats: les franciots de la Belgique, le franchiman
du midi de la France, sont des expressions dédaigneuses qui
le constatent. L'Ecosse et le pays de Galles, l'Irlande, n'ont-
ils point leur terme: la Basse-Bretagne n'a-t-elle pas aussi
le mot de Saxon ou bien d'Anglais? Se servir de l'une ou
l'autre de ces langues, c'est, comme le disent les habitants
de Maine-et-Loire, placés sur la rive gauche de ce dernier
fleuve, parler *noblat*.

Que sont donc, en effet, ces langues si violemment repoussées partout et si opiniàtrement conservées? Pour nous,
de magnifiques rayons de la gloire nationale, ainsi que son
nom l'indique (1), et pour tous, des langues chrétiennes, ap-

(1) **D'autres prétendent que ce mot est un binome venant de** *pai*
pays) et de thiois (langue des francs).

partenant à cette riche famille d'idiômes, si improprement nommée indo-germanique, si remarquables par leurs innombrables chefs-d'œuvres, si fortement empreints d'une logique toute divine, créés enfin avec et par la philosophie du Christ.

Saisissez l'ensemble de cette sublime doctrine, appliquez-en les règles, si l'imagination peut s'élever jusqu'à la création d'un pareil fantôme, resplendissant de tout ce qu'elle révèle, et vous verrez son génie se réfléter pur et noble dans toutes les langues nommées à tort néo-latines. Le principal caractère de ces langues est que tout y est clair, évident et logique : ce ne sont certainement pas les qualités des langues que par opposition nous nommerions volontiers payennes, du moins avant leur entière et pleine conversion, comme cela est arrivé pour le grec, pour le goth, etc.

Cette dernière langue en effet avant d'être chrétienne n'avait encore servi qu'aux relations si limitées et si simples de la vie nomade, à des chants de guerre, etc. ; mais elle fut presqu'instantanément dotée d'une toute autre importance par l'admission de la religion du Christ, et, conséquence toute naturelle, cette influence majeure opéra non moins profondément sur le peuple que sur ses moyens phonétiques de rendre sa pensée (1) Ce résultat immense et curieux fut du à Ulphilas qui, pour fixer enfin des sons, inécrits jusqu'alors, fut obligé d'imaginer un alphabet approprié. Que nous reste t-il aujourd'hui de cette langue à souche theutonique ? Rien, si ce n'est la traduction même des livres saints, faite par ce savant évêque et dont on a publié plusieurs fragments en différens lieux, à diverses époques, tant l'œuvre religieuse survit à tout ce qui est humain (2) !

---

(1) Sur la Conformité du grec vulgaire avec la langue française. V. Académie des inscriptions et belles lettres, t. xi, p. 424 — Joahim Perion, conformité de la langue française avec la grecque 1554. — Jean Picard — Henri Etienne 1556. — Tripault, 1580. — J.-C. de Bernière, 1641. — d'Herbinot, 1755.

(2) Sozomenis, Historia Ecclesiastica, lib. vi, c. 57. — Pierquin de Gembloux, Lettre à M.gr l'évêque de Nevers sur le Musée Catholique du Nivernais, etc.

Il n'y a point de comparaison à établir entre les langues payennes et les langues chrétiennes. En veut-on une preuve ? nous la puiserons dans ces monuments importants que la haute intelligence des nations consacre au bonheur, à la paix, à la sécurité de tous les membres d'une association politique quelconque et qui sont nécessairement empreint de la logique, de la lucidité dont une langue jouit ; je veux parler de la législation. Eh bien, pour ne citer que la langue romaine, il y a dans le digeste cent cinquante lois portant sur la définition des mots et trois mille sur l'interprétation des phrases. Est-il une seule langue chrétienne offrant un pareil exemple de logomachie ? Nous avons eu plus d'un code rédigé en patois ; mais il est un fait bien constant, c'est que l'Espagne, la Sardaigne, le Béarn, le Languedoc, la Provence, etc. en ont joui pendant plusieurs siècles dans la sécurité la plus complète, et je ne sache pas qu'une seule fois leur sagesse ou leur clarté aient fait défaut dans aucune occasion. De mon temps, dit le grand Scaliger, celui là eût payé l'amende qui eût parlé français au sénat de Genève. Il fallait parler savoyard ; comme en Béarn tous leurs plaidoyers et leurs actes se font en béarnais, pour montrer qu'ils sont libres. Cette circonstance nous explique pourquoi Henri IV aimait tant à parler ce patois. Enfin, la preuve de la supériorité de tous ces idiômes sur les autres, c'est que ceux-ci sont abandonnés depuis long-temps pour les transactions politiques ou privées, tandis que parmi les langues chrétiennes, la diplomatie moderne a choisi le français, qui doit son existence directe à nos patois. La politique des états, les intérêts les plus graves des peuples, ont fait résoudre ainsi ce grand problème.

La langue nationale, créée de toutes pièces dans le Latium, après l'arrivée d'Enée, par le paganisme et pour les besoins matériels d'une société payenne et guerrière, pouvait vivre tout au plus autant que les dieux qui présidèrent à sa naissance et que le peuple qui la composa. Le souffle puissant de la révélation devait faire disparaître insensiblement, de la surface du globe romain, ce peuple et sa langue, si toutefois cette dernière eut jamais une existence aussi large, aussi étendue. Elle n'avait d'ailleurs absolument aucun point de sympathie avec la société qui allait se constituer et dont la nature toute materielle n'aurait jamais pu se soumettre aux lois qui devaient en former les bases et la vie. Comme la foudre, la durée de l'un et de l'autre fut courte et dévastatrice. Arrivée à peine à l'âge adulte (560) la langue romaine, ainsi que la nation dont elle était la vivante image, tendit presqu'aussitôt à la décrépitude, tandis que sa postérité plus nombreuse, plus robuste, rattachée au ciel par la venue du Messie, resta dans une longue et subalterne enfance, comme pour assurer plus fortement sa longévité sociale, de telle manière qu'elle ne se trouva au contraire dans l'état voisin de l'âge adulte que seulement du ixe au xe siècle.

Il avait fallu tout ce temps en effet à l'immense pouvoir du christianisme pour anéantir jusqu'à la trace du paganisme, imprimée en Europe aux expressions phonétiques de la pensée humaine. Langues, arts, sciences tout fut renouvelé et purifié. La religion semblait ainsi assister à la mort des nationalités payennes et consacrer l'enfantement des nationalités chrétiennes.

Une fois créées, ces langues néo-celtiques allèrent grandissant et se fortifiant sous la surveillance immédiate des vicaires de J. C. Une vie longue, parce qu'elle devait être chaste, fut assignée à chacune d'elles. Quelques-unes, en petit nombre il est vrai, héritèrent de faibles portions de la couronne maternelle, tandis que celles qui, par le malheur des temps et la volonté de celui qui dirige les drames politiques joués ici-bas, ne furent point appelées à l'éclat du trône et qui, plus modestes, furent destinées à vivre et à mourir, en toute humilité chrétienne, dans les champs, dans les vallons ou dans les montagnes, elles eurent le sort des rivaux qui succombent. Leur défaite fut tout au moins le signal d'une perpétuelle agonie : *væ victis!* Elles furent proscrites, poursuivies sans cesse par des menaces de mort et n'y échappèrent que par un exil éternel. Quelles différences dans les destinées de ces diverses expressions de la pensée humaine! Filles de l'Orient, les langues grecque et romaine, belles, majestueuses, harmonieuses, n'eurent pourtant qu'une courte existence et ne survécurent même en quelque sorte qu'à la condition rigoureuse de devenir chrétiennes; tandis que les autres, filles de la vérité, résistent à une éternelle persécution, comme la religion elle-même et comme les pre-

miers martys de la foi. Elles vivent sans doute en mésintelli-
gence avec leurs sœurs , que la force politique éleva sur le
trône et qui, comme leurs sœurs découronnées, ne mourront
elles-mêmes qu'au jour marqué. Les unes et les autres
comptent déjà plus de mille années d'existence.

La langue de France, définitivement appelée au trône par
un empereur allemand , qui ne savait même point écrire ,
règna despotiquement pour ne point mentir à son origine ;
finit par absorber successivement presque tous les dialectes
celtiques, pour en former de nouveaux composés d'éléments
hétérogènes et connus sous la dénomination de langue
d'oil. La Loire fut en quelque sorte la limite naturelle d'une
langue née pour ainsi dire hors du sol qu'elle devait envahir.
Cette circonscription ethnographique est peut-être encore
beaucoup trop large puisqu'on ne fut pas d'accord , au congrès scientifique de Blois , sur la question de savoir , par
exemple , quelle fut la langue parlée à la cour des fils d'A-
liénot, à Poitiers. On tenta de la résoudre en traçant une
ligne de démarcation géographique entre les peuples qui
parlaient les langues d'oil et ceux qui se servaient de la langue d'oc.

M. André prétendit , avec raison , que cette dernière avait
été primitivement celle du Poitou et que ce fut Philippe-
Auguste après la conquête, suite de la confiscation opérée
au détriment de Jean Santerre , qui avait violemment imposé la langue thioise , langue barbare, destinée à altérer
si profondément la plus suave et la plus harmonieuse de
toutes et qui avait tant de ressemblance et de supériorité
sur celles que possèdent encore l'Espagne, l'Italie et le Portugal.

Il y a ici deux erreurs ou du moins deux faits mal vus,
mal exprimés. La langue d'oc fut réellement la langue générale de transition. Née du Kathalan , issu lui-même directement du celte : il régna pendant quelque temps sur tout
le globe romain. La preuve de ce fait historique résulte
clairement de l'étude des langues vulgaires de chaque ville ,
suivies de siècle en siècle. Conséquemment il est bien évident
qu'on dut la parler aussi à Poitiers, à la cour d'Aliénor,
dont le nom patronymique en est déjà une preuve, puisqu'il
a conservé une désinence harmonieuse, complètement étran-

gère d'abord à la langue thioise et que l'on ne retrouve
ensuite que dans le Kathalan, ou les divers dialectes néo-
celtiques de l'Iberie péninsulaire.

Les langues du nord tendirent ensuite à limiter encore de
plus en plus et même à reculer chaque jour davantage le territoire de la langue d'oc. Cet envahissement naquit avec la
puissance de Charlemagne. Cependant l'omnipotence de
l'empereur n'atteignit point le terme désiré; elle eut seulement une influence majeure et déplorable sur le choix de la
langue nationale et recula les limites de celle qui convenait
à la nation et qu'elle avait fait Ainsi nous tenons d'un prince
étranger aux Gaules la langue de la patrie. Cette langue ainsi
imposée se fractionna elle-même en une infinité de dialectes
tudesques, résultat inévitable des relations obligées de tous
les membres d'une même nation, soit entre eux, soit avec les
agens multipliés du pouvoir ou de l'administration De là, résultat pour la France, quant aux idiomes dumoins, une confusion de langues tout-à-fait semblable à celle de Babel.

La langue d'oc fut donc forcée de battre en retraite devant
une étrangère armée, et laissant après elle par-ci par-là des
traces d'archéologie phonétique propres à constater sa possession antique et sa fuite récente. Ces inscriptions de dé-
tresse, ces dépouilles précieuses sont autant de jalons qui
prouvent son existence et son pouvoir. Partout elle fut remplacée presqu'entièrement par la langue victorieuse. Question ethnographique tranchée par le glaive et non par le
goût ou la raison, et dès ce moment la langue thioise, c'est-
à-dire la langue d'oc complètement défigurée par les idiomes
tudesques ou théotisques, s'établit dans ces belles contrées.
Première et solide victoire de dialectes moins sonores,
moins harmonieux, que celui qui venait de céder sa terre
natale à la puissance du sabre.

C'est ainsi en effet que les choses devaient se passer forcément. La langue de l'empereur allemand se glissa dans tous
les actes politiques ou sociaux, auxquels les peuples s'inté-
ressent naturellement. Elle finit par envahir la conversation
familière. Ainsi les poésies connues de Savary de Mauléon
sont en langue d'oc, tandis que le partage de ses biens est
écrit en langue du nord; de même qu'avant François Ier ou
Charles VIII, les actes étaient rédigés en latin, tandis que la

littérature nationale proprement dite ne se servait que de la
langue française. tant la société réelle traine toujours à sa
suite la société légale.

C'est encore ainsi que sous le comte de Poitou. Denis d'A-
quitaine , et même sous la domination anglo-française des
Plantagenets, à la cour de Poitiers , il y avait d'une part la
langue du peuple (1) (le celte); ensuite celle des poetes (la
langue d'oc). et enfin la langue thioise ou théotisque ou
franco-théotisque , destinée uniquement aux actes publics.
C'était celle de nos ancêtres alors qu'ils habitaient au fond
de la Germanie , par suite de la migration conduite par le
neveu d'Ambigat (2) : ses dénominations derivèrent toutes
du mot theuton, qui désignait les germains, tand sque celui de
frank est le nom propre de la nation. Cette langue tenait
le mi ieu entre l'anglo-saxon et l'allemand actuel. Le thiois ,
le français thiois , le français germain , le theusch , le théotisque ou gaulois-romain était. parlé dans la première et la
seconde Germanie le long du Rhin a Strasbourg à Spire, à
Worms, a Mayence , à Cologne , à Langres (Liege) , etc. On
l'appelait ainsi par opposition au français romain, à la langue
romaine , que l'on parlait de la Meuse aux Alpes et aux Py-
renees , tandis que la France de Lu (grand (3) qui s'étendait
jusqu'à la Loire , était nommée France romaine.

En vertu des motifs politiques exposés plus l a it, les conciles exigèrent que l'on traduisit les livres saints dans chacun des dialectes qui venaient de babeliser ainsi les Gaules.
Quilibet episcopus habeat omilias et easdem quisque apertè
traducere studeat in rusticam linguam (langue d'oc) *et theotis-*
cam (langue d'oïl) (4). C'est dans cette même langue que
Ottfried, moine de Vissembourg , disciple de Raban Maure ,
abbé de Fulde, composa en 870 le recueil d'évangiles intitulé *la Grâce.* Ce travail était non seulement en langue thioise,

(1) Sur la langue vulgaire des Gaules , depuis César jusqu'à Philippe Auguste. V. Academie des inscriptions et belles-lettres , t. XI,
p. 424.

( ) Pierquin de Gembloux , Histoire Monétaire et Philologique
du Berry.

(3) Historia , 1 lib. ; cap. 6.

(4) Concile de Tours , tenu en 812 , § xvii.

mais encore en vers, ainsi que tant d'autres monuments de ce genre (1).

Il en fut de la Francia à cette époque, et dans ces conjonctures, à peu près comme des diverses nations qui se partageaient le sol de la Péninsule italique avant l'arrivée d'Enée. Soumises à la fin au joug romain, toutes perdirent en même temps leur nationalité, et leurs langues admirent des expressions, des tournures ou des désinences latines Chez nous le royaume de Pépin était trop petit pour favoriser les vues conservatrices de l'expression la plus formelle de chacune des nationalités gauloises qui le composèrent. Mais, comme à Rome, ce noyau finit par s'étendre, se développer, grâce à des adjonctions territoriales successives, et d'état en état, il absorba de proche en proche le royaume de Vienne, le royaume d'Arles, le comté de Toulouse, et définitivement toute l'étendue naturelle des Gaules, et sur tous ces points le pouvoir royal, dont le centre était sur le territoire de la langue d'oil, voulut imposer son dialecte étranger, ainsi que l'a très-bien vu l'un de vos illustres présidents (2).

Tous les faits humanitaires se lient. Il n'y a de lacunes inexplicables que dans les historiens. Une société ne saurait jamais isoler assez ni sa population, ni sa langue ; l'une et l'autre reçoivent toujours quelque chose des populations et des langues circonvoisines et constamment en raison directe de leurs rapprochemens, de leur voisinage. Le basque, par exemple, est dans le même rapport quant au Béarnais et au Kathalan, ou le Roussillonnais quant à l'Espagnol.

Ces phénomèmes ethnographiques ont lieu partout en effet, à moins qu'il n'existe des barrières infranchissables qui s'opposent aux relations habituelles, ou qui les rendent rares et difficiles. Ainsi l'on voit la langue d'oc se rapprocher de l'allemand, de l'italien ou du français, à mesure que l'on se rapproche davantage des limites de la Suisse avec les diffé-

(1) Elnonensia. Monuments des langues romane et tudesque, dans le neuvième siècle, contenus dans un manuscrit de l'abbaye de St.-Amand, conservé à la bibliothèque de Valenciennes, publié par Hoffmann de Fallersleben, avec une traduction et des remarques par J. F. Willams in-4. Gand, 1837, p. 34.

(2) Tableau de la littérature au moyen âge, t. 1, p. 222.

rents états dans lesquels on parle l'une ou l'autre de ces langues N'est-ce pas un phénomème de linguistique bien extraordinaire, en quelque sorte, que de voir la langue d'oc exister encore, pleine et sonore, sur le territoire inhospitalier de la langue d'oïl? C'est pourtant ce qui a lieu dans les montagnes boisées du Morvand, de même que le kathalan, à peu près pur, est resté à deux lieues de Gap, au sommet des Alpes, dans le village de Labatie-Neuve, et à côté de ce dernier, circonstance non moins remarquable, c'est que le Livre Rouge, déposé à la mairie de Gap, contenant tous les actes officiels, postérieurs au XIIe siècle et faisant une chaine politique jusqu'en 1789, est totalement en latin ou bien en langue d'oïl, tant la langue officielle diffère de celle du peuple, tant la langue écrite est peu semblable à la langue parlée.

Ces pièces réellement curieuses, rangées sans aucun ordre chronologique, ne sont pas rédigées en latin dès l'année 1541, et le premier que l'on y trouve en français, est une transaction de 1561, passée entre l'évèque et la ville. Ne sont-ce pas encore là deux circonstances qui tendent à prouver l'universalité de la langue d'oc, ou plutôt que toutes les langues néo celtiques passèrent, ainsi que leurs différents dialectes, par une phase identique qui les rendait complétement similaires ? A cette époque d'une création phonétique uniforme, grâce à des éléments identiques quoiqu'à physionomie étrangère, quelquefois sous l'empire d'influences et de directions analogues, la langue, en effet, devait être une, momentanément, et, comme nous le disions, la preuve de cette vérité est vivante encore à Labatie-Neuve et dans le Morvand. Nous pourrions en citer bien d'autres encore.

N'entrevoyant nullement la possibilité de ce fait, on a souvent cherché une ligne de démarcation géographique entre ces rivales qui, supposait-on, se partageaient en quelque sorte toute la superficie des Gaules. On l'a fait passer, par exemple, de Rohan à la limite qui sépare le département de l'Indre de ceux de la Haute-Vienne et de la Creuse, en passant par Saintes, Ruffec et Confolens. Mais nul doute, comme on vient de le voir, que cette délimitation ne soit même pas acceptable pour la division ethnographique actuelle. Les dif-

férents dialectes du Morvand sont déjà là pour la démentir.
La langue lémosine ou kathalane, battant en retraite devant
la langue théotisque, ne s'est pas retranchée non plus derrière la Charente , où l'on aurait enfin cessé de la poursui-
vre. C'est si vrai, qu'on la retrouve encore à Confolens et
près de Montmorillon ; de même que la langue d'oil a chassé
la langue d'oc bien au-delà de la Charente, sur d'autres
points, dans la Saintonge, par exemple. La véritable ligne
de démarcation ne serait-elle pas plutôt dans cette ligne qui,
circonscrivant un véritable cercle , s'étendrait de Bordeaux
à Lyon, en passant par Angoulême , Guéret, Dijon , Besançon, Lyon et la Suisse romande?

Quoiqu'il en soit, une fois que le génie protecteur des
Gaules eût enfin inspiré l'idée de l'unité nationale , entre des
hommes d'une même race, élevés sur une même terre; que
par suite fut nécessairement conçu aussi ce système utile et
fécond de la centralisation , dès le moment que le trône du
pouvoir fut immobilisé sur le territoire de la langue d'oil,
celle-ci tendit forcément , et sans cesse , à rayonner dans tous
les sens sur l'étendue du vaste empire, et ne s'arrêta plus que
lorsque les routes , les chemins manquèrent à son esprit
d'envahissement et de destruction. Dès qu'elle fut heureuse
et puissante , les courtisans ne lui manquèrent point. Plus
elle fut parée et fêtée , plus elle eut d'adorateurs et lorsqu'elle devint aussi l'épouse de Louis XI, d'Henri IV et de
Louis XIV, les os de leurs os la chair de leur chair, son
ambition s'éleva au niveau de celles de ces monarques, et se
changea en haine et mépris.

Le provençal, le dauphinois, le toulousain, etc., qui
avaient également joui des douceurs du trône, qui s'étaient
dépouillés de si bonne heure de leur rudesse première , qui
avaient si spirituellement, si gracieusement choisi leurs
beaux éléments dans le celte, le grec et le latin , pris sur
place, ne purent résister davantage à la fougue usurpatrice du
conquérant, du caractère septentrional, et allèrent chaque
jour s'altérant davantage. La langue thioise enhardie par
le succès vit augmenter sa fureur des conquêtes qu'elle
tenait héréditairement de ceux qui protégèrent son enfance et sa vie, et l'on voit, qu'aujourd'hui même, rien
n'annonce encore qu'elle soit disposée à l'abandonner, ou

qu'elle renonce seulement à son éternel projet d'effacer de
la surface de la patrie toute trace des langues ses sœurs, qui
lui sont maintenant étrangères et qui n'ont pour toute con-
solation que l'attachement du peuple.

Toutes les langues néo-celtiques ou plutôt romanes,
puisqu'on veut les nommer ainsi, parquées d'abord en petits
états, en petites principautés, finirent également par s'étendre à mesure que des chefs chrétiens agrandissaient leur
territoire. Plusieurs d'entre elles régnèrent ainsi en Provence, à Toulouse, à Montpellier, en Limousin, en Béarn,
en Navarre, en Arragon, en Galice, en Savoie, dans le canton de Genève, etc, sous le nom collectif de langues d'oc.
D'autres non moins nombreuses aussi, sous la dénomination de langue d'oïl, se répartirent le territoire situé au-delà
de la Loire, où le grec n'eut jamais la moindre existence
vulgaire. Celles-ci, rudes et sévères, devaient avoir un plus
brillant avenir dès le moment que le glaive et le canon devenaient la dernière raison des rois. Parlées par des peuples
qui partageaient leur vie entre la guerre et la méditation
chrétienne, elles suivaient naturellement le sort des armes,
pendant que les troubadours chantaient, et contractaient
ainsi une physionomie plus dure que tendre.

Assez d'écrivains se sont occupés de l'enfance et de la jeunesse de la langue royale; un très-grand nombre se livrent
encore à ces pénibles recherches en ce moment, mais nul
jusqu'à présent ne consacra ses veilles à la disposition de
celles du peuple, si ce n'est toutefois pour certaines localités
particulières et fort limitées. A la tête de ces hommes laborieux et savants, il faut encore placer M. Champollion-Figeac
qui, l'un des premiers fit revivre dans notre siècle une étude
qui fixa l'attention du célèbre Oberlin trente ans plus tôt.
D'autres, en grand nombre, ne firent qu'imiter cet exemple;
mais un travail d'ensemble, et sous un point de vue purement
pratique, reste encore à faire. La gloire qu'en obtiendra celui
qui l'exécutera sera certainement égale aux recherches
immenses qu'il exigera. Ceux qui se sont occupés de la langue thioise ou franco-théotisque, n'avaient aussi pour objet
qu'un véritable patois, et lorsqu'un savant, qui plane justement au-dessus des renommées universitaires, consacra ses
veilles à tracer un Tableau de la Littérature au moyen-âge,

c'était encore les trésors littéraires des patois romans que sa plume éloquente nous révélait.

Mais, dira-t-on peut-être, ces dialectes néo-celtiques dont vous venez de faire un si bel éloge, que l'on appprend à peu près comme le français, sans s'en apercevoir, a-t-on, après tout, quelqu'intérêt à les conserver, à les étudier? Peuvent-ils fournir à nos récréations, à nos études à nos méditations, à notre instruction, un auteur ou des connaissances dignes de notre attention? J'aurai l'occasion de répondre ailleurs à chacune de ces exigences et dans les plus grands détails (1) géographiques, lorsque je tracerai un tableau géographique et siècle par siècle, de la langue parlée dans la majeure partie des villes de France, de Belgique et de la Suisse romande, aussi exact que possible. On verra ressortir toutes ces vérités avec la plus grande évidence. Je sais très-bien que pour compléter ce languatla, il faudrait avoir à sa disposition des matériaux nécessaires que je n'ai point encore, et le talent de ces hommes illustrés déjà par des recherches analogues. Mais je crois arriver au but qu'un homme livré à lui-même et privé des ressources d'un gouvernement, peut obtenir après bien des soins et des peines. Je parle seulement des fragments de la langue parlée pour chaque siècle et chaque ville; puisque, sous le point de vue bibliographique, je n'ai eu qu'à suivre la route tracée par quelques savants étrangers. L'Italie et la Sicile, par exemple, qui comptent à elles seules plus de trois mille auteurs patois, presque tous en vers; car le XIXᵉ siècle seul possède des prosateurs, comme si l'homme ne chantait que dans les fers, ne sont pas encore aussi riches que nous. Les langues couronnées seules ont de la bonne prose, témoin le kathalan, l'arragonais, le le béarnais, le provençal, le languedocien, etc.

Un savant pourra peut être bien dire aussi du haut de sa chaire (2) : ces idiômes grossiers, sans principes, sans règles, sans culture. et dont aucun philosophe, aucun historien, aucun orateur, aucun grand poete, ne daigna jamais se

(1) Histoire littéraire et philologique des dialectes néo-celtiques et néo-grecs du midi de la France.

(2) Mémoires de l'académie des inscriptions et belles-lettres, t. X, liv. 1.

se servir, n'ont rien de commun avec les dialectes grecs ; mais qui ne verra dans chacune de ces assertions autant d'erreurs que de mots, résultat naturel de l'ignorance absolue de la question dont il disserte pourtant avec tant de pertinence ? Nul doute que l'abbé Arnaul, comme tant d'autres , parlait en maître de ce qu'il ignorait complétement ; car il n'y a , en effet, comme nous le verrons plus loin , aucune différence entre tous ces dialectes et ceux d'une langue morte ou vivante , quelle qu'elle soit d'ailleurs. Ils émanent tous d'un même principe . d'une même source , d'une même cause , la subdivision politique des peuples des territoires, et par suite, des langues ; aussi, Ginguené dit-il très-bien à ce propos , qu'il est peu de sujets plus dignes de l'entretien des philosophes que ces formations, ces séparations et ces réunions de langage qui marquent les principales époques de la formation , de la séparation et de la réunion des peuples. Ici , comme l'a dit également M. Villemain , la grammaire nous apprend l'histoire.

Ces aperçus rapides ne pourraient sans doute point être appliqués à la langue toute conventionnelle de Virgile ou d'Horace, ni même à celle du peuple romain , qui ne fut parlée que dans une circonscription territoriale extrêmement limitée. Ce qui arriva seulement, c'est que les fonctionnaires publics , ces rouages sociaux des états politiques, mêlèrent inévitablement quelques mots latins aux différents dialectes celtiques de la surface du globe latin , et lorsque cette puissance impie du fer s'écroula , la terre immense qu'elle avait envahie fut immédiatement fractionnée à l'infini. Dès ce moment, chaque peuple se mit au travail, se constitua en sociétés diverses , procéda à la création d'un dialecte particulier avec son esprit , sa philosophie, selon l'exigence de tous ces besoins , sous l'influence de mille causes puissantes; elles devaient être l'expression la plus franche et la plus pittoresque de chacune de ces nationalités nouvelles. C'est précisément là ce qui fait que Malte-Brun a eu raison de dire que plus un dialecte est ancien , isolé, obscur et méprisé, plus il prend aux yeux de la science le caractère spécial et monumental.

En général, la destinée des langues est exactement la même que celle des peuples qui les créèrent. Les unes arrivent à la puissance au moment où les autres la perdent, parce qu'il faut toujours une tête à tout ce qui est humain, et l'accomplissement de ces faits si opposés ne nuit jamais ni à l'existence, ni à la postérité des unes ou des autres; véritable métempsycose intellectuelle qui prouve combien l'œuvre immédiate du Créateur est indestructible. Cependant aussitôt qu'un idiome peut étendre son réseau administratif et politique sur une plus grande échelle territoriale, tous les degrés topographiques de cette région sont, dans un temps indéterminable, contraints de l'admettre insensiblement, quant à leurs relations politiques du moins. Il faut, par exemple, pour étendre et fixer l'un de ces dialectes, celui que parlait l'un des plus grands souverains du moyen âge, une puissante unité gouvernementale, la multiplicité des écoles, et beaucoup plus tard, la fondation d'un corps scientifique exclusivement chargé, par une autorité non moins absolue et formidable, de veiller constamment à la pureté, à l'intégrité de cette langue depuis si long-temps couronnée. C'est ce qui explique pourquoi, avant Richelieu et Louis XIV, tous les écrivains de la langue thioise pourraient être considérés comme parlant chacun un dialecte différent d'un même idiome. Il en fut à peu près de même à Rome et cette remarque n'échappa pas non plus à Scaliger qui dit positivement : Vi.lehardouin *non scripsit lingua parisiensi, sed turonensi, nam habeo libros vetustiores qui melius loquuntur : sed ma.na differentia in vicinis etiam quód ad linguas*; remarque on ne peut plus juste et que l'on peut également appliquer aux dialectes français dont se servirent Joinville, Rabelais, les deux Marot. Expilly, Montaigne, Charro.i, etc

Ce que nous voyions en Grèce comme à Rome, comme en France, avant l'institution de l'académie, a lieu pour tous les dialectes néo-celtiques, et leur différence n'est certainement ni tellement tranchée, ni tellement nombreuse que leur étude puisse réclamer un temps que l'on n'emploierait guère avec plus de profit à apprendre les autres langues poli.ques de l'Europe actuelle ou passée, qui d'ailleurs ont exactement les mêmes origines.

Les dialectes grecs admis au nombre de quarante-neuf seulement, par les savants, n'offraient pas entre eux de plus grandes difficultés quant à leur étude, quant à leur intelligence.

Ainsi plus on remonte haut vers l'origine des dialectes néo-sanscrits, plus les difficultés de leur étude vont en diminuant. Chaque peuplade, chaque ville, chaque famille même, avaient pour ainsi dire le sien, puisque dans le fait toutes ces diffé-rences se réunissaient ensuite en quatre ou cinq dialectes, qui furent également cultivés séparément et que nous appre-nons aujourd'hui même, sans la moindre difficulté. La même fusion, la même simplification tendent à s'établir aussi entre les dialectes néo-celtiques de France depuis 1789, résultat inévitable de l'unité politique et du mélange de plusieurs peuples en un même corps de nation.

Dans cette réunion intime de dialectes différents, quelques-uns s'usent par le frottement et disparaissent à la longue; telle est la langue d'Osteugne (1), etc., tandis que d'autres se polissent, comme ceux de la Bourgogne, du Morvand, et mé-ritent ainsi la prolongation d'une existence qui ne fut pas sans gloire. En Grèce comme en France, comme en Italie, en Espagne, en Portugal, comme partout enfin, l'unité gram-maticale reste toujours une véritable question sociale, malgré la diversité des dialectes et leur nombre. Tant que les répu-publiques grecques furent indépendantes, tant que les Italiens, les Espagnols, les Français furent parqués en petits états libres, sous différentes dénominations, les dialectes néo-celtiques furent aussi nombreux que les subdivisions poli-tiques. En Grèce la domination macédonienne décida la grande question de la prépondérance nationale d'un dialecte sur tous les autres. En Italie, en Espagne, en Portugal, ce furent des hommes de génie qui tranchèrent aussi cette grave proposition; en France, ce fut un soldat illettré. Les dialectes celtiques, nés en Gaule, l'emportèrent ensuite sur tous les autres, grâce à l'esprit des peuples qui les parlaient, grâce au mérite des chanteurs et des écrivains. Ils devinrent langue politique, mais sous la condition expresse de s'assouplir aux lois philosophiques de Evangile. C'est à la même condition que plus tard le grec reçut le baptême à Byzance et prit le nom de langue hellénique, pour mieux rompre tout pacte avec l'impiété.

De cette langue nouvelle, composée de vieux élémens,

(1) Pierquin de Gembloux, antiquités d'Autun, in-8°, Nevers 1838.

4

naquit ensuite un dialecte secondaire, parlé maintenant dars toute la Grèce , je veux dire le romaïque ; langue très-assurément chrétienne aussi, dont il n'existe aucune grammaire et que l'on n'apprend dans nos collèges qu'en changeant la prononciation ridicule imaginée par Erasme à la place de celle dont M. Minoïde-Minas a tracé les véritables lois, et dont il a pris les règles dans les dialectes vulgaires.

Mais à quoi peut donc enfin servir l'étude de tous ces patois, de tous ces dialectes? A interpreter d'abord tous les documents politiques que les historiens de l'école monumentale recherchent maintenant, avec autant de zèle que de lumières, car je pose en fait qu'il n'y en a pas un où, pour le moins , les mots patois de la localité ne se mêlent fréquemment au latin dégénéré des actes publics , des chartes , des priviléges, des coutumes , des statuts , etc. ; à permettre par conséquent de traduire ces documens innombrables qui sont complètement écrits dans ces mêmes idiômes ; à expliquer certains monuments numismatiques; à donner la clef de certaines dénominations topiques; à éclairer les origines de notre langue; car , à tout prendre , qu'est-ce donc que le magnifique Glossaire de Ducange , celui de Carpentier , de dom Bullet , de Court de Gebelin , si ce ne sont autant de vocabulaires de ces langues hybrides , si multipliées , s'éclairant les unes par les autres ? C'est avec les recherches que ces études entraînent forcément que l'on pourra répondre enfin aux questions du savant abbé de la Rue. On lui dira, par exemple, d'une manière positive quelle est la véritable origine de tant de patois si différents, usités dans toutes nos provinces , dans toutes nos villes. On lui dira, s'ils sont nés de la langue française, fixée antérieurement à Malherbe, à Villon, ou s'ils sont autant de monuments indestructibles élevés, comme disent les médailles du Bas-Empire : GENIO POPULI ROMANI, ou bien les traces uniques d'une nationalité vigoureuse, étouffée dans sa splendeur par ce même génie destructeur. Par ces moyens enfin l'on prouvera aux adeptes de l'illustre Raynouard que jamais la langue des troubadours ne fut nationale , ni homogène , ni universelle. Cette vaste existence n'est point dans la nature morale des hommes ni de leur réunion, pas plus que dans l'esprit politique de l'époque. Aucune langue d'ailleurs ne jouit jamais d'un pareil avantage.

L'abbé de la Rue ne pouvait s'expliquer non plus la cause des différences qui existent entre les dialectes néo-celtiques du nord et ceux du midi. Les études que nous préconisons le lui auraient certainement révélé, en démontrant à chaque pas quels idiomes topiques ou voisins entrèrent toujours dans leur composition, en proportion plus ou moins considérable : circonstance importante qui rend inappréciable la rédaction des vocabulaires pour chacun des patois de la France, vocabulaires spéciaux plus précieux pour l'éthnographie, la philologie et la gloire nationale que ne le sont certainement le Colysée ou les Pyramides d'Egypte, ou les Téocallis de Mexico, dont nos savants se sont néanmoins tant occupés. C'est là, en effet, et seulement là que se trouve toute la philologie française. Une marche opposée ressemblerait à celle de nos savants, qui recherchaient, dans l'arabe ou l'hébreu, l'explication des monuments graphiques de la Vieille Egypte, au lieu de créer instantanément un dictionnaire des patois de l'Egypte.

Pour parvenir à ce dernier résultat, les savans se sont en effet donné beaucoup de peine. Ils ont, par exemple, laborieusement cherché les manuscrits ascétiques survivant à la mort biséculaire du copte, et après dix années d'investigations incessantes, M. Amédée Peyron vient enfin de terminer ce dictionnaire indispensable et si impatiemment attendu par l'Europe savante, tandis qu'il n'eût réclamé qu'un nombre égal de mois, si l'on avait su que le patois provençal pouvait seul, au besoin, nous aider aussi à reconstituer cette langue éteinte. La section des manuscrits de la bibliothèque du roi possède en effet un dictionnaire provençal-copte dans lequel on trouve même une nomenclature de phrases d'un usage journalier, et des mots soit commerciaux ou industriels, soit relatifs aux besoins de la vie, ainsi que les noms de nombre, les divisions civiles du temps, etc. Ainsi, pour nous rendre instantanément la langue copte, perdue depuis plus de deux siècles, il ne fallait, comme je le disais, que s'être occupé de l'étude pratique et bibliographique des patois de France.

A cette preuve déjà suffisante, pour démontrer toute l'importance actuelle de l'étude des patois, nous ajouterons encore que là se trouve aussi le véritable complément des travaux actuels de l'Allemagne, de la France, de l'Italie et de l'Espagne, etc.; qu'il faut nécessairement l'ajouter aux immenses travaux de Bopp, d'Adelung, de Künner, de Schlegel, de Klaproth, de Balbi, de Tanzini, de L.-F. Graslin, de J.-B. Eno y Aspiroz, d'Hervas, d'Eichoff, de Pictet, etc., qui ont fourni de si importans résultats en philologie comparée, en ethnographie, en grammaires comparées, etc. Il faut faire enfin pour la France, et ses dialectes, ce que Grimm a exécuté avec tant de succès pour l'Allemand et les dialectes du Nord. M. Eugène Burnouf n'a pas dédaigné non plus l'étude des dialectes néo-celtiques dans ses précieux travaux sur le grec et le sanscrit; il s'en est servi de la manière la plus heureuse et la plus ingénieuse (1). Sans leur secours, je n'hésite point à déclarer que les hommes les plus érudits commettraient de graves erreurs, et qu'un dictionnaire étymologique d'une langue nationale est complètement impossible.

Pour ces recherches ethnographiques ou philologiques, les écrivains ne manquent point fort heureusement. Toutes les nations chrétiennes, c'est-à dire celles qui ont considéré le peuple comme la meilleure et la plus grande fraction d'une nation, sont à peu près également riches, non seulement sous le rapport du nombre de leurs écrivains patois, mais encore sous celui de leurs vocabulaires. Les heures de récréation, de loisir, pourraient donc être avantageusement employées à la lecture des bons poètes néo-celtiques. On y trouverait, en s'amusant, de bons modèles dans tous les genres de composition et des études ethnologiques ou philologiques on ne peut plus utiles à l'histoire des peuples et des langues. Peut-être éprouverait-on aussi quelque plaisir à savoir comment Homère, Anacréon, Esope, Virgile, Horace, Martial, etc., ont été rendus par les sœurs consanguines des langues illustrées par ces hommes de génie.

Si, ensuite, l'on veut seulement connaitre les richesses

(1) Introduction sur le Yaçna, l'un des livres religieux des Parses in-8°, Paris, 1836, t. 1. — Journal-Général de l'instruction publique, 13 décembre 1835, p. 99, col. 5.

littéraires des dialectes néo-celtiques de la patrie , on lit avec
étonnement les magnifiques Georgiques de l'abbé de Pradinas, ou le *Ramelet Moundi* de l'anacréon toulousain , que
l'on peut comparer aux traductions latines ou françaises,
faites par l'immortel auteur du *Prædium Rusticum*, ou par Mme,
Desbordes-Valmore , Tastu , etc., le poème didactique *Dei
Magnan*, que l'on pourrait comparer avec le même sujet traité
par Dulard, Roucher, Rosset, M^c. Duverdier, et enfin avec celui
du savant littérateur Dufresne de Francheville , le seul qui,
avec le rouerguat Pié, dans un poème didactique, ait réellement dévancé le poète celto-grec des Bouches du Rhône , et
qui ait tout aussi bien chanté

Ces insectes changeants qui nous filent la soie.

VOLTAIRE.

Croit-on que ces études littéraires n'auraient point autant
d'influence sur l'intelligence que celles que nous faisons
journellement à l'aide de l'espagnol , de l'italien ou du portugais? Nul doute ; et nous aurions en outre l'avantage de
connaitre tous les fruits intellectuels de cette féconde et
belle terre de France, riche en dialectes suaves comme en
littératures , et dont on recherche avec tant de soin aujour-
d'hui les monumens en pierre, en bronze, en parchemin,
tout en professant le plus profond dédain pour les monumens admirables de l'archéologie la plus gracieuse , la plus
belle et certainement la plus instructive de toutes. Les hommes passent , dit M. Eusèbe Salverte, les fleuves, les montagnes, les vallées, les villes même restent et conservent
long-temps leurs noms. Les anciens noms de lieux sont autant de monumens qui maintiennent le souvenir de la population primitive d'un pays, long-temps après qu'elle a disparu par l'extermination , la fuite ou le mélange avec la race
des vainqueurs. Enfin , dit Ronsard avec autant d'esprit que
de justesse, c'est un crime de lèse-majesté suprême d'abandonner le langage de son pays, vivant et florissant , pour
vouloir déterrer je ne sais quelle cendre des anciens. Ensuite
si , comme je l'ai dit dans mon *Histoire littéraire de l'Allo-
brogie*, l'assertion de M. Fauriel est complètement vraie,
comme je n'en doute pas, c'est encore dans les poésies des
troubadours que nous devons même rechercher ces chants
populaires gaulois qui nous sont totalement inconnus.

D'après ce savant, certains poèmes des premiers écrivains néo-latins furent, dans le principe, des chants populaires dont le modèle gaulois ou gallo-grec appartenait aux indigènes, ou bien aux colons Rhodiens ou Phocéens du littoral méditerranéen, et que l'on força de se plier aux exigences d'une nouvelle société. Telle est aussi l'opinion de Niebühr.

Elle est très-probable, en effet, car la langue gauloise et sa littérature, qui s'était perpétuée dans la mémoire jusqu'à l'arrivée des troubadours, allait s'altérant chaque jour davantage, comme celle des Ioniens et des Doriens du Midi des Gaules. Leurs poésies originales devenaient donc de jour en jour plus rares et plus inintelligibles. Des hommes de goût et de génie colportant la littérature dans les châteaux, durent nécessairement se les approprier, se hâter de les traduire, soit pour les conserver, soit pour s'en attribuer le mérite. Un résultat exactement semblable eut également lieu dans l'Armorich pour d'autres poésies celtiques; car les chants jouèrent un très-grand rôle en Gaule à toutes les époques. Chaque année, chaque jour, chaque heure, chaque condition même avaient les siens. Les aubades des troubadours sont les chants du matin ; les pastourelles, ceux des pâtres, rajeunis peut-être par le génie provençal : tout le cycle littéraire de l'espèce humaine change de langue sans changer d'idées. C'est ainsi que la légende du pèlerin Raymond Dubousquel n'est évidemment que l'écho affaibli d'une tradition gallo-grecque, célébrée par Homère (l'Odyssée).

Cette étude nouvelle appliquée à toutes les régions du globe et ignorée pourtant par le plus grand nombre de nos savans, est complètement négligée en France, cette terre classique des plus beaux fruits intellectuels, où tout naît et fleurit avec une grâce particulière, où fourmillent ces dialectes variés qui dominèrent tour à tour en Turquie, en Grèce, en Angleterre, en Espagne, en Portugal, en Italie, etc., qui ont, sur notre intelligence, et par suite sur notre langue nationale, une influence à la fois si heureuse et si profonde. S'il s'agit de comparer les avantages du patois avec ceux des langues écrites, dit M. Nodier, on ne lui contestera pas la précision et la netteté. Il dit si parfaitement ce qu'il veut dire, que les plus habiles écrivains renoncent à le traduire de peur d'en atténuer l'expression, et que Rabelais, Mon-

taigne, La Fontaine et Molière ont dû les plus piquants de
leurs succès à la franche hardiesse avec laquelle ils l'ont
abordée, toutes les fois qu'il leur venait à point dans leurs
inimitables ouvrages. N'a-t-on pas essayé de transporter dans
ce qu'on appelle le *Bon Français* les délicieux Noëls de Lam-
monoye ? Voyez un peu la belle besogne. Si c'est l'élégance
que l'on demande à la parole, qui vous tiendra lieu de la *can-
sonnella* et de la *pastourella* du Midi, répétées sur des airs
qui enlèvent l'ame aux sons d'un pauvre galoubet, sous
l'ombre du pin ou de l'olivier ? Il est impossible de ne pas
sentir à les entendre que c'est l'œuvre d'un peuple adolescent
qui chante la poésie et la musique de la jeunesse, qui en sé-
duit l'oreille des femmes et qui en réjouit le cœur des vieil-
lards. Cette grâce virginale du patois qui n'appartient qu'à
lui, nos belles langues l'ont perdue. Si c'est la richesse qu'il
vous faut, je conviendrai sans difficulté que le patois n'est pas
riche, et il me souvient d'avoir démontré que les langues
pauvres étaient les seules qui eussent le privilège d'une
poésie intime, où rien n'est dû à l'imitation, au plagiat. C'est
la nature des temps et des choses qui a établi ce partage.
Aux langues riches, l'art et le goût ; aux langues riches, le
luxe de l'érudition et la profusion du synonime ; aux langues pauvres, la naïveté de l'expression et le pittoresque de
l'image ; aux langues pauvres, la poésie. Choisissez et n'ex-
cluez pas, il y en a pour tout le monde. Montrez-leur un
être sensible, à formes prononcées et à caractères saillans, et
vous verrez avec quelle puissance ils lui imposeront son vocable propre, et de quel tour ils sauront le peindre. Ce qu'il
y a de merveilleux dans les patois, c'est qu'ils procèdent à
travers les élémens d'une langue inspirée, avec une autorité
que nous n'avons plus. Comme une multitude d'objets, que
nous avons dénommés de vieille date, sont encore nouveaux
pour eux, ils ne les saisissent d'un nom vivant qu'à mesure
que les objets le réclament ou s'introduisent dans l'usage de
la vie ou dans les habitudes de la pensée, et ce nom vaut essentiellement mieux que le nôtre, parce que c'est la nécessité
qui le fait. Ils sont pauvres, sans doute, en mots inutiles à la
vie physique et morale de l'homme, en superfétations lexi-
ques, inventées dans les cercles et les académies, mais ils
sont plus riches que vous cent fois en onomatopées parlantes,

en métaphores ingénieuses, en locutions hardiment figurées;
ils sont plus riches que vous dans le mouvement de la parole et dans le nombre souvent rythmique de la période ; ils
sont plus riches que vous en acceptions singulières et nouvelles qui rajeunissent le mot par l'idée, ou l'idée par le mot;
ils sont plus riches que vous jusque dans leur alphabet ver-
bal, puisqu'ils ont des prosodies, des accentuations, des
lettres toniques dont l'harmonieux secret a disparu de vos
langues Ils sont plus riches que vous et de beaucoup en articulations ; je vous ai prouvé que vous en aviez vingt en
français que vous ne savez pas écrire. Ils en ont vingt autres
que vous n'écrirez jamais. Je déclare que je ne connais point
d'articulations dans les langues européennes, et je ne crain-
drais pas d'aller plus loin, qui ne se trouve dans les patois
de France, et dont je ne puisse à l'instant fournir un exemple. Quelqu'un qui attacherait à chacune un signe propre,
et qui aurait l'art facile de ranger les caractères dans leur
ordre philosophique toucherait de bien près à l'alphabet
universel, s'il n'y arrivait pas tout-à-fait.

Un homme de lettres dont le livre est dans toutes les
mains, qui depuis long-temps est en possession de complè-
ter les études littéraires de nos collèges, Dumarsais, a dit
fort spirituellement qu'il se faisait, en un seul jour, plus
de tropes à la halle qu'à l'Académie et que dans tous les livres des rheteurs. C'est donc là qu'il faut aller puiser une
connaissance approfondie de cette puissante ressource
poétique, dont fourmillent tous nos patois. C'est chez eux
que l'on peut voir

> Pousser jusqu'à l'excès la mordante hyperbole.

Ces propos m'assomment, je l'ai terrassé d'un coup-d'œil,
je l'ai anéanti par mon regard. Le languedocien ne nous
fournit-il pas l'acyrologie la plus gràcieuse lorsqu'il emploie
le verbe espérer à la place d'attendre? Ainsi, l'amant n'attend
pas sa maitresse au rendez-vous, il l'espère. Enfin, puisqu'il faut effleurer toutes les questions qui se rattachent à l'é-
tude des patois, quel homme de lettres aurait jamais osé dire,
comme ce paysan du Morvand qui, fàché d'avoir perdu son
procès, attend ses juges au sortir de l'audience et crie à leur
passage : je voudrais être enragé et les avoir mordus !

Considérés sous le point de vue purement littéraire, tels sont quelques-uns des avantages de nos patois. J'ai pensé tout ce qu'a dit le célèbre bibliothécaire de l'Arsenal; mais désespérant de le rendre d'une manière aussi élégante, j'ai ajouté à mon opinion le poids de sa science et la magie de son style. Cependant tous nos patois n'ont pas sans doute ni la même douceur, ni la même harmonie, ni la même richesse; mais comme l'a fort bien fait remarquer M. Villemain, mille questions d'histoire et d'antiquités modernes, mille curieuses recherches devraient se lier à l'étude de cette poésie vulgaire.

Vos titres de Comités historiques des Chartes, Chroniques et Inscriptions, de la Langue et de la Littérature vous placent au-dessus des autres comités. Votre mission, Messieurs, est la plus belle, et l'objet de vos études peut à lui seul, sous le point de vue qui nous occupe, faire beaucoup plus pour l'histoire politique, morale, civile ou littéraire de la nation que tous les autres. La véritable histoire de la patrie est entre vos mains, les autres n'en ont que quelques expressions, quelques preuves, parce que les patois sont l'œuvre de l'intelligence dont la plus sublime partie est dans les mots et la poésie, et cependant, Messieurs, l'un de vos Comités a *craint de couvrir de son crédit la fraude de quelque Macpherson inconnu*, en publiant les chants populaires de cette noble Armorich, recueillis et traduits par M. de la Villemarqué.

Que ces chants remontent au ve ou au vie siècle, comme l'annonce ce savant, ou qu'ils soient du xixe siècle, les mots, leur disposition, les idées, tout enfin n'en forme pas moins un des élémens les plus précieux de l'histoire nationale. Et vous avez hésité en outre, en déclarant que c'était là un recueil d'une haute valeur, tout en reconnaissant son mérite littéraire, et cela, parce que vous regardez comme un point essentiel d'en pouvoir constater la date et l'origine? Ces conditions ne sont absolument d'aucune valeur dans de pareilles circonstances. Ce qu'il faut avant tout, c'est une langue dont on vous donne de précieux monumens de poésie; dans laquelle vous trouverez les origines de la vôtre; des mœurs, des usages qui vous révèleront ceux de vos pères, et qui fournit à votre idiôme ses plus nombreux élémens. Un cadeau de ce genre ne se refuse jamais : quel malheur a donc essuyé la littérature anglaise à la suite de la fraude de Macpherson?

Une autre raison encore, c'est que les traditions littéraires, ainsi transmises de génération en génération, méritent aussi de fixer sur ces études toute l'attention des savans. La poésie populaire en effet, considérée en elle-même, n'est-elle pas bien supérieure quelquefois à celle des académiciens? Ce fait incontestable fut observé partout, à toutes les époques, puisque l'on fit de bons vers long-temps avant que l'on songeât à réunir ainsi l'œuvre de tous ceux qui se livraient à ces nobles et chaleureux délassemens. Les chansons de rhétorique (*Rederij Kamer*) de la Hollande, au XVe siècle, n'étaient-elles point, par exemple, bien inférieures à ces vers pleins de grâce et de fraîcheur que le peuple lançait en dansant? Il avait alors, comme toujours, trois cordes à sa lyre, comme les minnesinger, les troubadours et les trouvères : l'une pour l'amour, l'autre pour la nature, et la supérieure pour Dieu. Goethe, Schiller, etc., ne dédaignèrent point cette littérature. Gœres et Brentano l'imitèrent, l'un dans son *Altmeisterlieder*, l'autre dans son corps merveilleux. Dante l'unit intimement à ses sublimes pensées, et tous les éditeurs de la Divine Comédie le déplorèrent constamment, parce qu'ils ignoraient nos patois. Pétrarque prit plus d'une fois à nos troubadours non seulement leurs expressions, le sujet ou l'idée de ses plus beaux sonnets, mais encore des poèmes entiers. Gasparo Scolaro dit positivement que l'amant de Laure des Baux leur vola des sonnets, des sextiles, des terceroles et des huitains à Mossen de San Jordi 1250, qui écrivait en langue lémosine, à la cour de Jacques Ier, surnommé le conquérant, roi d'Arragon et de Valence, comte de Catalogne et seigneur de Montpellier (1).

On reproche assez généralement au ministère qui créa les Comités Historiques, au-dessus desquels s'élèvent les vôtres, de n'aimer que les anciens, de n'étudier que les langues mortes. Votre refus à l'égard de M. de la Villemarqué, votre oubli à l'égard de tous les patois de France, tendraient à donner quelque vraisemblance à cette calomnie. Voici toutefois, à ce que je crois, le secret de cette prétendue prédilection. L'étude des langues mortes est analogue à celle de l'histoire qui, toutes

(1) Istoria Valenziana, lib. 1, cap. XIV, n. 2.

deux, nous font connaître nos ayeux, nos devanciers, dans le
torrent des siècles. Une importante vérité, qui ressort à chaque pas de l'étude de la linguistique, c'est l'intime et constante relation de la parole et de la société. Etudier l'histoire
ancienne, en négligeant les connaissances des langues contemporaines, c'est se résoudre à ne jamais la savoir, car la
langue est le miroir des nations. Toutes deux doivent marcher de front, dans un système d'étude bien combiné. Ces
travaux parallèles ont plus d'un avantage. Ils nous enseignent
encore à mieux connaître la valeur des expressions dans chaque langue morte, dont nous apprenons par conséquent
ensuite celles qui en dérivent immédiatement, avec une
prompte facilité. On accuse également ce système de dédai-
gner les littératures contemporaines, alors que, par le fait,
on est conduit ainsi à mieux les apprécier. C'est une erreur,
car les langues ainsi proscrites sont précisément celles qui
traitent de nos intérêts les plus chers, ce sont celles de nos
prières et de nos droits, de notre amour et de nos richesses
intellectuelles. Les littératures contemporaines sont encore
des reflets brillants, quoiqu'altérés, de nos croyances religieuses. Ce serait donc l'art chrétien que les populations
chrétiennes repousseraient? C'est impossible. Il est évident que pour bien apprécier les unes et les autres, il faut
fortement étudier leurs sources premières, c'est-à-dire les
langues et les littératures anciennes; mais cette nécessité ne
diminue en rien l'attention que méritent nos dialectes vulgaires, ainsi que leur littérature naïve et fraîche.

Les différents moyens phonétiques de rendre la pensée
humaine sont un don de la divinité. La première langue,
à laquelle toutes les autres peuvent se rattacher, a depuis
long-temps cessé d'être parlée; mais croit-on, de bonne foi,
qu'elle soit morte toute entière, ce qui serait sans exemple?
Croit-on qu'elle n'ait point laissé ses ruines onomatopi-
ques ou mimologiques à toutes celles qui lui succédèrent?
La langue universelle, cherchée par quelques savants, exécutée en partie par Wilkins, évêque de Chester, n'est, ni
une utopie, ni une folie. C'est tout simplement celle dont
nous parlions et dont toutes les nations connaissent, sans
s'en douter, les radicaux voilés par des consonnes ou des
voyelles médiales, initiales, ou finales. Je ne dis pas qu'elle

peut servir aux exigences, aux besoins de toutes les spécia-
lités, et la raison en est fort simple, mais peut s'en faut cependant. Dans tous les cas, il est incontestable qu'on la retrouvera plus claire, plus reconnaissable dans nos patois
que dans notre langue. C'est précisément ce qui fait aussi
que pour obtenir des résultats certains dans l'étude de la
linguistique, il faut commencer par les baser sur la connaissance approfondie des dialectes vulgaires qui, seuls, peuvent
donner la véritable clef des langues nationales. Les linguis-
tes les plus illustres sont d'accord sur l'utilité de l'étude des
patois. Etienne Guichard, Court de Gebelin, Bergier, Bullet, etc., ont tous formé le désir de voir composer des glossaires patois pour chacune de nos provinces. Quelques-unes
ont déjà rempli cette lacune, et c'est à vous, Messieurs, de
provoquer de semblables travaux, pour celles qui ne s'en
sont point encore occupées. C'est le moment : dans vingt
ans, peut être, ces recherches seront impossibles, ou du
moins bien difficiles.

Quel que soit d'ailleurs le nombre de langues dont on veuille
admettre l'existence, et qui s'élève selon nous à dix ou
douze mille, il n'en est pas moins vrai qu'en étudiant ce
groupe des idiomes néo-sanscrits, nous possédons incontestablement les racines de tous les autres. C'est donc ainsi
que le grec et le latin nous conduisent également à la connaissance, non-seulement de l'espagnol, de l'italien, du
portugais et du français, et par conséquent de la langue
franque, mais encore de leurs innombrables dialectes, de
telle manière, qu'avec le secours de ces deux langues-mères,
nous connaissons, à fort peu de choses près, toutes les autres. Nous pouvons, dès-lors, rechercher dans nos patois
les traces des faits qui manquent à notre histoire nationale.

Ce travail aussi amusant qu'intéressant, pour l'enfance ou
la jeunesse, aurait, enseigné dans nos collèges, changé
nos idées sur la valeur de l'étude des langues. Il aurait la
plus heureuse influence sur l'instruction et le développement
de l'intelligence. En effet, si l'on résumait tout ce que l'on
apprend d'essentiel dans les basses classes, on reconnaîtrait
bientôt la cause du peu d'intérêt que l'enfance y trouve, par
suite des insuccès et des dégoûts qui en sont la conséquence.
On n'y apprend en effet que l'art tout mécanique d'échanger

des mots , et c'est précisément là une des causes qui rendent
si rebutante l'étude des langues. Veut-on que tout change ,
que cet horizon s'embellisse, s'agrandisse? Que l'on essaie ,
chemin faisant , d'intéresser et d'occuper toujours l'esprit
de l'enfance ; qu'on lui montre l'étymologie et la métempsycose des mots; qu'on montre à l'instant leurs affinités, leur
ressemblance avec ceux du patois de sa nourrice ou de sa
mère, alors qu'il les rencontre dans le grec , le latin , l'allemand ou l'anglais.

Il faudrait commencer cette étude facile, et dont les conséquences seraient si importantes, par avertir que telles ou
telles consonnes latines, par exemple , se changent presque
constamment dans tel ou tel patois , dans telle ou telle langue, en d'autres consonnes parfaitement déterminées. Que le
plus ordinairement les fortes sont remplacées par les douces
et *vice versâ* , tandis que les voyelles se placent toujours
indifféremment l'une pour l'autre. Ce qui , dans tous les cas,
pourrait toujours guider, ce seraient le sens et les sons ana-
ogues.

On examinerait ensuite si le dialecte maternel n'aurait
pas, comme celui de la Navarre française, l'habitude de lier
intimement l'article à chaque mot, comme dans le mot français *loisir*, ou de mettre tout autre préfixe ou suffixe, car c'est
là un des caractères les plus propres à constater la formation
récente des langues.

M. Fauriel , par exemple , fait observer avec raison que
l'on trouve déjà dans Homère cette tendance irrésistible
aux décompositions grammaticales , remarquées plus tard
dans la langue romaine. Décompositions analytiques , véritable expression instinctive des besoins et des sentiments (1). Ainsi, dans le vers 352 du xiii⁰ livre de l'Illiade,
on trouve l'aoriste BH remplissant évidemment un rôle
auxiliaire. Dès la période poétique de cette langue néo-
sanscrite, cette tendance inévitable est déjà clairement per-
ceptible. On ne trouve en effet, à cette époque, aucun ves-
tige d'article dans l'Illiade ni dans l'Odyssée, tandis que
l'emploi de cette partie du discours devient général et régu-
lier chez les prosateurs , par suite dans les patois grecs, et

(1) Cours de littérature étrangère.

nécessairement dès-lors dans les poètes scéniques, c'est-à-dire chez ceux qui parlent directement au peuple ; aussi trouve-t-on dans Sophocle Εν βαλλους εχεις (tu les as chassés) τους θαυμασθας εχω (j'ai, ayant admiré,) etc. Toutes ces formes analytiques sont toujours comme un reflet accidentel de la langue populaire dans la langue écrite. Cela arrive à toutes les langues, à tous les patois, et l'on peut en voir aussi d'autres exemples dans le précieux recueil des Chants Populaires de la Grece. Il paraît dès-lors que M. Balbi a commis encore une erreur en affirmant que la langue latine n'avait point d'article (1), et nous aurons l'occasion de le prouver ailleurs.

On croit assez généralement que les articles, si nécessaires à la clarté du discours dans nos patois, leur viennent des Arabes. C'est du moins ce que l'on n'a pas hésité à déclarer, quant au patois basque, à l'espagnol, etc. On a été trompé par l'habitude de la langue écrite des Romains, qui le tenaient des Grecs, mais qui en étaient extrêmement avares. Cette circonstance prouve encore en faveur de l'importance de l'étude philosophique des langues. Si celles-ci sont bien évidemment la véritable et l'unique expression de la société qui la forme, il faut trouver la raison de cette ellipse perpétuelle, dans la brièveté que devait avoir la vie intellectuelle et sociale des Romains, autant que dans sa dévastatrice rapidité. Dans la conscience fatidique du génie national, les Romains ne pouvaient pas ralentir ainsi la vitesse d'une langue destinée à représenter leurs principales qualités morales. Elle n'aurait plus été en harmonie avec leur caractère, et aurait manqué, par conséquent, à la première des conditions exigées pour qu'une langue soit le miroir d'une société. Elle n'aurait plus reproduit comme un *speculum* tous les traits caractéristiques principaux de la nation, dont elle n'était que l'expression la plus fidèle et la plus forte. Leurs pensées rapides, errantes, vagabondes, ne pouvaient pas s'embarrasser de ces chaines pesantes. Ils devaient forcément parler, agir et penser trop vite, pour qu'ils aimassent à ralentir la rapidité des discours par des mots presque superflus ou

(1) Atlas, planche xiii.

redondants, comme le faisaient les grecs, dont l'existence intellectuelle était au contraire presqu'entièrement consacrés aux lettres, aux arts, à la philosophie, et qui, par conséquent, ne devaient pas dépenser leur vie sociale sur les grandes routes ou dans les camps. Le catholicisme, en donnant à la vie intellectuelle une grande supériorité sur la vie matérielle, a obtenu le même résultat, et la preuve en est dans nos patois. Il n'en est pas un, en effet, qui ne jouisse des bienfaits de l'article, sous le point de vue de la clarté de l'expression.

Cette condition impérieuse de la vie du peuple romain n'empêchait pourtant point qu'ils n'eussent aussi quatre articles, comme l'avait très-bien vu Court de Gebelin (1) ; mais ils ne s'en servaient guère que pour donner une plus grande force à l'expression. Il faut convenir pourtant qu'en l'état nous ne pouvons guère en juger que par ce qui nous reste de leur langue écrite, c'est-à-dire la plus châtiée, la plus arbitraire et la moins intelligible pour la masse de la nation, dont il ne nous reste d'autres monuments phonétiques que quelques inscriptions, dans lesquelles on retrouve précisément cette partie du discours. C'est très-probablement appuyés sur la paléographie romaine que des savants recommandables ont soutenu, avec toute espèce de raison, que le peuple, même à Rome, que celui des campagnes et des provinces, énonçaient continuellement l'article. Si maintenant on désirait une preuve incontestable de ce fait philologique, c'est encore dans les patois qu'il faudrait la chercher. Je ne connais pas, en effet, un seul patois, en Italie, qui n'ait l'article, non-seulement aujourd'hui, mais même long-temps avant le IXe siècle, ainsi que le prouve la Diplomatique.

Que ces articles viennent de l'arabe ou du grec, ou du latin, dès qu'ils sont intimément unis aux mots, il est de fait qu'il ne s'agit plus que de les en séparer. Il n'y aurait donc plus qu'à en dresser une liste afin de les retrancher dans les recherches linguistiques : l'on arriverait bientôt ainsi jusqu'à l'étymologie directe et progressivement ensuite jusqu'au radical. Ici l'on cesserait brusquement d'avoir uniquement affaire à des sons inconnus et sans valeur. La pen-

(1) Grammaire analytique, p. 111 à 115.

sée intime de leur origine et par suite de leur signification se montrerait enfin sous cette enveloppe alphabétique qui peint les sons d'une manière si heureuse. On verrait avec plaisir qu'un sens, qu'une idée sont toujours attachés aux sons les plus légers, les plus fugitifs, les plus éphémères. L'esprit percevrait bientôt, par un intermédiaire indispensable, c'est-à-dire l'étymologie directe qu'on ne trouverait jamais que dans les patois, tout autre chose que des paroles sans vie. Aussitôt en effet

Mens agitat molem et toto se corporet miscet.

l'instruction prodigieusement augmentée, la raison fortement développée : tel serait le premier résultat de cette nouvelle méthode. Ne vaudrait-elle pas mieux que celle qui fait perdre le temps à apprendre des mots ou à étudier des

Versus inopes rerum, nugæque canoræ.

Dès le moment qu'à l'aide du patois on peut arriver directement à l'étymologie du mot français, et définitivement remonter, de langue en langue, jusqu'à la racine primitive, il en résulterait que l'on pourrait suivre une marche inverse, tout aussi facilement et parvenir au même résultat. Voilà donc un motif bien puissant de nous engager à ne pas oublier les dialectes maternels. C'est déjà sous le rapport de notre langue l'étude de linguistique la plus importante, et ce n'est qu'en réunissant avec soin tous les auteurs et tous les dictionnaires patois, que le dictionnaire étymologique de la langue française est possible. Nous reviendrons souvent sur cette question décisive. Cette marche exclusive, aveuglément adoptée, ne serait pourtant pas sans inconvénient. Dans les langues nouvelles, et j'appelle ainsi les patois qui donnent naissance aux langues couronnées, les racines ont été tellement défigurées, relativement à leur source première, par la succession des temps et les métamorphoses diverses qu'ils ont subi, que l'on ne retrouve presque jamais les mêmes voyelles dans les mots bien évidemment identiques. Le même inconvénient est bien plus remarquable encore dans

(1) Bonamy ad calc. Académie des inscriptions et belles-lettres, t. xx. — Maffei, Génie de la littérature italienne an 12. Paris, 1790, t. 1, part. 1, etc.

les langues couronnées : opérer sur les patois est dès-lors le moyen le plus sûr d'arriver à un résultat presque incontestable. Dans la plupart des cas les consonnes seules sont conservées ; il faudrait tout simplement dès-lors avoir, pour tous les patois d'un État, un travail comparatif, extrêmement long à faire sans doute, mais qui permettrait du moins de reconnaître sûrement la liaison étymologique de toutes les langues, avec les idiomes néo-sanscrits, tels que le celte, le bengali, le grec, le latin. Qu'y a-t il de plus facile en effet que de reconnaître, dans nos patois, tous ces mots d'origine celtique, grecque ou romaine? En est-il de même dans le français, l'italien et l'espagnol? On rencontre, je suppose, les mots *mansuétude* et *garrulité*. Sans doute après bien des efforts de mémoire on finit bien par se rappeler que les mots *manere* et *garrire* existent, mais on trouve ensuite les mots *mencin* et *geruein*, sans s'apercevoir qu'ils ont une même source, le même son et par conséquent la même valeur.

Si d'après notre théorie on demandait l'étymologie du mot languedocien *encara*, suivant une marche inverse, on trouverait également un adverbe français identique, venant aussi de *hanc horam*, et l'on découvrirait à l'instant la filiation de ce binôme, dans lequel les voyelles n'ont même point changé, pour ainsi dire. Cependant, on peut poser en thèse générale que le son des voyelles est beaucoup trop fugitif pour ne pas varier sans cesse : qu'il est beaucoup trop accessible aux influences atmosphériques ou géologiques, pour que l'on puisse jamais fonder sur cet élément de chaque mot la série indispensable de pareilles recherches. La voix humaine en outre est trop susceptible d'élévation ou d'abaissement. Les mots languedociens *man*, *houra*, *oulla*, *aoura*, etc., sont très-certainement d'origine romaine, mais ne sont-ils pas plus reconnaissables que le français équivalent main, heure, etc. ?

Si l'on veut faire un bon Dictionnaire étymologique de la langue française, si l'on veut bien traduire les documents destinés à l'histoire nationale, si l'on veut apprécier à leur juste valeur les monuments de notre littérature, antérieurs au XIIe siècle, il faut inévitablement faire précéder ces études par celles des patois, et pour s'occuper de ceux-ci, dans cette direction, de manière à n'en retirer que des avantages, il est essentiel de dresser pour chaque province des tableaux topographiques des diverses variations phonétiques, afin d'étudier plus aisément notre propre langue et qui plus est toutes les autres d'un même coup-d'œil. Ce tableau précieux existe d'ailleurs en partie (1); il ne s'agirait plus que de le compléter, et l'on procéderait ensuite comme Court de Gébelin, dom Bullet, etc., en appelant successivement tous les patois au service des langues nationales vivantes ou mortes.

Sous le rapport de l'utilité dont nous venons de parler, il est un fait que je me plais à constater et que je n'hésite point à proclamer, c'est que la science étymologique n'acquerra jamais ni toute son importance, ni toute l'étendue de certitude nécessaire; que jamais par conséquent elle ne pourra donner des résultats complètement satisfaisants; qu'elle restera toujours dès-lors l'étude la plus aride et la plus impossible, si l'on ne la fait précéder de la connaissance approfondie, non pas de la langue d'oil écrite, ce qui n'aboutirait à rien, mais de tous nos patois. C'est ainsi que le patois de la Tourraine serait plus utile pour l'interprétation du spirituel et savant Rabelais que toutes les recherches possibles sur la langue d'oil. Et cette idée je l'applique ou l'étends à l'étude étymologique de toutes les langues écrites. C'est en effet là seulement que l'on pourra prendre une juste idée, non pas seulement de ces nombreux idiotismes, mais encore de ces mille et une transformations que les organes vocaux, différemment impressionnés, font subir au même mot, sous l'empire d'influences diverses, et cela dans plusieurs contrées en même temps.

Ce travail curieux et neuf ne serait pas seulement indispensable pour s'expliquer la valeur et la beauté des langues que l'on connait, mais c'est encore le plus puissant moyen d'apprendre celle que l'on ignore, à ce point que je me plais à regarder comme de la plus haute importance, la création d'une chaire en faveur de l'étude de nos dialectes envisagés sous ce point de vue, et selon moi nul ne la remplirait mieux que M. l'abbé Dartois, curé à Villers-Sous-Montrond (Doubs). Alors seulement on pourra facilement expliquer, et sans

(1) Le Monde Primitif, édit. de Lanjuinais.

erreur, tous ces précieux monuments souvent inintelligibles
pour les savants qui les traduisent, et tout aussi difficiles que
le copte pour le reste de la nation. Si cette idée n'est point
suivie il arrivera un temps où ce travail, devenu d'une difficulté insurmontable, réclamera les efforts, souvent impuis-
sants, de plusieurs Raynouard, et sans pouvoir espérer de
posséder jamais une connaissance parfaite de dialectes, dont
nous verrons bientôt l'importance sous bien des points de
vue.

La méthode que nous venons de développer est, en partie
du moins, celle employée précisément par M. Eugène Burnouf, et dont les résultats ont été si merveilleux entre ses
mains que nous lui devons la connaissance de la langue zend,
si heureusement découverte jadis par Anquetil-Duperron,
et ressuscitée intégralement par le savant que nous venons
de citer. Dans ce magnifique travail M. Burnouf a très-bien
senti que si la comparaison des textes, et l'étude des langues
d'une même famille, n'expliquaient pas la signification attribuée par les Parses à tel ou tel mot zend; il n'y avait qu'à détacher du mot à traduire les désinences ou suffixes nomi-
naux, pronominaux, verbaux, etc., que l'analyse grammaticale fait découvrir dans les mots qui n'offrent point d'incer-
titude, quant à leur valeur réelle. Ainsi, réduisant à ses plus
simples éléments tous ces vocables, il n'y a plus maintenant
qu'à chercher si le radical existe dans les langues avec
lesquelles le zend a le plus de rapport. M. Burnouf est parvenu à découvrir ainsi que la liste des racines sanscrites
contenait presque tous les radicaux inconnus, mais que
pour les découvrir dans la langue, il fallait remonter jusqu'aux Vedas; que les radicaux anciens étaient le plus
fréquemment étrangers aux langues grecque et latine, et
qu'un petit nombre seulement se trouvait dans les dialectes
germaniques.

Si par cette méthode M. Burnouf a restitué la langue zend,
ne sommes-nous pas en droit d'affirmer qu'employée maintenant à l'étude ethnologique et philologique des patois, nous
arriverions à notre tour à reconstituer un jour notre langue
nationale anté-historique, que mille tentatives hypothétiques n'ont pu recréer, et bien d'autres encore? N'avons-nous
pas sur notre sol tous les éléments épars qui composaient

cet édifice , et ne peuvent-ils pas servir à le reconstruire ? Un fait certain , c'est que toutes les voies tentées par les savants, jusqu'à ce jour , ont été sans résultat. Il serait donc naturel d'essayer enfin celui que je propose et qui aurait dû être employé le premier.

C'est encore là l'unique moyen de reconstituer à peu près toutes les langues mortes qui, jusqu'ici, ont également fait l'objet des regrets de nos savants et des désirs de tous les amis des lettres ou de l'histoire. On chercherait vainement en effet par d'autres voies l'explication des langues osques, sabine, samnite , etc. Je ne doute nullement , par exemple , qu'avec l'étude approfondie des dialectes combinés de l'Etrurie et des Grisons, on ne finisse un jour par recomposer aussi la langue étrusque.

On a beaucoup écrit sur les vers qui ouvrent le *Pœnulus* de Plaute. Les uns ont tenté de les expliquer par le bas-breton, c'est-à-dire par un dialecte néo-celtique ; d'autres par le basque, c'est-à-dire par le dialecte néo-latin que l'on parle sur les deux versants des Pyrénées , etc. Ces tentatives faites avec des éléments fort élastiques n'ont cependant produit aucun résultat satisfaisant, et si l'on n'a pu obtenir autre chose pourtant, avec le secours unanime d'un grand nombre de langues , bien étudiées et bien connues , n'est-il donc pas plus que probable qu'on y parviendrait par l'étude topographique des patois? Dans tous les cas il faudrait soigneusement tenir compte des permutations ou de l'addition épenthétique qu'éprouvent toujours certains mots en passant d'un peuple chez un autre , comme l'ont très bien vu Court de Gébelin et MM. Burnouf, etc.

L'étude des patois n'aurait pas seulement pour résultat immédiat la connaissance des langues perdues et la traduction plus fidèle de celles qui sont bien étudiées : elle corrigerait des erreurs dans une direction non moins funeste: elle ne nous engagerait pas à proclamer à l'unanimité qu'un patois est la plus ancienne de toutes les langues connues, et à le faire remonter sérieusement jusqu'au paradis terrestre. On n'aurait point dit, que telle langue était moderne , alors qu'elle était antique , ou que telle autre était antique alors qu'elle était toute moderne. M. Amédée Thierry, par exemple, regarde le Basque comme une langue originale, primi-

tive et non importée, de même que le bas-breton (1), et ne
daigne même pas faire mention des opinions contraires,
tant sa conviction est profonde. L'examen d'une pareille
question cependant était du plus haut intérêt pour le savant
historien, puisqu'il en fait la base de son Histoire des
Gaulois. Cela ne doit point nous étonner, car le même
écrivain dit ailleurs qu'on ne trouve aucune trace des Gaulois
dans la haute Italie (2). Les savants Adelung et Vater rappor-
tent à six langues primitives les cinquante idiômes européens qu'ils citent, et placent le basque en première ligne (3).
M. Ricci, blessé comme M. Chaho (4) de mon article, sur
l'origine du Basque ramenée au xɪɪe siècle (5), m'a dit avec
une extrême satisfaction qu'il avait trouvé plusieurs mots
sanscrits dans ce patois. Je ne connais pas de dialecte vulgaire chez lequel on ne puisse faire la même découverte et
sans se donner une grande peine. Enfin, M. Balbi, s'appuyant probablement sur l'opinion de ces hommes illustres,
n'hésite point à faire de ce patois la première famille de ses
langues européennes, qu'il nomme dès-lors basque ou ibé-
rienne (6). Il paraît démontré, dit ce savant ethnographe,
d'après les recherches de MM. G. de Humboldt et Malte-
Brun, que c'est parmi ces langues, qui différaient très-peu
les unes des autres, qu'on doit classer les idiômes que
parlaient les Ibériens, dans la plus grande partie de la Péninsule hispanique, dans le sud des Gaules, dans quelques
parties de l'Italie et ses trois grandes îles, etc., etc.

Il est bien difficile de se rendre compte de l'adoption d'une
opinion aussi opposée à toutes les règles possibles de la logique. Comment allier, en effet, avec elle le silence absolu
des auteurs avant le XVIe siècle ? Cette opinion sur l'antiquité
du basque date d'une époque à laquelle on ne se doutait
point encore de la science philologique. On la rencontre, en
effet, pour la première fois, dans le rare et curieux ouvrage

(1) Histoire des Gaulois, t. 1. Introduction, p. xɪɪɪ 453, etc.
(2) Ibid., p. xxxɪɪ. — V. aussi Eichoff, parallèle, etc., p. 1ɟ.
(3) Mithridate, t. ɪɪ.
(4) Voyage en Navarre.
(5) La France littéraire, nᵒ de septembre 1835, p. 129 et seq.
(6) Atlas ethnographique, planche ɪ et xɪ.

d'André de Poça , qui n'hésite point à dire *esta lingua es no menos substancial y philosophical que las mas elegantes de la Europa* (1). Comment une langue si ancienne aurait-elle été sans l'ombre d'une littérature ? Comment une langue primitive aurait-elle des mots composés et démesurément longs pour la majeure partie? La polyssyllabie est partout le caractère le plus certain des sous-dialectes ou des dialectes composés par des peuplades ignorantes. Ce caractère est surtout remarquable dans les idiômes des sauvages de Cook et des mexicains de Cortez , comme dans le basque. La combinaison aveugle des radicaux , défigurée par leur nombreuse alliance , n'est certainement pas une preuve d'antiquité , mais bien et seulement un témoignage de barbarie , et quand la barbarie crée , le génie ne s'en accommode point , et son œuvre est sans avenir. L'esprit ne peut marcher sous cette lourde phraséologie qui étouffe la pensée, et qui substantive le discours. Aussi, de tous les patois , le vasque est-il le seul qui n'ait point de littérature antérieure au XIIIe siècle. Comment ce patois aurait-il pu se prêter à servir d'interprète , soit à la vie, soit à l'esprit ; je dirai plus , même au commerce , à l'industrie? On n'a qu'à parcourir quelques-unes de ses nombreuses grammaires, on y verra des mots composés de quarante à cinquante syllabes , et le comparer à la langue thioise actuelle , qui exprime à peu près tout ce qui peut éclore dans l'intelligence, avec le secours de ses 2,119,000 syllabes : le vasque n'en exprimerait pas le quart, alors qu'il compte jusqu'à 1,592,448,000 syllabes.

La preuve encore que le vasque est un patois tout moderne , c'est qu'à cette époque même on parlait, sur tout son territoire actuel, cette même langue de transition qui régna sur toute l'Europe, et qui n'est autre chose que la langue d'oc ; témoin la chronique en vers de Guillaume de Tudela , en Navarre. Elle ne s'altéra, comme partout ailleurs , que successivement et faute de culture ; car l'évêque d'Astorga, ni Tastu, ni Raynouard, ni Millot , ne citent pas un seul troubadour appartenant à la Biscaye. Il ne s'isola point toutefois complétement des autres patois, et d'une manière

(1) De la antigua Lengua de las Espanas, in 8° Bilbao 1587 , cap. xii , fol. 3o.

absolue de ceux qui les environnent, c'était impossible ; mais il conserva avec eux, sous des enveloppes ou des formes barbares, de grandes et nombreuses affinités, ainsi que le démontre l'étude du béarnais, du bordelais, du toulousain, etc. ; comme cela a lieu en général pour les patois des montagnes, témoin en Suisse ; le romanech, etc. Ce qui donne principalement au vasque une physionomie étrangère, c'est l'*ar* paragogique placé devant un si grand nombre de mots. Ainsi, sur 3,852 mots, commençant par les cinq voyelles, on n'en compte pas moins de 1,822 affectés à la lettre A. Mais comme les langues ne sont pas plus parquées que les hommes, qu'ainsi que tous les fruits de la terre cultivés par l'espèce humaine, on reconnaît, on devine leur présence à mesure que l'on s'en approche, on retrouve le même phénomène de linguistique dans tous les patois qui circonscrivent les différents dialectes escualdunacs. Ainsi, par exemple, les béarnais ne disent pas un *rats*, mais bien un *arrats*, et les vasques ont outré cette forme donnée, à presque tous les radicaux admis dans leur patois. Quant aux désinences en *rea,* elles sont extrêmement communes dans les dialectes kathalans. La lettre *a*, initiale ou terminale, est comme en grec, comme en latin (*illa*), comme en Portugais, l'article ; seulement, les Vasques n'ont pas, comme tous ces peuples, distingué les sexes des objets par ce moyen, ce qui n'a même pas lieu chez les sauvages.

Le Vasque, en effet, a mille analogies avec toutes les langues des sauvages. Comme le Hottentot, comme le Caffre occidental, d'après M. Burchell, etc., il a la propriété singulière de se servir, à titre de préfixe, de particules que d'autres idiômes emploient comme terminaisons. Les particules *ba* (Caffre) et *qua* (Hottentot), signifient un homme et se lient à la plupart de leurs mots, qu'ils terminent. Ainsi, les Basques ne disent pas *escu* (main), *ogui* (pain), *argui* (lumière), mais ils attachent l'article à ces mots, et prononcent toujours *escu-a, egui-a, argui-a.* Il en est de même pour tous les autres substantifs, tels que *egun* (jour), qui fait *eguna* au singulier, *egunac* au pluriel, etc. Les terminaisons *tasuna* et *queria*, ajoutées si souvent aussi aux substantifs, expriment leur bonne ou mauvaise qualité, et constituent ainsi des mots d'une nature barbare, semblable à ceux de tous les idiômes que l'on trouve depuis le Groënland jusqu'à la Patagonie.

Si nous abordons les interminables conjugaisons du patois vasque, ces vérités sont encore plus saillantes. Tous les verbes, en effet, sont également modifiés ou défigurés par l'excessive multiplication des affixes et des suffixes. La preuve encore que les différents dialectes compris sous le nom de langue des Escualdunaes n'eut jamais d'unité, c'est que ceux qui parlent l'un ou l'autre de ces patois ne s'entendent point, et cela non seulement quand ils sont de provinces différentes, mais encore alors qu'ils sont d'une ville voisine. Je suis, dit Aspiroz, de Andoain en Guipuscoa, où se parle le meilleur dialecte, et j'avoue que j'ai beaucoup de peine à suivre une conversation avec un habitant du labour ou d'un village des Pyrénées, de la Navarre, etc. (1)

L'erreur de Poça a entraîné celle de tous ses successeurs. Jusqu'aujourd'hui nos savants en effet paraissent s'être donnés le mot pour aller chercher dans l'hébreu, le phénicien, l'arabe, et quelquefois même dans le sanscrit, les étymologies de ce patois. Il en est qui ont poussé beaucoup plus loin encore ces recherches si propres à déconsidérer les savants et la philologie, puisqu'ils sont allés jusqu'à déclarer que ces langues elles-mêmes avaient puisé quelques-uns de leurs mots à cette origine. Il est bien évident que l'étude des patois circonvoisins de l'Espagne et de la France nous aurait instantanément éclairés sur d'aussi ridicules prétentions. Mais dans la crainte d'arriver à ce résultat, ou seulement dans le profond mépris qu'on affectait pour le génie qui crée les langues, on n'a même pas songé à demander des lumières à ce foyer précieux.

Nous ne voulons point examiner cette question sous tous ses points de vue, quoique nous lui accordions la plus haute importance dans la situation où tous les savans se sont plu à placer ces conjectures. Nous avons d'ailleurs fait ce travail dans plusieurs endroits, tant sous le rapport philologique (2), que sous le point de vue historique (3). Cependant,

(1) La Lengua primitiva de Espana, etc.

(2) Pierquin de Gembloux, l'Origine du Basque ramené au xie siècle.

(3) Pierquin de Gembloux, Histoire Monétaire et Philologique du Berry, 1 vol. in-4, Bourges 1839, p. 255, et seq.

nous ne pouvons l'abandonner ici en écrivant à des savans
appelés à étudier et à rechercher les richesses intellectuelles
de la nation. Poursuivant l'examen rapide de cette importante question que soulèvera, dans l'intérêt de l'histoire et
de la philologie, l'étude des différens patois, nous dirons
que ces dialectes sont, après ceux de la Basse-Bretagne, les
idiômes néo-celtiques sur lesquels la langue latine eut le
moins d'action et dont elle a le moins altéré la physionomie, et cette physionomie si profondément dénaturée aussi
ne l'a été que bien postérieurement à Charlemagne, et par
l'action indirecte des populations circonvoisines. Cette vérité acquerra tout le degré de certitude nécessaire, si l'on
compare ce patois pyrénéen avec les patois de l'Écosse, par
exemple, en tenant compte toujours des altérations phonétiques, produites dans chacun des idiômes par des circonstances diverses, nombreuses, constantes, mais pas toujours
facilement appréciables et clairement définissables. Ajoutons
enfin que nous remarquons même une analogie entre les
noms de ces deux peuples, et sous ce rapport, l'histoire de
la filiation des peuples peut encore trouver quelques indi-
cations, qu'elle ne saurait négliger sans rester à jamais
plongée dans une déplorable ignorance.

Quelle différence, en effet, peut-on trouver entre Caldonac-
ch et Eus cualdunac si ce n'est dans l'addition paragogique de
la syllabe initiale dans le second cas, habitude commune aux
Gasques, et qui n'est, par conséquent d'aucune importance
ethnographique? N'y aurait-il donc pas une affinité matérielle entre ces peuples, attestée ici par l'affinité philologique? L'un et l'autre n'auraient-ils point une source commune? L'un précéderait-il de l'autre? Les Vasques ne vien-
draient-ils point de ces Eus-caldonach, si célèbres dans
l'histoire, dont les caractères physiques et moraux ont tant
d'analogie avec les montagnards chantés par Walter-Scott,
et dont la langue fait rétentir les échos de la haute Écosse
ou le Highland ainsi que les îles Hébrides ou Wisternes? Ne
serait-ce pas, comme nous l'avons démontré ailleurs (1),
une population toute celtique, ayant perdu sa langue primitive comme les Bas-Bretons, les Écossais, les Gallois, les

(1) Pierquin de Gembloux, Histoire Monétaire et Philol. du Berri,
pag. 251.

I

Irish (Irlandais), les Welches, etc., mais ayant, comme ces peuples, conservé leur nom primitif, légèrement altéré par la prononciation et conséquemment dans l'orthographe? Si ces conjectures acquièrent jamais le degré de certitude dont je les crois susceptibles, que deviendront les hypothèses historiques de M. Amédée Thierry ?

Je le sais tout aussi bien qu'un autre, et c'est pour cela, Messieurs, que j'attire particulièrement votre attention sur ce point important de nos richesses intellectuelles ; l'appréciation de l'origine réelle du Basque touche aux questions les plus intéressantes de la philosophie, de l'histoire et de l'étude des langues Dans tous les cas elle occupe le premier rang par l'importance que tant d'hommes illustres se sont plu à lui donner. C'est donc l'une des premières qu'un Comité Historique de la langue et de la littérature nationale devrait approfondir, ce me semble, et pourtant ce n'est point ici que nous pouvons continuer des recherches que nous ne pouvons tout au plus qu'indiquer. Cependant, nous ne pouvons nous résoudre à l'abandonner sans démontrer, par quelques exemples, que les savans auraient été plus heureux en étudiant le Basque par les patois environnans. Un linguiste fort distingué, M. le baron de Merian, a donné les étymologies suivantes en regard desquels nous mettrons les nôtres. On verra bientôt qu'avec moins de science et plus de liberté morale on arriverait mieux à la vérité.

Basque	origines données	latin	(néo—latin)	français.
Aisea	aïsseh — Finois	aër	air	air
Arguia	or — Hébreu	ardere	ardit	lumière(ard)
Arratz	introuvable	abrasus	raz	ras
Arroca	introuvable	rupes	roca	. rocher
Arropa	introuvable	ropa	ropa	robe
Arrosa	introuvable	rosa	rosa	rose
Aguer	introuvable	verus	vraï	vrai
Aceitna (o-live)	zeith (huile) — Arabe	oleum	azeituna (o-live)	olive (1)

(1) En Portugais Azeite.

Ama	ama — Mandchou	mater	mama	mère
Ametza	amou — Mandchou	amentia		songe, folie
Ana	ana (nourrice) — Turk et Mandchou	nutrix	nanan	nourrice
Apa	apouch — Turk	basium	happa	baiser
Aratu	aramak — Turk	aparatus	appareitre	examiner
Andia	annua — Samoïede	grandia	gran	grand
Aroya	aroune — Persan	pigra	paroga	paresseux
Aratza	aris — Arabe	rasus	rasa	pur
Bez , Beez-Biz,	introuvable	niger	bis	bis , gris
Basoa	pas — Samoïede	boscum	bos	bois
Bi	introuvable	bis	dos	bis
Cerua	souria — Sanscrit	cœlum	cel	ciel
Carea	ghira — Chaldéen	calx	calce	chaux
Larrea	lœrr — Ostiaque	lar	camps	lare
Cucuse	keïk — Persan	pulex	pupuce	puce
Erria	era'a — Chaldéen	terra	terra	terre
Eg	introuvable	ago, egi.	agi	action
Errosela	introuvable	roseus	roset	rouget
Erregue	introuvable	rege	rey	roi
Erri (1)	epz	terra	terra	terre
Erribera	introuvable	ripa	ribera	rivage
Er-rome-roa	introuvable	romanus	roman	romain
Gatica	k'ytt — Arabe	catus	cas	chat
Guti-gutchi	kytaakydz — Arabe	guita	goutta	goutte
Harria	Harreg — Gallois	petra	pedra	pierre
Harcac	khyr — Persan	ursus	ourso	ours
Hilcea	oel-meck — Turk	occisa	occis	occis
Illa(la lune)	illanda — Samoïede	illa	ella	elle
Izarra	itsri — Berber	stella	estella	étoile
Izan	introuvable	est	ist	il est
Ilo	oul — Turk	filius	fil	fils
Kbaba	gabour — Persan	cava	cava	cave
Labourd	introuvable	laborandus	laboura	labour
Lachoa	lachah — Turk	laxus	latche	lâche
Loloa	louri — Souake	dormire	dodo	dormir
Mina	man — Persan	minere	minâ	douleur
Mulçua	mila — Sanscrit	multus	moult	multitude

(1) Suppression de la dentale forte.

Nora (1)	naita — Kamchatka	trenare	trainer	traineau
Ohea	ouia — Turk	olea	olla	nid
Ona	ouát — Turk	bona	bona	bonne
Ontzia	ongosou — Toungouse	euntia	anen	allant
Orria	ouerk — Arabe	folia	foliia	feuille
Oihuançu	awaz — Persan	audientia	oyence	voix (ouie)
Pico ( )	introuvable	ficus	figa	figue
Pisya	introuvable	urina	pissa'lla	urine
Sua	introuvable	focus	fueco	feu
Sena	seu — Samoïede	signa	sina	signe
Tela	telag — Chaldéen	tela	tela	toile
Tiquiena	introuvable		chiquiena	petit
Ura	oui — Madécasse	aqua	eigua	eau
Zapoa	dzap — Hébreu		crapoa	crapaud

En admettant que tous ces mots basques soient écrits tels qu'ils se prononcent dans les dialectes, et qu'ils aient été choisis dans le plus pur d'entre eux, le moins altéré, on voit que l'on est raisonnablement porté à conclure, des tentatives étymologiques faites par les savans, que le Gasque est allé chercher une foule de ses mots chez les Finois, les Samoïedes, les Indiens, les Assyriens, les Hébreux, les Chaldéens, les Arabes, les Gallois, les Persans, les Mandchoues, les Toungous, les Ostiaques et toutes les autres peuplades invoquées, ou bien que ces peuples sont venus les puiser à la même source, c'est-à-dire dans l'Eusqueria. Hypothèses également absurdes, et qui appliquées de la même manière à toutes les langues fourniraient à peu près le même résultat. Ce qu'il faut rechercher, pour arriver à la vérité, ce sont les altérations alphabétiques (3) ou syllabaires que les Gasques font subir aux mots étrangers, et le tableau de ces variations une fois bien déterminé, on acquerra

(1) Ce prétendu mot du Kamchatka se retrouve par un miracle inexplicable dans l'idiôme vulgaire du département du Cher, voyez nos Notices Historiques, Archéologiques et Philologiques sur Bourges et le département du Cher, p. 45.

(2) Le F. a été changé en P. non aspiré.

(3) Eichoff, parallèle, etc., p. 115. — Legonidec, grammaire Celto-Bretonne, p. 1-50, etc.

promptement la certitude que l'Escualdunac est un de ces dialectes que l'on est convenu de nommer aujourd'hui néo-latins. Tout ce qu'il reste de plus certain, à la suite de la lecture de ces recherches, c'est l'inféconde érudition de leur auteur.

Chose bien remarquable encore, c'est, que dans tous ces prétendus dialectes néo-latins, dont on parle tant, sans les connaître, les consonnes étymologiques ne changent guères; que les voyelles seules sont mobiles, comme le souffle qui les forme, et c'est assez naturel puisqu'on ne sait pas trop pourquoi dans telle ou telle province, certaines parties des organes vocaux surlaryngiens sont seuls en action et d'une manière constante. Dans ce cas, la même voyelle revient plus ou moins fréquemment. La langue française, composée par tant de peuplades différentes, a presqu'indifféremment pris tour à tour l'une ou l'autre voyelle, mais en conservant dans la plupart des cas les consonnes radicales ou tout au plus en les changeant seulement en celles du même ordre, que l'on fait quelquefois tout simplement précéder ou suivre de voyelles familières à la peuplade.

C'est uniquement avec de semblables principes que l'on arrivera à assigner l'époque précise de la création du Gasque. Ainsi le mot *izan*, *izate*, *izatu* être, *izana* essence, *izate* existence, etc., ont sans doute une terminaison différente, mais le radical est bien exactement le même. Dira-t-on que ces mots viennent directement de l'hébreu *Hel* ou plutôt que ce verbe passif (*hith-pahel*) vient de cette racine vasque ? L'un ou l'autre ne seraient pas soutenables. Ce verbe et tous ses dérivés viennent évidemment du gallo-grec ειϛ chez les Provençaux, et du latin *es* dans les dialectes néo-latins, s'ils existent, et mieux du celte après avoir passé toutefois par l'étamine de la langue romane. Nous en dirons autant des nombreux dérivés de γυρ tels que *gir-atu*, rouler ; *gir-o eu*, faire tourner ; *gir aboilla*, tourbillon ; *chirquia*, circuit ; *gur-ala* roue ; *gir pildu* rouer ; etc., qui tous viennent de *gur-us* ou *gyrus* latin après avoir passé par le roman, etc., qui lui-même l'avait reçu du grec, et que l'on trouve dans le mot languedocien *gyr-asol*, (*tournesol*), dont celui-ci n'est que la traduction française. Ainsi, *etca* maison, vient bien évidemment aussi du latin *ædes* et du grec ηθος *faraulca* (interprète) de *fari* (parler), etc.

Enfin ce qui prouve encore fortement contre l'opinion, généralement admise en faveur de la langue qu'Adam parlait
dans le paradis terrestre, et qui rend encore la nôtre plus
probable, ce qui fait enfin que la langue des vascons ou gascons, ce qui est synonime de basques, appartient incontestablement à la nombreuse famille des prétendus dialectes néo-latins ou mieux néo-celtiques, c'est sa grammaire
même. Ainsi une des plus grandes beautés des idiômes greco-
latins sont les cas au nombre de cinq en grec et de six en
latin ; mais les avantages de tout genre doivent avoir des
limites et c'est le génie du peuple, autant que la culture,
qui les assigne.

Ici nous devons faire remarquer que les langues modernes, qui vont toujours en se simplifiant, ont rejetté l'usage
des cas, que ne connaissent par conséquent point les idiômes
nationaux qui en dérivent. Leur usage et leur importance,
pour la clarté, a été admirablement remplacé par l'emploi
plus fréquent de l'article et les langues qui les possèdent
encore sont d'autant plus belles et plus savantes qu'elles en
usent moins. Quelle opinion dès-lors pouvons-nous avoir
encore et de la langue escuarra et des hommes incultes qui la
créèrent de toute pièce, qui la parlèrent et qui la cultivèrent,
même dans les deux derniers siècles seulement, lorsque
nous nous rappellerons qu'elle n'a pas moins de onze cas,
c'est-à-dire trois de moins que l'idiôme des Lapons ? Même
observation pour les conjugaisons et leurs temps. Mais il
y a plus encore, c'est que tous ces mots, de la langue escuarra d'origine bien évidemment latine, viennent tous,
ainsi qu'on le dit généralement, de l'ablatif, comme ceux
des autres dialectes néo-latins, tels que l'Espagnol, le
Portugais, l'Italien, le Français (1), et qu'ils n'ont jamais
admis que récemment l'alphabet de ces mêmes nations,
tandis que les peuples anciens, tels que les Indiens, les
Hébreux, les Chinois, les Phéniciens, les Grecs, les Germains, les Arabes, les Russes formèrent eux-mêmes leurs
alphabets, etc.

Quelqu'importante que soit cette question, sous le rapport de la philologie et de l'histoire, nous ne pouvons lui

(1) Court de Gébelin, Grammaire Universelle, p. 384.

accorder un plus grand développement. Nous sommes donc
obligé de renvoyer à ce que nous en avons dit ailleurs, et
de conclure encore que la solution de ce problème est toute
entière dans l'étude des patois et non dans celle des autres
idiômes. Tout, sous ce point de vue, est donc à recommencer et nul ne peut mieux donner une impulsion favorable
à ces recherches que des comités, qui joignent à beaucoup
de lumières, une grande autorité et la position centrale la
plus avantageuse.

Jusqu'au xixe siècle on a fait de la philologie à peu près
comme on faisait de l'histoire politique et littéraire au
moyen-âge. Alors Virgile était un enchanteur, et c'était vrai
du moins dans un sens; Esope, un savant qui traduisait les fables de Romulus ; Alexandre, un paladin, le plus vagabond
de tous les chevaliers errants, et Dioclétien un bon roi de
Sicile. De même la plupart des mots français venaient
directement et sans intermédiaire de l'Hébreu, du Grec,
du latin, etc. Telle était la science des origines littéraires,
telle fut celle des étymologies verbales. L'amour-propre in-
dividuel ou national guidaient seuls l'érudition, et où ne
conduisent pas ces aveugles passions? Les prétentions mythologiques des Vasques, caressées par tant de savans, ne se
bornent déjà plus à l'orgueil de parler la langue du paradis terrestre : ce sont eux aussi qui découvrirent le nouveau monde (comme si un monde se découvrait), bien avant
Christophe Colomb, qui ne serait plus que le plagiaire
d'Alphonse Sanchez-Huelva, pilote vasque (1).

Rentrant enfin dans la question, d'où nous a écarté une
digression importante et neuve sans doute mais un peu
longue peut-être, nous dirons encore une fois qu'en commençant avec les premières études ce beau travail de linguistique générale, en lisant attentivement les étymologies
données par les dictionnaires classiques, considérablement
améliorés toutefois par la science du maître, la raison se
trouvera de bonne heure appelée à bien juger du fruit de
ces recherches et de leur valeur réelle. L'instruction aura
bien plus acquis, sous le rapport philologique par ce travail doublement comparatif, pour l'étude de toutes les lan-

(1) Marcin, Essai Historique sur Bayonne, in-8o, Paris 1792.

gues, que si l'on avait dû seulement en étudier quelques-unes par les méthodes ordinaires. On suivrait alors, dans les sens opposés de la marche des mots, la conduite probable de l'esprit humain, en sorte qu'après avoir traversé, dès la racine primitive jusqu'à la langue maternelle, la série diverse des modifications variées subies par chacun d'eux, chez les différents peuples de l'ancienne famille indo-germanique qui les ont admis, on remonterait incontestablement à leur véritable source, dont les intermédiaires obligés sont bien certainement les patois.

Tel est aussi le secret de trouver de vrais plaisirs à l'étude étymologique et comparative des idiomes, tel est le moyen de trouver l'unique solution raisonnable à une foule de problèmes mal expliqués, douteux ou inabordés encore ; de ne point être rebuté ensuite, à chaque nouvelle étude, par des grammaires et des dictionnaires, en général mal faits, et qu'il faut encore apprendre et compulser chaque jour. Le dictionnaire de toutes les langues, ainsi réduit à des radicaux communs, exigera de rappeler également toutes les grammaires à la même loi d'unité, à l'exception toutefois de quelques formes qui constituent ensuite un chapitre additionnel et particulier sous le titre d'idiotismes. Le point essentiel serait donc, en partant toujours des dialectes maternels, d'habituer les jeunes esprits à bien saisir les rapports réels des règles et des mots, ainsi que les modes d'existence, de valeur ou de situation de ces derniers. Ainsi dès que l'on étudie concurremment les grammaires française, latine et grecque, il ne s'agit plus que d'en appliquer toutes les lois à l'idiome natal, ou vice versà, afin de faire bien remarquer que ces langues n'en diffèrent guères que par la construction ou par les cas, les modes, les inflexions, etc. La même circonstance se présentera dans l'étude de toutes les langues à souche teuthonique, d'où l'on peut conclure par conséquent à la nécessité d'une grammaire générale unique pour toutes les langues indo-germaniques, que l'on pourrait faire seulement octoglotte pour commencer, mais qui ne serait jamais complétement bonne qu'alors que tous les dialectes particuliers de chacune d'elles auraient été parfaitement étudiés. De cette démarche historique et philosophique résulterait un enseignement rapide et comparatif de toutes

les langues. Gail avait peut-être aperçu quelques-unes de ces
idees dans son Essai sur l'effet, le sens, la valeur, les
desinences grecques, latines, françaises, etc., dans lequel
il cherchait à démontrer les rapports intimes de ces trois
langues.

En prenant toujours les dialectes nationaux pour base
essentielle de pareilles etudes, on trouvera constamment, par
exemple, que les dialectes néo-latins, néo-grecs ou néo-
celtiques du midi de la France, ont reçu des langues orientales leur prétendue diphthongue *ou*, qui n'avait même point
de signe alphabétique particulier chez les grecs, mais que ce
peuple considérait pourtant, avec raison, comme une simple
voyelle, et qui, comme dans l'hebreu, n'etait jamais initiale.
Ainsi les Meridionaux disent *aouba*, *aoulnhet*, *aoutre*,
aoumenta, *aourelhos*, *aoussel*, *aouzido*, *aousino*, *aouzou*,
etc. Le dialecte vasque, beaucoup plus récent, ne pouvait
point admettre ce son unique, representé par deux signes
différents, mais, comme nous l'avons dit, il a intimément
uni l'article arabe au substantif, ainsi que cela est arrivé plus
d'une fois aussi a la langue française, de creation tout aussi
récente. Ainsi il dit : *ar-roca*, *ar-rosa*, *ar-ropa*, *a-guer*, *a-
cetina*, *a-ma*, *a-na*, *a-pa*, *a-raïsa*, etc., etc. *A* est comme
en grec, comme en latin *illa*, comme en portugais,
comme en français l'article. Seulement, les gasques n'imitant
point le génie de ces langues n'ont pas distingué les genres,
ce qui n'a même point lieu chez les sauvages, et de
plus, ils changent frequemment cette lettre contre celle
qui la suit immédiatement dans la gamme des voyelles
Il n'en est pas de même toutefois de l'arabe qui place indiffe-
remment cette diphthongue, ou mieux cette voyelle commune à toutes les langues néo-celtiques et qui n'a nulle part
un signe alphabétique particulier.

L'étude des langues-meres mene donc bien évidemment à
la connaissance de leurs filles, mais pour arriver à celles-là
il faut nécessairement éplucher les dialectes divers d'ou dérivent immédiatement celles-ci. C'est la précisément ce qui
explique comment l'homme qui sait deux ou trois langues, à
souches différentes, est bien plus étonnant que celui qui en
sait quinze ou vingt d'une même famille, mais ce polyglotte
n'est point capable de donner la raison véritable des mots,

8

et pour y parvenir, il faudrait qu'il embrassât aussi l'étude de leurs différents dialectes, quelque nombreux qu'ils fussent. Sans l'adoption complète de cette vérité absolue l'on ne comprendrait pas le phénomène polyglotte vivant que nous offre en ce moment M. Mezzofanti (1).

Ce système d'enseignement, que nous nous sommes plu à systématiser, peut-être trop longuement aussi, n'est point nouveau. Retiré sur le mont Aventin, dans le bosquet de la déesse Tuteline, le grand poète Ennius n'en suivit pas d'autre. Heureux de sa science et content de peu, il enseignait, chez lui et au-dehors, les lettres grecque et latine par cet unique procédé. Il faisait connaître ainsi les beautés des auteurs grecs et composait des vers énergiques dans la langue naissante, car ce fut réellement lui qui fit les premiers vers en langue néo-italique, néo-grecque ou néoceltique, afin de l'enseigner et de la polir. Qu'arriva-t-il de là? Que la synthèse eut un succès tel que la noblesse romaine sut à la fois et bientôt, le grec et le latin. C'est encore cette même méthode que le savant Doujat proposa bien long-temps avant nous (2), etc.

Occupé depuis longues années, Messieurs, de l'étude de la langue et de la littérature françaises, suivant tous vos travaux avec l'intérêt qu'ils doivent naturellement inspirer, j'ai dû nécessairement remarquer avec peine une prédilection exclusive pour les auteurs de la langue d'oil, comme si le français n'avait pas d'autre origine. N'y a-t-il donc rien au-delà du XIIe siècle? La nation quoique fractionnée, n'avait-elle aucun idiôme? La langue thioise est-

(·) En septembre 1835, cet ancien bibliothécaire de la ville de Bologne fut promu au cardinalat. La garnison de cette ville eut la savante idée de lui offrir, comme marque de son profond respect, une lettre de félicitation rédigée dans toutes les langues des soldats de l'armée autrichienne. Ce document curieux se trouvait donc traduit à la fois en Allemand, Hongrois, Bohémien, Polonais, Valaque, Illyrien, Slavon, Italien, etc., et Mezzofanti les comprit toutes.

(2) Moyen d'apprendre les langues qui, par leur origine, ont de la conformité avec celles que nous savons, mis en pratique sur la langue Espagnole, in-12, Paris 1646.

elle née spontanément à cette époque? La langue romane n'a-t-elle pas donné naissance à cette langue thioise,
concurremment avec l'idiôme tudesque , et de ce mélange
bizarre n'est-il pas résulté l'idiôme national actuel? Il est donc
indispensable , Messieurs, que vous reculiez le *nec plus ultra*
de vos études, de vos recherches , et que vous les étendiez à
tous les idiômes parlés en Gaule avant le xiie siècle. C'est là
d'ailleurs , si je ne me trompe , ce qu'impose le titre de Comité Historique de la Langue et de la Littérature Françaises.
Si vous ne le faites pas, qui donc le fera ? Faudra-t-il
exécuter enfin notre projet ancien de fonder une société philologique des patois de France, publiant un journal
philologique et littéraire de ces mêmes dialectes ? Mais que
d'obstacles , que d'entraves ne trouverait-on pas !

Si l'on comprend bien l'importance du système que nous
venons de développer, quant à l'étude du grec et du latin
pour les idiômes descendants , on saisira, je crois, tout aussi
facilement que ce résultat doit être exactement le même
aussi pour les langues ascendantes. Ne pourrait-on pas , dès-
lors, par le même moyen , étudier ces deux langues par le
seul secours des dialectes nationaux? Or , par la distribution
si philosophique des études universitaires , l'enfant se trouve
tout-à-coup transporté à peu près au milieu de l'arbre généalogique des langues et de l'histoire , dont le premier
anneau remonte dans les deux cas à Adam qui , selon la Bible , donna à toutes choses le nom qui leur convenait. Ainsi,
lorsque l'on connaît également bien le grec et le latin , l'on
a certainement tout autant de chances de succès pour l'étude
des langues néo-latines que pour toutes celles qui précédèrent les idiômes greco-romains , de même que la connaissance approfondie de tous les patois donne la clef des langues classiques.

Mais bien loin de favoriser ce plan philosophique des
études , il faut voir quelles peines se sont donnés les vocabulistes pour éviter soigneusement un rapprochement si
utile entre tous les dérivés et leur souche visible, non seulement en France, mais encore en Italie, en Espagne , en
Portugal , etc., où de cette manière le latin devient une
langue aussi difficile qu'en Allemagne ou en France. Concluons de là qu'il faut étudier toutes les langues, et que le

moyen le plus facile est de commencer par les patois. Nous sommes encore, sous ce rapport, placés dans des conditions tellement avantageuses, que notre sol renferme tous les élémens philologiques des langues connues et cultivées, soit mortes, soit vivantes. C'est chez elles également, ainsi que dans quelques colonies gauloises, que l'on retrouvera la langue celtique : et si le savant Le Brigant a raison, ce dont je ne doute pas, ce qu'a démontré en partie M. Adolphe Pictet, les dialectes bas-bretons seuls nous fourniront le moyen d'arriver aisément à la connaissance des langues de l'indoustan, et surtout du sanscrit. Les mots arabes, grecs, etc., se trouvent dans les patois des Pyrénées et de la Provence, le latin dans la plupart, etc., mais on les rencontre tous dans ces radicaux communs et primitifs. N'imitons pas les Quakers, qui poussèrent leur répugnance chrétienne, contre tout ce qui nous vient des païens, jusqu'à refuser de se servir des dénominations idolâtres des jours et des mois. (1) N'érigeons pas en loi de l'état la défense, faite aux Frères de la Doctrine Chrétienne, de ne point enseigner le latin et de ne jamais le parler, s'ils le savent. Ces statuts peuvent-ils être érigés en lois françaises ?

Telle est pourtant la position etnographique dans laquelle l'Université place ses élèves, que l'on ne cesse de blâmer, que l'on voudrait changer en les renfermant, comme des myopes moraux, dans les temps où nous vivons ; temps représentés par les dialectes néo-teutoniques, néo-latins, ou néo-celtiques, système qui restreindrait notre intelligence à un horizon aussi rétréci que celui du plus infime laboureur de chacune de ces nations. Il est de toute évidence d'ailleurs, et fort heureusement, que le droit d'instruction accordé par tous les publicistes au pouvoir exécutif, est complètement favorable au double intérêt des lettres et des citoyens. Ainsi, lorsque l'on crie aveuglément, laissez le grec, laissez le latin, étudiez l'italien ou l'espagnol, il est bien évident que l'on nous réduirait à cette position intellectuelle qui ne nous permettrait même pas de comprendre la langue de nos pères. Proposition déraisonnable en outre,

(1) Antoine Benezet, Observations sur l'origine de la société des Quakers, in-12, London, 1817, p. 16.

parce que l'on aurait tout autant de peine à apprendre ces langues néo-latines, qu'à étudier celles qui en donnent une clef aussi facile que prompte et sûre. Ce serait, en somme, commencer l'ouvrage par la fin, au lieu de chercher le véritable point de départ qui doit rendre abordable toutes les langues : point de départ d'autant plus avantageux qu'il ne cessera pas de s'appuyer sur les dialectes maternels bien appréciés.

Partant de ces principes généraux, nul doute donc qu'il ne faut ni détruire, ni abandonner les différents dialectes néo-celtiques de la patrie, parce qu'ils conduisent naturellement d'abord au grec, ensuite au latin, mais surtout au français, et définitivement à toutes les langues néo-latines et même néo-teutoniques de l'Europe. Ces dialectes sont bien évidemment la clef de tous les idiômes si diversifiés qui émanent de la langue latine et par suite de la langue grecque, à tel point qu'il est incontestable qu'on apprendra beaucoup plus tôt ces deux langues, avec leur secours, qu'avec celui du français, parce que celui-ci s'éloigne beaucoup plus qu'eux de ces mêmes langues. Par ce moyen, enfin, on sait encore une partie de cette langue mandchoue, formée au XVIIIe siècle, à laquelle appartient, selon toute probabilité, l'avenir phonétique de la Chine et dont les nombreuses affinités avec la langue latine ont été si bien saisies par le P. Gerbillon (1). Le savant La Curne de Sainte-Palaye partageait toutes ces opinions, alors qu'il disait que les langues française, italienne, espagnole, provençale et gasconne, ont des traits de ressemblance et de conformité si sensibles et si marqués qu'on ne peut guère étudier les unes sans savoir les autres (2). Le grand Scaliger n'est pas moins explicite : la langue d'oc, dit-il, approche bien plus du latin que la française, et un homme qui saura parler le latin apprendra bien plutôt à parler gascon que français, etc.

Ainsi, nous le répétons, le véritable moyen d'abréger les études classiques serait donc de faire tourner à leur profit

(1) Grammaire Latine, insérée dans le recueil de Melchisedech, Thévenot.

(2) Mémoires de l'académie des inscriptions et belles-lettres, tome XXIV.

la connaissance des dialectes maternels au lieu de les proscrire. Tel est le secours que les patois peuvent immédiatement fournir à l'étude du latin et du grec, qui, après tout ; n'est point une langue morte. Qu'est-ce donc, en effet, que l'idiôme moderne de l'Hellénie, si ce n'est le grec d'Homère devenu chrétien, et avec lequel nos patois ont également tant d'analogie, comme l'ont démontré Baïf, Budée, Henry Estienne, de Maistre, de Montvallon, du Mege, Encontre, etc.? Ne retrouve-t-on plus sur cette terre célèbre tous les mots de l'Illiade et de l'Odyssée, et d'autres que le divin aveugle ne jugea point dignes de l'élévation de son style ou bien donnés postérieurement par les Turks, les Français, le roman, moins ces particules surabondantes, qu'on éprouve tant de peine à rendre quelquefois, qui n'ajoutent que fort peu de chose à l'énergie de la pensée et qui ne servaient qu'à compléter la période? Quant à la grammaire, elle est exactement la même que celle de tous les idiômes chrétiens. Les inversions ont disparu, la construction s'opère, comme dans toutes les langues néo-latines, avec la logique de l'évangile. Ainsi, le Christianisme remplaçant l'égoïsme payen, par le dévouement fraternel, ce n'est plus moi et vous que disent les grecs modernes.

Ainsi l'étude du grec, envisagé également sous notre point de vue général, est encore celle d'une langue vivante, favorisée aussi par la connaissance approfondie de nos patois? M. Minoïde Minas nous paraît donc aussi dans l'erreur lorsqu'il pense, non que le grec actuel est celui d'Aspasie ou de Periclès, mais lorsqu'il croit pouvoir affirmer que la syntaxe n'a même point changé. C'est complètement méconnaître l'influence majeure des religions, cette sublime pensée de Dieu, sur la pensée humaine et les formes vocales qu'elle peut revêtir (1). Dans la perturbation que cette langue dut éprouver, pour passer de ses formes payennes aux formes chrétiennes actuelles, elle dut être exposée à plus d'une révolution, à plus d'un tâtonnement qui n'ont même point disparu et qui militent très-fortement contre les assertions du

(1) Sur les langues chrétiennes, voyez Pierquin de Gembloux, Lettre à Monseigneur l'évêque de Nevers sur un musée catholique du Nivernais, in 8°, Nevers 1839, passim.

savant grammairien. La preuve la plus manifeste de ce que
nous disons est, entr'autres, dans ce poème grec barbare,
composé au commencement du xive siècle, que M. Buchon a
publié le premier dans sa collection des Chroniques Françaises et que l'on a reproduit, avec une traduction en regard, dans le Panthéon Littéraire. Ce manuscrit intéressant
est consacré à l'histoire extraordinairement circonstanciée
de la domination des Seigneurs Français dans le Péloponèse,
au xiiie siècle. Ce patois grec, mort aujourd'hui, a du demander, pour être sûrement et complètement entendu, des
recherches immenses, indispensables pourtant puisqu'on
voulait obtenir les renseignemens si précieux qu'il renferme.

Je ne dis pas pour cela que le grec moderne n'ait aucune
ressemblance avec l'ancien : ce serait impossible : de même
que les dialectes bas-bretons doivent en avoir avec l'ancien
celte. Pour qu'il en fût autrement, il faudrait absolument
que la Grèce eût épousé la religion chrétienne dans tout son
ensemble, comme les peuples néo-latins, ce qui n'a point eu
lieu, mais j'affirme que le grec moderne participe de cette
clarté, de cette lucidité qui caractérisent toutes les langues
chrétiennes et cela dans la proportion des vérités évangéliques admises par la population de l'héllénie. (1) Clarté,
lucidité qui ne sont autre chose que le reflet de l'évidence
attachée aux vérités chrétiennes et dont les langues néo-latines ne pourraient même pas se dépouiller par la mort.
Ce que nous disons est si vrai que les langues qui ont le
plus ouvertement rompu, en apparence du moins, avec leur
aïeule, qui ont complètement altéré sa physionomie en admettant une orthographe différente, dans la plupart des
mots, n'ont pourtant point laissé d'accès, et pour cette raison
même, aux erreurs du protestantisme. Tels sont les idiômes
de l'Italie, de l'Espagne, du Portugal, etc.

La religion catholique, si fortement empreinte dans tous
nos patois, ce qui mérite encore notre respectueuse étude,
ont aussi une autre action non moins importante sur tous
ceux de la Grèce modernes si propres d'ailleurs aux élucubrations des scholiastes. Cependant sous l'influence de son

(1) Ricaut, Histoire de l'église grecque et de l'église arménienne,
in-12, Amsterdam, 1710.

unité morale et religieuse, la langue attique prévalut et ses dialectes différents, bien plus nombreux encore que les provinces grecques, aussi multipliés pour ainsi dire que les familles, disparurent avec le paganisme, pour céder aussi leurs places à d'autres, patois frappés comme ceux-là de de la scédule chrétienne.

La même puissance intellectuelle imprima son cachet sur le latin, devenu langue chrétienne, sous le style des pères de l'église, conversions indispensables et qui méritèrent à ces deux idiomes le droit d'être les langues de l'autel. Cette dualité ne porte absolument aucune atteinte à l'unité de la société chrétienne ni à tout ce qu'elle vénère ou comprend. L'une était fille de l'autre, si ce n'est même qu'une seule et même langue, sous le rapport philologique et grammatical. C'est encore là une de ces sublimes idées d'unité fraternelle, méconnue par le protestantisme et due aux lumières du concile de Trente (1).

Les peuples chrétiens réunis ainsi, sous des paroles diverses, mais émanant d'une seule et même souche, appelés à une même communion, s'entendent de cœur et d'esprit lorsqu'ils élèvent leurs prières vers Dieu, dans des idiomes d'origine commune Votre illustre président a parfaitement constaté cette vérité, quant aux Espagnols et aux Italiens du vie siècle (2). On peut l'étendre à tous les peuples néo-latins de cette époque, et par conséquent à tous nos patois ; mais il y a bien loin encore de cette analogie à la complète identité démontrée par Renouard. Dans l'opinion de ce philologue, en effet, il arriverait que le troubadour d'Arles, de Montpellier, de Marseille, de Perpignan, de Bourges, de Grenoble, des montagnes de l'Auvergne ou du canton des Grisons, aurait parlé exactement la même langue que les troubadours Limousins, Kathalans ou Romaneschs, bravant

(1) Concil. Trident., sess. 22 de sacrific. Missæ, cap. viii. — Bocquillot, Traité historique de la liturgie, 1701, liv. 1, chap. 11, — Collet, Traité des Saints Mystères, v. 11, dissert. n.1 (d'Aulecourt) de l'usage de célébrer le service divin dans l'église en langue vul_gaire, Paris 1687. — Lebrun, Explication de la Messe, etc.

(2) Tableau de la littérature au moyen-âge, t. 1, p. 74.

aussi l'action si puissante des mille causes atmosph ques
qui influent si profondement partout sur les différentes
langues et leur prononciation. Nul doute qu'un plus grand
respect pour l'orthographe individuelle, pour les formes
grammaticales, pour les idiotismes, etc., aurait permis d'assigner, d'une manière moins incertaine et grꞓce à l'étude
des patois actuels, la patrie inconnue, douteuse ou mal dé-
terminée d'un grand nombre de ces poëtes. L'identité dans
les langues chrétiennes n'a jamais pu être que transitoire et
très-passagère. Des dissemblances marquantes durent se
former dès que cette identité fut établie et devenir de plus en
plus fortes et tranchantes, quoique la physionomie spéciale,
d'un très-grand nombre d'expressions, restât la même alors
même que le théotisque, défigurant la langue d'oc, en eût fait
la langue d'oïl et ses nombreux dialectes. C'est précisément
ce qui fait que presque tous les peuples catholiques peuvent
encore fraterniser de la langue et du cœur, puisqu'ils s'entendent toujours un peu en lisant l'évan, ile dans leurs langues
respectives (1). Tels sont les cas suivans :

Latin.	— Sunt duo in carne una.
Italien.	— Sono due in una carne.
Espagnol.	— Son dos en una carne.
Portugais.	— Sao dos na huma carne.
Montpellier.	— Soun dous dinq una cara.
Grenoble.	— Soun dou din la méma cheira.
Français.	— Ils sont deux en une même chair.

Cette ressemblance, bien différente, je crois, de celle
que M. Eichoff trouve entre le sanscrit et le latin, et dont nous
pourrions si facilement multiplier les exemples, était encore
plus complète avant le xıᵉ siècle, à ce point que l'Italien habitant l'Allemagne comprenait très bien l'Espagnol : *co quod
italus erat*, dit l'hagiographe de Sainte-Lobe, et voilà pourquoi Saint-Bernard prêche indifféremment dans sa langue
maternelle à toutes les nations de l'Europe : circonstance
que ne peut expliquer M. Gerusez, devant laquelle il s'exta-
sie et qui n'aurait pas lieu maintenant.

(1) On en verra la preuve dans notre Atlas idiomographique et
bibliographique de la France, de la Belgique et de la Suisse romande.

Qu'est-il résulté de cette quasi-communauté religieuse de langues, dont les peuples chrétiens seuls offrent un exemple? Une antipathie invincible pour toute idée religieuse qui ne serait point en rapport avec leur nature, leur constitution, leur origine, contre tout ce qui démentirait, affaiblirait ou détruirait les principes fondamentaux de l'unité chrétienne. De là résulte inévitablement l'impossibilité d'une plus grande extension du protestantisme chez les peuples à langue theuto-latine et de son introduction chez ceux qui parlent des langues néo-latines pures, chez des nations habituées enfin à parler avec la philosophie des dialectes chrétiens et, par une opposition toute naturelle, la facile admission de ces mêmes hérésies theutoniques chez toutes les populations étrangères à cette même communion de langues chrétiennes.

Nous avons sans doute suffisamment démontré, sous un point de vue général, l'importance et l'utilité de l'étude des patois : nous ajouterons encore deux mots et nous passerons ensuite à l'examen rapide de quelques faits particuliers plus propres à faire juger de quel secours peut être leur application immédiate. L'on verra de quelles lumières, souvent indispensables, se privent les savans qui cultivent n'importe quelle spécialité de nos connaissances encyclopédiques. Nous dirons donc que l'étude géographique des patois, dont nous avons fait l'application dans notre Langatlas (1) et si fortement réclamée par Ducange, Carpentier, dom Bullet, Pelletier, Court de Gebelin, Roquefort, Raynouard, etc., est la base indispensable des recherches à faire sur les étymologies de la langue française. Ce qui reste à faire dans les langues, dit M. Charles Nodier, ce sont de bonnes bibliographies, de bonnes grammaires, de bons dictionnaires des patois, car j'ai dit ailleurs, et je répète, qu'on n'arrivera jamais, sans cet intermédiaire, à des notions saines sur l'étymologie immédiate. C'est surtout une grammaire soigneusement comparée de ces patois précieux dans lesquels sont

(1) Les Allemands, et M. Julius Klaproth entr'autres, disent Sprachatlas : pourquoi ne pourrions-nous pas dire aussi Languatlas ou langatlas? L'un n'est pas plus dur que l'autre, et ce binome français serait tout aussi facilement compris chez nous.

encloses, sous leur forme la plus essentielle et la plus reconnaissable, toutes les origines de la langue ; mais pour
cela il ne faut pas les détruire; il faut les étudier. Nous
avons déjà une multitude de bons essais de ce genre, et cela
est fort remarquable, car on ne peut accuser le patois d'a-
ristocratie et d'usurpation. Il doit peu à la faveur des salons
et au crédit des protecteurs. Ce n'est pas pour lui que les
universités érigent des chaires et que les académies tressent
des couronnes, bien au contraire. Nous fournissons peut-
être le premier exemple d'une langue insolemment exclusive
qui a promis la mort à ses dialectes. Si les patois manifestent
depuis quelques années certaine velléité de vie, c'est qu'ils
portent en eux un germe de vitalité qui les conserve toujours
et qui les fait fleurir encore quand les langues perfection-
nées ne sont plus, pour féconder la semence éternelle de la
parole, dans les langues à venir. Ce n'est pas le grec littéraire des anciens qui a passé dans le grec moderne, c'est le
grec des dialectes.

Quand les Italiens cherchent les radicaux de leurs langues
autochtones, ils les demandent à peine à la langue latine,
parce qu'ils sont plus sûrs de les retrouver dans leurs patois. Il y a tel patois, chez eux, qui jette plus de lumières
sur l'interprétation de la loi des douze tables que tous les
livres réunis de l'empire et de la république. En archéologie
grammaticale, il n'y a peut-être pas une notion positive
dont on puisse approcher autrement que par les patois. Ce
que j'écris ici n'est pas plus nouveau que le reste. C'est un
fait reconnu dans tout le monde lettré, si ce n'est en France
où l'on propose de proscrire le patois et où le patois serait proscrit s'il pouvait l'être (1).

Ces recherches n'auront pas seulement pour résultat immédiat l'intelligence des langues étrangères ou mortes rendue
facile, mais de cette manière nos premiers écrivains nationaux deviendront également plus clairs, plus intelligibles.
M. Eloi Johanneau a très-bien entrevu cette vérité puisque
dans ses commentaires sur Rabelais il a très-fréquemment
invoqué le secours des patois pour expliquer le français du
spirituel et savant curé de Meudon. Notre Langatlas dé-

_____

(1) Notions élémentaires de linguistique, etc., p. 504.

montre encore un fait qui révèle l'importance de ces recherches ; il prouve à chaque pas que toutes nos provinces avaient une langue parlée différente de celle des autres, et cet état de choses a duré jusqu'à la création de l'académie française que ce chaos appellait par tous ses égarements, quelquefois heureux, le plus souvent ridicules (1). Le même phénomène de linguistique fut observé dans la Grèce antique, dans la Grèce moderne et doit l'être inévitablement partout. Chacune de nos provinces avait donc son dialecte à part et si tranché qu'il pourrait encore servir à désigner d'une manière positive celle qu'habitait l'auteur, absolument comme pour les troubadours. La langue thioise, encore incertaine, flottait aux mains des savants qui l'imprégnaient en outre d'hellénismes, de latinismes, d'hébraismes (2), à ce point que l'on pourrait en faire aisément un vaste recueil, en ne prenant même que les auteurs du XIIIᵉ au XVIᵉ siècles, quoique ceux du XVIIᵉ et du XVIIIᵉ n'en soient certainement pas exempts. Ces différences innombrables, dans ces écrivains d'une même nation parlant une même langue conventionnelle, sont telles enfin que le plus grand nombre aurait également besoin de glossaires, que l'on ne pourra jamais composer non plus sans une connaissance approfondie de tous nos patois.

Nicot, Cazeneuve, Borel, Ménage, Ducange, Carpentier, Roquefort, Raynouard, etc. qui recueillirent avec tant de soin nos vieux mots, sont encore bien loin d'avoir tout aperçu, tout compris, tout expliqué, à ce point que de nombreux passages ne pourraient même point encore être complètement élucidés, avec l'unique secours de leurs lumières. Un auteur admirable, mais que l'on place à tort entre les mains de l'enfance ignorante, au début de son éducation, fourmille aussi non seulement d'expressions surannées, de tournures vieillies ou perdues, d'idiotismes

(1) Expilly, l'orthographe françoise selon la prononciation de notre langue. — Pelletier, de l'ortografe è prononciacion françoese. — Antoine Beaudeau de Somaize, clef du langage des ruelles et grand dictionnaire des précieuses, etc.

(2) Briand Walton, Traité des Hébraïsmes, in 8, Lyon, 1699. — Le P. Vigier, des idiotismes de la langue grecque, etc.

propres au patois de la province qui le vit naître, et qu'il
parlait d'ailleurs avec autant de plaisir que de pureté, mais
encore de phrases, de mots complètement patois, et cela,
sans doute parce qu'il était intimement lié avec des poètes
patois, tel que Pierre Gallaup de Chasteuil, d'Aix en Provence. Le bon homme poussa si loin enfin l'amour des
dialectes vulgaires qu'il alla jusqu'à introduire dans l'une
de ses fables les vers suivants :

> *Biaux chires Leups n'écoutez mie*
> *Mère qui tenche chien fieux qui crie.*

Il est probable que ces mots, étrangers à la langue nationale
ne sont jamais traduits aux enfants, obligés par conséquent
de les apprendre sans les comprendre. On leur explique
soigneusement Horace, Anacréon, mais on leur laisse
ignorer, ou plutôt même on leur défend d'entendre les
langues vulgaires de leur patrie, de leur berceau, et ils
sortent de nos établissements publics d'instruction sans
connaître même leur propre langue, dès le moment qu'elle
est antérieure à Malherbe ; tandis qu'il serait si facile de terminer au moins le cours d'histoire en donnant, à la fin de chaque règne, un fragment de l'état de la langue nationale
pour chaque période littéraire.

Dans un fort bon discours sur l'utilité de la langue latine,
M. Maugard a très-bien vu les inconvénients d'un pareil système d'instruction, auquel on remédierait en partie, et d'une
manière efficace, en faisant marcher de front l'enseignement
de l'histoire politique, littéraire et philologique, tout au
moins siècle par siècle. C'est le moyen le plus sûr, le plus
facile, le plus agréable d'obvier à l'inconvénient que nous
signalons. On ne devrait pas négliger autant qu'on le fait,
dit l'auteur dont nous parlons, de familiariser les jeunes
gens avec l'ancien langage français. Ce n'est pas dans les
livres modernes que l'on trouvera la vérité de l'histoire ; il
faudra l'aller chercher dans les mémoires du temps, dont
le langage est aujourd'hui presqu'inintelligible. C'est surtout
dans les anciens romans que l'on trouvera la peinture naïve
des mœurs de nos pères. N'est-il pas honteux que des gens
de lettres aient besoin d'un glossaire pour lire Montaigne?
Que serait-ce donc s'il s'agissait de lire les poésies du roi de
Navarre, le beau roman de Tristan, les mémoires de Joinville

ou de Villehardoin, les belles ordonnances de saint Louis, monuments précieux de notre histoire, ou bien nos charmants fabliaux ?

Il est de fait que, dans l'état actuel des choses, la première période de notre histoire littéraire est inconnue, et que notre littérature de la même époque est inabordable pour la masse de la nation, tandis qu'il serait à la fois si agréable et si facile de mettre les jeunes gens à même de lire nos écrivains avec la même aisance que Phèdre ou Esope, si on ne proscrivait pas les patois de l'enceinte de nos établissements d'instruction. Les plaisanteries philosophiques et presque toujours érudites de Rabelais, les poésies charmantes du duc d'Orléans, de Villon, des Marot, etc., sont lettres closes, même avec ce que nous appellons l'éducation la plus complète et la plus profonde. Ce serait encore supportable, si l'on veut, pour cette même masse de citoyens ; mais que penser d'une nation dans laquelle les écrivains du premier ordre et les professeurs eux-mêmes, affichant, un superbe dédain pour les dialectes vulgaires, se privent ainsi des moyens de comprendre cette période de notre histoire littéraire, et ne peuvent par conséquent point consulter nos premiers historiens, ni nos premiers poètes, ces sources indispensables de nos annales politiques ou littéraires?

Il en est à peu près de même au reste pour la majeure partie des langues néo-latines. Manoel de Faria y Souza, par exemple, dit positivement qu'il comprend bien quelques paroles des écrivains qui vécurent sous Alphonse I, mais qu'il est dans l'impossibilité de les traduire, d'en former un sens (1). M. Louis Viardot, qui possède si bien la langue et la littérature espagnoles modernes, commet souvent des erreurs grossières dès qu'il aborde les premiers monuments de cette littérature (2), et il suffit d'ouvrir Muratori pour être convaincu qu'il en est de même à l'égard de l'Italie.

(1) Europa Portuguesa, t. III, p. IV, cap. IX, pag. 579 et seq.

(2) V. Pierquin de Gembloux, Notices Historiques, Archéologiques et Philologiques sur Bourges et le département du Cher, p. 148. Il va même jusqu'à prendre, une fois, un nom propre pour une épithète.

La guerre des Albigeois, par exemple, demande encore de nombreuses investigations avant que nous puissions espérer de la connaître claire et vraie dans tous ses détails. Les poètes patois, dont on s'est privé jusqu'à présent, disent très-crûment la vérité sur la conduite religieuse et politique des puissances armées contre les bons hommes, et, pour s'en venger, celles-ci proscrivent soigneusement tous les ouvrages de ce genre, écrits en roman. Vous connaissez, Messieurs, cette délicieuse épigramme faite dans le patois du canton de Vaud, vers la fin du xiie siècle : vengeance mélancolique et douce qui peint si énergiquement néanmoins la doctrine, toute d'opposition, que professaient ces malheureux égarés.

> *Que non volia maudir, ne jurar, ne mentir,*
> *N'occir, ne avourar, ne prenzo de altrui,*
> *Ne sta vengar de li suo ennemi*
> *Los dizons qu'es vaudez et los fezons morir.*

Qu'est-ce donc que des sectaires qui se vengeaient ainsi de tout ce qu'on leur faisait souffrir ? Qu'était-ce que ces Albigeois que la science dédaigneuse et la politique intéressée ne nous ont pas permis de connaître? Ennemis nés de la science, et des savants, qu'ils regardaient comme l'unique obstacle au rétablissement de l'église primitive, ce qui était un peu vrai, n'avaient-ils donc commis que ce crime ? Que serait-ce, en en effet, qu'une hérésie sans hérésiarque ? La puissance, quel que soit son nom, s'est toujours méprise sur l'opposition que son despotisme soulevait, et surtout lorsque cette opposition s'attaquait aux savants, *genus irritabile vatum*, qui ne respiraient que le paganisme, et aux cardinaux qui ne voulaient plus prier Dieu que dans la langue d'Homère ou de Virgile, et plus du tout dans celle de l'évangile ou de saint Jérôme, qui blessait leur goût délicat.

Au xiie siècle le peuple était en âge d'émancipation ; le clergé s'y opposait : tout poussait dans les voies épineuses de l'affranchissement. Le droit romain succédait partout au droit canonique ; les communes s'organisaient partout. De fraîches et vives littératures couronnaient de tous côtés les langues récemment créées par le peuple, malgré les savants

et les puissants. Tous les éléments d'une légitime insurrection se concentraient en quelque sorte dans l'hérésie des
Albigeois, doctrine sans formule, besoin vaguement mais
vivement senti, plus mal expliqué, soulèvement populaire
analogue à celui de 1789 ou de 1830. Enfin, l'église retarda
cette émancipation, qui fut d'autant plus large et blâmable,
quelques siècles plus tard, qu'elle avait été plus fortement et
plus longuement comprimée.

Quoiqu'il en soit, ces sectaires politico-religieux, parce que
alors ces deux éléments sociaux marchaient de front et se
prêtaient un mutuel appui, furent connus sous différents noms
parce que leur doctrine ne fut point homogène et ne pouvait
guère l'être. Pour comprendre toutes ces appellations, il
faut encore invoquer inévitablement le secours des patois,
parce que la langue des savants n'a jamais cours chez le
peuple, et qu'en général ce ne sont pas eux qui donnent aux
choses les noms qui leur conviennent et dont ils s'obstinent
ensuite à rechercher l'origine, dans leurs idiomes conven-
tionnels, morts ou vivants. Ainsi, plusieurs villes d'Italie,
quelques autres en France, présentent encore, à la curiosité
du voyageur, des rues qui portent le nom de *Patarini* ou de
Patarius. Ce sont, en général, celles qu'habitent ou qu'habitaient les fripiers. Ce mot vient d'une expression des
patois du Dauphiné qui veut dire vieux linge (*patcs*) et
non pas, comme les encyclopédistes l'ont prétendu, du verbe
pati (souffrir). Ce nom leur fut donné parce qu'ils allaient
de ville en ville, ou de rue en rue, vendant de vieux habits.
C'est à la même source qu'il faut chercher encore l'origine
des mots *sabates* et *insabates*, sous lesquels on les désignait aussi, soit parce qu'ils vendaient de vieux souliers,
soit parce qu'ils n'en portaient point, soit parce que ces
chaussures étaient coupées par-dessus. L'édit des élus (1630)
donna naissance à la faction des *Cascaveous*. Si l'historien,
le commentateur ou le savant ignorent le provençal, comment expliqueront-ils ce mot et quelle origine lui donneront-
ils? La solution de ces deux questions se trouve dans la
valeur du mot patois (grelots), etc.

Pierre Valdo, riche négociant de Lyon, suivant Théodore
de Beze et Jean Léger (1), auteur de cette hérésie, était né à

(1) Histoire de l'église vaudoise. — Voltaire, Essais sur l'histoire

Vaulx-en-Velin , petit village du département de l'Isère, sur les confins de celui du Rhône. On lui attribue une traduction, en patois, des livres saints, dont un bel exemplaire appartient à la bibliothèque de Grenoble. C'est une erreur ; ce travail, intéressant sous le rapport philologique, est d'Accusa. Quoiqu'il en soit, ce chef de secte fut donc la cause indirecte, et pourtant la plus puissante, de la chûte de la poésie romane, de la fuite des troubadours, et peut-être même de la protection exclusive accordée à la langue d'oil , grâce à l'influence malheureuse que lui donna la création de l'université de Toulouse (XIIIe siècle). Dès les premières années du XIVe siècle en effet, on cessa d'écrire dans la langue d'oc, et la proscription de ce suave dialecte était devenue si vive que l'académie des jeux floraux, instituée par une femme qui n'avait illustré que la lyre patoise (1), refusa d'admettre les idiômes vulgaires dans ses concours, et n'eut plus de prix que pour les vers barbares écrits en langue d'oil.

L'idiôme enchanteur des troubadours s'altéra de plus en plus sur les lèvres des trouvères et finit, n'étant plus cultivé sur aucun point de la France méridionale, par se déflorer e se perdre insensiblement, si bien qu'un siècle plus tard le peuple ne l'entendait déjà plus, tant le pouvoir a d'action sur la langue des peuples qu'il gouverne. Ces diverses circonstances expliquent parfaitement pourquoi le poëme roman sur la guerre des Albigeois fut définitivement abandonné pour la traduction moderne, en prose toulousaine. Cette traduction inédite a également été traduite et publiée par le seul savant français qui pût bien accomplir cette mission , qui n'a point été sans difficultés insurmontables quelquefois. M. Fauriel, en effet, a lui-même été réduit au point d'être embarrassé par certaines phrases (2). Qu'y a-t-il d'étonnant

générale. — Bossuet, Histoire des Variations. — Colonia, Histoire Littéraire de Lyon. — Flaccus Illyricus, Catalog. Testium veritatis, .ib. xv. —Pluquet, Dictionnaire des Hérésies. — Clerjon , Histoire de Lyon, t. 11 , pag. 4 4. — Senebier, Catalogue des manuscrits de Geneve , pag. 453 , etc.

(1) Clémence Isaure, Poésies in-4, gothique.

(2) Histoire de la Croisade contre les Albigeois, écrite en vers provençaux par un poète contemporain , in-4, imprimerie royale, 1837, pag. 11, 162, etc.

à cela ? N'y a-t-il donc pas déjà plusieurs siècles que ces langues, créées si récemment par nous-mêmes, étaient devenues complétement inintelligibles? (1) On ne les aurait pas étudiées si elles n'étaient point mortes, car tous les peuples en sont réduits là, qu'ils ne recherchent avec avidité que les langues que la bouche humaine n'articule plus, qui ne sert plus d'expression à aucune pensée parlée. Ainsi à Rome on étudiait l'étrusque, dans l'Inde le sanscrit, chez nous le grec et le latin, etc.

Aurait-il existé plusieurs poëmes sur cette croisade et que les causes indiquées ou le mépris des patois auraient fait perdre ? Ou bien, celui dont nous parlons serait-il le même qu'un baron consacra à l'hérésie vaudoise dans le patois d'Alby, et que possédait M. Constant, ministre du saint évangile à Montauban, du temps de Scaliger? Ce qu'il y a de certain, c'est que le précieux manuscrit de la bibliothèque royale n'aurait jamais été imprimé sans la forte impulsion donnée récemment aux études historiques. Mais pourquoi ne s'est-on pas borné à en donner le texte ? L'ignorance et le mépris de nos patois nous ont seuls conduit à ce résultat, et nous enlevèrent en même temps une innombrable quantité de monumens de la même espèce. N'est-ce pas encore une perte digne des plus grands regrets que celle, par exemple, de tous ces chants populaires qui accompagnaient inévitablement ces grands mouvemens politiques, selon l'antique habitude des Gaulois ? Que ne donnerait-on point, en effet, pour posséder ces chants qui, comme le dit Guyon de Malleville, furent faits sur les plus importantes occurrences et factions de la guerre albigote ?

Nous pouvons, avec Nostre-Dame, regretter des pertes semblables à propos de littérature, surtout si, comme l'ont entendu quelques érudits, les romans de chevalerie ne furent que des traductions et des imitations, de versions latines, des antiques épopées de la nation gauloise. Si les annales

(1) *Mitto etiam francicam veteram seu germanicam cujus manuscriptus exemplar habeo antiquissimum, sed solum in libros Reges Paralipomenos. Ità antiquum est illud idioma, ut vix intelligi queat.* N. de La Haye. — Biblia maxima, 1660. 19 vol. in-fol., t. 1, Lect. 21, cap. 1. Prolegom, etc.

druidiques, dit le savant bibliothécaire de la ville d'Aix, si
les poëmes des Bardes, traduits par les premiers propaga-
teurs du christianisme, qui sentaient l'importance de *latini-
ser* ces poésies populaires pour faire adopter la nouvelle li-
thurgie latine, doivent se retrouver dans ces prétendus romans,
notre ancienne histoire va changer de face, et nous aurons
aussi nos âges héroïques et mythologiques. Alors nos romans
de chevalerie, où l'on ne voyait jusqu'ici que l'histoire et les
mœurs du moyen-âge, deviendront des espèces de livres sa-
crés, de vastes épopées, semblables à celles que possèdent
tant d'autres peuples, et nous y chercherons, avec moins de
vénération toutefois que de curiosité, les antiques origines
de la nation (1). Mais que de richesses perdues dont il ne
reste pas la moindre trace ! On trouve, dit Jean de Nostre-
Dame, plusieurs livres traduits en nostre langue provenssale,
tant en prose qu'en rithme, desquels j'en ai une infinité dans
une grande partie de vies de saincts et sainctes, tant en
prose qu'en rithme que j'ai vus en plusieurs parts, et d'autres beaux livres que j'avais ramasséz çà et là, escripts en
lettres de main, tant en latin, français que provenssale, qui
me furent dérobez et pris au temps des troubles de 1562. Mais
combien y en a-t-il de cachez parmi les librairies des monastères, couvents, églises et dans les archifs des maisons
nobles de ce pays... Il n'y en avait aucune qu'elle n'eût un
registre, en forme de romant, auquels estoient descripts les
hauts faits et gestes de leurs ancestres en langage provenssal,
etc. (2) Les archives de la chambre des notaires de Toulouse,
celles de la mairie de Cahors, de Limoges, etc., possèdent
encore quelques-unes de ces richesses aussi importantes
pour l'histoire nationale que pour celle de notre langue
et des idiômes vulgaires de la France. On peut prendre une
idée de ce que nous avons perdu, seulement sous le rapport
du droit communal, dans le catalogue, si imparfait toutefois,

(1) Rouard, Notice sur la bibliothèque d'Aix, pag. 199. — Voyez
aussi le rapport à M. le ministre des travaux publics sur les épopées
françaises du XIIe siècle, par M. Edgard Quinet, dans la *Revue de Paris*, t. XXVII, juin 1831, etc.

(1) La vie des plus célébres et anciens poètes provençaux, etc.,
in-8°, pour Alexandre Marsily, 1575, Proësme.

que l'infatigable Fontette a dressé et qui est intitulé : *Liste des coutumes de France.*

Sans doute ce mépris de la langue d'oc, premier fruit de l'orgueil barbare de la langue d'oïl et de ses partisans, n'est point encore les seules causes des dommages que nous ayons à regretter. N'en augmentons point le nombre du moins et emparons-nous avec ardeur de tout ce que nous pourrons arracher au grand naufrage, car il existe encore beaucoup de monuments historiques écrits en patois. La bibliothèque royale, par exemple, possède un manuscrit (no 9646) qui pourrait jeter aussi quelques lumières sur l'intéressante question à laquelle nous venons d'accorder un si long espace. C'est une histoire, en prose et en patois du Bas-Languedoc, de cette même guerre. L'original existe, à ce qu'il paraît, dans la belle bibliothèque de Carpentras, si riche en littérature patoise inédite. Il avait appartenu au savant Peiresc (1).

Le troubadour Raymond-Ferrand, premier abbé et fondateur du monastère de Lérins, écrivit en vers provençaux la vie de saint Honorat. C'est une légende qui ne paraît pas antérieure à l'an 1300. Dans le manuscrit incomplet de la bibliothèque d'Aix, elle est suivie de la *Passion*, également en vers romans, de saint Porcaire et de cinq cents autres moines de Lérins, massacrés par les Sarrasins, vers l'année 730. La Provence eut beaucoup à souffrir aussi de deux invasions : la première, en 1524, dirigée par le connétable de Bourbon ; la seconde, en 1536, par Charles-Quint en personne, qui eut la fantaisie de se faire nommer roi d'Arles et de Provence. Les détails les plus intéressans de ces deux faits historiques se trouvent dans le poëme macaronique d'Antonius de Arena (2), J'en dirai autant du poëme de Jean de Cabanes, intitulé : *La guerro doou duc de Savoyo en prouvenço,*

___

(1) Chronique générale et manuscrite du Querey, xviie siècle. Voyez encore dom Vaissette, t. iii. — Recueil des historiens de France, t. xix. — Choix des manuscrits originaux de l'Histoire de France, traduits en français et publiés par M. Guizot. — Catel, Recherches sur les comtes de Toulouse, etc.

(2) *Meygra entrepriza catoliqui Imperatoris. Quando de anno Dni 1536 veniebat per Provensam bené co rosatus in postam prendere Fran-*

in-8° Aix 1830 , etc. La bibliothèque d'Aix possède une copie moderne du *Philomena*, le seul roman patois écrit en prose. Cet ouvrage curieux contient le récit des exploits de Charlemagne, dans le midi de la France, contre les Sarrasins. Il parle avec détail des siéges de Carcassonne et de Narbonne, et semble avoir été fait principalement pour célébrer la fondation de l'abbaye de Notre-Dame-de-la-Grasse. Il me paraît avoir dû être composé de 1180 à 1200. Philomena est le nom du prétendu historiographe de Charlemagne.

Il serait trop long d'énumérer ainsi les richesses historiques ou littéraires qui s'offrent dès ce jour à l'étude approfondie et si utile de nos patois. Un catalogue de ce genre dépasserait de beaucoup les bornes que nous nous sommes prescrites et n'entrerait point dans notre plan. Il trouvera sa place naturellement dans notre Langatlas de la France. Il suffit de savoir, pour le moment, qu'un très grand nombre d'archives, soit communales, soit départementales, telles sont celles de Béziers, Montpellier, Rhodez, Alby, Aix, Clermont, Toulouse, Limoges, Privas, etc., possèdent en ce genre des trésors inestimables, et que la section des manuscrits de la bibliothèque royale, que les archives du royaume ne sont pas moins opulentes. Mais ces monuments n'auront toute leur valeur historique qu'alors qu'on se livrera à l'étude sérieuse de nos différents patois. Je ne puis me refuser au plaisir de citer en finissant ce qu'a dit l'abbé, duc de Montesquiou, dans un ouvrage manuscrit intitulé *Mœurs et anciens usages*, année 1802.

Les chartes du Languedoc, au IX° et X° siècle, sont remplies *de fautes* plus grossières que celles du Nord. On y trouve même des phrases entières de la langue romance qui a été depuis le patois du midi. La langue latine qui avait constamment dégénéré, depuis le siècle d'Auguste, ne fut plus connaissable depuis l'invasion des barbares. L'église, qui en conserva *seule* l'usage, y porta les expressions et la tournure hébraïque, conservées dans les traductions de l'Écriture-Sainte, parce que les écritures étaient les seuls livres

<hr/>

sam cum villis de Provensa!, propter grossas et menutas gentes re,ohire ; per Antonium Arenam, Bastifausæta, etc , in-8., gothique in Avenione, 15 37.

que le clergé étudiât alors ; mais comme il étudiait la grammaire, il écrivait sans fautes grossières. Il n'en fut pas de même dans le midi, *sans qu'il me soit possible* d'en assigner la cause ; car cette partie de la France avait autrefois la réputation d'être bien plus éclairée que le Nord *; il est même* difficile que le commerce de la Méditerrannée, le voisinage de l'Italie et son heureux climat, ne lui aient pas conservé cet avantage. Cependant ses études *semblent avoir été plus mauvaises* que celles des autres parties de la France. Il faut cependant distinguer certains actes des principaux monastères, des chartes particulières, tels que les testaments et les hommages ; ces derniers surtout *semblent n'être d'aucune langue.*

Ce passage prouve bien évidemment que le duc de Montesquiou, qui a si bien constaté des faits si importants, n'avait examiné la grave question, qui nous occupe, sous aucuns des points de vue que nous indiquons rapidement. Ce qui l'étonne, ou ce qu'il voit mal, s'explique très-facilement avec les théories que nous avons émises.

Je terminerai enfin ce que j'avais à dire, sur l'utilité des patois relativement à l'histoire, en rappelant qu'il existe encore à la bibliothèque royale deux beaux manuscrits (in-folio 7,618, in-4o 10,278) qui, sans la connaissance même approfondie des patois de la Picardie, le troisième de ceux qui se partagent ethnologiquement la France, resteront toujours complètement inintelligibles, comme le prouvent des tentatives faites au xvie siècle, pour expliquer le premier.

Nous rappellerons encore que tous les historiens tels que Mezeray, Legendre, Millot, Dupleix, etc, citent le mot spirituel de Louis-le-Gros, fait prisonnier par un anglais : et que l'on n'est que trop fondé, quant à présent du moins, à douter de leur véracité, car pas un d'entre eux ne signale l'endroit où ce fait aurait eu lieu. Si l'on veut pourtant lui donner enfin la certitude dont il manque, c'est encore dans un poète patois du xiiie siècle qu'il faut aller la chercher : c'est dans Philippe Mouskes, évêque de Tournay. La vie, si fabuleuse de Charlemagne, ne peut-être connue, dans ses plus petits détails, de même que l'état général de la société, à cette époque, que par le poème patois de Gérard de Roussillon. On y trouve l'idéal chevaleresque purement ex-

primé ainsi qu'une morale élevée et profonde. Tel est entre
autres le dévouement de Berthe, l'épouse du héros, et son
courage à supporter la misère et l'obscurité. La désapproba-
tion de la guerre, le tableau le plus vif de la dépendance
absolue des grands vassaux, etc., sont autant de points du
plus haut intérêt qui rendent encore ce poème indispensable
à l'histoire.

Ce que je viens de dire de l'utilité des patois, quant aux
historiens, doit s'étendre aux antiquaires eux-mêmes qui
ne sont que des historiens d'une autre nature, n'acceptant
pour leurs récits qu'une seule espèce de documents. Ils ont
commis également plus d'une faute grossière en se privant
des lumières qu'auraient pu leur fournir nos patois. Qui ne
connaît, par exemple, leur rêverie quant au mystère de la
reine Pédauque de Nevers et d'ailleurs, et quant à la statue
de Pepegus (**p. p. avg**), de Beziers, etc.? J'en ai donné moi-
même une autre preuve, à propos d'un monument de théologie arithmétique (1).

La connaissance des patois locaux n'est pas moins essentielle pour les numismates. Si l'illustre Pellerin se fût également occupé de leur étude, il n'aurait certainement point
commis l'énorme bévue d'attribuer des monnaies byzantines
de rois français aux maisons impériales des Ducas, des
Comnenes et des Paléologues. Trompé par la ressemblance
de ces pièces avec les *nummi scyphati* (monnaies creuses), il
fut conduit à prendre pour du latin les mots patois qui leur
servaient de légendes, telles que celles de henry, hvgves,
PIERRE OU JAYME REI DE HIERVSALEM. C'est surtout pour
la numismatique du moyen-âge et de la première race de nos
rois que la connaissance de nos patois peut souvent être de
première nécessité. Tous les numismates, par exemple,
se sont accordés pour attribuer à Robert ou à Eude et
à d'autres personnes, une monnaie de la seconde race portant le mot rox dans le champ. La connaissance la plus légère de nos patois eût préservé d'une pareille erreur. N'est-
il pas bien évident en effet, que dans ce nom l'u romain a
été rendu par un o, comme cela eut lieu partout et même
en Italie ou pour *Venusia* on écrit *Venosia*, dans la Basilicate,

(1) In-8°, Grenoble 1837.

(1) In-8°, Grenoble 1857.

et en France CADORCA , DON, SACROM, etc., pour CADVRCA , DVN SACRUM, etc., sur les monnaies de Cahors , de Dun , de San-cerre, etc. Cette langue n'a-t-elle point constamment changé en o pur les désinences romaines en *oum ?* Les langues es-pagnoles , portugaises , catalanes et romanes n'en ont-elles pas fait autant ? N'avons-nous pas nous-même fait le mot *flot,* de *fluctus,* etc ? Ainsi, nul doute que cette légende n'offre l'orthographe abrégée du nom de *Radulphus,* qui devint successivement *Radoulphous , Raoulphous , Raoulf, Raoux , Roux* et enfin *Rox* , ainsi que nous l'avons longuement dé-montré ailleurs (1). Tobiesen Duby rapporte également une monnaie dont la légende est en patois (2). Elle fut frappée par un comte de Tonnerre, de l'an 980 à 1050. Elle porte TOINERO MONEIC , ce qui prouve évidemment qu'à cette épo-que la langue d'oc n'avait point encore abandonné les pro-vinces du nord de la Loire , où elle avait été importée avant le VIIIe siècle (3).

Les légendes locales des parisis frappés par Philippe-Au-guste (1180) dans les villes romanes où il faisait ainsi acte de souveraineté, excepté sur celles d'Arras où il conserva les formules épigraphiques des Romains, sont également écrites en patois. Ainsi, elles portent MOVTVRVEL. SAINT HOMER. PE-RONNE, etc., circonstances on ne peut plus naturelles, et qui démontrent une espèce de soumission de la part du pouvoir à l'égard des expressions phonétiques des nationalités mo-dernes, qui tendaient à se consolider de plus en plus. Le sa-vant numismate M. de Saulcy, qui cite le même fait , déclare qu'il n'essaira pas d'en rendre compte, et qu'il laisse à de plus habiles le soin de l'expliquer (4). On voit pourtant que ce n'était pas fort difficile.

Le savant conservateur de la belle bibliothèque de Bayeux fut également arrêté dans l'explication d'une médaille d'ar-

(1) Histoire Monétaire et Philologique du Berri, in-4, Bourges 1849, pag. 112 à 118.

(2) T. 11 , supplément , pag. 188.

(3) Pierquin de Gembloux , Histoire Monétaire et Philologique du Berri, pag. 111.

(4) Revue de Numismatique , 1837, pag. 291.

gent de Charlemagne, par une circonstance tout aussi
simple. Sur le revers de cette monnaie on lit une légende
ainsi disposée XCC : VINCIT XCC : REGNA AN : DNI. mccclxxiij,
tandis que la légende intérieure porte: MONETA: Jung Heit.
(1) M. Pfister, dans les mélanges qui terminent la Chronique
Numismatique d'Ackerman (2), donne l'explication suivante
de cette monnaie d'Aix-la-Chapelle. Il rappelle d'abord que
cette pièce a été publiée plusieurs fois, sans que l'on en ait jamais donné une explication satisfaisante. M. Bohl de Coblentz, qui en possède une variété, qu'il eut la bonté de nous
communiquer en 1835, disait en la montrant à M. Pfister, que
le dernier mot de la légende, écueil de tous les antiquaires,
pouvait être l'abrégé de *Iunkern-Heide*, nom d'une place
d'Aix-la Chapelle, où était précisément l'hôtel des monnaies. M. Pfister a une opinion différente. J'ai vu, dit-il,
dans l'histoire d'Aix-la-Chapelle, par Meyer, que, dans l'année 1372, cette ville avait conclu un traité pour frapper monnaie au même titre, avec l'archevêché de Cologne, celui
de Trèves et la ville de Cologne, qui avait un monnayage
différent de celui de l'archevêque Frédéric III, comte de
Saawerden, vivant à Bonn en hostilité avec les citoyens de
Cologne. Cette union semble avoir duré jusqu'au commencement du xv⁵ siècle. En 1404 la monnaie d'Aix reprit l'ancien nom de *moneta aquensis;* cela me fait penser que le
mot IVNGHEIT, sur le tournois publié dans la Revue, signifie
que cette monnaie a été frappée pendant cette association,
cette *juncta societas*, dont le nom *juncta* avait été teutonisé
en juncheit, comme on dit gesund-gesundheit, fren-fren-
heit.

M. Ed. Lambert, qui publia cette monnaie, n'a pas
cherché à expliquer cette inscription bilingue. Nous laisse-
rons à des numismatistes plus habiles, dit le savant conservateur de la bibliothèque de Bayeux, le plaisir de nous expliquer le mot IVNGHEIT, qui est probablement un nom de
lieu, dépendant d'Aix-la-Chapelle, mais que nous n'avons pas
été assez heureux de pouvoir retrouver (3). C'est, comme on

(1) Ibid., 1837, pag. 295.
(2) *The numismatic chronicle*, juillet 1838.
(3) Revue de la Numismatique française, 1837, pag. 296.

le voit, M Lambert qui a mis MM. Bohl et Pfiister sur la voie d'une erreur de plus en numismatique.

Là ne sont point encore toutes les explications proposées et dont pas une n'est admissible. Nous nous garderons bien d'enregistrer toutes ces opinions ; nous nous bornerons à faire remarquer qu'avec la plus légère étude de nos patois, et surtout de ceux de la langue d'oc qui, du temps de Charlemagne, régnait pour ainsi dire sur toute l'Europe, on serait arrivé sans effort et du premier coup, à la véritable interprétation de ce mot inintelligible. Il suffit pour l'expliquer de savoir, d'une part, que plusieurs légendes sont ainsi conçues : CADORCA F.—CADORCA FI.—CATVRCA FIT, etc., et d'une autre, que dans un très-grand nombre de nos patois F se permute en H, c'est-à-dire que chez nous, de même que chez les Sabins, la première aspiration se changeait volontiers en l'aspiration grecque ou romaine, ou bien disparaissait quelquefois. Varron, par exemple, dit que *Hircus*, *Hœdus*, etc., venaient du Sabin *fircus*, *fœdus*, etc. La même chose eut lieu pour l'espagnol, le béarnais, etc. Du mot latin *filius* ces peuples firent en effet *hijo*, *hill*, etc.; du latin *facere* ils firent *hacer*, de même que la langue romane fit *heit*, alors que la langue d'oil disait *feit* et ensuite *fit*, etc. Nous avons dit que ces deux aspirations pouvaient se remplacer mutuellement et même disparaître dans nos patois : la preuve en est dans les noms de la ville de Fontarabie. En espagnol c'est *fuente-a-rabia*, en basque *hondarrabia* ou *ondarrabia*, indifféremment. Puisque nous rencontons encore une fois ce patois sous notre main, nous ne perdrons pas l'occasion de dire encore que la meilleure preuve que l'on pût administrer pour démontrer qu'il existait avant le xie siècle, serait précisément dans les applications de cette nature, auxquelles se prêtent la majeure partie de nos dialectes. Ainsi, par exemple, M. Balbi affirme positivement que cet idiome est la langue que l'on parlait dans une grande partie de l'Espagne et du sud de la Gaule, dans quelques parties de l'Italie et de ses trois grandes îles, dont le Turdetan, le Lusitanien, le Cantabre, le Carpetan, le Celtibérien, le Vascon, l'Asture, les Turdules, le Flergete, les Aquitains, les Osques, etc., n'étaient même que des dialectes peu différents les uns des autres. Si cette assertion

avait pour elle l'ombre de la vraisemblance, comment se
pourrait-il que cette langue fût sans monumens graphiques
d'aucune nature, et qu'elle soit impuissante dans l'explication des monuments numismatiques, paléographiques,
trouvés même sur les territoires désignés par M. Balbi, et
auxquels les savants espagnols, italiens et basques même
ont si inutilement accordé toute leur patiente érudition ?
En effet, nous n'avons pas une inscription, pas une médaille
de ce peuple, le plus ancien du monde.

Maintenant croit-on que la légende bilingue puisse être
lue autrement que ivnq HEIT et qu'elle signifie autre chose
que IVNG FECIT, comme on le voit sur tant d'autres médailles
et sur le monument d'arithmétique théologique que nous
avons publié ? Je ne crois pas que cette explication puisse
jamais rencontrer le doute le plus léger auprès de qui que
ce soit. C'est donc tout simplement le nom du graveur ou
celui du monétaire ; partant il est bien évident qu'il faut la
lire comme nous l'avons proposé. De même qu'une monnaie, attribuée à Childebert, porte PETRA FICIT, d'autres PA-
RISVS FIT, etc.

Nous pourrions facilement aussi multiplier les citations de
ce genre, et cela se conçoit très-bien dans une science aussi
peu positive, aussi pleine d'erreurs de tout genre que la géographie, et dans laquelle on ne consulte jamais l'éthnographie, flambeau le plus sûr pour les travaux de ce genre. L'é-
tude des patois peut donc être encore envisagée sous un tout
autre point de vue, et fournir aussi des lumières non moins
importantes. Les noms de lieux, dit Leibnitz, sont les plus
propres à conserver les restes des idiômes perdus et les
traces de l'existence des nations détruites, mais comment
parviendrait-on à ces résultats importants et qui le deviennent beaucoup plus encore sous le rapport historique dont
il forme autant de chaînons égarés, si tous ces dialectes
mouraient avant que l'on eût songé à en dresser des vocabulaires ? Ainsi, pour connaître l'étymologie de la plupart
des noms de famille des nouveaux propriétaires-bourgeois
des biens vendus par les nobles, allant aux Croisades, il est
indispensable de connaître, dit M. Eusèbe Salverte, non
seulement un très-grand nombre de mots, vieillis aujour-

d'hui et autrefois usités, mais aussi les patois et les locutions propres aux diverses provinces , etc. (1) ?

Il est de fait que, comme l'a dit Platon, qui sait les mots sait les choses, et que ce ne sont pas les savans qui les imposent aux diverses localités, et que ce sont encore moins eux qui les conservent ; mais ils en recherchent, il est vrai, très-laborieusement les étymologies, et cela après qu'ils ont tué les langues vulgaires, c'est-à-dire celles qu'ils n'ont point faites. Dans ces circonstances nombreuses , l'importance des patois est telle encore qu'eux seuls peuvent donner à la géographie antique et comparée les lumières les plus certaines et les plus inattendues. Cette circonstance s'expliquera très-facilement lorsqu'on se rappellera que les peuples peuvent bien, sans doute, changer d'idiômes, mais sans jamais perdre néanmoins la valeur des premières dénominations topiques, parce qu'en effet les accidents géologiques des localités ne varient point et qu'ils trouvent plus commode ensuite de traduire l'ancien nom dans l'idiôme nouveau, seul moyen d'être facilement intelligible. Ainsi , plus de vingt villes furent brûlées en un seul jour dans le Berri, par ordre de Verkingetorich : on ne connait le nom d'aucune , à peine trouve-t-on des vestiges de quelques-unes, si tant est même qu'elles datent positivement de l'invasion romaine. Le moyen le plus probable de parvenir à reconnaitre leur emplacement ou leur nom ne serait-il pas encore dans l'étude topographique, unie à la connaissance des idiômes locaux ? Aux portes de Bourges , par exemple, se trouve un village assez étendu , quoique peu populeux : il est posé sur le plateau et le penchant d'une colline: il se nomme Maubranches. Ici la dénomination n'apprend rien, et vainement la tradition place auprès de lui un camp romain ; mais si l'on supposait pour un instant qu'elle n'est que la traduction de l'ancien nom gallique, que l'on reconstituerait aisément avec la racine *mara*, (mauvais) et *sol* (branche) on aurait dès-lors le nom celtique de Solimara , que révèleraient des médailles gauloises très-nombreuses (2) ainsi qu'une inscription gallo-

(1) Essai Historique sur les noms d'hommes, de peuples et de lieux , t. 1, p. 302.

(2) Pierquin de Gembloux, Histoire Monétaire et Philologique du Berri.

romaine trouvée sur place. Ce nom pourrait donc bien être
celui de l'une des villes que les Bituriges Kubi incendièrent
à l'approche de César. A cette conjecture donnée par l'éthnographie ajoutons les lumières de la numismatique et de la
palœographie et nous obtiendrons une certitude morale. Les
traductions de ce genre d'ailleurs sont on ne peut plus
communes dans l'histoire des nations.

C'est ainsi, pour n'en citer qu'un autre exemple, que la
cité gauloise de Noirdelonex (nouvel oppidum), vit, sous
la domination romaine, changer son nom en celui de *Cas-
tellum Novum* qui devint, sous l'empire de la langue d'oil,
Neufchâtel. C'est ainsi que le grec Δελφις, le latin *dalphi-
natus* ou *delphinatus* ne sont que la traduction du mot celtique *Allobrox*; de même que le grec Κασσιτεριδες, et le latin
Cassiterides ne sont autre chose que la traduction mot à mot
du celtique *Eratannach*, etc. Cette méthode mal habilement
employée n'est pourtant pas sans inconvénients. Ainsi, par
exemple, il est évident que le nom de plusieurs villes ibé-
riennes peut se traduire à l'aide du patois vasque. Dès ce
moment les partisans de l'antiquité du Vasque en ont tout
naturellement conclu que ce patois avait fourni toutes les
dénominations de ce genre. La même chose a lieu en France,
dans beaucoup de localités, et l'on a été conduit à supposer
que ces mots, devenus étrangers à la langue nationale, pouvaient très-bien s'être conservés dans les dialectes élémentaires. Si l'on trouve en Espagne des noms traduisibles par
le patois basque, on doit nécessairement en rencontrer aussi
dans les quatre nationcules qui parlent ce patois. C'est également ce qui a lieu, mais cette circonstance toute naturelle
ne contredit nullement nos opinions sur l'antiquité du basque, et encore moins sur son prétendu caractère de langue-
mère. Ainsi, par exemple, il est bien évident que *Ilinua*
n'est pas plus d'origine française qu'espagnole ou romane,
et la preuve qu'il ne peut provenir que du celte, c'est que
Eli ou *Ili*, si fréquent dans les dénominations espagnoles ou
basques, avec l'acception de ville, ainsi que l'ont très-bien vu
Othenard et Mendoza, uni au radical *nua* ou *nuad* (nouveau)
pour désigner *Villeneuve*, *Villenouvelle*, *Villeforte*, se sont
également conservés dans différents autres dialectes celtiques. La profusion de ces radicaux, sur une immense étendue

dévastèrent la Bourgogne, l'Autunois, la Franche-Comté, la Savoie, la Suisse, le Dauphiné, etc., en laissant dans chacune de ces provinces des traces monumentales ou philologiques de leur séjour.

Une synonimie exacte des dénominations patoises de nos villes serait une nomenclature aussi utile à la géographie qu'à l'histoire. Combien de noms de villes que nous ne savons où placer! Le cabinet des médailles de la Bibliothèque du roi possède un denier inédit de Philippe-Auguste, portant le nom de MOSTI ROLI. Est-ce Montreuil-sur-Mer (*Communia Musterela*) Est-ce Montreuil-Bonin? Est-ce la même ville que celle désignée sur des médailles du même roi sous le nom de MOVTVRVEI ? Il est évident que cette question, insoluble aujourd'hui, aurait déterminé quelle fut cette ville monétaire de Philippe-Auguste, si les patois n'avaient point été si dédaignés ou proscrits.

C'est encore là le seul moyen de remplir avec quelques succès les lacunes de la géographie antique. Ainsi, par exemple, lorsqu'on voudra connaitre le point des Gaules occupé par les Salyens et les Ligures, colonies parties du territoire des Bituriges-Kubi, comme nous l'avons démontré dans notre *Histoire Monétaire et Philologique du Berri*, les noms patois des localités pourront seuls nous mettre sur la voie. Il est bien évident en effet que la population Lygurienne, répandue sur les rivages de la Méditerranée, depuis l'Arno jusques aux Pyrénées, durent fixer leurs premières demeures entre Aix et la Durance, puisque c'est là seulement que l'on retrouve et les *collines des Ligours*, qu'un homme peu fait aux dialectes vulgaires pourrait peut-être traduire par *collines des Ligueurs*, en s'appuyant sur l'histoire nationale, et le plateau des *Ligourets*. Nous trouverons également, par le même procédé, le point de la Provence, habitée primitivement par les Salyens, dont Pittou et de Haize ont été chercher l'étymologie dans l'hebreu sal (*sales, facetia*). Par ce moyen on verrait que ces deux nations étaient limitrophes, qu'elles se touchaient même, puisque c'est encore aux environs d'Aix que l'on trouve de vieilles constructions, dans un quartier que les chartes nomment *Sanctus Joannes a Salyis*, et que les indigènes ont traduit par *San-Jan de los sales*.

Les patois, beaucoup mieux que les langues nationales qui en sont dérivées, peuvent servir, comme on le voit, aux investigations ethnographiques de l'antiquité. Une manière incontestable et facile en effet de fixer l'époque et l'espèce de migrations des peuples est très-certainement l'étude comparée des idiômes. Comme le dit M. Eichoff, là où l'histoire se tait, où la tradition révélée s'arrête, quel guide nous reste encore dans cette recherche d'un si haut intérêt, sinon l'ethnographie comparée, qui peut, jusqu'à un certain point, reconstruire le monde à sa naissance, en retraçant au moyen de la linguistique et de la géographie réunies, le mouvement général de la population (1)? Ainsi, en dressant un dictionnaire progressif de polyglotie, on peut bien avoir égard, sans doute, aux accidents atmosphériques, géologiques, organiques, etc., qui contribuèrent à changer l'identité de mots primitifs; mais néanmoins toutes les fois que les altérations se borneraient à remplacer les consonnes fortes en faibles; les faibles, en aspirées; les aspirées, en fortes ou même à confondre celles d'organes tout opposés, on n'en sera pas moins porté justement à conclure à leur identité originelle. Mais plus ces mutations seront nombreuses et profondes, plus on sera en droit de penser qu'une plus longue série de siècles a été nécessaire pour amener ce résultat. Nous venons d'en voir des exemples en Provence, et nous ajouterons que les langues slaves présentent bien aussi ces mutations, mais à un degré beaucoup moins sensible que les dialectes néo-celtiques, néo-teutoniques et par conséquent les signes incontestables de leur intime parenté avec la langue indienne, presqu'aussi formelle que celle du latin, surpasse quelquefois celle du grec lui-même, par la conservation des initiales. Or, si les patois slaves peuvent se placer immédiatement après les idiômes néo-grecs ou pélasgiques, dans l'ordre de dérivation, il est bien démontré que la migration des peuples slaves, du centre de l'Asie en Europe, dut avoir lieu vers la même époque que celle des Pélasges, partant beaucoup plus tardivement que celle des Celtes et des Germains, à une époque enfin où le sanscrit lui-même était déjà complètement fixé, ainsi que nous l'a-

(1) Parallèle des Langues de l'Europe et de l'Inde, pag. 8.

12

vons établi dans l'Histoire Monétaire et Philologique du Berri.

On peut donc appliquer, non pas à la langue nationale, mais à nos dialectes vulgaires dont elle émane, l'étude du sanscrit et l'on retrouvera plus d'une preuve encore de toutes nos assertions. Ainsi, dans cet idiôme antique le prénom interrogatif et relatif a pour type la lettre K que les Ioniens changèrent en π, tandis que les Doriens la conservèrent de même que les Romains et les Russes. L'interrogatif absolu de ces derniers et du Polonais, langues qui ont avec le sanscrit une étonnante affinité quoique moins marquée encore que le celte, est *Kto* pour les personnes et *Cto* ou *Co* pour les choses, combiné au nominatif seulement, avec le type démonstratif. Eh bien, tous nos patois, prétendus néo-latins, ont également conservé cette manière de s'exprimer. Aux environs de Grenoble, par exemple, on dit encore à chaque instant *Kto*, que l'on peut écrire si l'on veut *Qto* ou *Qucto*, mais qui ne donneront pas moins la même prononciation (1) On la retrouve encore dans tout le Languedoc, et nul doute qu'elle ne vienne du sanscrit *Katan* comment). N'est ce donc pas là une date pour la colonisation de la vallée du Graisivaudan? Dans l'humanité, rien ne se perd : les peuples se transmettent religieusement leurs langues. Nos rouliers ne se servent-ils donc pas encore des expressions qu'employaient les charretiers indiens, et cela sans aucune altération ? etc.

Ce qu'il y a de plus obscur, de moins connu, ce sont les origines des peuples, leur filiation, leur migration et quelquefois même leur mélange avec des populations victorieuses. Les annalistes ne donnent point ces détails importans, et s'ils se décident un jour à regarder ce point comme le plus intéressant et le plus important de leurs utiles travaux, il est bien évident qu'ils n'en trouveront jamais les élémens ailleurs que dans l'étude philologique des patois. Avec ce secours seulement on expliquera comment tel village de telle nation n'appartient réellement point à la race indigène. On ira même jusqu'à préciser l'époque probable de la migration totalement inconnue. Les savans se sont beaucoup occupés d'un phénomène de ce genre. Une tradition vague et sans preuves donne une origine suisse à un village situé

(1) En Gallois l'on dit encore *chos*.

au milieu de la Champagne. Le cinquième volume des Mémoires de la Société royale des Antiquaires, contient différentes pièces relatives à ce point historique fort curieux, et entr'autres l'extrait d'une note du savant Bridel, ministre du culte réformé, dans le canton de Vaud, qui trouve probable l'origine attribuée à Courtisols, et parmi les raisons péremptoires sur lesquelles il se fonde, est la ressemblance entre le patois de Courtisols et celui de la Suisse-romande. On comprend en effet que c'est le seul moyen de trancher la question en l'absence de tout document, de toute assertion historique, et alors même qu'ils existeraient, cette preuve resterait encore d'un très-grand poids pour les confirmer. C'est ainsi que nous n'avons pas besoin sans doute de démontrer que les Burgondes, que les Francs, que les Arabes, que les Anglais, que les Allemands, etc., firent des séjours p'us ou moins longs en France ; mais il n'en est pas moins vrai que si l'histoire n'en avait point parlé, si la tradition en était totalement perdue, ce serait encore dans les patois qu'il faudrait en rechercher les preuves.

L'histoire nationale attend tout ce que ces mines peuvent lui fournir encore de documents importants, et l'on voit ainsi qu'avec une connaissance plus approfondie des patois, sur lesquels il avait pourtant écrit, Millin n'aurait pas reproché, aux historiens nombreux de la classe qui nous occupe, de ne nous avoir laissé aucun renseignement (1). Reproche qui prouve à la fois que cet archéologue illustre ne les connaissait pas, et qu'il prononçait en aveugle sur l'importance de ces travaux et de nos recherches.

Le peuple n'a malheureusement pas constamment donné des exemples de sa haute sagesse, dont les savants n'ont pas toujours profité et qu'ils n'ont même pas saisi. Tous deux ont trop souvent laissé perdre la valeur primitive de certaines appellations et tous deux traduisaient assez volontiers alors le mot inconnu par celui de leur idiôme qui lui ressemblait le plus, ou qui avait avec lui la plus grande analogie syllabique. Ainsi, les grecs traduisaient le mot *rhod*, imposé par les Phéniciens à l'une de leurs villes, par *rhodon*, et, au lieu de rester l'île des serpents, elle devint ainsi l'île des roses. Si

(1) Magasin encyclopédique, décembre 1809, pag. 302.

maintenant on cherchait comment dans les patois riverains du fleuve Rhodanus, ayant également perdu sa valeur étymologique, on conserva sa valeur grecque postérieure, nous verrions qu'ils ont commis la même faute. Ainsi, ils ne désignent pas ce fleuve sous le nom insignificatif de Rhône, comme la langue d'oïl, mais bien par le mot *Rose.* C'est ainsi que le poète Gros a dit :

Estou matin avan souleou leva
Su lou bord d'oou *Rose* amagua, etc.

Je sais très-bien que ces deux étymologies que nous donnons ne sont pas d'accord avec celles des savants. Ainsi, E. Salverte, qui ne dédaigna pas dans ses profondes recherches le secours si souvent indispensable des patois de France ou d'Angleterre, dit qu'en languedocien Rhône signifie rivière et dérive d'un mot qui signifie couler. C'est possible, mais depuis vingt ans que je travaille au Langatlas de la France, je n'ai pas rencontré un seul de nos patois qui puisse autoriser une pareille assertion, et dès-lors c'était bien le cas, je crois, de citer le patois dans lequel ce mot prend cette acception. Il faudrait ensuite accepter la même étymologie pour des noms absolument identiques, retrouvés chez des peuples éloignés et appliqués à des choses qui ne coulent pas, telles que des villes. Elle convient, je l'avoue, au Rhodane qui se jette dans la Vistule, à l'E-Ridanus (le Pò), au fleuve qui arrose le pays des Sarmates, mais comment l'appliquer aux villes nombreuses qui le portèrent? Ces objections n'empêchent cependant point E. Salverte (1) de trouver fort extraordinaire l'opinion de Pline (2 qui fait dériver ce nom de celui d'une ville fondée par les Rhodiens, opinion très-juste, mais qui ne résout pas la difficulté.

La même erreur a été commise par tous les peuples espagnols, qui parlent un patois distinct, comme le prouve la traduction hiéroglyphique. Sur les médailles de Rhoda en effet, figure la rose ou fleur de *Balaustium,* vue en-dessous.

(1) Ibid., t. II, p. 285. Voyez aussi Grunner, Histoire Naturelle des Glacières de la Suisse, p. 143.

(2) Histoire Natur., lib. III, cap. 4.

Cependant à propos de ces dénominations, ou mieux de ces
traductions ridicules, dues à l'extinction des langues antérieures, nous dirons qu'elle est largement compensée par
une autre exclusivement due aux savants. Jusqu'au moyen-
âge le golfe de Lyon porta le nom de *Sinus* ou *mare Leonis*,
comme on le voit encore dans Guillaume de Nangis (1). Cette
orthographe rappelait à la fois l'origine et la cause de la
dénomination de la ville au combat du lion (Massalieton),
dont le nom est traduit hiéroglyphiquement par un lion sur
les médailles gallo-grecques de cette colonie phocéenne.
Mais dès que Lugudunum prit son nom moderne, les savants, qui sont en général pour les rapprochements en vertu
de l'analogie des noms, ayant perdu la trace de l'origine du
nom grec de Marseille, virent bientôt une intime relation
entre le nom de la grande ville baignée par le Rhône et
l'embouchure du fleuve. Dès ce moment, ils autorisèrent,
par leur exemple, une ortographe fautive et ridicule. On
n'eut plus la ville de Lyon et le golfe du Lion, mais la ville et
le golfe de Lyon. Cette nouvelle bévue est bien évidemment
encore le résultat de la complète ignorance des patois. Les
indigènes en effet ne disaient point *lou sen daou Rose*, ni *lou
golfe de Lyoun*, mais bien *lou golfe daou Lioun*, dénomination
pittoresque qui rappellait du moins le commerce des colonies phocéennes et leur arrivée sur le sol gaulois.

M. Eugène Thomas a fait remarquer avec beaucoup de
raison que l'on avait, à tort et fort infructueusement jusqu'à
ce jour, cherché dans le grec ou le latin l'étymologie du
nom des Volsces, tandis qu'on l'aurait trouvé dans le patois
languedocien. En effet le grec οὖλκοί, ουωλγαί, ουωλχαί, venant
du celte *bolgein* ou *bolgéan*, en perdant la consonne initiale,
n'est autre chose que le mot patois *boulega*, *boulégaire* qui
peint très-bien l'homme toujours en mouvement (2). Le savant abbé de Guasco avait déjà fait la même observation (3).

---

(1) Cet écrivain explique à sa manière l'origine da ce nom : *Quod
semper est fluctuosum et crudele.* — in GEST. S. LUDOV.

(2) Recherches sur la position des Celtes Volces, p. 7.

(3) Sur le temps que les sciences et les arts commencèrent d'être
cultivés chez les Volces 1749, p. 78.

Les erreurs de ce genre n'ont point échappé à la savante perspicacité de M. Champollion-Figeac. Se servant de la connaissance approfondie des patois pour arriver à déterminer à son tour le véritable emplacement de la cité celtique d'Uxellodunum, il a dit, à propos des nombreux tâtonnements des géographes : nous devons faire remarquer à ce sujet l'irrégularité qui existe sur toutes les cartes à l'égard des noms de lieux des provinces méridionales de la France et de toutes celles qui ont un idiôme vulgaire ou un patois. C'est à ces idiômes qu'appartiennent ces noms en général. Ceux qui ont dressé les cartes, étant presque toujours étrangers à ces provinces, ont écrit ces noms tantôt en idiôme vulgaire, et les ont très-souvent altérés, tantôt en les traduisant en français bien ou mal, mais quelquefois très-inexactement. Le moindre inconvénient de ceci est de trouver sur la même carte, et l'un à côté de l'autre, deux noms semblables, écrits selon deux langues différentes, de sorte que leur analogie reste inaperçue. Du reste, il serait bien difficile à un étranger de retrouver sur les lieux un village ou une montagne, sous le nom traduit en français sur la carte. Dans tous ces cas faudrait-il du moins y écrire ces noms, ou toujours selon l'idiôme du pays ou toujours selon sa traduction française, après s'être assuré de son exactitude.

Il est, comme nous l'avons vu, plus d'une expression patoise qui donne la clef de quelques faits importants, que l'histoire oublia d'enregistrer. Ces occasions peuvent se présenter fréquemment. L'une des portes de Grenoble est connue sous la dénomination de Porte de la Graille. Jamais on ne la désigne sous son nom officiel de Porte Créquy. On chercherait vainement la cause et l'origine de cette dénomination vulgaire si l'on ignorait le patois du Dauphiné, dont J.-C. Scaliger a dit : le langage dauphinois est difficile ; il est quasi comme le périgordin. L'accident qui lui fit donner ce nom se reproduit dans toutes les villes, mais n'existant plus, on ne peut décidément l'expliquer que par les patois locaux, auxquels ne suppléaient certainement jamais ni la langue nationale, ni les langues savantes. En effet, le mot *grailler*, terme de vénerie, qui veut dire donner du son sur un ton qui sert à rapprocher les chiens, et le substantif *graillon,* qui désigne les restes ramassés d'un repas ou bien le goût désagréable de certaines préparations culinaires, etc. pourraient faire supposer, à la dénomination de la porte de Grenoble, une origine tout aussi fausse. Cette appellation veut tout simplement dire porte de la Corneille ; elle vient de ce qu'un cabaret voisin avait pris cet oiseau pour enseigne, et cet oiseau se nomme *graille* en patois du Dauphiné. C'est ainsi que le nom de l'illustre famille de Broglie vient du patois Niçard *Broglio,* qui signifie Moulin. Comme nous l'avons déjà dit, c'est définitivement dans les dialectes vulgaires que le géographe doit aller chercher aussi l'étymologie de certains noms de villes. Ainsi, M. le D.r Braschet de Lyon (1) n'hésite point à faire venir Givors de deux mots patois : l'un *Gi,* nom abrégé de la rivière de Gier, l'autre *vors* ou bords. Cette étymologie heureuse ne me paraît pas pouvoir être contestée. On sera peut-être fort en peine de retrouver un jour celle de Bagnères, si nos patois meurent sans que nous dressions l'inventaire exact de leurs richesses. Henri IV nommait épigrammatiquement ces bains *las aïgues emprégnadaïres.* Lorsque le patois béarnais sera éteint, on ne croira peut-être pas que ce nom de ville dérive de la même source que bain, baigneur, baigner, etc. En béarnais bagnaïres (*balneum*), lieu où l'on se baigne.

M. Charles Nodier avait également saisi le point de vue de l'importance de l'étude des patois, à propos d'un dictionnaire étymologique de la langue française. Après avoir rendu au latin, au grec, à l'allemand (2) les mots qui dérivent bien évidemment de ces langues, la famille de mots qui resterait, dit-il, dans toutes les langues, ce ne serait pas la langue primitive absolument parlant, ce serait la langue autochtone de chaque pays, c'est-à-dire la langue primitive qui lui a été propre, la langue indigène qui ne doit rien à personne et qui expliquerait tout ce que les étymologistes essaient en

(1) Statistique de Givors, in-8 , Lyon 1832, p. 19.

(2) On a cherché longtemps et l'on n'a pas trouvé, je crois, la véritable étymologie du mot *Huguenot,* quoiqu'on en ait proposé plus d'une. Il me semble qu'on ne pouvait la trouver que dans l'Allemand 𝕰𝔶𝔡𝔤𝔢𝔫𝔬𝔰𝔰𝔢𝔫 (confédérés), d'où le Languedocien *déganaou,* plus conforme à l'étymologie.

vain d'expliquer, sans en excepter les noms propres et locaux d'époque reculée, sur lesquels on n'a jamais hasardé
que de misérables conjectures, destituées de toute vraisemblance. Or, personne ne contestera que la langue autochtone
d'un pays ne soit le témoin le plus authentique de son histoire.
Aucune histoire antique ne peut s'éclaircir que par l'étymo-
lohie, et les savants historiens de mon temps sont entrés si
largement dans cette idée qu'ils ne me laissent pas la peine
de la développer (1).

Nous avons vu de quelle importance étaient les patois
lorsqu'il s'agit de la numismatique, mais les légendes peuvent
être ou alphabétiques ou simplement hiéroglyphiques. Sans
doute elles sont impossibles à deviner quelquefois dans le
premier cas, mais cette difficulté n'est presque rien comparée à celles que présentent les légendes hiéroglyphiques.
Ainsi, par exemple, on voit sur un fort beau vitrail, appartenant à M. Rufeu de Limoges, une femme prêchant en plein
air, dans une chaire ; devant elle sont de rares auditeurs.
Dans le lointain est un arbre isolé ; vient ensuite la légende
suivante :

Mal sont les gens endoctrinés
Quât par fème sont sermonés.

Il n'y a qu'un moyen d'expliquer ce hiéroglyphe, c'est de
savoir le patois. Si l'on réunit d'une part la tradition
historique qui raconte que Jeanne d'Albret prêcha à
Limoges en 1564 ; si de l'autre on sait que le mot arbre se dit
arbré, *albré*, en patois limousin, on a de suite l'explication
de ce rebus épigrammatique. Un très-grand nombre d'armoiries parlantes sont dans le même cas et ne peuvent être
expliquées sans le secours des patois. Deux anges agenouillés
priant sont tout simplement le nom de la famille Anjorant,
parce qu'en langue romane cette scène était représentée
par les mots de *ange orant*. La maison de Reilhan portait
trois reilhes dans ses armoiries. Il est évident que si l'on
ignore le patois de la Lozère, il sera impossible de traduire
ces armoiries parlantes. Reilhage, en effet, est la redevance

(1) Notions élémentaires de linguistique, pag· 192.

que prend le maréchal, par année et par bœufs, pour poin-
ter les reilhes par abonnement, et le cultivateur dit qu'il a
fait une reilhade lorsqu'il a semé sur le chaume, sans labour préalable. La reilhe enfin est le coutre qui s'adapte au soc
de l'araire pour le labourage. Nous pourrions multiplier à
l'infini les citations des armoiries de ce genre, chez toutes
les nations à dialectes vulgaires.

Nous ne connaissons que le nom latin de l'Aquitaine, mais
il est probable qu'avant l'invasion ce territoire, quoique divisé en plusieurs nations gauloises, devait avoir une dénomination celtique que les Romains altérèrent. Il est évident
que si nous voulons la retrouver, c'est aussi dans nos patois
qu'il faudra la chercher, et nul doute que l'expression limousine d'*Ayguyano*, dont on fit plus tard *Guyenne*, ne s'approche plus du mot celtique que *Aquitania*. Le centre de la
France et le nord nous offriraient également des noms topiques dont les patois pourraient seuls nous donner l'étymologie. C'est ainsi que l'on trouve en Berry, *Aigurande*, privé
d'eau, *Aiguzon*, eau courante ou bruyante, etc.

La connaissance des patois n'est pas moins utile pour
l'étude des monuments sigillaires, qui touchent de si près
aux documents dont nous venons de parler et qui sont
également si utiles à l'histoire. Sous ce rapport il n'est point
de sceaux indifférents, n'importe de quels degrés sociaux ils
émanèrent; comme l'a dit Millin, les sceaux ont à peu près
le même usage, pour l'étude de l'histoire, que les médailles;
Empereurs ou rois, barons ou comtes, évèques ou abbés,
nobles ou bourgeois. On conçoit bien dès-lors l'importance
qu'il y a, pour les faire servir à l'histoire, de comprendre les
différens patois de leurs légendes, car les peuples ne se sont pas
constamment entendus, dans cette pratique bizarre et toute
moderne, pour ne point se servir de leur propre idiôme,
au lieu d'une langue morte et par suite inintelligible aux
masses. Ce qu'il y a de certain, c'est qu'alors même que les
légendes des sceaux étaient en langue latine, celles des
contre-scels étaient le plus ordinairement en patois. Celles
de cette dernière espèce ne sont même pas très-rares. C'est
ainsi que le revers du sceau de Blanche, mère de Thibault VI,
conservé aux Archives du Royaume, offre le cri de guerre
des comtes de Champagne écrit en langue romane. Elisabeth

13

de Bourgogne, troisième épouse de Philippe-le-Bon, mettait aussi ses légendes en langue vulgaire, comme le prouve un autre sceau, conservé aux Archives du Royaume. Enfin l'on trouve même une légende de cette nature sur un contre-scel de Louis XII (1). Les exemples de ce genre sont communs : plusieurs même ont été déjà publiés par les diplomatistes ou les paléographes, et c'est pour cela que nous ne les citons pas,

A propos de ces légendes, nous ne pouvons passer sous silence des monuments d'une nature analogue. Nous demanderons à ce sujet si l'histoire, écrite sur pierre ou sur bronze, dans les différents patois de chaque nation, peut être également dédaignée, ou bien si les annalistes modernes doivent recueillir ces lumières nouvelles avec autant de soins que les monuments paléographiques grecs ou romains (2). Avant qu'en opposition avec toute espèce de raison, le pouvoir eût décidé que l'histoire ne connaîtrait point d'autre idiôme que celui que ne comprenait pas la nation, et qui fut importée en Gaule par de barbares vainqueurs, les premiers essais paléographiques de toutes les nationalités chrétiennes, qui tendaient à se constituer, durent nécessairement avoir lieu dans ces dialectes vulgaires, comme véritable expression d'une nouvelle nationalité fortement opposée à celle qui avait opprimé la nation pendant quatre siècles. C'est ainsi d'ailleurs que l'avaient pratiqué toutes les sociétés politiques antérieures. Le même acte gouvernemental, empreint du plus raisonnable respect pour le peuple et ses moyens habituels d'expression phonétique, eut lieu sur toute la surface du globe néo-latin. A la tête de cette révolution si naturelle, et qui n'en était point une alors, parut même l'Italie, puis les Gaules et enfin l'Espagne et le Portugal. Quel sera le moyen d'expliquer aussi ces nombreux monuments paléographiques de toute nature? Les inscriptions néo-celtiques ou romanes, car cette expression élastique s'applique également et tout aussi mal aux différents

(1) 1500. Bibliothèque du Roi.

(2) Pierquin de Gembloux, Lettre à M. Champollion-Figeac sur la Paléographie et la Numismatique Romanes.

patois de l'Europe romaine, de Vienne, de Bordeaux, de
Lyon, de Pau, de Toulouse, d'Agen, de Die, etc., resteraient
donc à jamais inintelligibles, comme celles des Osques, des
Sabins, des Etrusques, etc., sur lesquelles du moins tant
de savants se sont si inutilement aventurés jusqu'à présent.
Peut-être même faudra-t-il un jour aller en demander aussi
l'explication aux érudits de l'Allemagne, qui s'occupent déjà
beaucoup plus que nous de l'étude de nos propres patois.

La révolution de 1793 brûla tous les titres nobiliaires,
toutes les généalogies en Corse comme ailleurs. Où les familles de cette île célèbre pourront-elles retrouver ce qu'elles
ont ainsi perdu? Sur les monuments funéraires des vieilles
églises conventuelles ou paroissiales. C'est là en effet qu'elles
peuvent chercher, non seulement les matériaux de l'histoire
de la patrie et des familles, comme l'a fait M. Gasparin,
mais encore l'histoire de la langue nationale qui n'est même
possible, le plus souvent, qu'avec ces matériaux. Pénétré de
cette idée, nous avons réuni, sous le titre de *Paléographie
Romane*, tous les monuments de ce genre que nous avons
pu réunir.

Une autre branche de la paléographie, se rattachant aussi
à l'histoire nationale, réclame encore non moins impérieusement l'étude de nos patois. Je veux parler de la science
héraldique, non seulement en France, mais encore à l'é-
tranger. En France, en effet, comme à Londres, comme en
Hollande, en Grèce, en Turquie, etc., ces dialectes étaient
populaires: ce sont eux qui jouissaient du privilège de fournir et les cris de guerre et les devises des chevaliers ou des
croisés. Le cri de guerre de l'illustre maison de Sancerre,
par exemple, était : PASS'AVANT LO MEILLOR, PASS'AVANT
THIEBAVT ; celle des Talleyrand : RE QVE DIOV, etc.

L'épouse de saint Louis, Marguerite de Provence, avait
pour emblème une reine-marguerite, avec cette devise :
ROYGNA DE PARTERRA, ANCILHA ROYGNAE DE COELY. A la fin
du xive siècle, la famille d'Estaing portait déjà des lys et des
roses, avec cette devise : TOTS POR ELX, TOTS POR ELLES.
C'est précisément ce que le comte Charles d'Estaing répondit
à Marie Leckzinska, que l'on trouva si galant et de si bon
goût. Si l'on était curieux de réunir un plus grand nombre
de difficultés de ce genre, on pourrait consulter les nom-

breux auteurs qui ont écrit sur les devises, tels que Bourda-
loue, Jean de Médicis (Léon X), le P. Ménestrier, etc.

Jusqu'à présent le grec et le latin suffirent aux historiens
des Gaulois et des Français, aux Pierre Pithou, André Du-
chesne, Labbe, Le Long, d'Achery, Mabillon, Martenne,
Balluze, Bouquet, aux Bollandistes, etc., aujourd'hui de
semblables travaux ne peuvent être définitivement complé-
tés, comme on vient de le voir, qu'à l'aide de la connaissance approfondie de tous les patois nationaux ; car, du xe
au xive siècle, presque tous les documents publics furent
également écrits dans ces dialectes vulgaires : tels sont les
coutumes du Bearn, de la Provence, etc., les règles des Templiers, le petit Thalamus de Montpellier, les Chroniques de
Béziers, du Limousin, du Quercy, du Rouergue, etc., les
Statuts des Confréries, les Titrés, les Actes, etc.

De nombreux auteurs se sont occupés de la théorie et de
l'étymologie des noms patronymiques, ainsi que des dénominations topiques (Ducange, Carpentier, Court de Gebelin,
Noël, E. Salverte, etc.); eh bien ! sans la connaissance des
patois, la majeure partie des dénominations locales, ou des
noms propres de la France demeurent inintelligibles. L'auteur
profond du Monde Primitif a fait, à ce sujet, des recherches
qui nous dispenseront de citer quelques-uns de ces noms qui
dérivent de nos différents patois (1). Nous nous bornerons à
dire que Chardon de la Rochette (2) cherchant, après bien
d'autres savants, l'étymologie du nom supposé de l'auteur
du Chef d'œuvre d'un Inconnu, en trouva la première moitié
dans un mot grec et l'autre dans un mot provençal ou
languedocien *ase, aze, âne*), tandis que M. Leschevin, qui
fit tant de frais d'érudition et de philologie pour la neuvieme
édition de ce charmant badinage, n'a même pas songé à
chercher la source de ce pseudonyme (3).

Sous le rapport historique et scientifique, les noms patois
des diverses plantes et des différents animaux sont encore
d'un très-grand intérêt. Ils peuvent seuls quelquefois nous

(1) Dissertations, t. 1, pag 307 à 331.

(2) Magasin Encyclopédique, septembre 1807, p. 49.

(3) 2 vol. in 8°, Paris, 1807.

mettre sur la trace de relations inconnues ou bien sur celles
de la filiation ou de la migration des peuples. Eux seuls, à
défaut d'historien exact, pourront ensuite nous apprendre
aussi l'usage des uns et des autres. Souvent même leurs
dénominations contiendront toute une légende, toute
une croyance populaire. Là est donc bien évidemment
encore l'histoire des croyances et des mœurs d'une nation.
Cette étude suivie, en remontant le cours des siècles, prouvera que les appellations peuvent bien changer, comme
nous l'avons dit, dans cette longue marche humanitaire ;
mais que le plus souvent, les préjugés, la crédulité populaire,
l'erreur sont des maladies constitutionnelles et héréditaires
de notre espèce, que nous nous transmettons religieusement
de peuple à peuple, de génération en génération Pour n'en
citer également qu'un exemple, nous rappellerons qu'il
existe dans le midi de la France un insecte, à tête armée de
fortes mâchoires, garnies de palpes filiformes, à antennes
cétacées, ayant quatre ailes membraneuses roulées, les inférieures pliées, les pieds antérieurs comprimés, denticulés
en-dessus, armés d'un ongle solitaire et d'un doigt sétacé,
latéral, articulé ; les quatre pieds postérieurs sont lisses,
cheminant ; le corcelet linéaire, alongé et uni. Cet insecte,
que les naturalistes ont déjà nommé, se dresse sur ses quatre
membres postérieurs, gesticule ensuite et rapproche les supérieurs, comme s'il priait ou comme s'il prêchait.

Les peuples du midi de la France le connaissent, à cause
de cette position habituelle, sous le nom de *Prega-Diou*, et
ce nom suffit pour expliquer parfaitement le préjugé religieux qui protège si efficacement sa chétive existence. Si
nous recherchions maintenant ses différents noms chez tous
les peuples, nous verrions qu'ils emportent toujours avec
eux la même indication légendaire. Ainsi, les Grecs et les
Romains le nommèrent Mantis (devin) ; les Français mante
religieuse, oratoire, suppliante, moine, etc. Linnée,
Geoffroy, tous les naturalistes, enfin lui conservèrent le nom
vulgaire, qui devient tout-à-fait inintelligible en l'absence de
la légende. Si nous poussions un peu plus loin ces investigations, nous trouverions que les Hottentots l'honorent
d'un culte spécial ; que les Chinois même étudièrent les mou-
vements de ses pattes afin de connaître le meilleur chemin à

suivre dans un carrefour ; que les Limousins le considèrent comme sacré et se feraient, comme les Provençaux, un véritable cas de conscience en le tuant. Maintenant, d'où vient cette tradition superstitieuse ? Est-elle indigène ou exotique ? Elle dut évidemment naître quelque part et marcher ensuite avec le commerce, pour se retrouver ainsi identique en tant de lieux, comme toutes les fables de ce genre. Celle-ci est originaire de l'Inde ; les Phocéens la trouvèrent dans la Provence, et s'il faut en croire Suidas, les Spartiates eux-mêmes avaient recours à la divination du *Préga-Diou* provençal.

D'autres fois les animaux, introduits dans les contrées où l'on parle quelques dialectes néo-celtiques, y prennent un nom nouveau, qui révèle la méthode suivie par le peuple dans ces circonstances, et en général cette appellation est toujours beaucoup plus en rapport avec l'objet : c'est réellement une étiquette. Ainsi, dans le Morvand, le canard s'appelle tout simple un *goulo* (goulu), etc. N'est-ce pas là une méthode de nomenclature à suivre de manière à populariser la science, à la mettre en rapport avec les connaissances de tous les hommes, à ne point perdre un système d'apellation remarquable sous le point de vue pittoresque et philosophique ? Mais les savants eurent toujours une telle horreur des idées et des mots du peuple, qu'ils préférèrent être inintelligibles et barbares plutôt que d'être gracieux et philosophes avec lui.

Vous est-il arrivé dans votre enfance, dit M. Charles Nodier, de découvrir au pied d'un chêne, à demi calciné par le temps, *in ilice cavâ*, un vigoureux insecte qui brille de tout l'éclat de l'écaille polie, de lier une soie légère à un des tarses de sa dernière paire de pattes et de l'abandonner à son essor avec la certitude triomphante de le ramener à vous ? Le pédant latiniste l'appellera une *Lucane*? pour apprendre peut-être aux pédants comme lui que ce bel animal habite les bois (*Lucs*)? et il se gardera bien de l'appeler un sylvain, parce que *Sylvain* est trop connu. Le pédant helleniste l'appellera un *platycère* ? pour faire savoir à ceux qui savent le grec, que son scarabée a de larges cornes. Ne vous inquiétez pas de la terminologie de ces gens-là. Demandez au premier berger et vous saurez que cet insecte est un *ecrfvolant*, nom pittoresque, expressif, complet et français par-dessus toutes choses, qui caractérise l'espèce, et ses habitudes et ses facultés, par une heureuse métonymie et par un juste attribut, la plus juste peut-être de toutes les métaphores du peuple ! Les fabricants de méthodes s'en soucient bien ! Il n'y a que le peuple qui sache nommer les êtres créés, parce que c'est à lui qu'il a été donné de faire les langues, parce qu'il a seul hérité du *brevet d'invention* d'Adam.

Quand Pline-le-Grand veut bien emprunter au peuple, qui avait vu un *camelopardalis*, le nom de *camelopardalis*, il ne va pas, lui, chercher dans une langue morte des synonymies inextricables : il se contente de peindre la giraffe à nos yeux, avec sa tête et son encolure de chameau, avec sa robe de panthère. Je n'ai plus qu'à la rencontrer au désert ou à la ménagerie pour la reconnaître. Pauvre enfant, qui t'amuses d'un hanneton, sais-tu que c'est un *mélolonthe ?* (1).

Les habitants des rives méditerranéennes sont assez souvent exposés aux piqûres vénimeuses d'un insecte marin qui a la forme et souvent la grosseur d'une calotte de prêtre. Il est de couleur orange clair et presque transparent ; il est mou et visqueux au toucher. Quand il se colle sur le corps, la partie avec laquelle il s'est mis en contact s'enfle prodigieusement et devient douloureuse. Cette masse, imperceptiblement animée, la langue d'oc la nomme *carnasso*, c'elle d'oïl *poulpe*, et nos savans *octopus vulgare*. Lequel d'entre eux a le mieux réussi ?

Les nomenclatures synonymiques de la botanique populaire, envisagées sous ce point de vue, éclaireraient aussi l'historien, non pas seulement sur le développement de l'intelligence des peuples, mais encore sur leurs mœurs, et quelquefois aussi sur leurs relations sociales, à des époques antéhistoriques, ou tout au moins sans annalistes, quant à eux. Aussi est-il vivement à regretter que les botanistes, de leur côté, aient également affecté le plus profond dédain pour ces dénominations pittoresques, l'une des beautés de la plupart de nos patois. Ces statistiques locales de la végétation,

(1) Notions Élémentaires de Linguistique, p. 208.

connues sous le nom de Flore , auraient eu l'agrément d'une
variété intéressante , et auraient offert aux poètes , aux savants , ces synonymies si précieuses pour chaque contrée ,
et qu'eux seuls pouvaient faire. Telle fut pourtant , il faut
bien l'avouer , la marche utile, pittoresque et laborieuse
des Gouan, des Villars , des Amoreux, des Roubieux , etc. ;
telle est celle que se propose de suivre le jeune et savant
auteur de la Flore Centrale de la France, M. Boreau. On
voit dans ces différentes synonymies vulgaires, si propres à
nous aider ensuite dans la lecture et l'intelligence des écrivains antérieurs au XIIIe siècle, si variables, si nombreuses,
un panorama moral extrêmement intéressant. Si , par exemple, aucun historien, aucun monument, aucune langue ,
ne constataient d'une manière authentique les relations
anté-historiques des Gaules avec la Grèce , on en trouverait
encore la preuve, ce me semble , dans la nomenclature vulgaire des noms des plantes. Ainsi , les populations néo-celtiques du midi de la France nomment le *Geranium* , le Bec
de Grue ; une espèce de Basilic , l'Herbe Royale; le Kyno-
cantha , la Corne de chien ; l'Acanthias , la Petite-Aubépine ;
la Tragakantha, l'Epine de Bouc ; l'Aigilos, le Chèvre-Feuille,
etc. , etc. Mais pense-t-on donc qu'en composant une langue
inintelligible et barbare , on ait facilité l'étude d'une science
agréable ?

Une fois qu'un nomenclaturier a mis le nez dans le *Jardin
des Racines Grecques* , dit M. Charles Nodier , n'attendez plus
de lui un mot français en français. Le monstre ne sait pas le
grec , mais il exigera que vous sachiez le grec pour l'entendre. Du français de votre mère , il n'en est plus question.
Le latin même est trop vulgaire pour son inintelligibilité systématique. Vous aimiez à voir une couronne de Reines-
Marguerites s'arrondir dans les blonds cheveux de votre petite fille! Oh ! cela était charmant! Mais, halte-là, cette Reine-
Marguerite, que chérissait Marguerite de Provence , c'est un
Leucanthème! Et qu'est-ce qu'un Leucanthème, s'il vous
plaît ? Voyez le Jardin des Racines Grecques ; c'est une *fleur
blanche*. Misérable, qui n'a vu qu'une fleur blanche dans la
Reine-Marguerite ! Faites et conservez des langues avec de
pareils ouvriers ! Je reviendrai ailleurs sur ce vice radical
des nomenclatures qui ont substitué partout le mot de con-

vention au vocable naturel. Je dois dire, avant tout, que je ne suis pas le premier à m'en plaindre, et il m'en coûte peu, car je n'ai pas la ridicule prétention d'arriver le premier à la découverte des idées. M. Jaume de Saint-Hilaire, si connu parmi nos botanistes, me fait l'honneur de m'écrire qu'il insiste depuis trente ans sur le rétablissement de cette terminologie ingénieuse et pittoresque, que nos méthodes ont détruite, et qu'il fut secondé, dans son dessein, par le respectable Antoine de Jussieu, que les maitres actuels de la science reconnaissent parmi leurs maitres.

Il y avait cependant une raison prépondérante en faveur de la langue des méthodes, et je ne veux pas la dissimuler, c'est que sa forme la rend universelle. Appeler une fleur des prés *Marguerite* ou *Paquerette*, comme les jolies petites filles qui en font leurs bouquets, il y a là une idée ravissante. La nommer *Chrysanthemum Leucanthemum*, c'est-à-dire à peu près *une fleur d'or aux fleurs d'argent*, c'est une lourde absurdité, mais une absurdité frappée au coin de tous les pays, et qui a cours partout ou l'on se sert de la fausse monnaie des nomenclatures. Un grand malheur, c'est que les naturalistes aient à peine étudié la langue de la nature, où ils auraient appris tant de belles notions ! Il y avait manière d'allier beaucoup d'érudition à un peu de sentiment dans *l'onomatotechnie* des choses naturelles, et c'est à quoi l'on n'a jamais assez pris garde. Le nom est une des parties les plus intimes de l'être, et c'est pour cela sans doute que Dieu en accorda la perception au premier homme, à l'instant même où il le créait d'un morceau de boue, pour faire de lui le sanctuaire de la pensée. Toutes les fois que la méthode s'est rapprochée de ce principe du nom, dans son imposition, elle a fait merveille ; toutes les fois qu'elle s'en est éloignée, elle n'a été que pédante et barbare. Donnez le *Narcisse* des ruisseaux aux *poètes ;* conservez à l'*anémone des bois* son joli nom de Sylvie ; cela est à la fois philosophique et gracieux, deux qualités qui se trouvent rarement réunies dans les nomenclatures. Voilà des désignations caractéristiques sur lesquelles il n'est pas permis de revenir, au gré de ces ravageurs de dictionnaires spéciaux, qui bouleversent tout pour tout nommer. Il y a un insecte, lugubre de mœurs comme de couleur, que nos anciens naturalistes ap-

11

pelaient le *ténébrion présage de mort*, parce qu'il n'habite que
dans les lieux les plus obscurs , et qu'il préfère à tout autre
séjour le terreau humide des vieux tombeaux. Je l'ai trouvé ,
à bien des années de distance, aux souterrains de Saint-
Denis , dans la crésote de Sainte-Marthe , à Marseille et dans
la *cave* de Bob-Roy , au comté de Lennox. Aujourd'hui on
en a fait un *blaps*; et qu'est-ce qu'un *blaps?* Un insecte
nuisible? Eh bien , cela est prosaïque, cela est plat, cela
est vague à force d'être général et , pour comble de mala-
dresse, est faux.

Le modèle des nomenclatures, c'est la nomenclature as-
tronomique, le *Chemin de Lait*, le Chariot , le Dragon , l'*É-
toile du Berger*, etc.; aussi ce sont des bergers qui l'ont
faite (1).

Nul doute ensuite qu'il ne soit souvent très-curieux ou très-
important de rechercher aussi l'étymologie de ces dénominations vulgaires. A part l'intérêt qui les rattache à notre
idiome anté-historique , elles peuvent quelquefois mettre
sur la trace de mœurs, de croyances, etc., dont nous n'a-
vons pas la moindre idée. Ainsi, par exemple, le *celtis aus-
tralis* (le micocoulier) se nomme en Provençal, *Farabreguié*
ou *Falabreguié* : comme toutes les dénominations furent et
seront toujours significatives, ne serait-il pas nécessaire de
retrouver la valeur de celle-ci comme de tant d'autres ?

Je sais très-bien que l'unique raison qui a fait que les botanistes et tous les naturalistes, en général, ont dédaigné
la nomenclature vulgaire, est précisément la prétention
de créer une langue universelle, et j'accorde que c'était là
un besoin ; mais je ne conviendrai jamais qu'il a été bien
rempli. Ainsi, au lieu de décrire l'objet dans une langue
morte et inintelligible pour les neuf-dixièmes des habitants
du globe, n'aurait-il pas été plus simple , plus naturel et
plus pittoresque du moins, d'imiter le peuple dans ces mêmes
changements de noms? Croit-on qu'il n'aurait pas mieux valu
traduire, mot pour mot, l'idée appellative attachée par le
peuple à chaque fleur, à chaque animal, à chaque insecte?
Que l'on ne croie pas que par cette méthode on n'eût point

(1) Charles Nodier , Notions Elémentaires de Linguistique, p. 209
et seq.

été universellement intelligible : partout les mêmes accidents, les mêmes phénomènes ont toujours produit les
mêmes dénominations significatives. Adam désigna toutes
choses par le nom qui leur convenait, et dans la succession
des siècles et des langues, ces mots ont bien changé sans
doute, mais ils n'ont jamais été qu'une succession de traductions du même mot, de la même idée. Dès ce moment, la
nomenclature eût été universelle, intelligible, pittoresque,
en rapport avec les idées vulgaires, et lorsque les choses
n'auront point de noms, il faudra remplir cette lacune avec
la même théorie des dénominations, etc.

Le ministre de l'instruction publique, pénétré de l'importance de toutes ces idées, dit positivement, dans ses instructions aux membres correspondants du comité des Chartes,
Chroniques et Inscriptions. Des passages intéressants sur
l'état des sciences mathématiques, physiques, cosmogra-
phiques et naturelles, se rencontrent dans des ouvrages en
vers, qui étaient des espèces de répertoires et de compila-
tions universelles. Ainsi les Bestiaires appartiennent à la fois
à la science naturelle et à la poésie de ces temps. Ainsi, dans
la *Bible* de Guyot de Provins est le passage célèbre sur la
boussole. On cite d'un autre ouvrage en vers, un passage
sur les Antipodes. D'autres textes semblables peuvent, en se
rencontrant, éclaircir l'origine de certaines inventions, ou
la date de certaines connaissances (verres à lunettes, poudre à canon, feu grégeois, etc.) Mais la plupart de ces ouvrages sont en langues vulgaires, et par conséquent, pour
donner leur synonimie, ou les comprendre, il faut nécessairement avoir recours aux lumières que les patois peuvent
seuls fournir. Ensuite, comme le peuple a les rudiments de
toutes les sciences, auxquelles nous avons donné des développements d'un luxe parfois inutile et embarrassant, et que
c'est réellement de toutes les classes de la société, celle qui
voit le plus d'objets et le mieux, il faudrait appliquer aussi
tout ce que nous avons dit sur la botanique et la zoologie à
la géologie elle-même.

Il serait infiniment curieux, en effet, de faire aussi l'inventaire de ses connaissances sous ce point de vue, et chez
toutes les nations, dans le but que nous nous proposons en
général, ensuite dans celui de s'assurer que, sans au-

cune relation, les mêmes objectifs ont produit partout la même dénomination significative. En un mot, que les hommes voient toujours les choses du même œil et les peignent avec le même esprit, ou bien, comme nous le disions tout-à-l'heure, qu'ils ne firent que traduire dans des langues plus modernes les dénominations imposées par les idiomes éteints. Les mots nous révèleraient probablement encore bien des erreurs, bien des préjugés, bien des légendes ridicules, mais dont pas une ne serait inutile à l'histoire de ces sciences, considérées en elles-mêmes.

Nous avons déjà dit quelques mots sur l'utilité de l'étude des patois, quant à la partie purement littéraire ; mais nous n'en avons point parlé encore quant à la critique et à l'histoire littéraires. Nous n'avons point cité non plus d'écrivains patois des trois derniers siècles ; mais ne nous reste-t-il rien à déplorer antérieurement à cette époque ? Le mépris de nos patois ne nous a-t-il rien fait perdre, que nous soyons en droit de regretter aussi ? Qu'avons-nous de ces épopées nombreuses, (1) composées dans le midi de la France, sur tant de sujets différents, et principalement sur les exploits du fameux duc Guillaume, contre les Sarrazins ? Leur destruction sera sans doute d'autant plus vivement ressentie, aujourd'hui que cette période, peut-être la plus imposante et la plus importante de notre histoire, est ainsi sans annales suivies, sans preuves irréfragables, sans détails circonstanciés, livrée à d'oiseuses discussions, malgré le beau travail de M. Reinaud, de la bibliothèque du Roi.

Le chef-d'œuvre des romans de chevalerie, le seul que l'immortel Cervantes, ce fléau des ridicules rêveries, ne comprenait pas dans la proscription générale, celui que le talent souple, gracieux et facile de M. de Lesser nous a rendu pur, frais et riche, n'était-il pas, primitivement, écrit en patois picard ? N'avons nous pas le droit de regretter à jamais que le mépris général, dont la langue d'oil couronnée enveloppa tous les patois, nous ait fait perdre le chef-d'œuvre de la première moitié du xive siècle ? Ce que les traducteurs

_____

(1) Fauriel, sur les Epopées Provençales. ad calc. Revue des Deux Mondes, 1832. — Schlegel, Observations sur la Langue et la Littérature Provençales, etc.

en retranchèrent, ou ce qu'ils y ajoutèrent, affaiblit à un tel
point ce chef-d'œuvre que, quoique né en France, il nous est
complètement impossible de rétablir aujourd'hui la version
primitive , et l'on peut en dire autant de l'*Imitation* de J.-C.

L'un de ses traducteurs, Herberay, seigneur des
Essarts , dit positivement, dans son épitre dédicatoire : Es-
tant Amadis Gaulois et non Espaignol, j'en ai trouvé encore
quelques restes dans un vieil livre escrit à la main, en langaige picard, sur lequel j'estime que les Espaignols ont
fait leur traduction, non pas du tout suivant le vray original,
comme on pourra le voir pour cestuy , car ils en ont obmis
en certains endroits et augmenté aux autres. Tachons donc ,
s'il est possible, de découvrir aussi ce précieux manuscrit
picard qui, quoiqu'en patois, fit à l'étranger une des premières gloires de notre patrie ; car , il est bon de le dire en
passant, et cette circonstance est aussi curieuse qu'in-
croyable, c'est que le goût de la langue néo-celtique, nommée tour-à-tour Thioise , Theotisque, Langue d'Oil, Française, etc., répandue dans toute l'Europe, fut du en première ligne à ce que la langue nouvelle conservait ses radicaux celtiques communs à toute l'Europe, et par conséquent
facilement intelligibles, et ensuite à deux monuments littéraires du genre de ceux dont nous parlons , Amadis des
Gaules d'abord et ensuite l'histoire et la chronique de Gerard
d'Euphrate.

Dès l'apparition de ces poèmes, en effet, la langue romaine, dédaignée à son tour par la seule classe de la
société gauloise qui l'eut caressée par ambition ou par pru-
dence, fut abandonnée enfin par les savants eux-mêmes , et
le règne des langues nationales fut assuré. On convient
assez généralement que non seulement, même sous la plume
du seigneur des Essarts, la langue d'oil était déjà parve-
nue à perdre son ancienne rudesse teutonique, mais encore
qu'elle disputait avantageusement d'élégance avec la langue
romaine.

Que sont devenus aujourd'hui ces monuments de
notre gloire et de notre histoire littéraire ? Ne devons-nous
pas à ce même dédain la perte du magnifique travail de
Bernard de Treviez (*de Tribus Viis* , chanoine de Maguelonne, sur l'*Histoire du noble et vaillant chevalier Pierre de P···*

vence , et aussi de la belle Maguelonne, fille du Roy de Naples, que Petrarque retoucha, pendant qu'il faisait son cours de droit à Montpellier vers 1320, que l'on mit en français en 1454 ou 1457, que rajeunit Jean Castillon dans la Bibliothèque *anajg*, et qui court encore nos campages , où elle porte le plaisir et le repos. Ouvrage provençal d'un mérite incontestable, écrit vers la fin du xii⁰ siècle , et dont nous n'avons même pas une copie.

Si, dans un cas, nous connaissons les titres de certains ouvrages perdus , combien n'en ignorons-nous pas ? Avonsnous jamais eu une bibliographie , même incomplète, pour les xiie , xiiie, xive , xve siècles ? Que de trésors perdus dont nous ne connaissons même point l'existence ! D'un autre côté, par conséquent, nous retrouvons aussi, depuis un siècle, des trésors littéraires dont nous n'avions rencontré nulle part la plus légère indication : tels sont les Cantiques en langue romane, avec les airs notés que M. de Saulcy vient de découvrir. De ce nombre, et tout-à-fait hors de ligne, bien au-dessus de tout ce que nous connaissions, sont les poésies suaves et belles de nos troubadours , parmi lesquelles nous placerons, en première ligne, ceux d'un troubadour inconnu, dont il ne nous reste que deux manuscrits, que deux copies, mais complètes fort heureusement. C'est l'œuvre sublime d'un homme dont Barthélemy de Pise, saint Bonaventure , Thomas de Cellano et le P. Chalippe , se sont plu à écrire l'admirable vie. Je veux parler de saint François des Stigmates , né à Assises (1), et dont nous préparons une bien pâle traduction , faute de mieux.

Voilà bien quelques exemples de l'indispensable nécessité de l'étude des patois, voilà quelques preuves des pertes irréparables produites par leur mépris, par leur proscription quant à l'histoire, à la géographie , à la numismatique , à la paléographie, aux lettres, aux sciences, à la gloire nationale.

(1) V. Catalogue de Spire , 1826 , article de Gœrres : Saint François d'Assises , troubadour. — Revue Européenne, septembre et novembre , 1855. — Duquesne, Histoire des Lettres avant le Christianisme, t. 1 , p. 254 et seq , etc. Je prépare une traduction de ces chefs-d'œuvres , précédée d'une vie de l'auteur et suivie d'un glossaire etymologique.

Le barbare sacrifice n'est point encore complètement con-
sommé; veut-on que l'on perde aussi ce qui surnage dans le
déplorable naufrage qui submergea cette grande partie des
archives de l'intelligence humaine ? Ne veut-on point arracher aux coups du temps, qui détruit tout, ces précieux débris de notre littérature nationale ? Veut-on que l'on ne conserve plus absolument aucune trace de ces langues admirables, créées sous le beau ciel de France ? Veut-on enfin que
l'on continue à éteindre, sans exception, tous ces dialectes
harmonieux, afin qu'une fois oublié on ne puisse plus comprendre les rares monuments qui nous en resteront ?
N'avons-nous pas déjà trop de nos stériles regrets, à propos
de la mort absolue de la langue parlée en Gaule, avant
l'invasion romaine, et que mille efforts, d'une profonde érudition, ne sont point encore parvenus à restituer ? Veut-on
laisser anéantir également, par le temps, ces productions
charmantes aussi utiles à notre histoire littéraire qu'à notre
histoire politique? Nos pertes ne sont-elles donc pas déjà
mille fois trop grandes ? Puisqu'il en est temps encore,
faites entendre, Messieurs, votre voix puissante ; donnez
l'impulsion à ces recherches premières : cette initiative est
digne de vos lumières, de votre zèle et de votre haute position. Concourons tous à cette œuvre littéraire et patriotique ; recherchons avec respect ces

> Illustres escritores , nossos Padres
> Quecrearao nos braços nossa lingua.

> ELPINO.

Nos pertes, faites en littérature seulement, sont incalculables
aussi, sous le point de vue qui nous occupe. Les grands dra-
matistes chrétiens des xvie et xviie siècles ne nous paraissent
incompréhensibles ou merveilleux que parce que nous nous
plaisons à les considérer comme point de départ, tandis
qu'ils ne sont réellement qu'un point de transition, qu'un
anneau intermédiaire de la grande et belle chaine intellectuelle des Gaules, dont les historiens ont dès long-temps, et
peut-être à jamais, perdu toute trace. Lopez de Vega, Calde-
ron, Shakespeare, etc., n'ont certaine...ent pas créé le

théâtre d'un premier jet. Comme Christophe Colomb, ils eurent aussi des prédécesseurs qui écrivirent dans les dialectes néo-celtiques qu'ils illustrèrent, et ces hommes de génie eux-mêmes ne peuvent être bien compris qu'autant que l'on serait à même d'étudier les idées, les croyances, les poétiques, les travaux de leurs prédécesseurs, mais il faut d'abord les retrouver et apprendre ensuite leur langue, à l'aide de nos patois.

Dans l'ordre des idées que nous indiquons si rapidement, il est une vérité générale qui ne souffre absolument aucune exception et la voici : c'est que les origines des langues modernes de l'Europe ne peuvent être définitivement retrouvées aussi que par l'étude approfondie de nos patois.

L'étude des patois de France servira surtout, par exemple, à la connaissance de la langue espagnole et de ses étymologies. Nous avons prouvé ailleurs que non-seulement les Gaules eurent de tout temps une influence majeure et décisive sur la Péninsule-Ibérique, mais encore qu'elle fut dotée, par les Gaulois, de sa population première et par suite de sa langue primitive. (1) C'est de là qu'est venue à l'Espagne l'habitude inévitable de tout recevoir de la France. Ne nous doit-elle pas une seconde fois ensuite une langue riche et complète, composée également chez nous ? Les Espagnols ne l'ont-ils pas proclamé eux-mêmes ? Qu'est en effet cette belle langue limousine, si ce n'est encore un dialecte celtique poli par nos troubadours, qui la portèrent ensuite dans la Péninsule, avec l'art amoureux de l'employer ? La même chose arriva en Angleterre, en Grèce, etc., chez tous les peuples enfin issus de sang gaulois, et si l'Espagne eut une langue fixée avant la France, elle le doit à ce qu'elle conserva religieusement celle que nous lui avions donnée, tandis qu'au contraire elle fuyait de France, sous le pouvoir tudesque de nos premiers rois.

Ce que nous disons de l'espagnol s'applique également au portugais surtout qui, comme l'a très-bien vu M. Villemain, n'est que la langue d'oc (2). Une autre langue qui, avec

(1) Histoire Monétaire et Philologique du Berri, in-4, Bourges, 1840.

(2) Ouvrage cité, t. 1, p. 365.

l'allemand se partage aujourd'hui notre système d'éducation,
ne saurait rester indifférente non plus à toutes les recherches
que réclame l'étude de nos différents patois. Je veux parler de
l'anglais. L'invasion normande en effet porta dans la grande
Bretagne, sous Guillaume, et maintint sous ses premiers
successeurs, jusqu'en 1385, c'est-à-dire pendant trois siècles,
la langue romane, qui n'y laissa, comme le latin, que des
traces nombreuses que l'on ne peut bien apprécier aussi
que par le moyen dont nous nous occupons (1).

Il n'y a en effet, pour aucune d'elles, ni histoire littéraire
complète, ni étymologie possible, ni traduction fidèle de
leurs premiers poètes. Il y a plus encore, c'est que sous
tous ces rapports la France ayant été pour ainsi dire l'atelier
phonétique où se fabriquèrent la plupart des idiômes néo-
celtiques parlés en Angleterre, en Allemagne, en Grèce,
en Turquie, en Espagne, en Italie, etc., et, à une certaine
époque de l'histoire moderne, chacune de ces nations ayant
également parlé une langue identique, c'est encore bien
évidemment dans les différents patois de France qu'il faut souvent aller chercher les origines de plusieurs mots appartenant à ces différents idiômes. Que nous prenions les
poètes, qui partout précédèrent ou suivirent immédiatement
Dante ; que nous en fassions autant pour Richard Cœur-de-
Lion, en Angleterre, pour les troubadours limousins de
l'Espagne et du Portugal, il n'y a point de connaissance
parfaite de ces langues, à souches et à additions communes,
sans cette condition. Comment en serait-il autrement pour
les nations où règnent les idiômes nommés néo-latins ? Cela
me paraît incontestable : et quant aux autres, comment pourrait-on supposer que le patois barbare, que l'on décore du
titre de langue anglaise, pût se passer de cette ressource,
pour créer aussi son dictionnaire étymologique, alors qu'on
se rappelle que la langue d'oc ne fut exclue des tribunaux
Britanniques qu'en 1361, par arrêt du parlement, peu de
temps après le traité de Bretigny, par lequel Édouard III
devait renoncer à ses prétentions sur la couronne de France,

(1) Villemain, ouvrage cité, t. i, p. 186-19·, t. ii, p. 180-18;.—
Etymologies, p. 76-80 2'i, etc.

la Normandie , etc. ? Je n'accumulerai point les preuves en
faveur de ce fait, si bien entrevu d'ailleurs par le savant
Lacurne de Sainte-Palaye (1).

Tout ce qu'a dit M. Nodier, tout ce que nous avons dit
nous-même est si vrai, qu'un des hommes de l'Europe qui
connaissent, le mieux et le plus, la langue et la littérature
espagnole est M. Viardot, auquel nous devons une excel-
lente traduction du Quixote , et pourtant chaque fois que cet
écrivain pur , élégant et spirituel rencontre une difficulté du
genre de celles dont nous nous occupons , il ne peut la résoudre et commet des erreurs que certains paysans releve-
raient très-facilement. Ce savant a publié, dans un vo-
ume très-remarquable, la strophe suivante , extraite d'un
poème sur Alexandre, fait en 1250 par Juan Lorenzo de
Astorga, c'est-à-dire à une époque où les idiômes néo-
celtiques ne s'étaient point encore bien fractionnés, bien
parqués d'une manière tranchée , à une époque enfin où
existait encore entre eux cette analogie frappante dont nous
avons parlé si souvent :

> Estaba don Febrero sos manos calentando
>
> Oras facie sol , oras sarraceando
>
> Verano e invierno ibalos destremando
>
> Porque era mas chico se iese querellando.

Trompé sur la valeur de quelques mots, qui n'ont point été
conservés dans l'idiôme néo-celtique de la Péninsule-Ibérique, et n'ayant point étudié les patois de l'Espagne ni de la
France , le savant littérateur traduit ainsi ces quatre vers :
Don Fevrier se chauffait les mains : tantôt le soleil luisait,
tantôt l'été et l'hiver se livrant bataille , il venait les séparer,
se plaignant de ce qu'il était le plus petit. Tandis qu'il me parait bien évident qu'il faut les rendre ainsi : Don Février se
chauffait : tantôt il faisait soleil , tantôt celui-ci se cachait

(1) Mémoires de l'Académie des Inscriptions et Belles Lettres,
t. XXIV.

et allait découvrant (laissant entrevoir) le printems et
l'hiver, et comme il était plus petit, il se querellait avec
ceux-ci. Je ne dis rien d'une autre méprise de ce littérateur
alors que dans une élégante traduction d'une romance du
Cid il a pris pour un vieil adjectif le nom propre du comte
Loçano de Gormas, père de dona Ximena-Gomez, etc. (1).
C'est ainsi qu'un homme haut placé dans les lettres, et qui
a publié un ouvrage classique sur la littérature romane
traduisait *la suer Comtessa* par *la Comtesse Suer* au lieu de
Sa Sœur, la Comtesse, etc.

Comme on le voit les hommes les plus érudits sont sujets
à de graves erreurs dès le moment qu'ils veulent toucher
aux monuments des premiers siècles de l'histoire littéraire
des langues nationales, alors qu'ils n'en connaissent point à
fond tous les dialectes; mais c'est bien pire encore lorsqu'ils
se hasardent à parler des origines. Ainsi, Court de Gebelin
fait venir le mot *hidalgo* du theuton *adel* ou *edel* qui veut
dire noble (2), tandis qu'il vient bien incontestablement de
l'espagnol hijo de algo (fils de quelqu'un) par opposition
à *Pechero* (poitrinier, l'homme à larges épaules, le porte-
faix de la société) qui veut dire roturier, et qui par conséquent n'est fils de personne, qui n'est pas né enfin, comme
on le dit au faubourg Saint-Germain.

Si je ne craignais pas d'abuser de vos moments, je vous
rappellerais, Messieurs, que de semblables erreurs ont été
commises par la même cause en Italie, en Portugal, etc. dans
des circonstances analogues, et l'on concevra facilement
qu'il doit en être même ainsi pour les langues qui paraissent
avoir des physionomies bien différentes; mais l'histoire
politique explique la présence des mots patois de France
dans ces langues étrangères. Ainsi lorsqu'on n'a point oublié
que la langue romane régnait en Grèce aux XII et XIIIe
siècles, grâce aux rois français de Chypre et de Jérusalem,
qu'elle dicta ses lois pendant trois cents ans à Constantinople, que Guillaume-le-Conquérant soumit la fierté Britanni-

(1) Etudes sur l'histoire des Institutions; de la Littérature, du
Théâtre et des Beaux-Arts en Espagne, in-8o, Paris, 1855.

(2) Histoire Naturelle de la Parole, in-40, p. 159.

que à l'harmonie de ses expressions, etc., on a ouvert
un champ immense à l'étymologie. L'influence qu'a toujours eue la race gauloise porta ainsi de tous côtés les
dialectes qu'elle créa, en sorte qu'aujourd'hui toutes les
nations ont besoin du dictionnaire de nos patois pour faire
le dictionnaire étymologique de leurs langues. C'est précisément encore ce qui explique aussi l'analogie du Kathalan
avec le Roussillonais.

Pendant l'enfantement des idiômes néo-celtiques en effet,
la Catalogne faisait partie du royaume d'Aragon, et ces deux
provinces furent réunies sans interruption sous les Goths,
sous les Arabes, sous les comtes de Barcelonne, et enfin
sous la *Corona de Arago*. Une raison qui vient encore expliquer pourquoi le Kathalan est un anneau intermédiaire entre
les patois de France tels que ceux du Dauphiné, du Morvand, du Berry, du Poitou, etc., et ceux de l'Espagne,
c'est que les armées des premiers comtes de Barcelonne
(vers 840) étaient de la race des ducs d'Aquitaine, et que Jac-
ques-le-Conquérant, né et élevé à Montpellier (1213), qui con-
quit Valence sur les Maures, portait ainsi partout la langue
qu'ils venaient de créer. C'est précisément ce qui fait qu'un
paysan languedocien sera compris sur tout le littoral méditerranéen, depuis Port-Vendre jusqu'aux limites de Murcie.
On peut suivre les mêmes migrations de peuples et de
dialectes, aux mêmes conditions, dans le Berry, dans le
Morvand et jusque dans les colonies françaises. Ainsi par
exemple le Kathalan pénétra bien évidemment dans le Berry,
par Rolland-le-Puissant, roi de Roussillon et seigneur de La
Charité ou mieux de Saint-Cyr, monastère qu'il y fit bâtir.
Raymond, roi de Sarragosse, dut l'y porter aussi dans sa
guerre contre Pépin (730 à 737). Voilà précisément ce qui
nous explique pourquoi les Coutumes de La Perouse, rap-
portées par La Thaumassière, sont en langue romane et pas
du tout en langue d'oil. Voilà pourquoi l'on retrouve encore
des traces nombreuses de cette langue primitive dans les
poëmes d'Etienne Paixant, trouvère Berruyer d'un mérite remarquable. C'était également celle que l'on parlait à la cour d'Aliénor, dans le Poitou. Enfin, je ne vois pas
une seule objection valable à faire à l'opinion de Duclos, de
Raynouard, etc. qui prétendent que cette langue suave, nou-

mée indifféremment *lingua aquitana* ou *lingua lemovica* par Bernardus Gomez et d'autres (1), fut commune à toute la France, dès le vme siècle, et que ceux qui la parlaient éprouvaient un tel dégoût pour la langue du nord qu'ils la comparaient à l'aboiement des chiens.

J'en dirai autant de l'opinion de M. Bégin (2), qui prétend que la naissance de la nouvelle langue n'aurait point eu lieu si la cour des rois de France s'était établie à Arles, ainsi qu'on le proposa vers le commencement de la seconde race. Le Provençal se serait maintenu dans toute sa pureté ; on le parlerait aujourd'hui, et au lieu d'une langue difficile à manier en poésie, pauvre en expressions variées, et ne possédant pas les diminutifs et les augmentatifs qui donnent tant de grâce aux idiômes méridionaux, nous aurions hérité d'un langage déjà formé, qui eût permis à notre littérature nationale de marcher quatre siècles plus tôt qu'elle ne l'a fait. Le tudesque et le celtique, modifiés par le temps, et unis en petite proportion au provençal, composeraient maintenant une langue riche, délicate comme l'italienne, mais avec moins de mignardise dans ses diminutifs ; noble comme l'espagnole, mais avec moins d'emphase et de monotonie dans ses terminaisons.

Du reste, toutes ces assertions sur l'universalité de la langue romane ont déjà été mises hors de doute, et elles ressortent incontestables de notre Langatlas, sur l'utilité duquel M. le ministre doit vous consulter, Messieurs ; elles sont évidentes encore lorsqu'on étudie sous ce point de vue la Sardaigne, la Sicile, l'Italie et la Corse (3), à plus forte raison l'orsqu'on applique ces recherches au Portugal, à l'Espagne, etc. Sans le précieux secours de nos patois, dérivés tous de cette langue de transition, Dante offrirait aussi

---

(1) Considérations sur l'origine des Langues Méridionales.

(2) Muratori, Antiq. ital., t. n. — Actes du vme siècle. — Dante, *Della Volgare Eloquenza*, si cet ouvrage est bien de lui. — Ménage, Origine de la Langue Italienne. — S.-C. Terrin, de l'origine, des progrès et de l'influence de la Langue Provençale, ad calce, Revue de Provence, in-8°, Marseille, 1830, t. n, p. 150 à 176, etc.

des difficultés insurmontables, non seulement dans ses poésies provençales, mais encore dans sa *Divina Comedia*, et Petrarque lui-même, qui avait habité la France, qui s'était adonné à l'étude de nos patois avec tant de plaisir, n'est pas tellement florentin que son séjour prolongé à Montpellier, à Avignon, etc., n'ait introduit certaines expressions patoises dans ses poésies érotiques. Il est difficile, disait Jules-César Scaliger, parlant des sonnets et des canzoni de l'amant de Laure, à cause de beaucoup de mots que les Italiens n'entendent pas. Ils sont provençaux, et, ajoute-t-il avec orgueil, entre deux parenthèses, *Ego omnia intelligerem*, car il est bon de savoir que cet illustre savant en *us* se flattait aussi de connaître presque tous les patois de France. Il aurait été vivement à souhaiter que Ducange, Carpentier, Roquefort, Rochegude, etc., eussent pu en dire autant, on n'aurait point eu de si nombreuses erreurs à leur reprocher. N'est-il pas inconcevable, en effet, que le profond Ducange, auquel la science des mots doit des révélations si importantes, ait dit que l'expression romane de *Meillour, millor*, vient du mot anglais *Mylord*? Enfin, chose extraordinaire, c'est qu'il serait extrèmement difficile de citer un exemple dans lequel les textes patois ou romans auraient été fidèlement cités par les différents auteurs, qui invoquèrent leur témoignage, à commencer par les vers que Dante met dans la bouche du troubadour Arnaud Daniel (1), jusqu'à M. Raynouard, et cela parce qu'ils n'étaient compris ni par les manuscripteurs, ni par les éditeurs, car les fautes n'émanent certainement pas du Dante, puisqu'il est parfaitement démontré aujourd'hui qu'il connaissait très-bien l'idiôme provençal.

Le président Gallaup, poète patois fort distingué, a pourtant fort mal imprimé de même les vers attribués à

(1) Purgatorio, Canto xxvi. — *Della Volgare Eloquenza*. — La Thaumassière, Coutumes de la Pacrose, dans les coutumes du Berri de cet auteur. — Dominici, *de Prerogativà Allodiorum*. — Perticari. — Chasteuil de Gallaup, discours sur les Arcs triomphaux de Nismes, etc., etc.

Frédéric I, et tellement dénaturé le premier couplet d'un tençon, entre Savary de Mauléon et Gaucelm Faidit, qu'il est inintelligible. Court de Gebelin, qui avait tant étudié les patois, sous le point de vue de la philologie comparée, voulant traduire le premier vers de la belle inscription béarnaise, placée sous la statue équestre de Louis XIV, à Pau, commet une faute d'une grossièreté vraiment inexplicable (1), que nous allons citer aussi.

Aci qu'ei l'arr-éhills de nousté gran Henric, etc.

Ici git l'arrière fils de notre grand Henri.

Au lieu de :

C'est là qu'est le fils de notre grand Henri.

M. Monnier, auquel nous devons un beau travail sur la langue rustique et populaire du Jura, n'a pas toujours pu éviter les erreurs de ce genre : nous n'en citerons pour preuve que sa traduction d'un couplet d'une chanson jurassienne dont la teinte sauvage et sombre peint très-bien les montagnes où on l'entend. La dernière traduction est la nôtre :

On dzor d'aderri
Que la nâ vola vini,
    Las ouazes de ny,
Cudiront se redzoi,
    I si san butas,
Tot en ouna cha,
Quand i se volaïan posa,
    Cruvivan non pra,
Et quand dz'iro de couta laou
Liou cha mi fassa paou.

(1) Dictionnaire étymologique de la langue française, in-4o, Paris, 1778, p. LXXIIj.

Un jour d'automne,
Que la neige voulait venir,
Les oiseaux de passage
Pensèrent se réjouir.
Ils se sont mis
Tous en une troupe,
Quand ils se voulaient poser,
Ils couvraient un pré ;
Et quand j'allai du côté leur
Leur troupe me faisait peur.

Un jour, en arrière,
Que la neige voulait venir,
Les oiseaux de nuit,
Voulurent se réjouir.
Ils se sont mis
Tous en un tas,
Quand ils se voulaient poser,
Ils couvraient notre pré,
Et quand j'allai du côté-là
Leur tas me fit peur.

Le même écrivain a traduit le charmant diminutif de *gne-iletta* (brebis), employé comme expression de tendresse, par *Poulette*.

En 842, les seigneurs français, dit M. Champollion-Figeac, s'étant rendus garants de l'alliance que leur roi Charles venait de contracter avec son frère, Louis de Germanie, contre Lothaire, promirent, par serment, que si Louis respectait les conditions de cette alliance, et que leur roi Charles les enfreignît, aucun d'eux ne le servirait contre Louis. Le texte porte que *si Karolos non lo stanit, si io returnar non lint pois, ne io ne neuls cui eo returnar int pois*, etc., ce qui signifie mot à mot : *si Charles ne le tient* (le serment), *si je ne puis l'y ramener, ni moi, ni aucun que j'y pourrai ramener, ne servirons contre Louis;* et, d'après la première version connue et servilement copiée, tout le monde a traduit ainsi : Si Charles ne le tient, si je ne puis l'*en* détourner, ni moi, ni aucun de ceux que je pourrai en *détourner* ne le servirons contre Louis, c'est-à-dire d'une manière entièrement opposée au texte, et en faisant un contre-sens complet, parce qu'on n'a pas connu la force du mot l'*Int*, *Illumin*, parce qu'on n'était pas familiarisé avec ces phrases si communes dans les langues vulgaires, parce qu'enfin on expliquait une langue qu'on n'avait pas encore cultivée (1).

Ducange (2), en a fait exactement autant pour quatre vers charmants que, ni Carpentier, ni le président Mazaugue, n'ont pu rétablir, et que voici, j'espère enfin, dans toute leur fraicheur.

(1) Nouvelles recherches sur les Patois, p. 9 et seq.

(2) Verbo, *Garrice.*

Pauc m'en valgut mos precs ni mos prezics ,
Ni jauzimen d'ausel, ni flor de glay ,
Ni los plazers que Dios trasmet en may,
Quant on vey vertz los pratz et los garrics.

Le savant collaborateur de Raynouard , M. de Salles, employé aux Archives du Royaume , a publié une version de ce
délicieux quatrain qui diffère très-peu de celle-ci. Je n'en
dirai pas autant de sa traduction que voici : *Peu m'ont valu
ma prière et ma supplication et joies d'oiseau et fleurs de glayeul
et le plaisir que Dieu transmet en may quand on voit verds les
prés et les chênes* (1). Quant à nous, voici comment nous
croyons qu'il doit être traduit , sans toutefois espérer d'éga-
ler la douce mélancolie de l'original.

*Peu m'ont valu mes prières , ni mes supplications , ni jouis-
sances d'oiseau , ni fleur de glaïeul, ni le plaisir que Dieu donne
en mai, quand on voit verds les prés et les bruyères.*
On dira peut-être que ces fautes sont sans nulle importance,
et j'en conviens; mais puisqu'elles émanent de l'ignorance de
certains idiômes , elles peuvent avoir lieu aussi lorsqu'elles
auront une grave portée , et je ne suis encore embarassé,
pour en citer des preuves que sur le choix à en faire, dans mon
ferme désir de ne blesser personne. Pour atteindre ces deux
buts , citons un homme que ses erreurs ne peuvent détrôner.
Ainsi, M. Buchon, dans sa traduction de Raymond Muntaner , en a commis d'énormes et très-fréquemment. Nous ne
citerons que celle-ci : *E fo del pus alt llinatge del mon , axi
com aquella qui exi de la casa del emperador de Roma per si
et per son linatge* (2). Elle était elle-même du plus haut lignage
du monde, sortant de la maison de l'empereur de Rome, Persi, par elle et par ses ayeux. Puis le savant historien ajoute
en note : Quant à Persi, je ne sais ce qu'entend Muntaner
par ce nom défiguré. On verra plus loin qu'il est trop bon

(1) Journal de la Langue Française , mars 1858.

(2) Chronica dels Regne de Sicilia, fol. 111.

16

chevalier pour être bien fort sur l'histoire ancienne (1). Or, Muntaner n'a jamais parlé de l'empereur Persi.

Le même savant, abordant encore l'explication de nos idiômes vulgaires, a commis des bévues bien plus nombreuses et bien plus inexplicables dans une brochure in-4o sur la géographie du moyen-âge. Voici le texte de l'une d'entre elles; la première traduction est la nôtre.

Italia se segues, laqual ça enrera fo dita Grecia; puys pres nom de Saten, e fo dita Satrania; puys fo dita Latium, que vol dir amagatall, per tal com Saturnus fo farit per Jupiter e amagas aqui; puys fo dita Ausonia: finalamen pres nom Ytalia, de Ytalo, rey dels Sicilians, etc. Aquesta Roma es cap de totes les ciutats. Los seus hedificis son de reyola e teula perque es dita Laternis, que vol dir reyolencha. Brundusi ha forma de cervo; Cartago ha forma de bou, Troya hac, figura de caval (2), etc.

Suit l'Italie, qui, anciennement, fut appelée Grèce : puis elle prit le nom de Saturne et fut dite Saturnie : puis elle fut dite Latium, qui veut dire cacher, parce que quand Saturne fut blessé par Jupiter, c'est là qu'il se cacha. Puis elle fut dite Ausonie; finalement elle prit le nom d'Italie, du roi Italus, des Siciliens. Dans cette région est la cité de Rome, qui prit son nom de Romulus, roi qui l'édifia dans l'antiquité. Cette Rome est le chef de toutes les

L'Italie vient ensuite qui, autrefois, s'appelait Grèce, puis de Saturne prit le nom de Saturnia, puis s'appela Latium, ce qui veut dire *Amagatall*, de ce que Saturne fut blessé par Jupiter *et Amagas*. Elle fut ensuite appelée Ausonie et prit enfin le nom d'Italie, d'Italus, roi des Siciliens, etc. Cette Rome est la capitale de toutes les villes. *Tous les édifices sont faits de barres de fer et de tuiles. Voilà pourquoi elle est appelée Latine, ce qui veut dire Reyolencha.* Brindes

(1) Collection des Chroniques Nationales Françaises, t. v. Traduction de celle de Muntaner, t. 1, p. 3.

(2) Buchon, Notice sur un Atlas en Langue Catalane de l'an 1374, conservé parmi les MSS. de la Bibliothèque du Roi, in 4° (sans date), p. 18.

cités. Ses édifices sont de bri- a forme d'un cerf, Carthage a
ques et de tuiles, c'est pour forme d'une bœuf, Roya la
cela qu'on la nomme *Later-* forme d'un cheval, etc.
nis, qui veut dire grillée.
Brindes a la forme d'un cerf;
Carthage, la forme d'un bœuf.
Troyes a la figure de cheval.

Ces exemples remarquables nous dispensent d'en citer
par milliers de la même nature.

Ne nous arrêtons pas à longuement démontrer que les
langues des nations étrangères auraient toutes besoin de
nos vocabulaires patois pour faire aussi leurs dictionnaires
étymologiques. Renfermons-nous dans la spécialité que nous
avons choisie. Prouvons maintenant qu'il n'y a même point,
chez nous, de traductions possibles, d'une manière exacte
du moins, même pour les écrivains de la langue d'oil, sans
l'étude approfondie, non seulement de ses dialectes variés,
mais encore de nos patois méridionaux. Un des hommes qui
se sont le plus fait remarquer, dans la carrière où brille M.
Francisque Michel, par le nombre et l'importance de ses
travaux, nous en fournira quelques preuves, bien rares il
est vrai. Ainsi, par exemple, M. Paulin Paris fait venir le
mot *Challenger* de *Calumniari*, que l'on écrivait quelquefois
Calupniari (1), comme on le voit, dans le cartulaire de St.-
Hugues, appartenant à l'évêché de Grenoble, dans certains
monuments de la basse latinité, ou même dans une de ces
langues de transition, toujours humble et respectueuse devant l'autorité étymologique.

N'est-il pas probable qu'il aurait fallu la chercher dans
l'anglais *To Challange*, laissé dans nos contrées par les invasions britanniques, si toutefois ce n'est même pas un
mot puisé chez nous, comme l'annoncerait sa physionomie
et comme cela est arrivé si souvent dans cette langue ? Le

(1) Burnouf, Grammaire Grecque, 316. — Gail, Grammaire
Grecque, 16, etc., sur le changement du M. en B. et par suite
en P.

même écrivain n'aurait pas commis une faute plus grave en
faisant dériver le vieux mot français *Hait* du mot anglais
Death, s'il s'était rappelé la règle de quelques-uns de nos
patois sur l'échange des aspirations, et dont nous avons
parlé à propos de l'utilité des patois dans l'étude de la Numismatique. Il aurait vu alors que le latin dit *Fac* et le Français *Fait*, mais l'Espagnol *Hace* et le Béarnais *Hait*. Il n'y a
rien de plus commun, en effet, dans ces métamorphoses
des langues, que le changement particulier de ces consonnes, que cette substitution réciproque de la lettre H et de la
lettre F. Ainsi, *Mau dchait* ne veut pas dire *Horrible mort*, mais
bien *Mauvaise défaite*. C'est ainsi qu'on lit dans les Coutumes de La Pacrose, en Berry, *e necun home, ni necune feme
qui maison i hact ne devra ja laide devant que*, etc.

Tout récemment, un écrivain, adonné par état à la connaissance des langues mortes, a fait une erreur de ce genre
beaucoup plus forte. Prenant aussi le Pyrée pour un sien
ami, il n'a pas hésité à considérer comme synonimes le nom
du peuple Goth et l'épithète néo-celtique de Gaud, que les
habitans du Berry donnent à leurs mendiants, et qui est probablement le même que le vieux mot bourguignon *gabs*
(plaisanterie, raillerie, rodomontade, etc.). Un grand
nombre de savants ont recherché l'origine de l'expression
proverbiale : *Badauts de Paris*, et ils ont cru la trouver
dans l'équivoque établie entre *Badaw*, ancien nom des
grands bateaux employés à la navigation de la Seine-Infé-
rieure, ou dans le *Badare* du moyen-âge, qui signifie regarder avec attention. Un Méridional l'aurait interprété bien
plus naturellement en se rappelant la valeur donnée à cette
expression, dans la phrase suivante : *es aqui que bâda !* Dans
quelques-unes de nos provinces les crétins portent le nom
de cagots. On a vainement recherché l'étymologie gràcieuse
de ce binome, inintelligible aujourd'hui. Cependant cette
dénomination ne figure, pour la première fois, que dans la
Nouvelle Coutume du Béarn, réformée seulement en 1551,
tandis que les manuscrits portent *Chrestiaas*, c'est-à-dire
ceux à qui le ciel appartient, les pauvres d'esprit, les personnes tutélaires des familles, les chrétiens par excellence.
Là pourrait bien être l'origine, tant cherchée aussi, de *Cré-
tin*, qui ressemble tant à *Chrétien*. Marca pense que le mot

français de *Cagot* vient du Béarnais *Caas Goths*. Nul doute ; quant à la première partie de ce binome, car on a pu vouloir représenter ainsi métaphoriquement l'attachement extrème des cagots pour le foyer domestique. La seconde supposition ne me parait pas aussi probable. Peut être aura-t-on dit amoureusement d'abord *Caas Gros*, comme on dit encore mon gros amour, et l'on aura fini par supprimer le s, tout comme on n'a fait qu'un mot des deux expressions. Le savant Millin fit beaucoup de frais d'érudition pour découvrir l'étymologie du mot *Mannequin* (1). Court de Gebelin fit venir ce même mot de *Nab*, d'où le Français Nabot, l'Allemand Knabe, l'Anglais Knane, et qui signifie enfant et de *Kin* se mouvoir. Le premier homme qu'il eût rencontré dans les rues de Bruxelles le lui aurait bientôt appris, car c'est bien évidemment un mot que la langue thioise emprunta au patois brabançon (2). Il aurait vu qu'il signifiait tout simplement petit homme, et que c'était par conséquent un diminutif dont on avait tout simplement altéré l'orthographe étymologique en l'assouplissant au génie de la langue théotisque.

Quelles étymologies ridicules n'a-t-on pas proposées pour notre expression de *Cancan*, que les vocabulistes s'obstinent à écrire *quanquan*? On en aurait trouvé la source et la signification véritables dans le patois du canton de Coire, et qui, par conséquent, dut faire partie de la langue de transition, née en Gaule. Les habitans du Disentis ont, en effet, le verbe chamcham pour signifier babiller, bavarder, et médire en même temps, c'est-à-dire médire avec audace et volubilité. Le verbe *Jacasser* ne vient-il pas évidemment du nom patois de la pie (*Jagasse* et *Agasse*), de même que le nom du coucou, conservé dans toutes les langues, vient du sanscrit *cuc* (se plaindre), et non d'une onomatopée, comme tout le monde l'a dit jusqu'à présent (3)?

Dans toutes les villes fortes, il est une heure à laquelle

(1) Magasin Encyclopédique, juillet 1809, p. 48.
(2) Desroches, Dictionnaire Flamand-Français, verbo : Manneken.
(1) Ce mot primitif est passé dans toutes les langues avec de légères altérations : ainsi, il est devenu κοκκυξ en grec, *Coccyx* ou *Cucullus* en latin, *Guguck* en Allemand, *Cuckoo* en Anglais,

les citoyens sont tenus de rentrer, parce qu'on ferme les portes. Pour avertir de ce moment les personnes qui sont hors de l'enceinte fortifiée, on sonne les grosses cloches. A Grenoble et ailleurs cette sonnerie a un nom particulier, sur l'origine, et par suite sur l'orthographe duquel je ne crois pas que l'on ait encore réfléchi. Je me rappelle, à ce propos, qu'un savant m'écrivait qu'il viendrait passer une journée avec moi à la campagne, à condition qu'il n'y coucherait pas et que je lui promettrais qu'il serait de retour avant que l'on sonnât le *ceint*. A son arrivée une discussion s'éleva sur la manière dont il avait écrit ce mot, et chacun le blâma : l'un prétendait qu'il fallait écrire le *Saint*, d'autres le *Sain*, le *Scin* et le *Sin*. Enfin, un dernier poussa la hardiesse jusqu'à soutenir que l'on ne pouvait l'écrire que de deux manières, c'est-à-dire comme *Cinq* ou comme *Seing*, et chose fort ordinaire, c'est qu'aucun d'eux ne manqua d'excellentes raisons à l'appui de son opinion. M. Charles Nodier, qui s'est également occupé de cette question, dit qu'il faut écrire *Sing*, et il a parfaitement raison ; mais je ne crois pas qu'il en ait trouvé le véritable motif. Selon ce savant, *Sing* est, comme tant d'autres mots, une onomatopée qui sert à dénommer le tintement des sonnettes : de là vient le binome onomatopique aussi de toc-sing, fait à peu près comme le *Tic-Tac* ou le *Drelin, Drelin*, etc., mais dans lequel l'orthographe française a supprimé la consonne terminale parce qu'elle n'était plus prononcée, et que dès lors elle devenait également superflue dans la langue écrite. Cette onomatopée, ajoute M. Nodier, se retrouve même chez les sauvages. Ainsi, le nom du serpent à sonnettes (*Sininga*), n'a pas d'autre origine. Voilà bien des raisons, voilà bien de la science, bien de l'habileté ; il n'en faut pas tant pour découvrir la vérité. Le mot *Sing* appartient aux langues celtiques, on s'en servait avec la même acception long-temps avant que l'on employât les cloches à cet usage. L'habitude toute moderne de sonner le couvre-feu ne fut pas toujours

Kohuszka ou *Kohinu* en Russe, κόϊκος en Grec moderne, *Kaukiu* en Lithuanien, *Cuccu* en Italien, *Coucou* en Valaque, etc. Je crois donc que M. Eichoff se trompe en faisant venir ce nom du Sanscrit *Kuc* (resonner, crier), etc.

possible, dès lors on dut le chanter de même qu'en Allemagne, en Hollande, en Belgique, en Suisse, en France, chez
toutes les populations de race gauloise on chante les heures
de la nuit : ici c'est la manière de chanter l'heure du retour (1);
mais l'expression qui la désignait est restée la même, et voilà
pourquoi l'on retrouve ce mot, ainsi que ses dérivés, dans
tous les dialectes néo-celtiques, quel que soit d'ailleurs le
changement subi par la voyelle. C'est ainsi que les Anglais
disent encore indifféremment *Sing* ou *Song*, pour signifier
Chant, *Chanson*. De là le mot allemand *Singen* et ses nombreux composés, le Goth *Sangvrs*, le Lithuanien *Zwanas*, le
Russe *Zwon*, etc., venant tous du Sanscrit *Sranas* (son),
d'où le Grec Aωϛ, le Latin *Sonus*, etc. (2). On voit qu'un paysan
de l'Alsace ou de la Basse-Bretagne en saurait plus que nous
tous encore sur cet objet. Cicéron avait reconnu cette vérité,
aussi n'hésite-il point à avouer qu'il s'était instruit dans la
conversation des mariniers sur le véritable sens d'un mot
latin, qu'il avait mal employé, et c'est pour cette raison qu'il
se plaisait également à causer avec les hommes incultes de
la campagne qui avoisinaient ses propriétés, quoiqu'ils fussent tous partisans de César. Mais hâtons-nous d'abandonner ce point de vue de notre question, et sur lequel nous
aurons l'occasion de revenir, pour profiter encore des
exemples de l'indispensable nécessité de la connaissance des
patois que nous offre le bel ouvrage de M. Paulin Paris.

> Li messagiers au tres le Flamant vint,
> Iluec trova sur une *coute* assis.

Le mot en italique n'a pas été compris par ce philologue
habile, puisqu'il met en note une variante complètement
inutile (3), car elle n'éclaircit point ce passage. Il désigne

(1) D'autres populations sonnaient le *Craile* pour ouvrir les portes
ou baisser les ponts-levis : le *sing* annonçait leur fermeture. Le
Graile, Grelles, Grailes ou Gresles était un instrument de guerre.

(2) De là viennent très-probablement aussi les mots latins : *Sing-
Ullans*, *Sing-Ullatus*, *Sing-Ulliens*, *Sing-Ullim*, *Sing-Ullio* (glous-
ser), *Sing-Ullo* (sangloter), *Sing-Ullus*, ainsi que le Français *Sang-
Lot*, *Sang-Loter*, *Sang-Lotant*, etc.

(3) Li Romans de Garin le Loherain, t. 1, p. 209 et 214. — *Ibid.*
p. 89.

tout simplement une mesure de capacité, très connue dans l'idiôme néo-celtique du Jura, ainsi qu'une couverture, un nid, une couvée, dans les dialectes néo-celtiques du Languedoc.

Là, trouva sur une couate assis.

L'un des écrivains qui ont fait incontestablement le plus d'emprunt à nos patois, est le spirituel et profond curé de Meudon, qui séjourna si long-temps dans plusieurs de nos provinces, en s'occupant de leurs idiômes, dans l'intérêt de la langue nationale, qu'il voulait enrichir, et cette vérité a été très-bien appréciée par M. Eloy Johanneau. Ce génie étonnant parle d'un cent de *quecas* : il est bien évident qu'on chercherait vainement ailleurs que dans le patois languedocien la valeur de cette expression : elle resterait toujours inintelligible. C'est lui seul qui peut nous permettre de la traduire par *un cent de noix écalées*. C'est surtout pour comprendre aisément l'auteur du Pantagruel qu'il faut connaître à fonds tous nos patois. Rabelais, en effet, doit être lu dans la langue néo-celtique que, comme Dante, il a pour ainsi dire créée, car on n'en aura jamais une traduction passable en aucune langue. Aussi M. Esmangard, dont les excellentes notes sur le plus savant et le plus philosophe de nos premiers écrivains, ont été publiées par M. Eloy Johanneau, alla-t-il très-habilement rechercher toutes ses précieuses élucubrations, sur la langue de Rabelais, dans l'étude philologique des patois de la Touraine.

M. P. Paris qui sait tout, hormis nos patois peut-être, a encore éprouvé plus d'une fois la conséquence de l'omission de leur étude dans la plus importante de ses publications, à propos du vers suivant par exemple :

Ce est *raoncles* li Loherens a dit :

Le savant philologue pense que ce mot ne se trouve dans aucun glossaire. S'il eût connu pourtant le patois picard, dont nous avons déjà eu l'occasion de parler plus d'une fois, il aurait trouvé le substantif *draonclure* et le verbe *draoncler*, dans lesquels la diphthongue se prononce comme dans phaon, Laon, taon, paon, etc. L'o est tout simplement ici une lettre étymologique. D'autres patois ont le mot *dra-goncle* qui se rapproche plus de sa source, (*dracunculus*), maladie connue encore dans la langue française sous le même nom (dragon).

Dans les Braies du Cordelier (1), on trouve les vers suivants :

> Si a trouvé une escritoire
> Où le canivet au clerc *ère.*

Ce dernier mot est bien évidemment, et sans nulle altération, le mot patois languedocien de cette phrase : *cunt'ère ?*

M. Roquefort lui-même, qui paraît avoir fait tant de recherches, sans le secours des patois toutefois, a commis aussi plus d'une erreur de cette espèce. (2) Nous pourrions dire que les admirables travaux de Raynouard n'en sont pas exempts. Au lieu d'aborder immédiatement l'étude des auteurs romans, s'il avait débuté par l'étude de nos patois, il n'aurait point, par exemple, assigné aussi inconsidérément la patrie de certains troubadours. Il serait aisément parvenu à un résultat certain, sous ce rapport, s'il avait étudié pareillement leur langue et celles de nos différentes provinces. Il se serait bien gardé surtout d'assouplir leurs œuvres à un système d'orthographe identique, et qu'il a fait subir même au provençal moderne, qui diffère tant de l'ancien. Tel est le système suivi dans l'impression du beau poëme *dei Magnan.* Il n'aurait pas fallu non plus les soumettre à une grammaire identique, du moins sous le rapport des idiotismes, comme si tous ces poètes, de contrées différentes, avaient réellement parlé, n'importe leur berceau gaulois, exactement la même langue. Quelques autres erreurs non moins graves, et que nous ne pouvons indiquer ici, déparent encore cette importante et belle collection. Il est plus que probable, nous le répétons, qu'en arrivant, comme M. Eichoff, à l'étude de cette belle et riche littérature, par la connaissance de tous les patois du midi de la France, quelques fautes capitales auraient pu au moins

(1) Collection de Barbezan, t. II.

(2) Dictionnaire Roman : verbo *Desroy* et passim.

17

être évitées. Tel est entr'autres ce que dit cet homme célèbre
sur cette langue de transition, dans laquelle écrivirent quelques poëtes gaulois. Ces reproches s'adressent bien plus fortement encore à l'abbé de La Rue, qui, sans se douter même
de l'importance de ces travaux préliminaires, aborda l'étude des Trouvères, ainsi qu'à la plupart des écrivains qui
se sont occupés aussi de cette branche de notre littérature
nationale.

La règle générale que nous établissons, d'une manière
absolue, sur l'indispensable nécessité de l'étude des patois,
pour la connaissance approfondie des langues nationales
et principalement sous le rapport philologique, s'applique
également aux langues mortes. Le savant Coraï s'est non
moins occupé de l'explication et de l'étymologie du grec ancien que de celle du grec moderne, et bien souvent il explique l'un par la connaissance de l'autre, ce qui est un nouveau moyen de faire de grands progrès, dit M. Marcella (1).
Ce qu'il y a de certain, c'est que les peuples dont la langue
n'a point été cultivée par des hommes supérieurs, ne savent
pas rendre clairement leurs idées les plus simples par des
binomes dérivés ou composés : ainsi les Basques appellent
le père *ait*, le grand père aitaren ; (celui du père) le bisaïeul, aitarenarena ; (celui de celui du père) le trisaïeul,
aitarenenganicacoarena ; (celui de celui de celui du père),
le quatraïeul, aitarenenganicacoarenarena ; (celui de celui de celui de celui du père), le quintaïeul, aitarenarenenganicacoarenarena ; (celui de celui de celui de celui de
celui du père), et ainsi de suite, jusqu'à Adam, si l'on pouvait et si l'on avait le temps de les prononcer. Les Morvandeaux, placés au centre de la France, plus éclairés, plus
civilisés par conséquent que les Basques, se servent bien de
la même formule, mais d'une manière plus intelligible.

Nous ne citerons point de faits à l'égard de la langue romaine, ils abondent dans les nombreux recueils de palœographie, et nous ne nous arrêterons pas non plus à démontrer, ici du moins, qu'il existe toujours un moyen certain de reconstituer la langue étrusque par cet unique

(1) Méthode Systématique de l'Enseignement des Langues, etc.
in-8o, Paris, 1838, p. 8.

procédé. Elle a tour-à-tour été cherchée dans l'hébreu , le
grec, le latin , par tant d'auteurs différents et avec si
peu de succès, qu'on accueillera , j'espère, favorablement
notre opinion, qui consiste à croire que tous ses éléments se
retrouvent dans nos patois de la Suisse. Ces considérations
que nous aurons d'ailleurs l'occasion d'exposer ailleurs (1) ,
nous entraineraient beaucoup trop loin, et nous affirmerons
ensuite que sans la connaissance des patois grecs, les faits
les plus importants en sont quelquefois rapportés par les
classiques aussi complètement dénaturés.

Ainsi , par exemple , quand les savants cherchèrent à l'envi
l'étymologie du mot Επαροιτε , nom d'un corps de troupes
arcadiennes, que les écrivains classiques nomment Επιλεκτοι ,
parce qu'eux aussi ne parlaient que le plus rarement possible la langue du peuple, tous les philologues tombèrent
d'accord sur l'origine de la syllabe initiale. On sait qu'en général, en ajoutant une voyelle terminale, ou qu'en changeant les voyelles initiales ou terminales des premiers âges
humanitaires, en les nazalisant, il reste un radical commun
à presque toutes les langues. Ainsi les mots ἐπ et ἐπι ont pour
analogue, en allemand ob , ober , uber ; en flamand , op ; en
anglais, uppon ; en grec, επι et υπερ ; en latin, super ; en français, sur; en hébreu, humphe! , etc. Arrêtons-nous là, car nous
sommes peut-être à la racine primitive. Tout allait donc
bien jusque là , mais le dissentiment parut lorsqu'il fut question de la source du mot αροω. On finit pourtant par conclure
que la meilleure serait celle qui la rattacherait à la signification de labourer, et la raison était péremptoire , puisqu'il
est évident que l'on tire les soldats de la charrue. Mais il n'y
avait qu'une petite difficulté , c'est que le nom vulgaire
d'επαροιτε était primitivement porté par des Arcadiens, et
que dès-lors il ne pouvait bien évidemment pas avoir été emprunté à aucun autre patois de l'Hellenie, et comme nous
savons que ce peuple mettait la première voyelle de la
gamme phonétique où les Athéniens et les Ioniens , par

_____

(1) Histoire de la Langue Romaine.

exemple, mettaient la diphthongue ai, il suit tout naturellement que la véritable étymologie doit être celle d'αιρω,
qui ne veut pas dire labourer, mais bien choisir. Ainsi le nom
d'επιλεκτοι, employé par les classiques, n'est autre chose encore que la traduction du mot patois de l'Arcadie.

Il me paraît que dans toutes ces circonstances, les longues
et pesantes élucubrations des commentateurs et des glossa-
teurs n'ont fait que démontrer l'importance des travaux que
nous désirons si vivement, de concert avec tous les amis de la
littérature nationale et de la philologie, et dont le grammairien Mœris nous a donné un si bel exemple dans son recueil
des mots et des tours de phrases propres aux Athéniens :
L'ouvrage important dont Ruhnquenius publia une bonne
édition, en 1756, à Leipzig, et auquel Jean-Frédéric Fischer
ajouta des notes importantes. Combien d'erreurs et de recherches n'aurait-on pas évitées aux Hellénistes modernes, si
son exemple avait été suivi par d'autres étymologistes grecs,
et quel jour ces recherches n'auraient-elles point jeté sur
l'histoire, les mœurs et la littérature de l'antiquité, ainsi
que sur la filiation des peuples et des langues ! Mais après
le vocabulaire du sophisme Timée, contenant les mots propres à Platon, la nomenclature de ceux des Ioniens, dres-
sée par Corinthus et quelques passages de Plutarque, nous
n'avons plus rien sur la philologie grecque, fait par les indigènes. Aussi le plus simple mot donne-t-il lieu quelquefois aux
plus fausses interprétations, ou à de longues discussions. Ce
sont des travaux de ce genre que nous pouvons très-bien
faire aujourd'hui, et dont nous devons nous occuper, afin d'é-
viter ces embarras pour les âges suivants, et c'est vous,
messieurs, qui pouvez leur donner une vigoureuse impulsion.

Cette importance majeure de l'étude des patois, pour éclairer les origines des langues nationales et la valeur réelle des
expressions, dont nous avons déjà donné tant de preuves,
n'est pas moins grande par conséquent pour la langue française dont on a voulu chercher, jusqu'à présent, toutes les
origines dans l'idiome romain et que l'on a classé, pour
cette raison, parmi les patois néo-latins, comme si l'invasion romaine avait pu tuer immédiatement la langue celti-

que (1), ainsi que la majeure partie de la population et tous les monuments nationaux. Il en a été de cette question grave à peu près comme de toutes les autres dans lesquelles l'amour propre seul a posé et tranché la difficulté. A une époque où l'on affectait de mépriser tous les patois, qui formèrent la langue romane et par suite la langue française et à laquelle on n'étudiait d'autre idiôme que le latin et le grec, les savants, n'ayant aucun autre terme de comparaison, accordaient inévitablement que tel ou tel mot français venaient de telle ou telle source, en vertu de l'extrême ressemblance alphabétique qu'ils avaient entre eux. Le peuple de demi-savants plaçait ensuite son amour-propre à vérifier la vérité de l'assertion. De là l'opinion généralement admise sur l'origine greco-romaine de nos patois et conséquemment de la langue thioise. Eh bien! je ne crains pas de poser, comme un fait incontestable, qu'il est plus entré de grec et de latin, d'espagnol et d'italien dans l'espace d'un siècle, que durant les dix siècles qui précédèrent Malherbe. En effet, ces différentes langues, habillées à la française, selon la méthode de Ronsard, etc. foisonnaient dans tous nos auteurs, et il n'a rien moins fallu certainement que le génie du siècle de Louis XIV pour purger et parfaire la langue thioise, commencée par Charlemagne.

M. A. Granier de Cassagnac, dans un article de la *Presse*, que nous aurons encore l'occasion de citer plus loin, est exactement du même avis. Nous savons, dit-il, que depuis le seizième siècle, le travail des érudits a fait entrer dans la langue française une assez notable quantité de mots latins, qui ne se trouvent pas dans les patois, à peu près comme Cicéron et Quintilien faisaient entrer des mots grecs dans la langue latine : mais ces mots sont en bien petit nombre, comparés à ceux qui se trouvaient anciennement dans les idiômes celtiques, et la diversité de leurs origines, à la fois grecques, osques et étrusques, fait ressortir d'autant plus l'uniformité de nature des mots primitivement communs au latin et au français. C'est donc au fond une chose simple, à

(1) Les Gaulois, dit Agathias, imitaient les ouvrages des Romains et n'en différaient que par l'habit et le langage, — Caylus, Antiquités, t. III, p. 378, etc.

notre avis, et qu'un travail sérieux fait sur les langues méridionales mettrait entièrement hors de doute, de prétendre que le latin est sorti, presque pour sa moitié, des idiòmes qui sont devenus plus tard l'espagnol, l'italien et le français. On peut même dire que certaines questions de philologie et de métrique, relatives à la poésie française, ne sont demeurées, quoiqu'on ait fait, si obscures, que parce qu'on s'est obstiné à en chercher les éléments et la solution dans la langue latine, qui ne les contient pas.

C'est donc seulement dans les patois que nous retrouverons tous les éléments des différents dialectes antérieurs à l'invasion romaine. Il serait absurde en effet de supposer que les Gaulois eussent pu faire instantanément un échange complet de tous leurs mots contre tous ceux de la langue romaine, et que surtout ils se fussent unanimement entendus pour atteindre à un résultat déraisonnable, inouï et invraisemblable. Nous ne saurions trop le répéter, la langue latine n'a jamais été vulgaire en Gaule, et les dialectes celtiques de l'Espagne, de l'Italie et de la France ont seuls donné lieu aux patois, d'où dérivèrent les langues de ces nations. Tout ce que l'on pourrait accorder aujourd'hui, aux partisans de l'opinion opposée, c'est que certains de ces mots ont pu revêtir une physionomie romaine, et cette physionomie même n'est pas tellement tranchée qu'on ne puisse point encore la revendiquer aussi, comme une propriété nationale, ainsi que nous le verrons bientôt; telles sont en effet ces désinences en *o* et la pureté de l'*u* gaulois, etc., etc. Nous avons eu l'occasion de montrer plus d'une fois la vérité de ces assertions dans notre *Vocabulaire celto-kymrique de Bourges et de ses environs* (1) et on le verra bien mieux encore dans notre Langatlas.

S'il était vrai que nos patois, et par conséquent le français, dérivassent directement du latin, il resterait à expliquer pourquoi ces dialectes ont tous des idiotismes particuliers et étrangers au latin, et surtout pourquoi leur grammaire et leurs idiotismes ont infiniment plus de ressem-

(1) Notices Historiques, Archéologiques et Philologiques sur Bourges et le département du Cher, p. 25 à 57.

blance avec les dialectes grecs qu'avec l'idiôme latin qui, à ce que l'on dit, fut vulgaire en Gaule. Comme les grecs, nous disons encore deux heures *moins* un quart, au lieu d'une heure trois quarts, puisque dans le fait on ne peut pas dire que nous avons deux choses complètes moins une grande portion de l'une, etc.

L'affinité naturelle du grec avec le celte est si vraie qu'on en retrouve des traces syntaxiques dans toutes nos provinces: dans le Berri on dit encore à tout propos *tout à l'heure* (εν τη ωρα ταυτη) au lieu d'à présent, manger du pain (φαγειν τον αρτον) vous autres (ὑμᾱσ ετερους), etc.

Du xe au xiiie siècle, partout où l'on voit briller les prétendus idiômes néo-latins, comme l'a parfaitement démontré Miorcec de Kerdanet (1), ce fait est certain, et serait réellement inexplicable si l'on n'admettait point que ces derniers sont nés immédiatement des premiers. Alors seulement on s'explique l'identité de leur physionomie. La langue romane enfin était tellement issue du celte, que nous la retrouvons partout où le celte avait été la langue du peuple. Ainsi les troubadours, n'importe le lieu de leur naissance, sont instantanément entendus en Espagne, en Portugal, en Italie, tout aussi bien qu'en Gaule. Cette communauté d'origine et de langue est prouvée par cette même communauté d'idiômes.

Comment expliquerait-on dès lors ce phénomène extraordinaire : les Gaulois auraient donc conservé leur syntaxe, leur grammaire et n'auraient admis que les mots romains ? Est-ce qu'un dictionnaire s'apprend plus vite qu'une grammaire ? Comment ! nous aurions pu échanger, subitement et complètement, toutes nos expressions indigènes, contre les expressions étrangères d'un peuple vainqueur et barbare, et nous aurions conservé, dans leur arrangement syntaxique seulement, des preuves de l'antipathie nationale ? L'une et l'autre hypothèse sont également insoutenables.

Une preuve bien forte, ce me semble, en faveur de ces idées, et qui démontre aussi d'une manière incontestable que le latin ne fut jamais vulgaire en Gaule, contrairement

(1) Histoire de la Langue des Gaulois, etc.

à l'opinion de M. Villemain (1) et de tant d'autres, et que nos différentes langues, si improprement nommées néo-latines, ne furent pas formées de ses débris mais bien des dialectes celtiques indigènes ou exotiques dont les mots recevaient bien peut-être une physionomie romaine, grâce à la langue habituelle des pouvoirs politiques et religieux, quant à quelques désinences du moins , c'est que toutes ces langues existaient en Gaule simultanément et indépendamment les unes des autres et non successivement : c'est qu'on les voit figurer aussi dans tous les monumens qui nous restent du vIIIe siècle , par exemple. Ainsi le latin , plus ou moins pur, figure dans les inscriptions, dans les chartes, dans les titres , etc., écrits en langue romane, et c'est là la véritable origine du langage hybride nommé macaronique. Leur présence dans ce cas prouve bien , ce me semble, que ces langues existaient ensemble sur la même terre, et que l'une grandissait pendant que l'autre prolongeait artificiellement son agonie. La Bibliothèque d'Aix en Provence possède un cartulaire manuscrit , in-4o sur parchemin, du xIIIe siècle. Il contient divers titres du comté de Toulouse, classés par diocèses ainsi que d'Alby, Agen, Cahors, Rodez, Auch et Avignon. Presque toujours l'intitulé des actes est en roman, et à chaque instant on trouve des mots ou des phrases dans la même langue, semés par-ci par-là dans le texte latin. Il en est de même dans les Annales Manuscrites conservées au Capitole de Toulouse (2). L'inverse a lieu dans les *Visions de la bienheureuse Marguerite de Duin*, manuscrit extrêmement précieux que possède M. Champollion-Figeac. Ici le texte est en patois et les citations en latin (1226). Etienne de Langton , archevêque de Cantorbéry , en 1107, et dans la suite cardinal de Saint-Chrisogon, après avoir béni son auditoire en prose latine, commence son sermon latin, sur la sainte Vierge, par des vers en langue d'oïl. Raynouard cite beaucoup de faits de ce genre, etc.

(1) Ouvrage cité , t. 1, p. 59 à 66.

(2) Exemple : Anno Domini MCCCC XXXVIII° a V del mes de decembre furon publicatz Capitols de la present ciutat e boro de lors senhors dejos nommatz, et furon redositz de XII al nombre de VIII, per ordenansa dels senhors generals , etc.

Le même phénomène s'effectuait dans les deux péninsules, à l'égard des patois de l'Espagne, du Portugal et de l'Italie, pour l'arabe et les patois. Les lois des Wisigoths d'Espagne, et le mélange des mots allemands dans leur texte latin démontrent aussi la vérité de ces assertions. La même chose eut lieu de nos jours à Saint-Domingue, de la part du créole à l'égard des patois de l'Afrique. En 734, toutes les provinces du midi de la France avaient été conquises par Abderame, et ce fait politique n'en fut pas moins sans aucune influence sur les patois néo-celtiques indigènes. Quoique le Provençal fut bien évidemment la langue nationale du royaume de Boson, le latin ne resta pas moins celle des affaires et de la politique, et toutes deux se retrouvent aussi marchant ensemble dans les mêmes actes. Enfin, on voit très-bien, soit à la prétention, soit aux citations même, que la plupart des troubadours connaissaient le latin, dont ils dédaignaient et la littérature et la langue, tandis que l'on reconnait dans leurs langues et leurs poésies des traces incontestables de la langue et de la littérature indigènes, c'est-à-dire celtiques. L'existence des dialectes néo-celtiques après l'expulsion des Romains est un fait incontestable que démontrent tous nos patois. Il est prouvé même par le témoignage de Sidoine Apollinaire, dans une lettre écrite à la fin du cinquième siècle, à son beau-frère Exdicius : *Mitto istic ob gratiam pueritiæ tuæ undique gentium confluxisse studia litterarum, tuæque personæ quondam debitum, quod sermonis celtici squamam depositura nobilitas, nunc oratorio stylo, nunc etiam camœnalibus modis imbuebatur, illud in te affectum principaliter universitatis accendit, quod quos olim Latinos fieri exegeras Barbaros deinceps esse vetuisti.* Je ne dis pas que c'est à cause de ton enfance que l'on vit accourir de tous côtés ceux qui voulaient se livrer à l'étude des lettres; que l'on fut redevable alors de ce que les nobles, pour déposer la rudesse du langage celtique, s'exerçaient tantôt dans le style oratoire, tantôt dans les modes poétiques. Une chose t'a gagné surtout l'affection générale, et c'est que tu as empêché de devenir barbares ceux que tu forças autrefois à devenir latins (3).

___

(1) T. 1, p. 255 de la traduction donnée par MM. Grégoire et Collombet.

Veut-on savoir comment les savans se sont arrangés pour faire cadrer ce fait avec leurs opinions? Ils ont tout simplement remplacé le mot *Celtici* par *Latini* (1), et la phrase n'a plus eu de sens; mais qu'est-ce que cela fait, pourvu qu'elle ne fût pas un démenti formel à leurs hypothèses, et dès lors le celtique n'était plus en usage chez les gens de première qualité, qui n'apprenaient le latin que comme une langue étrangère. Les auteurs anciens n'hésitent point à reconnaître que les différents dialectes de la langue celtique étaient encore parlés. Déjà, sous Charlemagne, il y avait tant de différence entre le latin et les langues néo-celtiques que l'église fut contrainte de prêcher en langue populaire. Le concile de Tours, en 813, de Mayence, en 847, ordonnèrent aux évêques de traduire leurs homélies en roman et en théotisque. Le concile d'Arles renouvella cette injonction en 851, et dès 842 aucun des serments militaires de Strasbourg ne fut prononcé en latin. Le passage des litanies Carolines, cité par Raynouard, prouve que déjà, sous Charlemagne, la langue d'oc était vulgaire dans toutes les contrées situées au nord de la Loire.

Ceci n'a point empêché M. Lenormand, dans son cours d'histoire moderne fait à la faculté des lettres de Paris, de prononcer les réflexions suivantes: Il est incontestable que les parties de la Gaule qui, encore aujourd'hui, parlent l'ancienne langue celtique, la possédaient à l'époque de la conquête romaine; mais prouverait-on l'usage d'une langue gauloise dans les provinces pénétrées par le système romain? La langue gauloise était-elle parlée, sinon dans les villes, au moins dans les campagnes? C'est une question à laquelle il est presqu'*impossible* de répondre; cependant, tout nous fait présumer que dès-lors l'emploi de la langue *gallo-celtique* était entièrement éteinte. Les Romains, en détruisant en Italie l'existence indépendante d'un certain nombre de gouvernements, avaient aboli en même temps, dans le commerce ordinaire de la vie, la langue des populations vaincues, celle des étrusques, des osques, des samnites. *Nous voyons néanmoins que, dans les usages privés, dans les dédicaces locales, dans les conservations funéraires, à l'époque*

(1) Dom Ruinart, Appendix Gregorii Turonensis.

*même la plus brillante de la civilisation romaine , les peuples
indigènes n'avaient pas complètement abandonné l'usage de
leur langue propre , et nous avons des inscriptions osques et
étrusques , tracées dans les premiers siècles de l'empire.* On ne
retrouve rien de semblable dans les Gaules. Nous ne possédons pas une seule inscription celtique , et il est probable
qu'on n'en découvrira jamais (1). D'ailleurs , pour trancher
cette question, il faut réfléchir que si la langue celtique
avait été d'un usage général et universel à l'époque de la
conquête des Francs, cette langue eût laissé quelques traces;
elle se serait mélangée avec la langue germaine , comme
celle-ci se mélangea avec la langue romaine, tandis qu'il *est
constant* que l'ancienne langue des Gaulois n'a contribué que
pour une très-faible part au français que nous parlons maintenant (2).

Si le roman n'avait été autre chose que la langue latine
dégénérée , on ne le retrouverait pas dans nos montagnes
les plus reculées, les plus inaccessibles. Il aurait inévitablement aussi fait disparaître le celte de la Basse-Bretagne ,
comme des contrées limitrophes : on ne le trouverait pas
dans le sein des Pyrénées et dans toutes leurs vallées, et
l'on ne pourrait jamais expliquer le mélange, intime et définitif, de deux langues bien distinctes, appartenant à des
populations ennemies dont elles étaient la vivante image.
Voici le secret de cette alliance monstrueuse. La langue
néo-celtique de transition , si improprement nommée romane, était le produit immédiat et inévitable de la confusion
des nations celtiques, produite par la circonscription romaine, immédiatement après l'invasion , et dans laquelle
toutes les nations gauloises avaient été confondues à dessein.
Elle était donc née, d'une part, du mélange des différents
dialectes celtiques, et, d'autre part, de l'action sourde et

(1) Voyez sur cette assertion : Pierquin de Gembloux , Lettre à M.
Guérard sur la Paléographie Gauloise, in-8, Bourges 1840.

(2) Journal Général de l'Instruction publique du 22 février 1840,
p. 118, col. b.

lente du joug romain qui bourdonnait sans cesse, aux oreilles
des vaincus, la langue forgée dans le Latium et altérée d'une
manière spéciale dans chaque localité, selon l'influence de
mille causes diverses, et les savants cherchèrent, dès le xii°
siècles à soumettre au joug romain ces idiômes de la Gaule.
Parmi les preuves à l'appui de cette assertion, nous ne citerons que le titre de la grammaire romane d'Hugues Faydit
ou Hugues le *légal.* Pourquoi en effet ce troubadour aurait-
il donné, à son livre, le titre de *Donatus Provincialis*, s'il
n'avait eu en vue l'aveugle et barbare imitation de l'ouvrage
d'un célèbre grammairien latin? Mais son travail même té-
moigne bien plus hautement encore en faveur de notre opinion, puisque ses efforts continuels, pour assouplir les
dialectes celto-grecs de la Provence aux règles de l'idiôme
romain sont très-souvent inutiles, et sous ce rapport il est
extrèmement curieux d'observer, d'étudier, comment il le
prouve, quand l'application de ces règles étrangères devient
de toute impossibilité. C'est alors qu'il est bon de le suivre
dans ses inexplicables écarts, pour se faire une juste idée de
toutes les peines incessantes qu'ont dû se donner ses innombrables successeurs pour arriver au résultat anti-national de
changer complètement la physionomie et le génie des
dialectes nés en Gaule, pour leur imposer, contre les lois du
bon sens, une figure étrangère et barbare. Il faut voir dans
quelles observations singulières l'entraina sa science romaine; et la source de toutes ces bévues, de tous ces malheurs,
c'est qu'alors la grammaire latine était la seule en usage partout et qu'elle s'appelait alors uniquement la grammaire,
parce que les autres langues étaient généralement méprisées
et indignes par consequent de posséder un seul de ces
mauvais ouvrages. Puis vinrent successivement des additions dues à d'autres conquérants. C'est ainsi que l'Espagnol,
le Portugais, l'Italien même, furent également le résultat vo-
lontaire de la langue de transition, ainsi créée en Gaule, et
nous rappellerons à ce sujet que Raynouard a parfaitement
demontré que la langue romane était déjà vulgaire en Portugal dès l'année 734, ainsi que l'atteste encore une ordon-
nance d'Alboacem, fils de Mahomet Alhamar. C'est de cette
manière que tout s'enchaine dans l'histoire intellectuelle des
Gaulois, n'importe où on les observe.

Il y a mille preuves encore que les langues néo-celtiques de la France ne dérivent nullement du latin, qui démontrent même que les désinences de la langue romane ne sont seulement que communes aux celtes et aux romains, et qu'elles n'étaient point le résultat du substantif romain, pris à l'ablatif par les Gaulois. Ce changement serait assez inexplicable. Pourquoi, en effet, les Gaulois auraient-ils plutôt dit *Caro* que *Carus*, *Omaro* qu'*Omarus*, *Autosiodumo* qu'*Autosiodumus*, etc. ? On conviendra qu'il serait impossible d'en donner une raison valable, et que ce serait complètement en contradiction avec la saine philosophie que montrent tous les peuples dans la formation des langues. Mais il y a plus, c'est que chez les Romains l'O final est constamment long, tandis que dans les prétendues langues néo-latines et même dans l'Italien, produit également des patois de la France beaucoup plus que du latin, il est constamment bref. Si nous voulions maintenant une preuve du caractère indigène de cette désinence, nous la trouverions, d'une part, dans les monuments graphiques, parvenus jusqu'à nous, et appartenant, soit à l'histoire des Gaules avant l'invasion romaine, soit après l'expulsion de ces étrangers. Les médailles gauloises, en effet, de même que les monétaires de la première et de la seconde race, présentent des exemples nombreux de ces désinences. Ensuite, cette suppression des désinences personnelles des verbes n'est pas du tout, comme on l'a cru aussi, le résultat d'une dégénérescence de la langue latine ou de la barbarie gauloise ou de la progression humanitaire des langues, mais bien l'effet naturel de ce retour enthousiaste et complet vers les formes de l'antique langue maternelle, détrônée momentanément, et abandonnée dès-lors par les hautes classes de la société qui perdirent ces langues, mais soigneusement conservées par les peuples dont c'est l'œuvre sublime ; grâce aux travaux de Pezron, de Bullet, de Pelletier, de Court de Gebelin, de Lebrigant, de La Tour-d'Auvergne, de Bacon-Tacon, etc. Nous marchions droit à la langue primitive, comme dit M. Charles Nodier, quand un homme de génie s'avisa que ce n'était pas ainsi qu'on doit procéder, dans l'investigation des étymologies, et que la plus voisine est la plus sûre. M. Raynouard reconstruisit le Roman, intermédiaire incontestable entre nos

langues autochtones et le latin des premiers peuples qui
nous aient conquis à la civilisation ; le roman de l'occident
et du midi, qui est en Europe la ligne équatoriale de la parole. Ce travail est un des plus beaux qui soient sortis de la
main des hommes (1). C'est précisément pour cela qu'avant
de s'occuper de l'étude des monnaies gauloises, je crois qu'il
serait bien de commencer par rechercher en quelles langues
sont leurs légendes, et si l'on doit admettre que le celte et
le grec seuls peuvent s'y trouver. Dans ce cas, l'étude simultanée du sanscrit, du grec et des patois locaux, peuvent seuls
nous permettre de les expliquer et de faire tourner ces monuments au profit des annales anté-historiques.

Si le latin avait jamais été la langue vulgaire des Gaules,
on en retrouverait la preuve manifeste dans les différents
idiomes populaires qui forment les divisions ethnographiques
de la France. Plus ces dialectes seront étudiés, plus on se
convaincra qu'ils sont nés immédiatement des différents
dialectes celtiques parlés sur place, et que la ressemblance de
quelques expressions avec d'autres de la langue latine n'est
que la conséquence naturelle de la filiation des langues, ce
qui fait que ces idiomes étaient antérieurs à l'existence
de la langue latine. La majeure partie des mots patois ne
se trouvent point du reste dans la langue parlée par les écrivains romains ; c'est donc dans une langue autochtone qu'il
faut définitivement les chercher. Occupé de philologie depuis longues années, occupé surtout de l'étude des différents
patois de France, nous déclarons, sous ce point de vue, que
le plus curieux à méditer et celui qui l'a été le moins jusqu'à présent, est, après les différents dialectes de la Bretagne, la langue du Morvand ; et, comme la langue française,
envisagée sous ce même point de vue, est le produit artifi-
ciel ou conventionnel du mélange de tous ces patois, défigurés par les dialectes theutons, c'est donc évidemment encore
dans les patois de nos provinces qu'il faut rechercher les
origines de notre langue nationale. Du reste, dom Bullet
(ch. VIII et seq.) a très-bien démontré que les Gaulois n'ont
commencé à apprendre le latin que dans les écoles fondées
par Charlemagne, et l'abbé Duclos pense seulement que les

(1) Notions Élémentaires de Linguistique, p. 183.

personnes élevées de l'ordre social l'apprirent beaucoup
plus tôt, mais que le langage ordinaire ne cessa point d'être
le celte (1).

Ainsi dans notre opinion, avant d'affirmer qu'un mot français dérive incontestablement de la langue romaine, avec
lequel il pourrait avoir du reste la plus complète homo-
phonie, il faudrait commencer par s'assurer qu'il vint
plutôt des Romains que directement de l'Inde ou du celte.
Personne qui n'eût dit, par exemple, que le mot *joug* ne
vint de *Jugum*. Mais en adoptant cette étymologie, très-
certainement la plus plausible de toutes, il faudrait admettre
d'abord, qu'avant l'invasion romaine les Gaulois ignoraient
l'usage d'accoupler ainsi le bœuf, qu'ils tenaient très-certainement aussi, de leurs ascendants indiens, et de plus
qu'il ne put jamais leur arriver par aucune autre voie que
par l'invasion. Il ne s'agit plus dès-lors que de rechercher à
quelle source il faut rattacher le mot latin lui-même et l'on
verra de suite que tous ces mots ont une origine commune,
indépendante, de première main chez les celtes, de seconde main chez les latins, c'est-à-dire que l'un et l'autre
viennent du sanscrit *yug* (joindre, lier) d'où *yuga* ou *yugan*
(joug). Ce mot, nécessaire à tous les peuples, est allé se
promenant et résidant, sous des physionomies presqu'identiques, dans toutes les régions où furent cultivés quelques-
uns des idiômes néo-sanscrits; aussi les grecs en firent
ζυγόν; les goths, *juk*; les allemands, *joch*; l'anglais, *goke*;
les lithuaniens, *jungas*; le russe, *igo*; le gaélique, *chüngsi*;
le cymrique, *jau*; les espagnols, *Yugo*; les italiens, *giugo*;
les irlandais, *iegh-madh*, etc. Le Français a le mot *Araire*
pour signifier charrue; vient-il du latin *Aratrum*, ou, ce qui
serait plus naturel, du patois araïre? Dans l'affirmative, il
faut également supposer qu'il l'a donné au Grec ἀρόω, au Lithuanien *Aru*, au Russe *Oriu*, au Polonais *Orze* (je laboure),
tandis qu'il est plus probable qu'il vient à tous ces idiômes
du sanscrit *Arv* (fendre). Le mot français *Jeune*, le mot patois *Jouine*, etc., ont également l'air de venir du latin *Ju-
venis*, mais pourquoi ne pas supposer plutôt que tous les
peuples le reçurent également du sanscrit *Yuvan*, d'où le li-

(1) Histoire de la Monarchie Française, p. 6.

thuanien *iaunas*, le Russe *Iunyi ?* Nous avons le mot *Prurit* ʰ
qui paraît venir directement du latin , mais les patois disent: .ː
Aco prusis ou *Me prus.* Or , je crois que l'on peut dire seule- ·ə
ment que le latin et nos patois reçurent cette expression ɲ
d'une même source, c'est-à-dire encore du Sanscrit *Prus* ʊ
(brûler, flamber). C'est à cette même source qu'il faut aller ʁ
chercher nos mots *Est*, qui vient évidemment de *Usas* ʊ
(lueur), et *Ouest*, qui vient de *uaspas* (vapeur), ou de *ua-* ˑ
satis (ombre), etc. Mais on ne peut pas dire que ces mots ʁ
nous viennent de l'une ou de l'autre des langues postérieures ʁ
que nous venons de citer. On sent que nous pourrions ʁ
multiplier à l'infini les exemples de cette nature.

Ce qui a certainement trompé les savants, c'est tout simplement l'analogie extrême des racines du français , de l'espagnol et de l'italien avec le latin, et les relations historiques incontestables de ces peuples entr'eux l'expliquent suffisamment. Mais il y a ici cercle vicieux, car on n'a pas vu
que ces mêmes relations sont de beaucoup postérieures à la
création des premières langues de chacune de ces nations. On
n'a pas fait attention que les Gaules, ayant peuplé l'Espagne
et l'Italie, ainsi que je crois l'avoir bien démontré ailleurs (1),
il a bien fallu que l'on retrouvât dans les patois des deux
Péninsules les mêmes radicaux qu'en France. Et cette raison
est si juste que d'autres points du globe, soumis de même aux
romains dont les dialectes étaient également issus d'une
toute autre source commune, n'ont pourtant point, avec les
dialectes néo-celtiques de ces trois nations, une ressemblance éternellement aussi prononcée. Je pourrais demander à ces philologues pourquoi les Basques, par exemple,
ont conservé leur langue antique, selon eux, sur les deux
versants des Pyrénées, tandis que ceux du sommet des Alpes
ont adopté ce qu'on nomme les dialectes néo-latins? Mais la
Germanie , la Bretagne, l'Angleterre, la Belgique, l'Albanie,
la Grèce , etc. qui furent presqu'aussi long-temps soumises
à la domination romaine, ont-elles donc hérité aussi d'un
idiôme néo-latin ? Non; parce qu'un peuple entier ne change
point ainsi de langue et que la succession des siècles peut
seule les altérer profondément. Une langue nationale ne

(1) Histoire Monétaire et Philologique du Berry, p. 205 à 226.

meurt jamais tout entière, sur le sol qui la vit naître et où elle régna plus ou moins long-temps. Dans l'Hellénie, le Romaïque a succédé au grec, parce que cette langue y fut très-certainement vulgaire, mais il n'en fut pas ainsi du latin en France, en Espagne et même en Italie. La vérité, c'est que le latin de même que le goth, l'allemand, l'arabe, etc., ont dû laisser, dans le français, quelques expressions et cela en vertu de leur affinité originelle. Il faut donc bien évidemment chercher l'origine du français dans nos patois, et celle de ces derniers dans les dialectes celtiques. On ne peut que sourire aujourd'hui devant l'opinion de Barbezan, qui ne la regardait que comme une simple altération du latin; opinion insoutenable mais partagée aussi du reste par les noms les plus illustres, tels que ceux des savants auteurs de l'Histoire Littéraire de la France, de J.-C. Scaliger, etc. Le profond abbé Bergier (1) fut un des premiers qui eurent la gloire de combattre ce préjugé scientifique; l'abbé de Longuerue, Huet, dom Vaissette, G. Peignot, etc., nous ont montré la véritable route. Il faut enfin, avec M. Champollion-Figeac, admettre l'antériorité de nos patois (2) et y chercher nécessairement les étymologies de notre langue.

Tout récemment, M. A. Granier de Cassagnac a poussé les choses beaucoup plus loin, et quoique son opinion paraisse paradoxale, au premier abord, elle n'est pas moins l'expression de la vérité. Il est certain, dit-il, qu'un très-grand nombre de mots se trouvent à la fois dans le latin et dans les trois langues française, italienne et espagnole. Sont-ils passés du latin dans ces langues, ou des idiômes dont ces langues sont sorties dans le latin? C'est là la question. Or, voici quelques raisons qui nous paraissent établir clairement la seconde hypothèse.

Premièrement, il faut remarquer que la plupart des mots latins sont doubles. Ainsi, pour dire *Champ*, le latin à le mot *Ager* et le mot *Campus*; pour dire *Chou*, il a le mot *Brassica* et le mot *Caulis*; pour dire *Pluie*, il a le mot *Imber* et le mot *Pluvia;* pour dire *Feu*, il a le mot *Ignis* et le mot *Focus*; pour dire *Chat*, il a le mot *Felis* et le mot *Catus*;

(1) Elémens du Langage, p. 236 et seq.

(2) Nouvelles Recherches sur Uxellodunum, p. 52.

19

pour dire *Chemin*, il a le mot *Iter* et le mot *Via* ; pour dire *Cheval*, il a le mot *Œquus* et le mot *Caballus* ; pour dire *Lumière*, il a le mot *Lumen* et le mot *Lux* ; pour dire *Terre* il a le mot *Terra* et le mot *Tellus* ; pour dire *Vent*, il a le mot *Aura* et le mot *Ventus*, et ainsi de suite. Or, de ces deux mots, l'un appartient toujours aux anciens patois de la Gaule, de l'Espagne et de l'Italie, qui sont devenus la langue française, la langue espagnole et la langue italienne : et ce qui prouve d'une manière irrésistible que le latin ne l'a pas fourni, c'est que le latin aurait également fourni l'autre. Il n'y a, en effet, aucune raison pour que le latin n'eût pas laissé le mot *Ager* dans les anciens patois celtiques, s'il y avait laissé le mot *Campus*, car l'un n'était pas moins usité que l'autre. Le mot *Lumen*, le mot *Felis*, le mot *Iter*, le mot *Ignis* se trouveraient aussi dans les patois méridionaux, comme s'y trouvent le mot *Lux*, le mot *Catus*, le mot *Via*, le mot *Focus*, si ces patois s'étaient formés du latin. La seule manière d'expliquer la présence simultanée, dans les patois celtiques et dans le latin, de l'un de ces deux mots, qui se côtoient paralèlement dans le vocabulaire de Rome, c'est donc de dire que le latin l'a emprunté à ces patois. Le contraire serait évidemment impossible et absurde.

Du reste, il ne faudrait pas trouver étrange que les patois du centre et du midi de la France eussent l'ancienneté que nous leur attribuons, puisque le mot *Bec* est cité par Suétone comme appartenant à l'idiôme gaulois (Vitellius, cap. XVIII). Voilà donc un mot patois actuel qui a dix-huit cents ans bien constatés, rien qu'à partir du moment où un chroniqueur romain le signale. Le nom gaulois de l'alouette était, du temps de César, ce qu'il est encore aujourd'hui. Voilà donc encore un autre mot patois qui a dix-neuf cents ans d'histoire connue. Or, il n'y a pas de raison pour que le mot *Caulis*, le mot *Campus*, le mot *Lux*, et les autres mots patois, qui sont dans le latin, n'aient pas autant d'ancienneté que le mot *Bec* et le mot *Alauda*.

Secondement, si la langue latine avait formé les patois desquels sont sortis la langue italienne, la langue espagnole et la langue française, c'eût été évidemment par le séjour des armées et des colonies romaines dans l'Italie, dans l'Espagne et dans la Gaule. Or, les armées romaines ont habité bien plus long-temps, et par bien plus grande masses, le nord de la Gaule que son midi. Comment se fait-il alors que la langue latine n'ait pas laissé, dans les patois allemands, les mots qu'elle a laissés dans les patois français, espagnols et italiens?

Troisièmement, lorsqu'une langue est imposée à un peuple, ce peuple a déjà la sienne. Les idiômes à élémens doubles et superposés se trouvent donc chez les peuples qui ont subi une importation de langue, et non pas chez ceux qui l'ont faite. Or, c'est la langue latine qui a des élémens doubles, et ce sont les idiômes celtiques qui ont des élémens simples. Ceux-ci ne se sont donc pas formés avec celle-là.

Quatrièmement, lorsqu'une langue s'établit par importation, son établissement a toujours un caractère local. Ainsi, dans le cas où le latin aurait déposé parmi les peuples de la Gaule les mots qui sont communs à leurs patois et à la langue des Romains, il est évident que ces mots seraient plus abondans et plus caractérisés là où il y avait des colonies, et là où campaient les légions. Or, tous les patois du centre, de l'est et du midi de la Gaule sont remarquables en ceci, qu'ils ont tous, dans la même proportion et dans la même forme, ces mots qui leur sont communs avec le latin.

Cinquièmement, on comprend qu'une langue qui passe d'un peuple chez un autre, ne donne pas tout ce qu'elle a ; mais on ne comprend pas qu'une langue donnât ce qu'elle n'a pas ; ainsi, on conçoit que les idiômes celtiques, qui se servent de l'article le, la, les, ne l'aient pas donné à la langue latine, en s'unissant à elle ; mais il serait impossible d'imaginer comment le latin, s'il avait formé les patois celtiques, leur aurait donné l'article, lui qui ne l'a pas (1).

Ainsi, et pour résumer ce qui précède, la langue latine s'est formée comme le peuple romain, c'est-à-dire en absorbant peu à peu les élémens gaulois, espagnols et celtiques (2), disséminés autour d'elle ; de telle sorte qu'il serait,

(1) On sait que nous ne partageons pas cette opinion.

(2) On verra dans notre Histoire de la Langue Romaine, dans notre Histoire du Berri, dans nos Notices Historiques, Archéologiques et Philologiques sur Bourges, que ces trois élémens se réduisent au dernier.

comme nous disions, beaucoup plus exact de considérer la
langue latine comme la fille du Français, de l'Italien et de
l'Espagnole que comme leur mère (1).

On ne pourra probablement jamais tracer la topographie
philologique des Gaules, avant l'invasion de César, ni même
durant la domination romaine. Ce que l'Etnographie démontre par l'analogie, c'est que les dialectes celtiques étaient
plus nombreux encore que les divisions politiques ou territoriales. Ces différents dialectes, à racines celtiques, dont on
trouve des traces sur place, furent conservés presqu'intacts
pendant toute la durée de la domination étrangère. Sur
différents points des Gaules, les relations industrielles ou
commerciales opérèrent une fusion analogue avec d'autres
idiômes étrangers à la Gaule ; là ce fut le latin, plus loin le
grec des Phocéens et de leurs colonies, etc. ; mais de même
que les dialectes celtiques conservaient entre eux une si
parfaite analogie que tous les membres de la grande famille gauloise se comprenaient, sur tous les points du globe,
cette unité nationale opéra, sans s'entendre, un pareil phénomène dans la composition des langues nouvelles, qu'elle
créait ainsi de toute pièce. En effet, les dialectes néo-latins
furent innombrables aussi; mais tous conservèrent une
analogie telle que tous les Gaulois de France, d'Espagne,
d'Italie, etc., s'entendaient parfaitement ; c'était donc encore, pour ainsi dire, une langue universelle, et c'est elle
qu'Alexandre Sevère nommait déjà *Gallica lingua*, dans une
constitution de l'an 230. Sulpice Sevère lui conserve ce nom,
et tous deux la distinguent déjà du celte, du grec et du latin.
C'est dans cette langue que Baudemont écrivit au vie siècle
la vie de saint Amand. Les Latinisans l'appelèrent *lingua
rustica* (Grégoire de Tours) et le concile de Tours, *rustica
romana*. Un évêque de cette ville, Monmolin, se servait de
cette langue dans ses homélies (665), se conformant aussi,
comme les autres évêques, aux ordres des conciles de Rheims
et de Tours, tenus en 813. Enfin, tandis qu'un capitulaire
de Charlemagne ordonnait que l'Ecriture Sainte serait expliquée dans cette langue, et qu'elle serait traduite dans
cette langue, puisque le peuple n'en connaissait pas d'au-

(1) La Presse du 12 août 18...

tres, d'un autre côté, il là minait, l'enlaidissait et tendait à
la détruire, d'abord en y mêlant des expressions teutoni-
ques, ensuite en vulgarisant le latin dans les écoles ! Alors
passèrent surtout dans cette langue tous ces mots latins,
mais dénationalisés par le génie linguistique, à racine celtique, *parce detortâ*, de nos premiers vainqueurs. Alors, déjà
les actes des tabellions, rédigés en latin, étaient forcément
expliqués et traduits aux parties contractantes, qui voulaient
connaître ce qu'elles signaient. Le célèbre serment de Louis-le-
Germanique et celui des Français soumis à Charles-le-Chauve,
donnent une idée de l'état de cette langue en 842. Le traité
de Coblentz était également écrit en *lingua gallicana*, *rus-*
tica, *romana*, et l'ancienne collection d'actes, de chartes,
d'histoires, de légendes, de statuts, de pièces, etc., qui
nous restent et qui remontent au xe siècle, nous permettent de suivre les progrès de chacun des dialectes néo-latins
dans lesquels ils sont écrit. De ces dialectes sont sortis l'italien, l'espagnol, le portugais, le français et les dialectes
innombrables de ces mêmes langues.

A cette époque, le Morvand n'était habité que sur quelques points, qu'au défaut de toute tradition écrite l'idio-
mographie révèle parfaitement; mais lorsque les irruptions
successives des barbares eurent refoulé dans ces épaisses forêts une partie des populations qui avoisinent leurs circon-
férences, chacune d'elles portèrent au sein du Morvand
leurs différents dialectes que l'on retrouve encore intacts,
pour ainsi dire, grâce à l'extrème difficulté des abords de ce
pays jusqu'à nos jours. Ainsi, on y retrouve tour-à-tour
le Bourguignon, l'Autunois; mais le fond est le même,
c'est à-dire celtique, parce que les indigènes soumis restent
les plantes du sol conquis, et ne reçoivent des vainqueurs
que quelques expressions qui échappent ainsi à l'extinction
de la leur, pour témoigner d'un fait que l'histoire pourrait
oublier. Ainsi, ce sont surtout les Bourguignons, dans la
Burgondie et les provinces limitrophes, les Lombards et
les Normands, dans la Normandie, qui perdirent leur langue sur le sol des Gaules, en y laissant toutefois quelques
traces phonétiques de leur existence.

Notre savant Villoison, à la fin de sa préface sur Homere,
dit que le lieu où il existe le plus de traces de l'ancien

grec, des formes et du mâle accent dorique, est le canton
de *Mania*, fort redouté des voyageurs. Comme ses habitans
n'écrivaient pas, n'avaient aucune relation de voisinage,
qu'ils ne parlaient que d'une manière assez fugitive avec
ceux qu'ils détroussaient, ils avaient traditionnellement
conservé intactes les formes de l'ancienne langue, et la curiosité philologique profita aussi de leur savante barbarie.
Il en est de même du Morvand : ses habitans, cantonnés
dans ces montagnes, dans ces forêts, n'ayant qu'une route
d'Auxerre à Autun, presque jusqu'à nos jours, le peuple a
dû conserver forcément cette langue proscrite depuis des
siècles, dans la partie centrale du royaume : c'est donc là qu'il
faut venir étudier quel dialecte néo-latin parlaient les sujets
de Charlemagne et de Pepin, avant que les rois eussent donné
naissance à la langue teutonique des Trouvères. C'est si vrai
que Raynouard n'hésite point à déclarer que le plus ancien
monument de la langue romane, parlée dans la France du
nord, appartient à la langue romane du midi. C'est cette
langue qui existait dans les contrées dès le vine siècle. Saint
Germain, évêque de Paris, étant mort, plusieurs miracles
s'opérèrent sur son tombeau ; mais il en est un surtout qui
nous appartient ; il concerne un sourd-muet qui, ayant tou-
ché la chasse, fut soudainement doué de la parole, et non
seulement parla *la langue vulgaire*, *mais encore le latin* et
devint clerc. Les prêtres, eux-mêmes, n'entendirent pas toujours leur sainte mission de destruction et de réédification ;
ainsi, par exemple, l'évêque d'Hippone se plaint de ce que
les chrétiens d'Afrique gâtaient le latin, et qu'il était obligé
d'employer souvent des locutions barbares pour se faire
goûter des mariniers. Voilà ce qu'avait produit, sur ce génie, l'étude de Cicéron et de Virgile. Il ne voyait plus, dans
son aveuglement, qu'il avait mission d'étouffer la langue
payenne, qui représentait un culte et une civilisation qui
n'existaient plus. Les rhéteurs latins comprenaient bien cette
mission, aussi était-ce précisément l'arme dont ils se servaient pour combattre le christianisme ; et Arnobe, plus
pénétré du rôle qui lui était assigné par l'éternel, leur ré-
pondait, en dédaignant leurs scrupules, qu'en effet le christianisme devait changer la langue, comme tout le reste.

Accueillez donc avec empressement, messieurs, les beaux

travaux de M. de la Villemarqué, afin que nos descendants
ne puissent point dire avec Cicéron, parlant des chants populaires dans les festins pour les grands hommes : *utinam
extarent illa carmina !* Accueillez ceux de tous les hommes
utiles et laborieux qui, dans nos provinces, marcheront sur
ses traces, par respect au moins pour les origines de notre
langue, car ces dialectes néo-celtiques de la France, que
vous avez repoussés, et connus sous l'antique dénomination
de langue brezounencq ou de bas-breton, est l'idiôme de
1,100,000 français, sur les 1,556,790 habitants d'origine gauloise pure qui composent la population du Morbihan, du
Finistère et des Côtes-du-Nord, (Guingamp Lanion et
partie des arrondissements de Loudéac et de Saint-Brieuc).
Ses affinités intimes avec le gaélique d'Irlande et l'idiôme
erse de la Haute-Ecosse sont beaucoup plus remarquables,
beaucoup plus incontestables et claires qu'avec le cymraeg
du pays de Galles. Enfin, ceux qui les parlent, sont appelés
Bretons Bretonnans, ce qui équivaut en quelque sorte à
Gaulois par excellence. Une foule de questions importantes
se rattachent à cette étude.

Jusqu'ici, messieurs, les savants indigènes paraissent
n'avoir admis dans les idiômes néo-celtiques de la France,
que quatre dialectes principaux : ceux de Léon et de Tréguier,
qui ont entre eux beaucoup de rapport; ceux de la Cornwaille
(Quimper-Corentin) et de Vannes, dont les différences avec
les deux autres sont si fortes, qu'un Léonais se ferait difficilement comprendre par les habitans de la Cornwaille, et
qu'on ne le comprendrait pas du tout dans le Morbihan. La
cause la plus puissante de cette dissemblance est surtout, ici
comme ailleurs, dans la prononciation, tandis que selon
M. Habasque, après un mois de fréquentation, il est facile
à un habitant de Léon ou de Tréguier de causer avec un
Vannetais.

La transition des dialectes néo-celtiques n'est point brus-
que : ici comme partout elle s'opère par une espèce de fusion insensible et progressive des deux langues, c'est-à-dire
que la langue d'oil, chassant toujours devant elle ses dialectes
ascendants, en prend bien la place sans doute ; mais comme
son omnipotence ne s'étend pas plus aux influences topiques
qu'aux constitutions humaines, elle impose souvent des mots

que le Breton revêt alors de son cachet particulier, c'est-à-dire de son antique prononciation. Ce qui s'opère ici a dû arriver au moyen âge, c'est-à-dire que partout où les dialectes celtiques s'effaçaient insensiblement ou reculaient devant la langue thioise, ceux-ci donnaient leur prononciation à ceux-là. La preuve en est dans le dialecte léonais qui ne renferme qu'un très-petit nombre de mots français bretonisés et dont la prononciation est douce et rarement gutturale. Les besoins nouveaux ont dû nécessairement introduire des expressions nouvelles dans ces idiômes antiques ; mais comme tous les dialectes de la langue d'Oil eux-mêmes, ils n'ont subi, après tout, d'autre altération que celle que leur imprimaient inévitablement l'habitude, le climat, la constitution vocale propres au pays. Ainsi, ils ont fait ordinairement longues certaines de leurs syllabes ou ont échangé leurs désinences, comme on le voit dans les mots *fusuil, sabren*, etc. Quant à la grammaire, elle n'a aucune analogie avec celles des Vasques ; elle est simple, peu compliquée, et les règles y sont en petit nombre. Tous les substantifs sont du genre masculin, les adjectifs sont invariables, et il suffit de connaitre la première personne de chaque temps des verbes pour savoir toutes les autres, puisqu'elles sont les mêmes au singulier et au pluriel. Elles n'ont en effet d'autres différences que la variation du prénom personnel. Certainement si ces dialectes vulgaires venaient directement de la langue latine, comme on le dit encore tous les jours, la langue française n'aurait pas ce point si important de ressemblance avec les dialectes qui émanent directement de la même souche qu'elle-même. C'est peut-être en effet une des plus fortes preuves de la conversion successive et immédiate des dialectes celtiques de la France en tous nos dialectes modernes, qu'eux-mêmes finirent par donner naissance à la langue française, concurremment avec la langue théotisque.

L'orthographe de la langue bretonne est à peu près comme celle de toutes les nations qui n'ont point été maniées par ce qu'on nomme les savants, classe de gens fort dangereuse pour les idiômes, qu'ils ne font que gâter. Les monuments littéraires qui subsistent se transmettent par la mémoire et la tradition, système de conservation plus infidèle et plus

chanceux à coup-sûr que l'impression. La littérature antique
est presque nulle, et si nous voulons la connaître, c'est en
Angleterre qu'il faut aller chercher ces trésors intellectuels
propres aux deux nations et que nous n'avons pas su conserver (1). Quoique pauvre, ces dialectes nationaux n'en
ont pas moins de la force, de l'énergie et souvent de la
grâce et de la douceur. Ils ont tous des tournures, des locutions ravissantes de fraîcheur, ou qui ne manquent ni d'ap-
prêt, ni de grâce, ni d'originalité. Les paysans disent encore en
se parlant : *au désir de vous revoir* ; *au regret de vous quitter* ;
et quand le ciel est beau : *il est doux de vivre aujourd'hui*
(E bad è beva hirio), etc. Ces dialectes ont conservé en
outre les articulations gutturales antiques, fortement aspirées que l'on ne trouve plus que là, telles sont celles du *ch*
surtout, précédé de quelque voyelle. Les paysans les parlent en général avec une grande pureté, c'est-à-dire avec le
plus grand respect pour les mots et les règles qui les unissent,
qui les enchaînent. Ils emploient toujours le mot propre,
se moquent des habitans des villes qui ne sont pas aussi sévères et dont l'influence du français leur donne de mauvaises
locutions ou bien une prononciation non moins vicieuse.
Ainsi, par exemple, la chemise de l'homme a un nom différent de celle de la femme. Le citadin qui l'ignore emploie
indistinctement l'une ou l'autre expression et presque toujours mal à propos; en sorte qu'il donne à rire au paysan.

Quelques fragments de la littérature celtique du moyen-
âge, voilà tout ce que nous possédons des richesses intellectuelles galliques. Des ballades historiques, des lois, des
fabliaux, des romans de chevalerie, existèrent dans ces dialectes ; mais les plus anciens que l'imprimerie ait conservé,
sont une vie *de saint Guignolé*, un petit drame intitulé : *La
prise de Jérusalem par Titus* ; et une petite comédie intitulée : *Les Amourettes du vieillard*. Ainsi, M. de la Villemarqué
a rendu un service immense à l'histoire littéraire de la
France, de même qu'à la philologie, en réunissant tous ces
chants précieux, confiés jusqu'à nos jours à la mémoire vi-

(1) Pierquin de Gembloux, Histoire Monétaire et Philologique du
Berri.

20

race des Bretons. Il élève ainsi un monument qui manquait
à notre littérature , et que nous avons si justement envié à
l'Angleterre , à l'Espagne , etc. La littérature moderne est
moins riche, peut-être , que celle-ci. Elle n'offre guéres , en
effet , que des ouvrages ascétiques , des cantiques surtout
qui ne manquent ni de grâce , ni d'élévation , où la beauté
des images se joint à la richesse de l'expression. Il existe
bien , par exemple , un petit poëme (*Michel Morin*), plein
de verve et d'originalité , un roman des Quatre fils Aymon ;
mais la partie la plus opulente et la plus brillante est la
chanson, que l'on devrait bien réunir aussi et imprimer
avant qu'elle ne se perde. Le chant populaire de *an ini coz*
est le ranz des vaches des Bretons expatriés, et un temps
viendra , sans doute, où on le regrettera vainement, comme
la chanson de Rolland, si long-temps désirée , et tant d'autres, perdues à jamais. Ces dialectes eux-mêmes se perdront
aussi avant plusieurs siècles. Avant la révolution de 1789, il
y avait tout au plus trois ou quatre personnes dans chaque
paroisse de la Bretagne, sachant le français. Aujourd'hui ,
il n'y a point de cultivateur un peu aisé dont le fils ne le
comprenne et ne le parle. Autrefois les domestiques ne connaissaient que le brezouneuq, aujourd'hui, tous parlent
un mauvais français qui parait ne se former chez eux que
par une articulation particulière et différente des mots bretons. Telle est la langue qui résultera de la proscription des
dialectes néo-celtiques, et ce n'est même point là le seul inconvénient de cette mesure, dont je ne vois absolument aucun des avantages.

L'intime affinité des dialectes celtiques avec le sanscrit , si
bien démontrée par MM. Pictet (1) , Eichoff , etc., était sans
doute une cause de respect, mais je comprends que le pouvoir s'intéresse moins à cette pieuse relique de la science
philologique, qu'il porte peu d'intérêt aux Bretons qui s'oc-
cuperaient des recherches de cette nature ; mais il n'en est

---

(1) Il est difficile de s'expliquer comment , pour un travail de ce
genre , M. Pictet n'a point étudié ces précieux dialectes sur place
et surtout comment, avant de l'entreprendre , il n'a même pas
connu notre dom Pelletier !

certainement pas de même lorsqu'il s'agira de faciliter les
moyens de relation entre les indigènes et les étrangers. Les
dialectes Bas-Bretons peuvent faire, pour ainsi dire, le tour
du monde, et comprendre une bonne partie des mots et des
phrases, pour le moins, de toutes les nations. Nous en avons
plus d'une preuve, quant au nouveau monde (1). Dans notre *Histoire monétaire et philologique du Berri*, nous avons
cité un très-grand nombre de faits tendant à prouver combien la langue celtique et ses nombreux dialectes étaient répandus sur la surface du globe, nous aurions pu les multiplier encore; on en peut voir d'autres exemples dans l'archéologie britannique (1808, p. 119); dans l'*Ancienne
histoire d'Irlande*, par le colonel Wallencey ; dans les *Recherches historiques sur la Bretagne*, par Maudet de Penhouet
(p. 13); dans l'*Histoire de la langue des Gaulois*, par Miorcec
de Kerdanet, etc. Enfin, tout récemment, M. des Varannes,
ancien sous-préfet de Bayonne, m'a raconté qu'ayant à sa
table le célèbre docteur Bowring et plusieurs basques, ceux-
ci furent très-bien compris par le docteur anglais, et M. de
Freulleville, ancien préfet de l'Indre, m'en a dit autant des
Ecossais. Enfin, dans le congrès qui eut lieu en octobre
1838, dans le comté de Galles, et auquel furent conviés les
Bretons de l'Armorique, un Breton bretonnant chanta un
hymne de bienvenue, qui fut compris et salué par une foule
en délire, soulevée toute entière, comme par un effet élec-
trique, aux accents d'une voix qu'ils reconnaissaient après
plus de 1300 ans ! Deux éditions successives de ce chant ont été
tirées à plusieurs milliers d'exemplaires, et répandus dans
le pays, où il se chante encore en ce moment.

Enfin, je terminerai cet article, non pas en rappelant que
dans ces dialectes aussi sont une foule de mots appartenant
à la langue zend, parlée jadis aux confins de la Perse, ainsi
que les racines de la langue nationale que l'on ne peut
trouver que là, parce que personne n'en doute maintenant;

(1) Lebrigant, obs. fondam. sur les Langues Anciennes et Modernes, in-4, Paris 1787, p. 11. — Histoire Naturelle et Morale
des îles Antilles de l'Amérique, in-4, Rotterdam, Arnould Liers,
1658, p. 350 à 394, etc.

mais en proclamant une vérité dont tous les numismates sont
loin de se douter. C'est que si l'on peut jamais rendre aux médailles gauloises toute leur importance , sous le rapport historique , ce ne sera qu'en interprétant leurs légendes alphabétiques ou hiéroglyphiques avec le secours des dialectes celtiques de nos contrées.

C'est dans l'ignorance de cette loi absolue qu'il faut chercher à la fois la cause de l'insuccès de tant d'efforts synergi-
ques des numismates nationaux et les billevesées débitées jusqu'à ce jour par les hellénistes et les latinistes, sur la numismatique nationale anté-historique. Ils ont tous procédé
comme s'ils étaient convaincus que les médailles gauloises
appartenaient aux mêmes idées, et, qui plus est, aux mêmes
langues que les médailles roma nes ou grecques. Malheureusement en fait de numismatique gauloise, on ne peut encore accuser aucun antiquaire d'être celtomane, et j'appelle
de tous mes vœux l'époque où les ignorants pourront jetter
cette injure en récompense de travaux indispensables à l'histoire de la patrie. L'assertion d'Abel Rémusat est si profondément vraie, qu'il n'existe pas un peuple dont nous ayons
une histoire complète , sans en connaître la langue , tandis
que tous les peuples dont nous désirons encore les annales ,
sont précisément ceux dont nous ignorons les idiomes (1).
Or, comme la paléographie et la numismatique nous offrent,
par-ci par-là , quelques légendes gauloises, et que les dialectes néo-celtiques ne sont point encore éteints , viennent les
celtomanes , et nous pourrons arracher aux impénétrables
ténèbres de l'antiquité quelques lambeaux de l'histoire ancienne. C'est là précisément ce qui fait qu'un paysan bas-
breton pourrait être beaucoup plus fort en numismatique
gauloise , que tous les antiquaires réunis. Voilà un nouveau
motif pour accueillir les belles recherches de M. de la Villemarqué. Dans tous les cas, il n'y a guère au monde que M. de
la Saussaie qui puisse mettre de l'opiniâtreté à rester Grec ou
Romain, lorsqu'il s'occupe d'antiquités celtiques , et qui
puisse être assez hardi pour aborder la numismatique gauloise , sans se douter de la nécessité de connaître au moins

---

1) Recherches sur les Langues Tartares , t. 1 , p. 9.

la langue, les mœurs, les sciences, etc., des Gaulois, qui puisse même professer une plaisante hilarité contre la celtomanie. Il me paraît impossible en effet de rester Grec ou Romain, lorsqu'on s'occupe exclusivement des Celtes, mais je crois qu'il pousserait son imperturbable science jusqu'à traiter d'un ton tout aussi magistral les antiquités égyptiennes, mexicaines, chinoises, etc. ; et l'épithète de celtomane, que les ignorants des XVIIIe et XIXe siècles donnent aux hommes qui chérissent leur patrie et leurs ayeux, n'empêchera point le savant laborieux d'arriver à ce précieux résultat, parce qu'*il m'a paru*, comme le dit fort bien Abel Rémusat, *qu'en aucun cas* nous ne pouvions juger une nation, critiquer ses traditions, rechercher son histoire, si nous ne savions sa langue, ou si d'autres ne l'avaient sue avant nous (1). Sous tous ces points de vue, je voudrais donc acquérir un jour assez de science pour mériter l'épithète si honorable de celtomane.

Les peuples sement leurs mots, dans leurs courses guerrières ou commerciales, et quelquefois même les déposent sur des villes. On a cru voir encore par exemple des mots latins dans le binôme de Fontarabie (Fons Rabidus), parce que la Bidassoa en arrose les plaines ; mais un hameau de la Charente-Inférieure porte le même nom. Nul doute que cette dénomination ne soit due à ces courses,

> Que font les destriers arabis.

> (Roman de la guerre de Troye.

En venant de Bordeaux, par Saintes, vers Tours, les Sarrazins durent passer dans ce hameau de la Charente-Inférieure ; là, dans ce désert de sable, à une distance égale pour ainsi dire des points où la Charente et la Dordogne deviennent navigables, durent camper ces guerriers mahométans, et les indigènes conservèrent leur nom à la fontaine où ils se désaltérèrent. La même chose dut arriver à

(1) Pierquin de Gembloux, Essai de Paléographie Celtique.

la fontaine des Sarrasins, près de Mus, aux environs d'A-
lais (Gard). Il en fut de même pour tous nos vainqueurs.

C'est ainsi que les Wisigoths doivent avoir aussi laissé
quelques traces phonétiques de leur séjour séculaire dans
cette partie des Gaules. Il serait curieux de rechercher si
les suivants ne sont pas communs à la langue d'Auteugne,
comme aux dialectes romans du midi :

Ahma, esprit.

Azets, facile, aisé.

Auk, particule affirmative.

Bcidan, attendre, tarder par
extension.

Drut, (Autun), chéri, aimé.

Galha, gras, vigoureux.

Graitan, pleurer.

Hugjau, croire, par extension
penser.

Kiusan, choisir.

Land, terre, pays.

Laus, lause, pierre.

Maurnan, être triste, avoir
du souci.

Mis, mal.

Trigwa, trève, alliance.

Wairpan, jeter, quitter, etc.

La langue thioise enfin est si peu le produit de la dégéné-
ration de la langue latine que ceux de nos patois qui ont le
plus de ressemblance avec le latin contiennent un grand
nombre de mots celtiques alors même que la domination romaine fut plus longue et plus puissante dans les contrées où
on les parle (1). La dissemblance actuelle de nos dialectes
n'est qu'apparente; elle n'exclut absolument en rien leur communauté d'origine. Je ne dis pas que trois ou quatre siècles
de domination romaine ont été sans la moindre action sur
eux. Je me borne à soutenir que nos patois ne viennent pas
plus du latin que le Français; mais j'avouerai que dans les
contrées gauloises, où ce joug pesa le plus long-temps, les
mots celtiques purent revêtir des formes romaines qui ne
prouvent absolument rien contre la justesse de nos asser-

(1) Dom Bullet a démontré qu'il y avait autant et plus même de
gaulois que de latin dans le serment de 842, t. 1, p. 25.

tions. Ainsi, par exemple, tous les patois de la Provincía.
de la Lugdunaise et de la Narbonaise offrent encore des
mots bien évidemment celtiques, que l'on ne retrouve
même point dans le latin. Je pourrais multiplier à l'infini les
preuves de ce fait, mais je me bornerai à quelques exemples
qui auront d'autant plus de poids, dans la question, que M.
Mary-Lafon et mon savant ami Legonidec ont pris la peine
de les vérifier. Ainsi, l'on retrouve le bas-breton ou mieux
le celte dant le Quercy. Que sont donc les mots suivans, si
ce ne sont ceux d'un dialecte néo-celtique, semblable à celui
de l'Armorique ?

Afa. — Baiser.

Ask. — Entaille.

Baled. — Auvent.

Braga. — Se divertir.

Bren. — Son.

Broust. — Hallier.

Bruk. — Bruyère.

Kafuner. — Couvre-feu, en
cuivre.

Kanel. — Bobine.

Kousin. — Coin du feu.

Klisked. — Loquet.

Dibuner. — Devidoir.

Disk. — Corbeille.

Distaga. — Détacher.

Fars. — Pâte de farine de
sarrasin.

Founil. — Entonnoir.

Hesk. — Glaïeul.

Lezen. — Lisière.

Masèhad. — Marché.

Nozelen. — Excroissance,
nœud.

Picher. — Pot à boire.

Plek. — Pli.

Riot. — Querelle.

Solier. Galetas, etc.

En voilà assez sans doute sur une question qui, résolue
ainsi, doit vous engager, Messieurs, à accorder votre patronage aux recherches qui tendraient à éclairer le berceau
de la langue d'Oïl, dont les monuments ont seuls, jusqu'à ce
jour, fixé toute votre sollicitude. Nous n'accumulerons point
d'autres preuves pour démontrer que nos patois portent une
égale lumière aux langues exotiques, mortes ou vivantes.
Passons maintenant à l'examen d'un autre point de vue de la

vaste question que nous ne faisons qu'indiquer, dans les étroites limites qui la resserrent.

Croit-on que les différents patois néo-celtiques n'ont pas eu toujours plus d'influence sur la langue française que les idiômes exotiques auxquels on se plait à la rapporter, non-seulement quant à son origine, mais encore quant à ses progrès, à ses perfectionnements, condition inévitable à laquelle elle dut se soumettre pour légitimer sa suprématie sur les autres patois, dont elle fut long-temps l'inférieure, puis l'égale? La plupart de nos classiques n'ont-ils pas vu leurs longues années d'enfance couronnées, embellies par le doux murmure de quelque patois? Depuis Corneille, par exemple, *in* et *im* se prononcent différemment dans la plupart des circonstances initiales. Veut-on savoir à quoi tient ce changement si important, sous le rapport de l'euphonie? A ce que ce grand tragique avait été borné aux sons du patois normand, comme le lui reproche, précisément à ce propos, son compatriote le maitre de Faville. Voilà sans doute un résultat avantageux, mais je suis loin de convertir ce fait en règle générale. Je suis loin de dire même que ce procédé d'amélioration ne peut avoir de graves inconvénients, quant au goût de certaines personnes beaucoup moins haut placés sous le rapport intellectuel; mais le bon sens ou le génie national qui seul composa cette langue, sous la direction et l'inspiration du christianisme, n'est-il pas toujours là pour repousser toute innovation, qui ne serait point en harmonie avec son génie particulier? N'est-ce pas encore à nos patois que la sévérité de la langue française doit de pouvoir écrire grand'rue, grand'messe, grand'mère, etc., tandis que selon ses propres règles, il ne faudrait, dans aucun cas, remplacer par un apostrophe la désinence qui marque le genre de substantifs qui suivent l'adjectif? Elle a été forcée, par l'amour du peuple pour l'euphonie, d'emprunter cette amélioration aux patois de Cadenet, de Laurès, de Lourmarin, de Mons, d'Escargnole, de la Réole, de Bourges, etc., quoiqu'elle ne fut pas du tout dans le génie de la langue thioise. Charles VIII ayant accordé la grâce au duc d'Orléans, alla au-devant de lui, et ajoute Jean de Saint-Gelais : *le roi ne savait quelle chère lui faire.* Brantome dit aussi que la troisième femme de Louis XII ne savait quelle

chère faire au prince François d'Angoulême, etc. Cette
expression se rencontre dans la plupart de nos vieux historiens ou poètes en langue vulgaire : ils la reçurent bien
évidemment de nos patois, témoin ce passage de Folquet de
Marseille :

> Glorios Dieus , per ta merce ,
> Dressa ta cara davan me.

Dans tous les cas , il est fort difficile de s'expliquer pourquoi l'académie écrit ce mot par la diphthongue *ai*, tandis
qu'elle met *e* dans l'adjectif *cher* , ainsi que dans le nom de
rivière. Je ne sais pas si je me trompe, mais je crois que
peu de français comprendront cette phrase s'ils ne savent
pas que le limousin *tsaro* ou *caro* équivaut à notre expression de bon accueil, bonne mine , etc.

Cette science de la valeur des mots, que l'on nomme étymologie , est la plus importante pour celui qui émet ses idées
par la parole ou l'écriture ; elle seule peut lui épargner de
bien ridicules bévues. La science étymologique ne se borne
pas à la philologie ; il faut encore des connaissances bien
plus étendues, dans l'histoire des peuples et des sciences. La
philologie seule ne saurait accomplir un dictionnaire étymologique. En effet, où trouvera-t-il l'origine des mots *Man-
sarde*, *Assassin*, *Caillette*, etc., si l'histoire de la peinture,
si l'histoire des Croisades, si celle de l'intérieur de la cour
de nos rois ne viennent également à son secours ? Pour
connaître fort peu de chose, il faut savoir beaucoup.
M. Charles Nodier dit à ce sujet : nous avons toujours
été très-malheureux dans les acceptions de certains mots ,
depuis les boulingrins *verds* et les rosbifs de *mouton*,
que nous a reprochés Voltaire, jusqu'au panorama
universel, et je citerais bien d'autres exemples si je ne
craignais d'exciter *la guerre polémique* , dont parlait der-
nièrement un journaliste extrêmement spirituel des *Débats*.
On peut en général établir que tout homme qui se sert d'un
mot grec francisé est digne d'aller admirer les *feux pyriques*
de Séraphin (1). Mais que dira-t-on d'un professeur de latin

(1) Notions Élémentaires de Linguistique , p. 221.

et de grec qui ne sait pas mieux le français et qui écrit : je m'occupe *laborieusement de travaux* considérables, la *belle Vénus*, l'empire *presque* universel *en Europe* de la langue française, les mesures métriques de M. Saygey et de certaines circulaires, l'assez satisfaisant de quelques écrivains recherchés, le grand Charlemagne, etc.

Ainsi, par exemple, c'est le franc-comtois d'Olivet qui décida à lui seul, contre toute l'académie, que dorénavant les Français seraient tenus de dire : *entre quatres yeux*, sous peine de faire une faute. Le peuple a tenu bon, et l'arrêt a été rapporté, en sorte que *quatre* reste indéclinable, tandis que *onze* reste aspiré, quoiqu'aucun signe ne précède la première voyelle de ce mot. C'est encore le même grammairien qui décida que *Touffeur* aurait le droit de naturalisation ; et malgré cette autorité, je crois qu'il est peu de Français qui connaissent ce mot ; expressions ou locutions barbares qui n'ont jamais appartenu, je ne dirai pas à la langue nationale, mais même à aucun de nos patois.

On pourrait peut-être s'autoriser de ces défauts pour continuer à proscrire l'usage et l'étude des patois, si l'exemple des hommes illustres qui se pressent en foule sous ma plume ne prouvait que les patois, au lieu de gâter la langue thioise, ne peuvent que l'enrichir et l'embellir. Parmi ceux-là nous citerons Scaliger, Gassendi, le P. Colonia, le P. Vanière, Court de Gebelin, Bergier, Mirabeau, Esmenard, Brueys, l'auteur des deux Figaro et d'un recueil de fables, Buffon, Cuvier, Daru, Chaptal, Domergue, Cazotte, Clément de Dijon, Larcher, Bossuet, Crebillon, Lamartine, Champollion-Figeac, Dumarsais, Barthe, Gresset, Portalis, l'auteur des Templiers, le marquis François de Villeneuve, Boissy-d'Anglas, Rabaud-St.-Etienne, Florian, Rivarol, Barthélemy, Lantier, Cousinery, Dorange, Maury, le P. Bridaine, de Bausset, Désaugiers, Desmichels, Gosse, Teste, Pastoret, Guizot, Thiers, etc. ; Mmes Bourdic-Viot, Verdier-Allut, de Meulan-Guizot, etc. ; tandis que Vauvenargues, La Fontaine, etc. qui ignoraient le latin, savaient très-bien le patois. A ce sujet, Voltaire écrivait au premier : Ma surprise a été d'abord extrême de voir qu'un homme de votre mérite, dans les lettres, ait pu y parvenir sans savoir le latin ; mais un instant après, j'ai fait réflexion qu'Homère ne le savait pas non plus.

Si la langue ou le style de ces célébrités si différentes avaient été souillés par des mots ou des dialectismes, je comprendrais que l'on proscrivit l'usage des patois; mais ce danger n'est point à craindre de la part des écrivains. Je n'en dirai pas autant quant à ceux qui ignorent nos patois et qui par conséquent restent étrangers au véritable génie de la langue nationale, qui en est dérivée. En effet, si les auteurs, par trop puristes, de nos vocabulaires et du dictionnaire officiel, les avaient étudiés, ils ne se seraient certainement point décidé à adopter des expressions étrangères à la physionomie uniforme de la langue thioise, tels que *Aubours* et *Aurillas* (Wailly), *Caristade* (Académie), *Faucheux*, *Hillot*, *Hodé*, *Inficier*, *Lisarde ou Lysarde*, *Maflé*, *Mirander*, *Frime*, *Frimousse*, *Puy*, *Sublet*, *Tourmentine*, *Traitor*, *Tredam*, *Zambrelouque*, et tant d'autres encore qu'il serait trop long de transcrire, que personne ne prononce en France, qui n'appartinrent jamais à la langue thioise ou dont elle s'est fort heureusement dégagée, car on ne les rencontre dans aucun écrivain classique. Voilà un échantillon de ce que la langue française doit aux savants. Il en est d'autres encore que je pourrais citer en très-grand nombre : ainsi, par exemple, Furetière regrettait avec raison l'expression *d'orgueil*, donnée par les ouvriers à l'appui qui fait dresser la tête du levier. Les savants préférèrent celui *d'hypomoclion*, que pas un français ne connaît. Toutes les fois qu'il s'agira de la création des mots, répétons avec Varron: *Populus in sud potestate, singuli in illius* : et convenons que la langue française aurait beaucoup acquis si le midi lui avait envoyé plusieurs rois comme Henri IV, car à cette époque, ainsi que le dit Balzac, Malherbe n'était pas encore venu dégasconner la Cour.

Que dirons-nous de l'expression de *numismatiste* que M. de la Saussaie tend, bon gré mal gré, à introduire dans la langue, pour y remplacer celle bien plus euphonique de numismate, qui a d'ailleurs l'avantage d'être plus court, plus élégant et généralement connu? Sans doute, comme l'a dit Daru, dans sa Cléopédie:

Si vous n'inventez rien, faites des mots nouveaux.

mais faites-les bien; qu'ils soient dans le génie de notre langue et d'après les règles de la philosophie et de l'histoire de nos idiômes. Les mots nouveaux, ensuite, ne doivent jamais être que la conséquence d'idées ou nouvelles ou mal exprimées. Le néologisme n'est un droit, dont on peut user, qu'autant que l'étiquette manque à la chose et qu'elle est en harmonie avec l'ensemble des mots qui composent la langue: or celui-ci n'est dans aucune de ces conditions. Jusqu'ici, pas un antiquaire qui ne se soit servi du mot numismate et qui ne l'ait bien compris. Il n'y a pas de doute pourtant que dès le moment qu'il y a eu deux sciences ou deux peuples portant le même nom, il a bien fallu faire varier la désinence qui terminait les mêmes radicaux. C'était le seul moyen d'éviter toute confusion, et dans une langue aussi claire que la nôtre, il fallait marquer aussi ces deux nuances.

C'était donc un impérieux besoin que de créer l'adjectif *Barbaresque* alors que nous avions celui de *Barbare*, ayant tous deux un substantif homophone et homographe. La même nécessité a voulu que l'on créât aussi les adjectifs diplomate et diplomatiste, pour représenter ceux qui s'occupent de diplomatie et de diplomatique. Mais quelle est l'utilité d'exclure de la langue, de proscrire un mot bien fait et reçu, pour le remplacer par un autre qui n'en diffère que par une désinence barbare? La même raison qui porterait à admettre cette innovation, qui n'a pour elle aucune espèce d'avantage, devrait également faire prévaloir l'expression de *linguististe* au lieu de *linguiste*, quoique venant de *linguistique*, etc. Ces allongements de mots, consacrés d'habitude aux diminutifs, ne sont bons encore, chez nous comme dans la plupart des langues néo-celtiques, qu'alors qu'ils sont nécessaires à la clarté des idées; ainsi, les Allemands, pour ne pas confondre les Gottisch (Goths), avec les habitans de Gotha, ont bien été forcés de désigner ces derniers sous le nom de Gottanisch, etc. Enfin, il eût été bien plus raisonnable et plus logique de dire numismaticien.

Nous avons cité quelques exemples de mots barbares que la langue française repousse, ou qui n'auraient point dû figurer dans ses dictionnaires. Nous convenons pourtant qu'un très-grand nombre d'expressions manque à une foule d'idées, et que par conséquent il faudrait suppléer à cette privation. Mais où prendra-t-on ces mots? M. Morin, après Treppault, a fait un bon dictionnaire des mots français dérivés du grec; d'autres ont fait un dictionnaire des mots grecs que l'on devrait franciser, en sorte que le néologue peut facilement puiser dans ces différents travaux; mais, de bonne foi, est-ce bien là que l'on peut aller chercher les mots dont la langue manque réellement? Je ne crois pas. Comme l'a dit M. Charles Nodier, il n'y a point de signe plus certain de décadence pour une langue, que la production des mots nouveaux, formés d'une langue antique, et dont la construction manque d'analogie dans la langue même où ils sont introduits. C'est le renouvellement le plus manifeste du phénomène de la confusion primitive. La parole n'a plus dèslors, dans l'esprit des masses, qu'une valeur de convention, un sens vide et sans réalité. Je conçois très-bien que les anciens aient appelé *Panthéon* un temple où étaient adorés tous les Dieux, parce que cette expression était très-explicite dans les radicaux du mot *Panthéon*. Qu'est-ce que cela signifie chez nous, où l'on reconnait à peine un Dieu, quand on daigne reconnaître quelque chose au-dessus de l'humanité? Ces rois de l'opinion qu'une révolution fait passer du *Panthéon* aux égoûts, sont-ils des Dieux? (1) Si par le fait on ne peut pas raisonnablement dénommer une chose connue par des mots incompréhensibles à ceux qui doivent s'en servir, il est bien évident que les mots de la langue française ne doivent point venir du Grec. Nous en dirons tout autant de ceux que l'on emprunterait à la langue romaine, qui ne fut jamais comprise de la nation. Toutes ces langues étrangères une fois repoussées, se privera-t-on de désigner les choses nouvelles ou innommées, par des expressions nouvelles? Non, certes, mais pour être conséquent avec les lois de la formation de toutes les langues, vous vous asservirez à suivre exactement celles qui présidèrent à la création de la langue française. En d'autres termes, comme elle s'est faite par l'adjonction, le mélange des différents patois de France, c'est à ces mêmes idiômes qu'il faudra demander les richesses supplémentaires qu'ils possèdent, et dont vous avez besoin;

1) Notions de Linguistique, pag. 219 et seq.

et j'affirme d'avance que vous n'aurez pas plus à vous en plaindre que la langue théotisque elle-même. A ces avantages, joignez celui d'être assuré qu'en naissant votre mot sera français et entendu par tout le monde, puisqu'il avait déjà une valeur idéologique dans l'une de nos langues. C'est cette marche qu'ont suivie tous les hommes qui eurent l'avantage d'employer des mots que la langue a acceptés, soit en France, soit chez les autres nations parlant un dialecte néo-celtique. Parmi ceux que l'on pourrait immédiatement accepter, et qui se trouvent sous ma plume de fer, je citerais le verbe *dérocher*, emprunté tout naturellement aux patois des Alpes, par l'Académie et par Boiste, *esquicher*, *ahurir*, *aure*, *aigail*, *courtil*, *enlizer*, etc.

Si l'on veut juger, en effet, de quelle facilité le peuple est doué dans une science que les savants ignorent, en un mot, pour la création et la composition des langues, on n'a qu'à suivre avec attention les mots qu'il fabrique instantanément, pour mieux rendre sa pensée, dans une langue qui n'est pas l'instrument habituel de son intelligence ou de ses réflexions. Que l'on dise ensuite quel philosophe, quel savant, eût procédé avec plus de méthode, avec plus de bonheur, et refuserait raisonnablement ces *nova verba*. Le peuple, par exemple, dit *maladier*, et nous disons : être malade pendant long-temps. C'est une longue phrase qui ne vaut même pas ce mot. Pourquoi ne l'accepterions-nous pas ? N'avons-nous pas fait déjà plusieurs tentatives pour remplir cette lacune ? Qu'ont-elles produit ? L'expression de *fébriciter*, qui est toute latine, par conséquent nullement française, qui n'embrasse pas tous les cas de maladies, mais seulement l'action d'avoir les fièvres, qui est inintelligible pour la masse de la nation, et qui n'a point l'élégance de l'autre. Il n'est pas d'ailleurs puisé aux sources de la langue thioise. Pour mettre ici tout le monde d'accord, on pourrait accepter les deux expressions, puisqu'après tout elles ont une valeur différente. Ce serait une nouvelle aumône faite à cette gueuse couronnée, pour nous servir d'une expression de Voltaire. Est-ce qu'en toutes choses, ce n'est pas le peuple qui travaille pour l'opulence ou le luxe des grands ? N'a-t-elle pas accepté, tout récemment, le mot de *magnanerie*, *magnanière*, ou *magnauderie*, pour désigner l'atelier où filent les vers à soie, et cela, en refusant le nom patois sous lequel ces chenilles sont connues dans le midi, et qui est la racine de ceux-là ?

Un des motifs de la proscription des patois, c'est qu'ils gâtent, dit-on, la prononciation de la langue thioise, et qu'ils en altèrent l'orthographe. On pourrait répondre à cet objection que ceux qui ne savent rien ne risquent rien, et que ceux qui ignorent n'ont réellement pas grand chose à perdre. Mais il y a bien mieux à dire, c'est que les patois peuvent, au contraire, nous conduire encore à la véritable orthographe que nous autres savants nous estropions très-souvent avec une imperturbable assurance. Ainsi, nous n'hésitons nullement à écrire, par une voyelle initiale qui n'est nullement étymologique, l'adverbe *encore*, et nous supprimons la consonne finale étymologique des mots *sing*, *toque sing*, etc. Ainsi, jusqu'au grand Molière, qui aimait beaucoup nos patois, nos écrivains orthographiaient *cascagnettes* au lieu de *castagnettes*. Notre grand moraliste, qui avait long-temps habité le midi de la France et surtout Beziers, où l'on montre encore son fauteuil, savait très-bien l'étymologie de ce mot patois. On pourrait encore, par le même procédé, rectifier aussi l'orthographe d'*Ermailly* qui n'est point écrit ainsi dans le *Ranz des vaches*, et *jonchet* au lieu d'*onchet*, d'*orteil* au lieu d'*arteil*, de *kermoisi* au lieu de *cramoisi*, de *déciller* au lieu de *dessiller*, etc., d'*aiguayer* au lieu d'*égayer*, ou *égaïer*.

A propos de ce dernier mot, nous ne pouvons passer sous silence une autre faute légale de notre orthographe académique, et que relève encore l'étude des patois. Dans les contrées opposées de la France que la Loire sépare, on se sert de deux locutions proverbiales, ayant bien évidemment une commune origine, pour dire être couvert de sueur. Dans les différents patois de la langue d'oil on dit : *être en eau*; mais dans ceux de la langue d'oc, on traduit naturellement cette idée par les mêmes mots, c'est-à-dire : *estre en aïgué*. L'académie a bien accepté les deux locutions; mais comment croit-on qu'elle a écrit la dernière? *Être en nage*, *être tout en nage*. Qu'est-ce que cela veut dire ? Lorsque l'on sue, on n'est point en nage, ce qui n'est point français, mais tout au plus à la nage, si l'on excuse cette ridicule hyperbole. On *est en age*, si l'on veut, et cette orthographe vulgaire, dont pas un vocabuliste ne se doute, est évidemment la seule bonne, la seule véritable. Les savants ont encore été trompés ici par l'étymologie mal vue. En effet, tous les mots français qui emportent avec eux l'idée de l'eau, ne viennent pas, dans tous nos patois, du celte *awa* ou *agoua*, d'où le vieux français *age*, d'où le verbe *nager*, composé d'*agoua* et de *neh* au-dessus (1).

Ceux qui nous viennent des patois méridionaux, par exemple, ont assez généralement subi les désinences grecques, et les ont conservées en passant dans la langue nationale. Tel est *aix* dont ils ont fait *aigues*, que l'on retrouve dans *Aigues-mortes*, *Aigues-vives*, *Aigues-perses*, en imitant en cela les Hellènes, dont les noms terminés en χ se changent en η, γη, γη. Dès-lors, ils ont dû dire *aix*, *aigues*, *aiga*, *aige*, et enfin *age*, dont l'homographe ne vient pas du tout non plus d'*ætas*, d'*ævus*, ni d'*ævum*, comme on le dit journellement, mais bien du latin rustique, ou celto-latin, *eagium*. Dans ce dernier cas, la voyelle initiale, doit être surmontée d'un accent circonflexe, et c'est la seule différence qu'il puisse y avoir entre ces deux mots. Les Espagnols n'ont pas agi autrement. En conservant l'*I* au contraire dans *Aiguière*, *Aiguade*, etc., l'étymologie devenait douteuse, et ils n'avaient pas à craindre, ce qui est arrivé pourtant, que l'on confondit ce mot avec celui qui désigne les périodes de la vie, et que l'on écrivit tour-à-tour *Eage*, *Aage* et enfin *Age*. Les diverses modifications qu'il a subies, pour arriver jusqu'à nous, en sont la preuve. Ainsi, l'on trouve ce mot dans nos vieux poètes suivants :

Am que passa l'*aiga* del Var als pelegrins.

VIE DE SAINT-HONORAT.

E. l'*aigua* m'cor denan per mei lo vis.

BERNARD DE VENTADOUR.

Voilà bien l'idée et le mot qui, plus tard, s'écrivit ainsi chez les Trouvères, c'est-à-dire dans la langue d'oil :

(1) Dom Bullet, Dictionnaire Celtique, t. ii, pag. 22.

Ague perce dur chaillou.

TROUVÈRE ANONYME : *Après ai qu'en*, etc.

La grange de Clux et les appartenances, en bois, en terre, en *aigues*.

TITRE DE 1266.

Que le *G* ne s'articule plus durement et nous serons obligés de prononcer et d'écrire *Age*. C'est précisément ce qui
est arrivé. Il faut donc écrire ainsi ces deux homophones :
Je suis en âge de tester, et *je suis en age pour avoir trop couru;*
car le substantif féminin nage, avec lequel on a mal à propos confondu un autre substantif féminin, ne saurait jamais
avoir celle que lui donnent tous les vocabulistes, par irré-
flexion. Nage signifie exclusivement la manière particulières dont vogue une embarcation ; aussi l'on dit : un *canot
est en nage légère*, on *se jette à la nage*, on est à *nage-pataud*,
etc.; mais ce mot ne peut être admis dans l'expression que nous
relevons. Dailleurs, pour qu'il en fût autrement, il faudrait
qu'au lieu de *Soui én aigua*, les romans eussent dit : *Soui
én nada*, ce qui n'est jamais arrivé. En y réfléchissant un
peu, on s'aperçoit bientôt que c'eût été par trop absurde.
L'amour excessif de la nation pour l'euphonie est la
seule cause de cette faute d'orthographe ; en un mot,
c'est l'enfant illégitime d'une liaison dangereuse. Ce que
nous avons dit, sur cet objet, est si vrai, que l'on compte
jusqu'à seize villes maritimes de la Grèce dont les noms
commencent ainsi, de même qu'en Provence, par le mot
aig (eau), tandis qu'on n'en citerait pas une seule, dans ces
deux contrées, commençant par *nag*. Il en est de même du
mot *juillet*, quoique la raison et l'usage disent avec le peuple juliet ; mais l'académie n'est pas de cet avis, alors même
qu'elle écrit *julienne*. C'est ainsi que le peuple dit aussi *lai-
dron* et non pas *laideron*, etc.

Si dans ces exemples, pris au hasard, les vocabulistes se
sont beaucoup trop éloignés de la prononciation populaire,
il est de fait aussi que dans d'autres ils s'y sont également
par trop asservis. Telle est celle de *hangar*, dont l'aspiration
est toujours rude, quoiqu'ils en disent, et je crois qu'ici,
comme ailleurs,

22

La raison du plus fort est encor la meilleure.

Dans chaque province, en effet, c'est le peuple qui donne la véritable prononciation des mots celtes, grecs, latins et néo-latins, pour former notre langue grammaticale. Ainsi, nous avons accepté des Bourguignons les mots *chasser* (sagitare), que dans d'autres patois l'on prononce *sacher*. Il en est de même des mots *courge*, *gourde*, *gouvet*, etc, des Provençaux, ainsi que des locutions, *être en age*, *chanter pouille*, etc. On peut voir dans Roquefort, dans Raynouard, etc., combien de mots français n'ont pas d'autre source, et l'on pourrait même encore en augmenter considérablement le nombre, et cela doit être. Les patois, parlés bien antérieurement à toutes les langues couronnées, ont dû nécessairement fournir à celles-ci la majeure partie des mots qui les constituent, ainsi que les locutions diverses auxquelles, comme le dit Raynouard, sans la connaissance du roman, on ne peut assigner une origine certaine. Il y a plus encore, ajoute le même linguiste, des auteurs dont quelques-uns remontent au xive siècle, ayant non-seulement parlé des troubadours dans leurs ouvrages, mais encore ayant rapporté divers passages de ces poètes, il est de toute nécessité de se mettre en état d'apprécier l'importance et l'exactitude de ces citations. Quelques Italiens même ne s'étant pas bornés à les citer, et les ayant mis en scène, en les faisant passer dans leur propre langue, il importe essentiellement d'en acquérir une notion assez exacte pour pouvoir se rendre compte du mérite de ces compositions, et reconnaître jusqu'à quel point les copistes éditeurs et annotateurs les ont respectées ou altérées, en recopiant les manuscrits ou en donnant des éditions nouvelles (1).

C'est donc bien évidemment dans nos patois qu'il faut exclusivement chercher les étymologies immédiates de la langue française. Quand on cherche à éclaircir une question d'état, dit encore M. Charles Nodier, ce n'est pas l'aïeul ou le bisaïeul du sujet qui est *l'inconnu* à résoudre; c'est son père. Les questions d'étymologie, ce sont les questions d'é-

(1) Nouveaux Choix de Poésies Originales des Troubadours.

tal des mots. L'étymologie, comme on l'a traitée, n'est pas
l'état du mot; c'est sa généalogie. Menage est le d'Hozier de
la grammaire. Il a voulu blasonner tous les vocables de
quartiers dont ils n'ont que faire. Veut-on changer de méta-
phore ? L'étymologie est le passeport de la parole. Elle doit
indiquer clairement l'endroit d'où la parole est partie en
dernier lieu, et vers tous ceux où elle a passé avant ce
voyage. *Soleil* vient de *Sol*, latin; il n'y a rien de mieux
démontré. Un latiniste vous dira que *Sol* vient de *Solos*,
grec, qui signifie un disque, et je ne dis pas le contraire,
mais qu'est-ce que cela me fait ? Ce que je cherche, moi,
c'est l'origine d'un mot français et non l'origine d'un mot
latin. Si l'helléniste va plus loin et découvre à son mot *Solos*
une racine orientale, tant mieux pour le dictionnaire étymologique de la langue grecque avec lequel nous n'avons
rien à démêler (1).

Qu'on ouvre un dictionnaire étymologique quelconque et
l'on verra que pas un de nos savants ne fut pénétré
d'idées aussi raisonnables. Le P. Labbe, par exemple, a donné
de plaisantes conjectures sur l'origine du mot *Brouter*, action de manger les jeunes pousses des herbes ou des ar-
bustes qui vient bien incontestablement du verbe roman *Brotar*, conservé dans nos patois méridionaux, et qui
fut formé du radical *Brot* (jet, pousse de la plante) Ménage, dont nous parlions tout-à l'heure, fait dériver notre joli
mot *Folie* du latin barbare *Follus*, d'où *Follicia*, employés
dans le même sens par les écrivains latins du moyen-âge,
venant eux-mêmes de *Follis*, ballon à vent auquel on compare, on ne sait v aiment trop pourquoi, la tête d'un aliéné.
Napoléon-Landa's adopte cette étymologie, tout en reconnaissant que d'autres philologues ont pensé que c'était un
mot gaulois, qu'il ne désigne pas, et que les manuscripteurs,
les Scribes latinisèrent ensuite, comme tant d'autres. Raynouard le fait venir de *Fallere* (2). Il y a du moins quelque
chose d'heureux dans cette étymologie, lorsqu'il est dé-
fendu de la chercher ailleurs. En effet, d'une part, on y trouve
les deux tiers des consonnes ; et de l'autre, on peut raison-

(1) Notions Elémentaires de Linguistique, p. 186.

(2) Choix des Poésies Originales des Troubadours, t. ii, p. 4.

nablement dire que l'*a* du latin a été changé en *o*. Mais si
elle était juste, pourquoi ne trouve-t-on cette expression ni
dans le portugais, ni dans l'espagnol, ni dans l'italien, ni
dans aucune autre langue néo-latine, tandis qu'on la rencontre à chaque instant, ainsi que ses nombreux dérivés
dans les langues d'oc et d'oil? Ainsi, le roman dit :

> Nos jove omne, quandius que nos estam,
> De gran *follia* per *folledat* parllam.
>
> POÈME SUR BOECE.

Le Trouvère Berrichon, Thibault de Blazon, l'emploie
aussi dans une pastourelle charmante :

> Et es error,
> E dobla *folhia*,
> Qui en lor se fia.

Dans le Psautier de Corbie, on trouve jusqu'au verbe,
qui dérive de ce mot, et que nous avons eu le malheur de
laisser perdre : *Foleai sicum oeille que périt* (erravi sicut
ovis qui periit, Psal. 118). Dans les établissemens de saint
Louis, on lit : *et tout einsinc qui apeleroit une fame putain ou
laronesse, ou d'aucune autre folie desloial*, etc. (1).

Si ce joli mot appartient exclusivement à la langue française, il est évident qu'on ne doit et qu'on ne peut aller en
rechercher la source ailleurs que dans le celte : or, nous
trouvons dans plusieurs dialectes néo-celtiques (2) le mot

(1) Livre 1, chap. 146.

(2) L'Anglais l'a conservé aussi, témoin ce passage d'Hudibras
(Cant. viii) :

> That represent no part o'th' nation ,
> But Fisher-Folly congrégation.

Dans lequel la maison Fisher, consacrée aux rêveries d'une secte,
et fermée après la restauration, est positivement nommée *Folio-
Fischer*. C'est ainsi que la Basse-Bretagne a la magnifique église de
Notre-Dame du *Foll-Coat*, et la sépulture de Salaün-ar-Foll, etc.

Folleha pour signifier démence, extravagance; *Foleia* et *Folicia* pour désigner l'endroit où l'on se divertissait, où l'on jouait, où l'on faisait des parties, de là l'expression toute française de *Folie-Beaujon*, *Folie-Baton*, *Folie-Méricourt*, etc., mots qui viennent bien évidemment du celtique *Foll* (fou, insensé, extravagant, impétueux, turbulent), conservé dans le gallois *Ffol*, dans l'anglais *Fool*, dans le flamand *Fel*, dans le vieux français *Foller*, *Folier*, *Foloyance*, *Foul*, *Fol*, etc., qui, tous, dérivaient du celtique *Foll* (défaut, manquement). Jean Diacre dit à ce sujet : *At ille, more gallico, sanctum senem increpitans follem* (1), et Guillaume, abbé de Metz, assure que cette expression était un terme vulgaire, usité parmi les paysans des Gaules : *Follem me verbo rustico appellasti* (2). Cela me paraît incontestable, mais pour Ménage, pour Raynouard, comme pour tant d'autres, le roman et le français venaient directement du latin.

On n'a composé, dit le savant et profond Bergier, en Gascon, en Picard, ou en tel autre jargon, que quelques poésies ou cantiques à l'usage du bas peuple. Aucune raison ne peut engager les particuliers d'une province à imiter le patois d'une autre. Il est naturel qu'il demeure enseveli dans le canton où il est usité, et qu'il ne soit point regardé comme faisant partie de notre langue. Si par un ordre de choses tout différent, chacune de nos provinces était demeurée indépendante, et qu'il se fût trouvé dans toutes ces diverses contrées un nombre d'excellens écrivains qui eussent composé, chacun dans leur langue maternelle, qui fussent ainsi parvenus à la polir et à la faire connaître, il est clair qu'alors le français, ou plutôt la langue de France, serait la réunion de tous les jargons divers, qu'elle serait infiniment plus abondante qu'elle n'est, qu'un glossaire, qui en rassemblerait tous les termes, serait pour le moins aussi étendu que le dictionnaire grec le plus complet. Il est donc de nécessité absolue que le français soit toujours pauvre, ou, si l'on veut, moins riche que le grec ; parce que notre langue, considérée comme langue polie, ne sera jamais que

---

(1) Vie de Saint-Grégoire, lib. iv, cap. 960.

(2) Epistolat iii.

celle de la cour et de la capitale, c'est-à-dire d'un petit nombre de personnes, imité et suivi de tous ceux qui veulent
bien parler. La considération, toujours attachée à ceux qui
composent ce que l'on appelle le beau monde, inspire aux
autres l'envie de le copier, et l'affectation de ne savoir que
ce qu'ils savent. C'est donc un point d'honneur d'ignorer les
termes propres des arts exercés par le bas-peuple. On atta-
che ainsi une idée de bassesse à une infinité de mots très-
nécessaires, et on fait rejetter des tours de phrases fort
commodes et fort heureux. Les écrivains, que ce préjugé
met souvent à la torture, ne viendront pas à bout de le cor-
riger avec toutes leurs réflexions. Cependant, malgré son
empire, ou plutôt sa tyrannie, on s'est déjà vu forcé, sur
plusieurs articles, d'adopter les patois. D'où sont venus, par
exemple, les termes propres à la navigation, sinon du jargon de nos provinces maritimes, tant connu des matelots?
Les auteurs les plus élégants sont réduits à s'en servir, parce
qu'il n'y en a pas d'autres; c'est ainsi qu'ils sont devenus
français. De même, qu'est-ce que la plupart des expressions affectées à l'art militaire, sinon le vieux langage des
soldats gaulois, conservé parmi les gens du métier? Mais la
profession des armes étant si noble, ne pouvait manquer
de répandre un air de dignité sur tout ce qui lui appartient.
Déjà il est arrivé quelque chose de semblable à certains
arts mécaniques, dont les savants ont pris la peine d'examiner la pratique avec des yeux philosophes. Il a fallu, bon-
gré, malgré, s'accommoder au dictionnaire des artisans; et
si vous daigniez accorder plus de considération à ces
hommes si utiles, et plus d'attention à leurs travaux, une
infinité de mots sortis tout-à-coup de la roture obtiendrait
des lettres de noblesse; *mais s'il n'est ni convenable, ni nécessaire de faire une étude sérieuse des patois, il n'est du moins
pas inutile de les connaître. C'est là seulement que l'on peut découvrir les vraies origines du français.* La variété de leur prononciation fournit des remarques sur le mécanisme de la
parole, dont on put faire usage pour toutes les langues.
*Ceux donc qui voudraient prendre la peine de former des
glossaires complets du langage de leurs provinces, ne ren-
draient pas un mauvais service à la littérature* (1). Mais ce tra-

(1) La plus belle des collections à faire, la plus honorable, la

vail n'est ni facile, ni agréable ; il n'y a pas d'apparence qu'il soit exécuté de sitôt (1).

L'étude des patois, considérée comme un but, serait une proposition insoutenable et ridicule. Je suppose que ce n'est pas celle qu'on a pu me prêter. Ce que j'ai cherché à démontrer, c'est au contraire leur indispensable nécessité pour arriver à plusieurs buts : les différents points scientifiques examinés jusqu'à présent ne permettent même pas le moindre doute à cet égard. Ainsi, nous avons déjà démontré que l'étude des patois se place alors au point de vue commun aux plus belles sciences humaines. En effet, comme la philosophie, comme les mathématiques, c'est un moyen d'arriver à la connaissance intime d'une foule de faits, à la découverte d'un grand nombre d'autres et nous avons essayé de donner successivement quelques preuves en faveur de cette assertion : plus de développement à chacune de ces propositions auraient demandé plus d'espace, plus de temps, n'eût pas déterminé une conviction plus profonde et aurait peut-être fatigué, dégoûté même la majeure partie des lecteurs. Mais là ne se borne point encore toute l'étendue de ce vaste sujet, et si l'intelligence parfaite de la langue romane n'est réellement possible qu'avec la connaissance de nos patois, il en résulte que cette appréciation ouvre encore devant nous des routes nouvelles, quant à l'histoire littéraire et à la littérature proprement dite. Niebuhr a, l'un des premiers, démontré que certaines poésies romanes n'étaient que la traduction plus ou moins fidèle de poésies celtiques, c'est-à-dire indigènes aussi, mais antérieures de plusieurs siècles à l'invasion romaine. C'est donc là que l'on pourra puiser quelques leçons sur l'état de notre littérature anté-historique, et l'on pourra, sous ce rapport, y rattacher naturellement tout ce qui ne serait point jetté dans le moule littéraire des Grecs ou des Romains. Mais là ne se

plus utile et très-certainement la moins coûteuse est celle des mots patois, avec ou sans l'étymologie. Voilà donc un vaste champ ouvert à l'ardeur des savants de province, n'importe le lieu de leur séjour habituel.

(1) *Ibid.*, p. 188.

bornera point encore l'utilité de ces recherches, quant à l'histoire littéraire de la nation, et la plupart des peuples de l'Europe y trouveront aussi les premières leçons de leur littérature.

Je ne dirai pas maintenant que les origines de certains proverbes des langues néo-celtiques, et par suite de la langue française (1), émanent de nos patois, mais qui plus est que plusieurs d'entr'eux ne sont réellement intelligibles qu'avec leur secours. Je pourrais citer un assez grand nombre d'exemples à l'appui de cette assertion, si ces preuves ne devaient pas m'entraîner encore beaucoup trop loin.

On a fait d'autres reproches encore à l'usage des patois pour autoriser la proscription dont on les frappait, car le despotisme et l'injustice ne manquent jamais de motifs ou de raisons pour appuyer leurs décisions. On a dit, par exemple, que leur prononciation altérait la pureté de la langue thioise, et ce reproche du moins est fondé; mais l'on conviendra, j'espère, que ceux qui donnent à toutes les langues, qu'ils lisent ou qu'ils parlent, la prononciation de la leur, sont des ignorants. Voilà donc tout ce que cela prouve. Les savants, il faut bien l'avouer aussi, agissent assez généralement comme le peuple dans ces circonstances, et nous avons vu qu'il en est plus d'une où la langue nationale ne peut qu'y gagner. Quoiqu'il en soit, il n'en est pas moins vrai que ceux qui parlent des patois partageraient d'ailleurs ce résultat, fort désagréable sans doute, avec tous ceux qui parlent des idiômes étrangers. Les langues ensuite sont-elles donc invariablement soumises à tel ou tel caprice de prononciation? Est-ce que sur toute l'étendue du globe l'articulation de la parole n'est pas profondément influencée par des causes atmosphériques et géologiques auxquelles il est certainement impossible de soustraire les organes vocaux? Choisit-on sa prononciation ou la subit-on? Est-ce que de tout temps, et sur tous les points du globe, les Celtes ne conservèrent pas l'articulation pure de l'U français, même sous la domination romaine, puis-

(1) Pasquier, Recherches de la France, in-4, Paris, 1607, pag. 1059. — Napoléon-Landais, Dictionnaire Français, au mot Chape, etc.

qu'on la retrouve encore sur les bords du Pô, après plus de deux mille ans? Est-ce que la proscription des patois, si rigoureusement exécutée depuis plus de dix siècles, a corrigé ou diminué l'accent gascon, picard, franc-comtois, bourguignon, etc., des personnes bien nées, bien élevées? Croit-on donc que cet accent du terroir se perdra dès que les paysans ne parleront plus patois, et qu'ils auront remplacé leurs précieux dialectes par un français qu'ils défigureraient d'une manière bien autrement dangereuse pour la langue nationale? Ils feraient inévitablement alors de la langue thioise ce qu'ils firent des langues antérieurement livrées à leur ignorance, et ce résultat, impossible par l'effet seul de la puissance politique, arrivera nécessairement alors même que le pouvoir trouverait le moyen de soustraire l'instrument vocal à toute espèce d'influence physique ou matérielle. Dans tous les cas, il me semble qu'il vaudrait toujours mieux écouter alternativement tous ces dialectes que de voir leurs inflexions diverses, leur prononciation, leur accentuation, leur prosodie, remplacées par l'articulation allemande, anglaise, etc. Il en est d'ailleurs de ces accidents des langues comme de leurs mots : ils forment avec eux un tout homogène, et la langue nationale, en acceptant certaines expressions patoises, ne peut certainement pas les isoler complètement de leur prononciation topique. Nous pourrions citer vingt preuves à l'appui de cette assertion, et c'est précisément là une des causes de l'irrégularité de prononciation, quant aux mêmes caractères alphabétiques, si souvent reprochée à la langue française. En acceptant un mot patois avec sa prononciation, nous l'avons représenté d'après notre système alphabétique, et dès ce moment l'orthographe n'a plus offert l'accentuation, ni la prononciation réelles.

Si ce motif de proscription était raisonnable, il faudrait nécessairement conclure que l'on ne doit connaître, ni parler d'autres langues que la sienne. Il faut dès lors regarder comme un grand dommage l'étude des idiômes étrangers. Dans le fait, il y aurait plus d'inconvénients, d'après cette doctrine, à étudier, à parler des idiômes nés sur le même sol, appartenant à une même souche, parlés par les mêmes nations, ayant contribué à former une même langue, que

d'étudier et de parler celles nées dans des climats éloignés
et différents, appartenant à des familles complètement opposées, et dont la prononciation n'aurait pas la moindre
analogie avec les dialectes indigènes. Ainsi, la prononciation
de la langue française aurait plus à souffrir du Turc, du
Chinois que des patois qui la constituèrent : ainsi, tant
qu'un paysan dira *Pierro* , *Alessi* , *Charlo* , et qu'il nommera
Franço notre commune patrie, il y aura mille fois moins
d'inconvénient que s'il disait avec l'habitant du céleste empire,
Pia-to-eul-goly , *Che-ya-fcyche* , *Kalouloche* , *Foulan-souffe he*

Je n'en dirais pas autant, il est vrai, des habitans de la
province de Chin-Chen, qui défigurent beaucoup moins les
noms européens, parce que c'est la seule qui possède la lettre
R, qui manque à la langue mandarine. Cette immense différence de prononciation, due évidemment aux causes physiques, se retrouve partout. Ainsi, comment les Hurons
prononceraient-ils nos mots commençant par les labiales
B D, ou bien les Chinois nos intonations B D R? Les
Arabes, qui ont jusqu'à vingt-trois intonations, ainsi que les
Espagnols, ont un gosier complètement assoupli à la prononciation du jota, que nous ne parvenons à articuler qu'en
l'essayant dès le bas-âge. Les Misniens ne peuvent distinguer les lettres B P D T; les instituteurs sont obligés de
leur dire à chaque instant : c'est un P ou un T doux ou fort,
et quelquefois même ils sont contraints de l'écrire auprès des
lettres, etc. Toutes ces prononciations ont-elles la moindre
analogie avec celles du Français? L'inconvénient supposé
ne serait-il pas bien plus fort dans ces circonstances? Con-
cluera-t-on dès lors qu'il ne faut pas qu'un Français ap-
prenne aucune de ces langues, dans la crainte d'altérer la
sienne, ou bien qu'il doit articuler chacune d'elles avec
la même prononciation? Il est fort difficile d'accommoder cette loi de proscription avec la raison. Mais dans le
cas de l'exclusion barbare de l'étude des langues étrangères,
la sentence porte avec elle sa flétrissure, car dans ce cas il
faut l'étendre encore et y comprendre toutes les langues
modernes. L'Anglais, par exemple, n'a pas avec le Français ou nos patois une prononciation moins différente. Qui
reconnaîtrait le vers suivant, écrit tel que les Anglais le prononcent :

Taï-tiré tiou petieulé rikioubans seub togmine fedjai ?

Nous pourrions donc successivement proscrire ainsi toutes les langues, parce qu'il n'en est pas une seule qui se rappro-che autant de la prononciation de la nôtre que nos patois. En voilà bien assez pour ce point de vue de la question, et puisque le grec et le latin furent également composés d'é-lémens gaulois, examinons si la prononciation anglaise ou française de ces langues ne pourrait pas être avantageuse-ment remplacée par celle que nos patois donnent à leurs mots analogues.

Depuis long-temps les savants se sont laborieusement oc-cupés de la prononciation des langues mortes : il est hors de doute que les moyens si limités qu'ils ont à leur service leur permettra de discuter encore long-temps sur cette grave question, sans jamais approcher de l'ombre même de certitude. Croit-on donc que l'on n'y parviendrait pas plus sûrement et plus promptement en étudiant aussi la pronon-ciation des mots grecs ou latins les moins détournés de leur prononciation, de leur orthographe et de leur acception; car il est plus que probable que ces trois conditions réunies doivent inévitablement entraîner celle de l'identité de pro-nonciation ? M. Minoïde-Minas n'a pas suivi d'autre marche pour nous rendre la véritable prononciation du grec anti-que, tant tourmentée par l'introduction d'accents de toute nature et de toute forme, qui n'ont fait qu'ajouter aux dif-ficultés que présente naturellement l'étude d'une langue morte (1). La même opulence inutile a embarrassé l'étude de la langue hébraïque. Nul doute par conséquent que M. Martin n'ait eu parfaitement raison de dire qu'en re-cherchant ainsi la prononciation des mots languedo-ciens, qui viennent du grec ou du latin, on pourrait en tirer des conséquences probables sur l'antique pro-

(1) Je ne donnerais pas un sou de toute la doctrine des accents *universam de accentibus doctrinam non assis facio.* — Brunk. Anal. III, 345 — Wakepield, Paul-Louis Courrier, etc., ont la même opinion. Les inscriptions et les plus anciens manuscrits ne sont point accen-

nonciation des deux langues (1). Nous en dirons autant
du Provençal qui doit nécessairement avoir beaucoup
mieux retenu cette vie, ce soufle qui anime la parole morte.
Citons un exemple. Quintilien dit : *In Here, neque E planu*
neque I auditur ? (2). Voilà un son dont la langue thioise n'a
point d'exemple, qui n'est point dans le génie de sa consti
tution, que par conséquent elle n'a pas eu besoin de repré
senter et dont nous avons peine à nous former une idée
cependant elle existe aussi dans nos patois, et tous ceux qp
voudront traduire phonétiquement l'idée de Quintilien n'au
ront qu'à demander à un paysan auvergnat ou limousin
par exemple, comment il prononce les deux E d'*Entomen*
et ceux des mots *Obe*, *Lou fe*, *Lo fe*, etc. Veut-on savon
maintenant si cette prononciation était indigène, à Rome
ou si elle avait été empruntée aux Gaulois? Il s'agit tou
simplement d'indiquer par quel signe il était représen
chez les latins; ils écrivaient *Aulai* pour *Aulœ*, *Here* pou
Heri, *Omnis* pour *Omnes*. Tite-Live dit souvent *Sebe* pou
Sibi, *Quase* pour *Quasi*, etc. Il faut conclure de là qu
n'ayant point de signe alphabétique pour représenter
son, pas plus que pour peindre celui de l'*u* gaulois, c
articulations leur étaient étrangères, partant qu'ell
étaient d'origine gauloise. C'est, si je ne me trompe, u
preuve de fraternité entre eux tous, et par suite entre l
peuples qui les créèrent. C'est dans des circonstances ph
nétiques analogues qu'on trouverait encore de nouvell
preuves que les Gaules peuplèrent toute l'étendue de l'E
rope, y compris l'Ibérie, ainsi que nous l'avons longueme
démontré ailleurs (3). Ainsi, par exemple, en Gaule, com
en Espagne, le V. et le B. se remplaçaient indifféremm
encore au xe siècle, ainsi que l'atteste un passage du pa
Sylvestre ii, à Gérard, abbé d'Aurillac (4), et cette

(1) Loisirs d'un Languedocien.

(2) Institut. Orator. lib. 1, cap. 4.

(3) Histoire Monétaire et Philologique dn Berri, p. 227 et seq.

(4) *Qui status regnorum penés vos scire cupit et an Hugo qu*
resirá unguà abbicomitem dicitis uxorem duxerit. — Gerb
Epistolæ, in-4, Paris 1611, Epistola xvii, p. 6.

marque est aussi importante pour la philologie que pour la
littérature ou la science, puisqu'ignorée elle pourrait entraîner de graves erreurs, non seulement dans la traduction
des documents en patois, mais encore dans celle des titres,
chartes, etc., dans lesquels des mots patois sont latinisés
ou cités textuellement. Ainsi, l'on a dit que le nom du
Mont-Beuvray venait du latin *Bifractus*. Si l'on n'avait pas
mis le F à la place du V, et celui-ci au lieu du B, on aurait
vu sur-le-champ que ce mot est exactement le même que
celui de la déesse protectrice Bibracte (1).

Chaque patois, dit-on encore, et ceci est un motif non
moins puissant de proscription, a de nombreux idiotismes
incompatibles avec les Gallicismes. C'est on ne peut plus
vrai également, mais, selon nous, c'est encore là une grande
partie de leur mérite. Je crois et je conçois sans peine que
les laborieux écrivains, qui se sont occupés à relever, dans
chacune de nos provinces, ces locutions élégantes, mais
souvent vicieuses, alors qu'elles sont transportées dans la
langue nationale, ont fait autant d'œuvres utiles à cet
idiome. Ainsi, Rolland, pour les Hautes-Alpes; Gaudy-Lefort et Pautex, pour Génève; Develey, pour le canton de
Vaud; Michel, pour la Lorraine; un anonyme, pour le
Languedoc et la Gascogne; un magistrat d'Aix, pour les
Bouches-du-Rhône; une dame, pour la Franche-Comté, etc.,
ont sans doute aussi rendu un bien grand service; mais que
prouvent leurs travaux contre l'étude de nos patois? Quelle
est la langue politique qui n'ait point ce type d'une nationalité toute particulière, d'un spirituel individualisme? Tout
bien calculé ensuite, ne vaudrait-il pas mieux également
voir les dialectismes de nos divers patois faire irruption
dans notre langue que d'y voir pénétrer, depuis le XVIIe
siècle, tant d'hébraïsmes, tant d'hellénismes, de latinismes,
de germanismes, d'anglicismes, d'italianismes, etc.? C'est
alors que le Français deviendrait réellement inintelligible et
qu'il présenterait des tournures, des locutions qui seraient
en complète désharmonie avec son génie particulier, et c'est
précisément ce génie spécial qui s'oppose vigoureusement

. (1) Pierquin de Gembloux, Histoire du Mont-Beuvraich, in 8,
Nevers 1838. Le même, Antiquités d'Autun, in 8, Nevers 1838.

à cette pollution et qui demande au contraire à nos patois des locutions en harmonie avec sa constitution. Il faut en effet dans les langues, comme dans les états, que tout soit homogène, il faut enfin une parfaite alliance entre les mots, la grammaire, les figures, la logique et la prononciation.

Sans doute, le peuple traduisant ses impressions diverses dans une langue qui n'est point la sienne, qu'il parle souvent avec peine et toujours avec répugnance, reste constamment fidèle aux exigences de sa philosophie, de sa logique, aux lois de sa grammaire, aux règles de sa syntaxe. Ce sont sans doute des fautes contre nos principes de l'arrangement des mots ; mais ne sont-elles pas plus utiles à connaître que toutes celles des langues étrangères, dont nous possédons pourtant de nombreux recueils? Ne peut-on point en retirer des avantages réels pour l'histoire de l'intelligence humaine, pour la grammaire générale, pour l'histoire littéraire des Gaules, pour la philosophie chrétienne, etc. ? Il n'est, ce me semble, rien de plus avantageux et de plus intéressant en même temps pour la philosophie transcendantale, l'éthnographie et la philologie même que ces recueils pédagogiques, si prétentieux d'habitude, consacrés à la proscription des dialectismes. Locutions vicieuses, quant à notre langue thioise, par trop sévère et prude, mais qui n'en démontrent pas moins, après tout, que le peuple a plus d'esprit, de sagesse, de grâce et de brillant que l'homme de génie le plus spirituel, le plus sage et le plus gracieux. Je connais, disait une dame, quelqu'un qui a plus d'esprit que Voltaire, et ce quelqu'un, c'est tout le monde.

Nous ne perdrions pas plus à adopter quelques dialectismes néo-celtiques qu'à recevoir les mots que possèdent les patois et qui sont sans équivalents dans notre langue. Ainsi, par exemple, lorsque l'on dit à un paysan du midi : *Que fais-tu là? — J'espère mon fils qui revient de l'armée*, nos savants, oubliant que dans les dialectes celtiques Θελω était également synonime de δυναμαι se récrient, et prétendent qu'il faut dire : j'attends. L'on poursuit la conversation : *Combien y a-t-il de temps qu'il manque chez vous?* et cette nuance, doux reflet d'une ame tendre, est également blâmée ; mais quel

est le poète qui ne serait pas heureux d'avoir trouvé cette
expression, si propre à peindre le vide qui remplit la
maison paternelle lorsque le fils chéri est absent? Quel est
celui qui oserait défendre l'introduction d'un pareil dialec-
tisme dans la langue? Ne vaut-il pas mieux que des Hébraïsmes ou des latinismes, tels que *vivre sa vie*, *dormir son
sommeil*, *mourir sa mort*, etc.? La poésie française elle même
y puiserait des images de mots, des acceptions nouvelles
dont elle embellirait ses descriptions, et peut être encore
y puiserait-elle à la fin une mélopée plus hardie, une accentuation plus nette, des toniques plus mordantes; car tel est
le caractère distinctif de la partie la plus franche et la
moins altérée des langues, c'est-à-dire des patois (1). Dans
tous les cas, il faudrait qu'un poète habile fît ces emprunts
sans exagération et sans effacer ce que la langue thioise
aurait de bien.

Ces dialectismes, dont on craint tant l'admission dans la
langue thioise, inspirent-ils après tout une répulsion bien
légitime? Lorsque Bossuet, Fénélon. Rousseau, etc., emprun-
taient à des langues inconnues à la masse de la nation et
mortes même, des locutions d'un autre âge humanitaire,
d'une autre société, sans aucune espèce de relation ethnologique avec nous et par conséquent antipathique avec la
constitution de la langue française, qui ne cessèrent par
conséquent jamais d'être étrangers, aurait-on eu bonne
grâce de leur défendre d'en puiser de plus naturels, de plus
compréhensibles dans nos différents dialectes, expression
phonétique d'une même contrée, d'une même race d'hommes
et qui du moins sous ce rapport auraient le grand avantage d'être déjà dans l'intelligence de la masse? Enfin, il y a
plus, croit-on donc bien sérieusement après tout que la
langue française ne doit absolument rien à tous ces dialectes
campagnards? Loin de là, car en vertu même de son origine, les classiques les plus purs sont conduits à leur insçu
dans la voie de nos dialectes. Ainsi le Comtadin dit :

. . . . Ount anaraï
Lou jour *que* mé maridaraï.

(1) Charles Nodier, Notions élémentaires de Linguistique, p 83.

Cette locution serait vicieuse en français : les grammairiens prétendent qu'il faut *où* et non pas *que*. Les personnes instruites du Comtat le savent très-bien et obéissent à la règle ; mais il n'en est pas moins vrai qu'il est tellement naturel à la langue française, parce qu'elle a été formée par ces mêmes patois, que les écrivains les plus purs et qui ne connurent jamais aucun patois, ne peuvent les éviter. Racine, par exemple, qui ne comprenait pas un mot de tout ce qu'il entendait dans les hôtels du midi, l'a jetté avec profusion ; témoin ces vers de Mithridate :

> Hélas ! ce fut encor dans ce temps odieux,
>
> *Qu'*aux offres des Romains, ma mère ouvrit les yeux,
>
> *Où* pour venger sa foi par cet hymen trompée.
>
> Avec le même zèle, avec la même audace
>
> *Que* je servais le père et gardais cette place, etc.

Les critiques ont blâmé La Fontaine d'avoir fait accorder le participe dans les circonstances suivantes :

> J'ai maints chapitres *vus*.

LIV. II, F. II.

> Et qu'aucun de leur mort n'ait nos têtes rompues.

LIV. X, F. XIII.

Mais le bonhomme a également suivi les lois de la grammaire populaire au lieu d'écouter les règles arbitraires, souvent peu conséquentes et toujours difficiles, de nos savants. On retrouve cette locution non seulement chez les troubadours et les poètes languedociens, mais encore chez ceux de la langue d'oil. Un trouvère a dit :

> Amis pour vous ai *traite* mainte dure semaine (1).

(1) Paulin-Paris, Romancero Français, Histoire de quelques anciens Trouvères, et choix de leurs chansons, in-12, Paris 1836, Bele Idoine, p. 15, v. 18.

Cette locution est donc bien évidemment dans le génie de la langue française , de même que dans celle des romains , et telle est pourtant la rigidité des philologues, étrangers à l'étude philosophique des patois, que M. P. Paris n'a pas osé copier textuellement le manuscrit et qu'il a préféré mettre *maint.*

Reprenons donc , dans nos vieux auteurs, la plupart de ces termes énergiques ou pittoresques , plutôt oubliés qu'abolis ou dédaignés, et qui, comme l'a dit M. E. Charrière, dans sa preface à la *Chronique de Duguesclin* , n'ont pas cessé d'être français et qui ne demandent, pour le redevenir, qu'un hazard de l'imagination, secondé par l'intelligence publique, lorsqu'elle sera rendue à ses inspirations naturelles. La langue du xiie et du xive siècle est encore intacte dans tous les lieux qui furent son berceau : l'ancienne Picardie la conserve presque sans altération ; plusieurs parties de la Champagne , la Normandie et les provinces du centre, en ont gardé des empreintes et des traditions qui se réveilleraient avec le charme de la nouveauté à la lecture de ces textes devenus familiers dès l'enfance.

Malherbe qui habita la Provence pendant trente années (1), qui était lié avec des poètes patois , doit-il à cette circonstance ses défauts ou ses qualités?

Que dirons-nous aussi de ces lettres euphoniques dont nos patois adoucissent avec tant de souplesse et d'habileté tous les hiatus? L'âpreté romaine n'a même pas eu , sur la langue thioise , assez d'influence pour l'empêcher de les admettre. Tout ce qu'elle a pu opérer, c'est d'en faire limiter l'emploi d'une manière très-restreinte ; car enfin n'ont-elles point disparu presque toutes sous la plume irréligieuse de nos savants qui, pensant que la langue française venait immédiatement du latin, agirent en conséquence et ne s'apperçurent de l'influence des patois que pour la redouter et la proscrire? Cependant leur rudesse romaine fut obligée de céder à la puissance des patois : ils en adoptèrent quelquesunes à contre-cœur et d'une manière tout-à-fait arbitraire et capricieuse , puisque celles-ci comme les autres avaient

(1) Roux-Alpheran , Recherches Biographiques sur Malherbe, in-8. Aix , 1815.

exactement le même but à atteindre, le même rôle à remplir. Que l'on regarde au contraire avec quel admirable
instinct poétique le peuple place ces lettres, et l'on verra si,
sous ce rapport, il est inférieur aux plus beaux génies de la
Grèce. Jamais le peuple ne dit *je vais à Avignon, je suis à
Avignon*. Depuis mille ans, et malgré la critique, il persiste
à prononcer *je vais en Avignon, je suis en Avignon*. Je vais
en citer un autre exemple que je trouve dans une pièce
inédite, en patois comtadin : elle est intitulée *la Besti doou
boun Dieou*. Il s'agit d'une jeune fille :

> . . . . Y aviet quaouquun aou village
>
> Que l'avié'n cop facha dansa
>
> Et maï de très facha pénsa :
>
> Et péndén qu'an aco pensave
>
> Et qué sa cabretta mangeave ,
>
> La Besti doou boun Dieou bén plan , etc.

Je ne crois pas qu'un poète grec eût jamais employé,
d'une manière plus gracieuse, ce *ν* euphonique. Concluons
donc encore que l'admission plus fréquente des lettres
euphoniques ne gâterait nullement la langue. Remarquez
encore une preuve de l'intelligence populaire en philologie.
Dans la crainte de défigurer les mots au point de ne plus reconnaître un jour leur véritable origine, c'est toujours à la
fin des mots et jamais devant les radicaux qu'il a le soin de
placer le *n* euphonique. Les écrivains les plus habiles de la
la Grèce, et par suite ceux de Rome, n'agirent pas autrement.

Quand est-ce enfin qu'à l'exemple de Rabelais, et surtout
de Manzoni, nous aurons également la hardiesse d'emprunter à nos mille dialectes des expressions nombreuses qui
manquent à nos idées, à nos besoins, à notre poésie, et qui
produiraient des chefs-d'œuvre semblables aux *Promessi
Sposi?* Si l'illustre romancier italien n'a pas trouvé suffisamment riche la langue faite par Dante, avec les patois de
France et d'Italie, enrichie encore par Pétrarque, maniée
par Machiavel et Tasso; s'il a cru devoir suppléer à cette in-

diligence en empruntant des expressions ravissantes , énergiques, pittoresques , fleuries , aux patois toscan, milanais ,
lombard , romain , etc., sans autre guide que l'exigence de
ses pensées, nous refuserait-on la même faculté, comme dit
Horace? Faisons enfin comme Shakespeare en Angleterre ,
Homère en Grèce, Quevedo en Espagne (1), Saa de Miranda
dans ses églogues portugaises , etc.

Là ne sont point encore , messieurs, toutes les idées que
je voulais soumettre à votre approbation afin de connaître
toute leur valeur. Il est d'autres points de vue sous lesquels
on peut encore envisager l'utilité de l'étude des patois. Il en
est surtout un dont nous devons forcément faire aussi une
mention particulière , car nous pensons que c'est par ce
moyen , habilement employé, que l'on pourrait enseigner la
langue française dans nos écoles primaires. Les études, si
modestes de ces établissements , ne font pas moins partie de la vaste chaine d'érudition qui lie aujourd'hui
tous les Français à la liberté. On n'envisagerait pas sans
doute les patois sous tous les rapports dont nous venons de
parler , mais on les utiliserait comme le moyen d'arriver à
a connaissance plus facile et plus approfondie de la langue
nationale, de même que le savant Corai a fait tourner les
patois de la Grèce moderne au profit de l'explication du
grec antique. Il est de fait que depuis plus d'un demi-siècle
ils ne servent qu'à la pensée , qu'aux besoins de la majorité,
le la partie la moins éclairée , et dans cette situation il me
parait tout-à-fait impossible d'arriver à l'enseignement
prompt et facile de la langue politique par une autre voie.
Cette méthode , toute nouvelle qu'elle puisse paraître , n'est
après tout que celle qui fait si bien apprendre l'idiôme national par l'étude d'un autre idiôme. Qu'on explique en
patois , s'il le faut , les règles d'une grammaire identique ,
ce sera certainement plus rationel que de suivre une grammaire écrite dans la langue même que l'on veut étudier , ce
qui n'est pas du tout logique. Croit-on en effet qu'en mettant entre les mains de l'enfance des grammaires grecques ,
latines, allemandes, anglaises, etc., rédigées dans ces mêmes
langues , les élèves feraient quelques progrès? Suivons

(2) Dans ses romances comprises sous le titre de *Thalia*.

l'exemple des Corses , des Alsaciens, des Basques, des Bas-
Bretons , des Flamands , des Suisses , etc., qui se servent
habituellement de leurs dialectes pour apprendre le français , de même que nous nous servons de cette même langue pour étudier toutes les autres. Comme l'a très-bien dit
l'auteur anonyme d'une bonne grammaire provençale , rédigée pourtant en français , ce qui est un contre-sens : Une
grammaire toute française ne peut convenir qu'à quelques
provinces où le français est usuel. En Provence un pareil
usage est insuffisant , parce que nous ne pouvons apprendre
le français que par notre langue maternelle, c'est-à-dire le
Provençal (1). On est donc fortement autorisé à penser que
tous les peuples qui parlent un patois ne sauront bien le
français que lorsqu'on se décidera à le leur enseigner par
cette méthode.

On accuse pourtant les patois de retarder l'étude de
la langue nationale ; c'est une erreur. La véritable cause
de cet insuccès , le véritable obstacle à la généralisation
internationale de notre idiôme est uniquement dans son
mode d'enseignement. Ce qu'il nous faut d'ailleurs , ce n'est
pas une fusion de nos patois , mais une ligne de démarcation bien tranchée entre tous ces idiômes , car leur existence ou leur mort importe peu à la langue couronnée.

Voilà, Messieurs , quelques unes des raisons qui doivent
empêcher de proscrire les patois et nous engager à les étudier avec soin. Maintenant quelles objections nous resterait-
il à combattre ? Quels adversaires se présenteront avec des opinions opposées clairement et fortement formulées ? Je n'en
connais point. M. Magnin proclame bien sans doute la barbarie des idiômes au moyen-âge (2) ; mais, de bonne foi, quels
étaient les plus barbares alors ? Ce n'étaient certainement pas

(1) Grammaire Française, expliquée au moyen de la langue provençale , ou nouvelle méthode avec laquelle un Provençal , qui sait
lire , peut , sans maitre, apprendre en peu de temps à parler et à
ecrire correctement le Français, in-8, Marseille , 1819, p. v., vi,
42 , 48 , etc.

(2) Discours d'ouverture du Cours de littérature Etrangère , 1834,
1835 , à la faculté des Lettres.

nos patois, mais bien les langues couronnées , qui commen-
çaient tout au plus à naitre : telles sont l'espagnol , le portugais, l'italien , et enfin le français. C'est ensuite une assertion tellement vague , tellement isolée de toute preuve ,
de toute base , qu'il n'est même pas sûr qu'elle s'applique à
nos patois.

Tout récemment pourtant , M. le comte Ferdinand dal
Pazzo , qui depuis la restauration oublia de caresser le peuple, publia une large brochure dans laquelle il vocifère la
destruction des infâmes patois , sans donner d'autres raisons
que celles qui courent les réunions élégantes où l'on parle
noblat, ou franciot, ou franchiman , comme disent les
Poitevins , les Belges , les Languedociens , et qui consiste à
répéter, que les patois gâtent la langue de ces messieurs et de
ces dames. Si cette diatribe n'était pas évidemment l'*opera
d'un Pazzo* , comme diraient les compatriotes de l'auteur ,
d'un homme complètement étranger à l'étude des langues et des sciences, nous aurions accordé quelqu'attention
à son burlesque projet de ligue générale contre les expressions phonétiques d'un millier de peuples ; mais le comte
Pazzo n'entend absolument rien à la question qu'il a si
étourdiment abordée. Quoiqu'il en soit, voici le début de
ce pamphlet , plus politique que scientifique , et dont nous
n'aurions pas fait mention si nous n'avions tenu à indiquer rapidement l'état complet de la question dans le cadre
étroit que nous nous sommes imposé.

*I dialetti si parlano in paesi di barbarie e d'ignoranza, o
dove di questi pesti vi ha encora delle grozze rimanenze, essi
ne divengono poi anche causa in quanto che le mantegono. Si le
lettere, le arti e le scienze si fissano colla Scritura e con tal
mezzo si communicano , si transmettono et si diffendono , i dialetti, i quali non sono che un linguaggio rozzo e monco, non
destinato a scriversi, non si possono riguardare che come impe-
dimenti a progressi di lumi e dell'industria di qualunque
sorta , (1) etc.*

(1) *Piano di una associazione per tutta Italia* , avente per oggetto la
diffusione della pura lingua Italiana e la contemporanea suppres-
sione de' dialetti che si parlano ne'varii paesi della penisola ; in-8 ,
Paris, Cherbulliez, 1855 , p. 15.

Toute la brochure est de la même force de science et de logique. Quoiqu'il en soit, je pense, qu'alors que que vous prendrez sous votre protection cette immense et belle question, alors que vous la porterez sous les yeux du pouvoir, vous n'oublierez pas sans doute, Messieurs, de mettre dans un des plateaux de la balance le beau travail *d'il conte Pazzo*, et dans l'autre, Dante, Pétrarque, Alfieri, Denina (1), Parini, Goldoni, Salvi, etc., seulement pour l'Italie, et je ne crois pas que l'on puisse hésiter long-temps.

Mais que dirons-nous lorsque de semblables opinions seront émises par un *professeur d'unité linguistique?* Nous trouvons dans la *Revue du Cher, de l'Indre et de la Nièvre*, du 20 août 1839, l'article suivant :

Monsieur le rédacteur, je viens de lire dans la *Gazette du Eerri* deux articles sur la linguistique et sur les patois méridionaux en particlier. L'écrivain anonyme y prodigue tant d'hérésies philologiques, tant de paradoxes dangereux pour la jeunesse, que je me trouve dans la nécessité de la prémunir contre ces erreurs. Nous n'aurons jamais, dit l'auteur des feuilletons, une connaissance parfaite de la littérature française, nous n'en posséderons un lexique complet qu'en nous livrant sérieusement à l'étude des patois méridionaux. Pour moi, monsieur, qui ai *le triste avantage de me faire comprendre* dans ces *idiômes*, depuis Bordeaux jusqu'à Marseille, *et autres lieux*, j'éprouve une horreur insurmontable pour tous ces *jargons* que l'on décore bénévolement du titre pompeux de *dialectes*. Ce n'est autre chose qu'une imitation grossière de la langue nationale, une corruption monstrueuse de cette langue qu'ont écrite et parlée Racine et Fénélon, et comme je n'avance rien que je ne puisse prouver, permettez-moi de citer des exemples : Marcher, se dit en patois, *marcha*; couler, *coula*; pleurer, *ploura*; un chien un *ca*; un pain, un *pa*; un ruisseau, un *riou*; un pied un *pé*, etc., etc. (Dans quels patois ?) Je rougis de continuer cet ignoble langage où disparaissent à chaque mot les éléments précieux sur lesquels doit s'asseoir la pensée, je veux dire les consonnes. (Nous avons vu que c'est faux.) Tels

(1) Observat. sur les dialectes d'Italie, ad calc. Mémoire de l'Académie de Berlin, 179.

sont encore ces idiômes qu'on appelle espagnol, portugais, italien, où les belles et puissantes expressions du peuple roi se trouvent mutilées, tronquées, anéanties, dans la bouche de ces peuples *imitateurs et copistes*, etc.

JH. BOUZERAN, *professeur d'unité linguistique.*

Outre les raisons philologiques déduites plus haut, et qui ne permettent pas d'admettre que la langue française soit issue de l'idiôme romain, il en est encore bon nombre d'autres de plus d'un genre, qu'il n'est pas permis d'aborder dans un ouvrage de pure linguistique. Ainsi, par exemple, comment le latin aurait-il donc pu être vulgaire en Gaule, après quatre siècles de domination seulement, alors que Cicéron fut obligé d'emmener avec lui des interprètes pour parcourir la campagne de Rome même, pour se faire entendre enfin à quinze lieues de la capitale latine ? Cette langue aurait donc fait des progrès bien plus rapides au-delà des Alpes, qu'en deçà, c'est-à-dire, que chez elle ? Il est évident que ce n'est point admissible. Ensuite, si la langue latine était vulgaire en Gaule en 425, à quoi bon les diverses décisions des conciles qui, dès le VIIe siècle, ordonnèrent de traduire les sermons et les homélies dans la langue vulgaire des Gaules ? Oubliant ces injonctions précises et leur conséquence forcée, M. Geruzez a parfaitement démontré (1) que les sermonaires des XIIIe au XVe siècles, ne firent jamais entendre en latin la parole de Dieu, et que s'ils nous ont été transmis dans cette langue, c'est qu'évidemment ils furent traduits. Ainsi nul doute que les sermons latins de saint Bernard, qu'on regarde comme originaux, ne soient que la traduction de ceux en langue thioise, qui passent au contraire pour être la traduction de ceux-ci : c'était l'usage du temps. C'est ainsi que le beau discours prononcé aux Etats de 1484, par Jehan Masselin, ne nous pas été conservé différemment (2), etc.

En admettant cette erreur patente, comment expliquer,

(1) De l'éloquence de la Chaire, etc., au xve siècle, p. 51, 81 et seq.

(2) *Ibid*, p. 62.

enfin, cette répugnance des populations indigènes de toutes nos provinces, non pour la langue latine, qu'ils ont ignorée toujours, mais pour la langue thioise, et qui subsiste encore à un tel point que toutes ont pour elle des expressions du mépris on ne peut plus profond? Ainsi, pour elle, tout langage prétentieux n'est autre chose que parler franciot, franchiman ou franchiquer, comme on le dit dans la Belgique Wallonne, dans le midi de la France, dans le Nivernais, etc. Les Gaules ont vainement porté le nom de *Francia* dès le règne de Charles-le-Chauve, le peuple n'en appelle pas moins la langue nationale, la plus ancienne, du Gaulois. Jamais il ne l'a nommée, ou néo-latine, ou française. Louis XIV avait fait placer dans sa chambre un lit pour l'immortel auteur d'Athalie, afin de l'entendre réciter ses vers. Un jour Racine lui lit un passage des vies de Plutarque, traduites par Amyot. Le grand Louis l'interrompant brusquement, s'écria : c'est du Gaulois ! et il fit changer la lecture. Ce mot prononcé dans les régions sociales les plus élevées, est donc l'opinion de la majeure partie de la nation, et doit être, par conséquent aussi, une forte présomption en faveur de notre opinion. Le peuple, en effet, ne connait pas du tout les dénominations de langue d'oc, langue d'oïl, langue rustique, langue romane, langue thioise, etc. : pour lui, comme pour Louis XIV, tout ce qui est vieux français est simplement du Gaulois, quoique la majeure partie ignore probablement qu'il exista un peuple de ce nom.

Le comte Pazzo et M. Bouzeran ne devaient point être séparés ; ils ont les mêmes idées et la même science. Ainsi les mots patois viennent du Français, et ces derniers dérivent tous du latin, qui cependant n'a pas plus le mot *marcha* que tant d'autres que l'on trouve pourtant dans les idiômes nationaux.

Sous le rapport de la logique du style et de la politesse des formes, je ne pouvais pas non plus les séparer. Qu'ils restent uns dans leurs savantes idées.

Voici venir une attaque un peu plus sérieuse. On lit dans le *Journal de l'instruction publique* : (1) Le comité d'arrondissement de Cahors vient de prendre une importante délibéra-

(1) Du 19 janvier 1853, p. 122, col. 6.

tion relative à la prohibition de la langue vulgaire , désignée sous le nom de patois , dans les écoles. Convaincu que cette délibération, provoquée par M. le recteur de l'académie, éveillera l'attention et la sollicitude de tous les comités de surveillance , nous la publions en entier.

« Le comité, considérant la funeste influence que l'usage des patois exerce sur la prononciation de la langue française , et sur sa pureté ; considérant que l'unité politique et adminis-trative du royaume réclame impérieusement l'unité du lan-gage dans toutes ses parties ; considérant que les dialectes méridionaux, quelque respectables qu'ils nous paraissent , comme héritage de nos ayeux, n'ont pu s'élever au rang des langues écrites, qu'ils n'ont pas su formuler une gram-maire , ni fixer une orthographe , qu'ils n'ont produit aucun ouvrage remarquable , et que leur usage habituel a été signalé, par de bons esprits , comme une des principa-les causes de la supériorité littéraire du nord de la France sur le midi ; considérant que ces dialectes , dont la variété est infinie , rendent souvent difficiles les opérations judiciai-res , et notamment les débats des cours d'assises où figurent de nombreux témoins ,

A arrêté les dispositions suivantes :

Art. 1. Le DIALECTE PATOIS est interdit dans les éco'es pri-maires de l'arrondissement de Cahors. Les instituteurs ne l'emploiront jamais et veilleront sévèrement à ce que les élè-ves n'en fassent pas usage.

Art. 2. Les inspecteurs qui visiteront les écoles seront tenus de faire un rapport spécial sur cet objet.

Art. 3. Les instituteurs coupables d'infraction au présent , seront poursuivis et punis des peines de discipline confor-mément à la loi.

Art. 4. Les comités locaux de surveillance sont chargés de faire exécuter le présent dans leurs communes respectives.

Art. 5. M. le préfet est prié de vouloir bien le faire insérer dans le recueil des Actes administratifs , et d'en adresser un exemplaire à tous les instituteurs de l'arrondissement. »

En supposant que cet arrêté fût exécutable et légal , aurait-il rempli son but ? Les pères , les mères surtout, au-raient-ils donc cessé immédiatement de parler patois à leurs enfants ? Les pouvoirs politiques de l'antiquité qui voulurent

25

atteindre ce même résultat, prenaient un moyen plu.
prompt et plus efficace. Ils faisaient tout simplement, dit-on,
arracher la langue des populations dont ils voulaient détruire les idiòmes (1). Si, par malheur, les différentes fractions des pouvoirs civils avaient eu les mêmes idées que le
comité d'arrondissement de Cahors, quel eût donc été, en
somme, le résultat de la mise à exécution de pareils dispositions, en accordant que l'on pût jamais réaliser l'utopie
de l'uniformité de langage dans une nation aussi considérable que la France? Ces langues suaves auraient été détruites? Mais n'auraient-elles point été remplacées? Car
l'arrêté ne porte point de peine pour ceux qui ne parleraient
point le français d'après toutes les règles, et de là des
jargons nombreux, tous plus barbares que ceux qu'on aurait ainsi abolis, à moins qu'on eût pris aussi une mesure
pour que, dans aucune période de la vie nationale, le Français ne pût lui-même donner naissance à des dialectes, ce
qui est impossible, puisque je pose en principe, contre l'o-
pinion du savant Eichoff, qu'il ne peut exister de langues
sans dialectes. C'est à tort, en effet, que ce savant philologue affirme que le russe, tel qu'il est parlé de nos jours
dans la Russie propre et ses dépendances, n'offre point cette
foule de patois qui déparent tant de langues modernes. (2)
Cette assertion ne contient que deux erreurs : la première,
qu'il a lui-même combattu quelques pages plus loin,
est l'idée étrange que le russe n'a point de dialectes ; la seconde est celle qui regarde les dialectes comme déparant les
langues, proposition qui n'est guère convenable, et que le
savant philologue se charge aussi de détruire, quelques
pages plus loin, dans une passage que nous aurons également l'occasion de citer. On comprendra que tous ces
moyens ne valent pas encore la burlesque croisade du
Pazzo.

Que dirons-nous ensuite sur les considérants de cet arrêté?

(1) Pierquin de Gembloux , Histoire Littéraire des Dialectes néo-
celtiques du Midi de la France.

(2) Histoire de la Langue et de la Littérature des Slaves, in-8 , Paris , 1839, p. 69.

N'a-t-il point été suffisamment désapprouvé par la plume spirituelle de M. Charles Nodier ? Releverons-nous toutes les erreurs de faits qu'ils contiennent et qui annoncent l'ignorance complète de la matière ? Qu'est-ce que cela prouve en effet, qu'une langue soit écrite ou non ? Le celte, l'égyptien, le spartiate, le goth, le mexicain, etc., furent-ils écrits ? Auprès de ces langues reconnues, mettra-t-on les trésors littéraires de tous nos patois ? Que dire aussi de l'importance des grammaires écrites ? La morale n'exista-t-elle pas avant Socrate, et les langues avant les grammairiens ou les rhéteurs ? Avant Ramus la langue française en avait-elle ? Une langue vivante, et parlée dans la plus belle contrée de notre hémisphère (la Géorgie), était encore moins avancée, sous ce rapport, que tous nos patois, avant les beaux travaux de M. Brosset. Le turk, le mandchou, le grec moderne, le romaïque, la langue franque, exemple vivant de ce que deviendraient les langues couronnées si la proscription des patois pouvait être atteinte, sont dans le même cas, tandis qu'au contraire, le basque, le marseillais, le romanesch, le kathalan, etc., en possèdent. C'est là, d'ailleurs, le sort des dialectes, quoiqu'un grand nombre de ceux de l'Allemagne, de la Suisse et de l'Italie fassent exception à cette règle générale. Que prouverait, d'ailleurs, cette absence de grammaire, si ce n'est le caprice de quelqu'écrivain ? Dira-t-on que la langue russe n'existait pas encore au xviiie siècle, parce que ce fut seulement en 1765 que le fils d'un pêcheur, l'un des plus beaux génies de la Russie (Lomonosov), publia la première grammaire ? Ce serait aussi mal connaître l'histoire littéraire que l'histoire politique de cette vaste nation. Les langues vivent très-bien sans grammaires et fort souvent elles ne s'en portent que mieux. Ce que la science et la gloire nationales réclament surtout, ce sont des dictionnaires, et nous en possédons déjà plusieurs.

Quant à l'orthographe, j'ignore également ce que prouve ce reproche, et je ne sais pas si nous-mêmes en avons une. Nous n'avons jusqu'ici qu'un système irrégulier et purement conventionnel d'écrire les mots. Ensuite qu'est-ce que l'orthographe d'un dialecte qui ne s'est point élevé au rang des langues écrites ? Après tout, qu'est-ce que l'orthogra-

phe d'une langue quelconque, si ce n'est le pouvoir arbitraire, quoique légal, de fixer la parole humaine par le
moyen de signes alphabétiques en respectant, chez nous
du moins quelquefois et dans tous nos dialectes, par conséquent autant que possible, les lettres étymologiques ?
Tout ce que l'on peut conclure de l'oubli de ces deux lois de
l'orthographe patoise, c'est qu'elle fut tracée par des poètes,
et non par des savants, qui connaissaient les mots et pas du
tout leurs sources. En savons-nous beaucoup plus sur la
nôtre ?

Peut-on s'expliquer qu'une langue si cultivée, si complète,
que la langue esclavonne, se soit conservée par la seule
transmission orale jusqu'au moment où les deux frères Cyrille et Méthode, les premiers apôtres des slaves au XIXe
siècle, aient eu la gloire de l'écrire ? Le lithuanien, plus
complet encore, si c'est possible, ne nous offre-t-il point
le même phénomène ? Contrairement à ce que l'on a tant de
fois répété, ce mode de transmission n'altère point les langues ; c'est au contraire lui qui les conserve, et l'autre qui
les gâte, en propageant les altérations légales ; aussi
M. Eichoff, qui partage cette opinion, dit-il : Nous ne citerons, à l'appui de cette assertion, que les dialectes populaires encore existants dans les provinces de France et d'Allemagne, et qui rappellent beaucoup plus fidèlement le
latin et l'ancien tudesque, *d'où ils dérivent*, que les langues
polies et élégantes, usitées dans la société. L'esclavon, issu
de race indienne, a pu ainsi se perpétuer sans peine dans
toutes ses formes et toutes ses désinences, jusqu'au moment où deux saints missionnaires l'élevèrent au rang de
langue écrite. Le russe primitif, c'est-à-dire celui que le
christianisme n'avait ni enrichi, ni embelli, par le slavon,
eut pourtant aussi ses poètes, mais ni leurs œuvres, ni
leurs noms, ne sont parvenus jusqu'à nous. Boïan, le rossignol des anciens temps, le plus illustre des poètes populaires, comme Lumir chez les Bohêmes, n'est plus connu
que par la gloire que lui méritèrent ses chants, et cependant les cahutes enfumées des paysans riches rétentissent
toujours de légendes, de ballades touchantes, de romances
mélancoliques anonymes qu'il serait temps de recueillir aussi
avec plus de développements que ne l'a fait Goetze (Fürst

Vladimir und seine Tafelrunde, 1810. – Stimmen des russischen Volks 1828) J'en dirai autant des poésies populaires des Serbes (Narodne Szpske piesne, par Vuk Stefanovic. — Volkslieder der Serben, par Talvj. — Servian Poetry, par Bowring. — Chants serbes, par M. Elisa Voïart, et le précieux recueil de Miossich), des Bohêmes, (Celakovky, Slovanske narodni pisne, Prague 1822), de la Pologne, (Sielanki folske, 1778. — Volkslieder der Polen, Leipsig, 1833.) des Lithuanes (Rheza, Das Iahrnivier Gegansen, 1818. — Dainos oder lithanische Volkslieder honigsberg, etc.),

Ensuite il faut avoir acquis le droit d'être extrêmement difficile en littérature, pour trouver que nos patois n'ont rien produit de remarquable; ou bien il faut n'avoir absolument aucune idée de nos littératures patoises. Ce ne sont donc point autant de chefs-d'œuvre, que les étrangers nous envieraient à bon droit, que ces poésies de l'Anacréon toulousain, ces ravissantes Géorgiques Patoises de l'abbé de Pradinas, ni ces recueils charmants de Favre, de Tandon, de Martin, de Morel, de Bellot, de Dastros, de Gros, de Jasmyn, de Dupuy, d'Aubanel, de Richard, de Foucaud et de tant d'autres qu'il serait beaucoup trop long de citer au milieu de nos trois ou quatre mille ouvrages en patois. La littérature nationale offre-t-elle une pièce fugitive plus gracieuse que la suivante, que j'emprunte aux poésies de Clémence Isaure ?

Bela sazo, joëntat dé l'annada,
Tornar fasétz lo dolcé joc d'amors,
Et pér ondrar fizélés trobadors
Avéz de flors la testa coronada

Dé la vérgés humils, Régina dés Angéls,
Disén, cantan la piétat amorosa,
Quan, d'ab sospirs amars, angoyssa dolorosa
Vic morir én la crotz lo gran princé dés cels !

Ciutat dé mos aujols, ò tan génta Tholosa,
Al fis aimans uffris senhal d'onor;
Sios à jamés digna de son lausor,
Nobla coma totjorn et totjorn poderosa ?

Soën à tort l'ergulhos én él pensa
Qu'ondrad séra tos temps dels aymadors ;

Mès ieu say bén qué los joèns trobadors
Oblidaran la fama de Claménça.

Tal en los camps , la rosa primavèra
Floris gentils quan torna lo gay temps ;
Mès del vént de la nueg brancejado rabems ,
Moris et per Totjorn s'esfaça de la terra !

Et ces chants funèbres , improvisés journellement par les
Vierges de la vallée d'Aspe , ne méritent-ils point d'être soigneusement recueillis ? A l'appui de cette assertion , je ne
citerai que le suivant, prononcé sur le bord de la fosse éternelle, avec tout l'accent de la plus déchirante douleur , *Par
une fille qui venait de perdre sa mère.*

Noun béstounetz que siey tristo héro ,
Pusque perdey touto ma lumiero :
Noun b'estounetz qu'ayei la gran chagri ,
Dé touto mas gens que bedets era li.
En loc que noun poudretz trouba
U femno qué coum you débio ploura.
Qué sabets touts, en quan poc de temps,
Et me n'ay embiat touts etz meis parens'
Noun sayetz pas dem counsoula :
Arré que noun pouetz escouta.
Tan qu'a mai abey eu à mai-ou
Qu'erey capable de counsoulatiou
Pusqu'arré d'éro noun pot demo ra ,
Lichatlamé libramén ploura!
El darré truc de ceait qu'endiney touca
Maï ! qué per toustem em ba sépara
Maï ! qué counechetz ma triste positiou.
Ta qu'esperey qu'ayat piétat de you.
U que chen ham hero demoura ,
Béleou quém bératz cerca !

Je me bornerai aussi à demander si la langue française ,
maniée par tant d'écrivains, se prêterait à traiter la numismatique en vers. aussi bien que le patois de Carpentras ,
comme on va le voir dans la pièce suivante, que m'écrivit M.
Reybaud, en m'annonçant l'envoi de quelques médailles recueillies pour moi.

A MOUSSU PIERQUIN DE GEMBLOUX.

Ferré viei, **véiré** *rout.*

CANSOUNDEI FRIPIÉ.

Sabé, moussu Pierquin, qu'ama léis antiquaïou,
Et vous aï ramassa quaouquéï bonou médaïou,
    Qué barrulavoun sous méi dé :
Dé Counsul, des César, à mine escaragnadou
    Sous une crouste dé verdé.

Un Trajan qué faï gaou, tan sa teste éï poulidou !
Qu'éï pa'sta rousiga per une toumbe humidou,
    Qu'éï pa mémé counchia dé ver :
Junoun qu'a d'une man sa cornou d'aboundançou
Et qué semblou dé l'aoutre assaja séï balançou,
    Se pavanou su lou rever.

Un Gustou, pichot Diéou coulour de coupou-rosou,
Et qué, despiéï lou jour dé soun apotheosou,
    Din dé ruine ére entarra :
Qu'éï que vésé darrié sa piatousou figurou ?
Daou tranquillé Janus lou temple en miniature,
    Amé séï dous pourtaou sarra.

Un Philipou : bessai paou dé bru l'environou ;
Maï la joïou, Pierquin, poutouné sa courounou ;
    Vél'aqui dreche aqui darrié,
V'aqui sa ramou d'or, sa couroune, ah ! ma listou !
La gloire éis un niaou qué nous crébou la vistou ;
    Un poutoun voou maï qu'un loouié.

Un Glaoude ; aqueou daqui dourmigué sur lou troné,
Sé léi paouré d'espri, coumé mé l'an di aou proné,
    Oou Paradis s'én van tout dré,
Glaoude amoun deôu p'àgué la testou rouviousou,
Duvoun l'agué fa réi dé la bande ennuiousou
    Déi badalas et déi paouré.

N'aï tant! finiéou plus, se d'aquéléï figurou
Assajava, Moussu, de faïré la pinturou ;
    Piei , vésé, siéou qu'un tarnagas ;
Préne un ⲧ per un ɪ, préne un ᴄ per une essou :
Deschiffra sé voulés aquéléï viéïéï péçou
    Vous, Moussu, qué sià'n savantas.

De nos jours, au moment où les patois s'en vont, leurs
littératures ont pris un développement inouï, et bientôt
nous serons aussi riches en ce genre que dans tous les
autres. Devant bientôt nous occuper de la Bibliographie des
Patois (1), je ne citerai aucun autre des mille poètes qui
tous ont du mérite. Je dois cependant une exception à
M. Bellot, de Marseille, qui vient de publier une édition de
luxe de ses poésies. Ce troubadour aborde tous les genres,
mais c'est dans le conte et l'épître qu'il excelle ; l'épître dans
toute sa variété, avec toutes ses difficultés. Je voudrais pouvoir en donner la preuve. Je ne citerai cependant qu'un
fragment d'une pièce adressée au protecteur des patois. On
comparera les vers, le style et le dialecte, avec l'ode que
nous venons de transcrire , et le lecteur me saura gré de
ces communications.

    O tu qu'as illustra nouestro bello patrio
Per teis brillans escrits, tout pastas dé génio ;
Tu , sublime Nodier , la perlo deis aoutours ,
Qu'as fa souto ta plumo espéli tan dé flours !
Un aoutour marsiés , din soun groussier lengagi ,
Doou fruit de séis lésirs aougeo ti faïre hooumagi.
N'aourié pas prés ségur aquélo liberta
Sé Pierquin de Gembloux l'avié pas excita.
Oh ! sense eou leis escrits dé sa muso groussiero
N'oourien pas doou pays despassa la barriéro ;
Maï , vénén de la part doou savén inspectour ,
Bessaï l'accordaras un régard proutectour , etc.

Nous ne finirions pas si nous voulions jeter aussi un coup
d'œil rapide sur le mérite littéraire de tous les dialectes

(1) Langatlas de la France, de la Belgique-Wallonne et de la
Suisse-Romande.

de la France. Nous nous bornerons donc à citer encore
l'épigramme suivante dont on appréciera l'élégance, la
bonhomie, le trait et la vérité du tableau.

Voulés vous figura qu'aouque aoussel de rapina ?

Mettés dous procurous esquina countra esquina.

Quelle est donc enfin la portée du dernier considérant ?
Comment, dans le cas où la supériorité littéraire du nord
sur le midi de la France serait un fait bien constaté, la faute
en serait-elle aux patois ? Siccla était, nous n'aurions pas
encore assez d'admiration pour Châteaubriand et Lamenais.
dont l'oreille harmonieuse et poétique s'est formée pourtant
aux sons rauques du Bas-Breton. En terminant, on parle
aussi de l'opinion des bons esprits qui furent de cet avis. De
deux choses l'une, ou l'épithète qu'on leur donne n'est
point méritée, ou la citation est fausse. Je défie en effet
que l'on me cite un homme de mérite ayant émis de
semblables idées.

Terminant à notre tour par une seule observation, nous
dirons que cet arrêté n'eut absolument aucun effet quant à
son but, et qu'aucun autre comité d'arrondissement,
qu'aucune autre académie ne suivirent cet exemple. C'est
suffisamment démontrer, je crois, que le bon sens public
l'a hautement désapprouvé, ainsi que la philosophie nationale. Mais il y a plus encore, c'est que rien ne démontre
qu'il ait jamais obtenu l'assentiment de l'université. Loin de
là même, puisque le ministre de l'instruction publique
écrivait au comité historique de chartes chroniques et inscriptions : Les manuscrits des poèmes ou chroniques en langue romane provençale ne sont nullement exclus de votre
recherche. Tout ce qu'on en pourra découvrir et recueillir
sera porté à l'information des personnes savantes qui se
sont occupées plus particulièrement de cette branche de
notre littérature et qui sont désormais maîtres reconnus en
pareille matière.

Les ouvrages en langue trouvère qui ont été composés
dans un dialecte provincial particulier méritent attention.
On pourrait en éclairer l'étude par la connaissance du patois
moderne correspondant. Il ne sera pas indifférent, ajoute
encore le ministre un peu plus bas, d'examiner et de noter

26

ces restes du passé, avant que la civilisation moderne et l'usage de la langue générale les aient fait disparaître (1).

Lorsque l'on voudra sérieusement atteindre le but fort louable qu'avait en vue le comité d'arrondissement de Cahors, lorsque l'on voudra que les élèves des écoles primaires et secondaires ne confondent plus le patois avec le français, il faudra commencer par exiger que les maitres et les professeurs aient étudié, aient approfondi la science de la prononciation française. Mais pourquoi l'exiger alors que vous ne la connaissez pas vous-même? C'est donc une toute autre route que celle du comité qu'il faut suivre pour y parvenir. Exigez que les maitres apprennent, pour qu'ils les enseignent, toutes les lois de la prononciation et de l'orthophonie de notre langue. Voilà le travail essentiel, et c'est précisément celui auquel vous n'avez nullement songé. Prescrivez donc dans vos écoles, dans vos colléges, l'étude et l'enseignement simultanés de l'orthographe de la parole et de l'écriture, si je puis m'exprimer ainsi, et vous n'aurez pas besoin de recourir follement au vandalisme de la proscription des idiômes nationaux. J'ai senti ce besoin comme vous et j'y ai répondu (2).

Ce qu'il y a de certain, c'est que dès le moment que l'on proscrivit les dialectes vulgaires, le peuple fut étranger aux gouvernants et aux riches. Dès le moment que les sociétés savantes le proscrivirent aussi, l'instruction du peuple fut arrêtée, et de là date son mépris pour la langue artificielle de la haute société et sa haine pour le pouvoir; car à Bruxelles comme à Marseille les francillots ou franciots ne sont pas plus aimés que les paysans berrichons n'aiment ceux qui parlent *frais chien* ou *chien frais* (corruption du mot corrompu franchaïs). Proscrits par les rois, accueillis par le peuple des campagnes, ils restèrent leur langue privilégiée et se détachèrent totalement de celle qu'on protégeait. Mais comme, après tout, le peuple c'est la nation, lorsque les prêtres et les rois eurent besoin de son secours, ce furent dans leur idiôme qu'ils lui parlèrent. Ainsi, quand Conan, Meriadec et Maxime,

(1) Circulaire du 15 avril 1835.

(2) Pierquin de Gembloux, Tableau d'Orthologie Française, in-folio, Bourges 1839.

sortis de l'île Britannique, conquirent l'Armorique avec une armée d'insulaires, ils ne trouvèrent qu'un moyen d'y abolir l'usage des idiômes que vous avez repoussé; ce fut, disent les légendaires Geoffroy de Montmouth, l'auteur de la vie de Saint-Gueznou, etc., ce fut de tuer tous les hommes et de marier les femmes à leur soldats, après avoir arraché leurs langues.

Ce moyen de détruire les patois est le seul qui soit efficace, et si l'on persiste dans cette barbare proscription, l'on n'atteindra ce but que par la méthode anglaise, dont Hérodote nous fournit un autre exemple (lib. ii).

Le gouvernement impérial voulait ajouter à son auréole, cet autre rayon de gloire nationale. Il avait médité un travail de ce genre, sous l'inspiration du héros qui porta à un si haut degré le sentiment de la dignité nationale. Napoléon, dont le génie embrassait tout, avait en effet conçu le projet de publier, avec des commentaires et aux frais de l'Etat, le Trésor de Brunetto Latini, le maître de Dante. C'est dans ce but qu'il avait nommé une commission pour donner tous les soins possibles à la publication de cet écrivain thiois. C'est encore, poussé par le même instinct, par la même ardeur que le ministre Chaptal voulut dresser en quelque sorte un musée, un panorama topographique de nos patois; collection importante et curieuse, publiée en partie dans les différentes statistiques de nos départements, n'importe en quel format, et reproduit dans les mémoires de la société royale des antiquaires, mais malheureusement assez mal exécuté en général, en ce sens toutefois qu'à l'exemple des vocabulistes dont nous avons parlé, ils n'ont point soigneusement recherché, dans toutes leurs traductions, l'analogie des sons, mais seulement celle des idées. Elle offre bien pourtant l'état actuel de chacun de nos patois, mais non un moyen précieux de comparaisons ethnographiques ou étymologiques. En effet, tous les traducteurs de la Parabole de l'Enfant prodigue, et ils semblent s'être donnés le mot sous ce rapport, se sont efforcés de ne pas mériter le reproche si désirable, obtenu par Chartier à propos de sa traduction des OEuvres du divin Vieillard de Cos : *mentem minus autoris quam dictione dictionem explicat* (1). Dans l'in-

(1) Préface du premier volume,
Essai sur la Langue et la Littérature Morvandière, etc

térèt de l'etnographie française, autant que dans celui de l'é-
tymologie et du tableau comparatif de nos différents patois,
c'est donc encore un travail difficile et long que les savants
doivent recommencer.

L'on a dit aussi que l'on ne saurait jamais bien écrire en
plusieurs langues : cela est vrai, dans les langues complètement différentes, mais non dans celles d'une même famille.
C'est bien vrai lorsqu'on voudra s'occuper à la fois des langues logiques et des langues inversives ; mais l'analogie intime de notre grammaire et de celles de nos patois s'oppose
à ce que l'on applique cette assertion aux cas dont nous nous
occupons. Je pourrais cependant citer aussi contre cette
règle générale la brillante exception de mon illustre ami
Marchena, qui faisait également bien de la prose ou des
vers en grec, en latin, en français, en italien, en espagnol
et en patois, et qui était bien plus remarquable encore, sous
ce point de vue, que le savant Ménage.

Cependant, il faut en convenir aussi, trop peu d'exceptions s'élèvent contre cette vérité : j'accorderai que
la plupart du temps nos meilleurs poètes patois ne sont
même pas de très-médiocres poètes français ; mais il n'en
est pas de même, par exemple, en Italie, en Espagne, en
Portugal, au Brésil, au Mexique, etc. J'oserai cependant réclamer un jugement moins sévère en faveur de Dubartas, de Clément Marot, de Molière, de Lamonnoye, de
l'abbé Caldaguès, de l'abbé de Labouderie et de Thomas Paturel, courtisant à la fois, comme Ménage, les muses grecques, latines et patoises; de Piron, de Brueys, du P. Bougeant (1), de Florian, de Ducray-Duménil, de Fabre-d'Olivet, de Gaudy-Lefort, des deux Rigaud, de Martin, de Bellot, de Gresset, dont la charmante chanson en tourangeau
doit avoir fait sourire l'ombre de son rival et de son compatriote Palma Cayet, et plaire à la muse patoise de Mlle Estelle d'Aubigny. Je pourrais ajouter bien des noms encore à
cette liste. L'Espagne aussi a eu plus d'un poète qui marcha,
dans ce sentier, sur les traces de Cervantes et de Lopez de
Vega ; le Portugal vit plus d'un poète s'approcher aussi
des sublimes hauteurs où se plaça le grand Camoès. Quant
à l'Italie, après Goldoni, Tassoni, Parini, Alfieri, Manzo-

(1) Pierquin de Gembloux, Poésies inédites de P. Bougeant.

ni, citerons-nous encore trois ou quatre cents autres noms ?

La Constituante , à laquelle la France doit tout , ne comprit pas l'unité politique sous le rapport de la linguistique. Elle sentit très-bien que l'on pouvait appartenir à une même nation et parler des langues différentes , parce qu'elle avait vu que cette variété n'avait nullement uni à l'unité religieuse , bien plus vaste, bien plus étendue. Elle savait que la proscription des idiômes était le moyen le plus puissant de disgrégation nationale. Elle savait que là était l'étincelle des incendies religieux et politiques les plus redoutables. Nous avons cité un exemple des premiers et nous pourrions en indiquer un très-grand nombre de preuves pour les autres. En effet, les révolutions peuvent se faire avec les idiômes nationaux que l'on cherche à étouffer , et si jamais la malheureuse Pologne recouvre sa liberté , elle la devra précisément à cette circonstance. La révolution de Belgique ne fut exécutée en 1831 que par la religion ; mais celle qui se prépare sous nos yeux la sera tout simplement par les patois. Toutes ces pétitions adressées aux deux chambres, pour demander l'uniformité de langage, c'est-à-dire l'extinction du dialecte saxon nommé Flamand , n'a bien évidemment d'autre but que d'isoler les Flandres de la France d'abord , de la Hollande ensuite, et enfin du roi élu par la nation, qui ne connaît que l'anglais et le français et qui de plus est protestant. Le *Temps* contenait, au sujet de ce moyen de conspiration , des réflexions fort sages , nécessairement écrites par un linguiste. Une association s'est récemment formée en Belgique pour favoriser la publication de livres flamands et pour la propagation de cette même langue flamande , vieux et rude monument que le pouvoir veut détruire et qui nous est cher parce qu'il nous rappelle l'enfance de la nôtre, du moins quant à la partie wallonne , ainsi que ce nom l'indique , car la partie saxonne, ou réellement flamande, est toute theutonne. Celle-ci se parle à Gand, Anvers , Bruges , Courtray , Alost , Ypres , Saint-Nicolas , etc.

L'ensemble de la Biographie vient à l'appui de nos assertions. Jamais les auteurs patois n'ont été plus féconds qu'alors qu'ils avaient à lutter , soit pour leur culte, soit pour leur patrie. C'est en effet lors des agitations religieuses ou lors de la réunion de quelques provinces au royaume que les poètes patois chantent exclusivement dans leur langue, espèce de protestation, de provocation même à laquelle on n'a point fait attention. La révolution française fut encore une longue et fertile occasion de parler; aussi ferait-on, des différents écrits publiés en patois dans toutes les provinces à cette époque, une Biographie curieuse et trois fois plus étendue que celle que nous plaçons à la fin de cette lettre.

La Constituante, qui avait une conscience fatidique de tous les peuples que la conquête devait nous adjoindre, comprit cette question différemment; aussi décréta-t-elle le 14 janvier 1790, à l'exemple de tous les conciles les plus célèbres, la traduction de ses lois dans les dialectes des provinces. Vint la Convention, si célèbre aussi sous des rapports différents, qui décréta, le 2 thermidor an II, qu'aucun acte public ne pourrait, dans quelque partie que ce fût de la France, être écrit qu'en langue française et punissait d'emprisonnement le fonctionnaire qui en emploirait une autre. Mais son comité de législation lui rapporta, le 16 fructidor suivant, que sa souveraineté illimitée avait rencontré des limites, et elle suspendit l'exécution de sa loi du 2 thermidor, proclamant ainsi l'absurdité de ses prétentions et reconnaissant la puissance contre laquelle elle venait de se briser. Enfin, le 27 prairial an II, le gouvernement consulaire imposa l'usage exclusif de la langue thioise à tous les représentants de la puissance nationale, mais en les autorisant à transcrire en marge l'idiôme de la province; aussi les conspirateurs ne se sont-ils jamais emparés des faveurs du décret du 2 thermidor, ce qui n'eût certainement point manqué.

Un mouvement général s'imprime, sur tous les points de l'Europe savante, en faveur de l'étude des différents modes d'expressions phonétiques des nationalités éteintes ou vivantes Partout on ressuscite les peuples, on reconstruit leurs langues, on fait leur histoire : nos peuples, nos langues, notre histoire seront-ils seuls oubliés? Toutes les villes, toutes les provinces, tous les états dépensent des sommes énormes à recueillir des monnaies effacées, des inscriptions incomplètes, des statues mutilées, des bas-reliefs

fracturés, etc. , ayant appartenu à des nations étrangères,
ennemies, à nos barbares vainqueurs , n'ayant aucun intérêt pour notre histoire, ni pour la leur, encore moins pour
la gloire des Gaules, et seulement parce qu'ils appartiennent à des sociétés qui ne sont plus, qui, pour la plupart,
firent toujours beaucoup plus de mal que de bien à la chère
patrie, et nous laisserions s'établir une croisade sauvage,
déracinant les plus beaux fruits intellectuels du sol qui fut
notre berceau, détruisant des monuments vivants et précieux, bien autrement empreints du génie des populations
que ces monuments élevés par le génie d'un seul homme,
comme si ce n'était pas déjà trop que ces pertes irréparables et si nombreuses, dues à l'indifférente ignorance, dont
se plaignait déjà Jehan de Nostre-Dame, ou bien à la fureur
révolutionnaire, comme me l'écrivait naguères le savant
héritier du nom de Baluze ?

Il en est temps encore, hâtons-nous d'inventorier ces richesses nationales, que chacun se charge d'une partie de
cette vaste question; rédigeons surtout des vocabulaires;
comme l'immortel Lafontaine, entendons aussi les paroles
de son parent Pontrel, traducteur de Sénèque; lisons tour-à-
tour Platon, Horace, et l'abbé de Pradinas; marions à la fois
le grec, le latin, le français et les patois, qui se donnent la
main, qui s'éclairent réciproquement, qui ne sont tous que
des anneaux d'une même chaine intellectuelle, d'un même
réseau ethnographique, et nous pourrons étudier plus facilement ensuite l'influence que dut avoir sur le génie du bonhomme de semblables études. Là peut-être sera tout le secret de son talent. Il était peuple, en effet, et resta peuple. Il
aimait la France et lui parlait en français la langue de sa
nourrice, en face de la langue sérieuse et guindée de
Louis XIV, dont il ne reçut aussi ni la moindre récompense,
ni le plus léger éloge, tandis que Racine et Boileau, qui
n'eurent jamais aucun contact avec le peuple, qui ne compri-
rent jamais sa langue et dont le dernier ne fait même pas
mention du genre de poésie qui immortalisa son ami, l'auteur d'Athalie, celui de l'art poétique, courtisant à la fois le
grand Louis et le grand Arnaud, parlèrent purement cette
belle langue thioise, obéissant en même temps aux volontés du monarque, aux lois de son académie et ne se doutant

pas qu'il existât des idiómes populaires, de même que
les grands de l'époque n'apercevaient point le peuple. La-
Fontaine, au contraire, avait pris son parti, en connaissance
de cause ; sa conviction, à ce sujet, était établie; il avait
dit :

Ce n'est point près des rois que l'on fait sa fortune.

Imitons cet homme célèbre, comme l'empereur Frédéric, parlons tous nos patois, faisons comme lui des
vers provençaux (1), ne proscrivons point des muses que
cultivèrent avec tant d'enthousiasme Frédéric Barberousse
d'Allemagne, Alphonse II et Pierre III d'Arragon, Frédéric III de Sicile, le Dauphin d'Auvergne, le comte de Foix,
le prince d'Orange, le marquis de Montferrat, roi de Thes-
salonique, Richard Cœur de Lion, Guillaume XI d'Aquitaine,
dont la petite-fille Eléonore, répudiée par Louis-le-Jeune,
porta, en 1151, la souveraineté de la Guyenne, du Poitou et
de la Saintonge à Henri II de Plantagenet, etc. Mettons
aussi notre gloire à dire à ce propos, avec J.-C. Scaliger :
Ego omnia intelligerem. Suivons enfin les beaux exemples
donnés par la société royale des antiquaires de France qui,
fidèle à sa devise, *Sermones patrum moresque requirit,* a
seule, parmi toutes nos réunions savantes, accueilli et publié
d'importants travaux sur nos patois, et cela à une époque
où l'on était loin de pouvoir apprécier la hauteur de ses
vues et l'importance de ses recherches. Imitons enfin ces

(1) Ayant rencontré à Thurin, en 1154, Raymond Beranger II,
comte de Provence, à qui il donna l'investiture de ses fiefs, il répondit aux nombreux troubadours qui entouraient le comte :

Plas mi cavalier francez,
    E la dona Catalana,
E l'onrar del Ginoes,
    E la cour de Castellana,
Leu cantar provençalez,
    E la dansa trevisana,
E lou corps aragonez,
    E la perla juliana;
La mans e cara d'anglez,
    E lou donzel de Toscana.

écrivains illustres de la Grèce, que nous regardons comme
nos maîtres, comme nos modèles, qui admirent également
les patois de l'Hellénie, que les écrivains, de même que les
orateurs, devaient connaître tous, sans accorder une préférence exclusive à aucun. Sans cette circonstance dernière,
ils n'auraient point été des écrivains grecs, mais seulement
des auteurs Eoliens, Doriens, Attiques, Ioniens, Siciliens,
Peloponesiens, Crétois, Rhodiens, Phocéens, Bœotiens,
Massaliotes, etc. Du mélange bien entendu de tous nos patois résulterait une langue artificielle, intelligible à tous,
plus propre à peindre la nature entière avec des couleurs
plus vives, plus variées et plus pittoresques. Suivre une
marche opposée serait reproduire la méthode savante et
barbare de Ronsard et de Dumonin son élève (1), c'est-à-
dire hérisser le Français de mots grecs ou romains, que la
nation ne comprendrait pas.

En 1737, le comte de Maurepas eut la curiosité de faire
mettre dans sa bibliothèque tout ce qu'il y avait de meilleures poésies dans les divers patois du royaume : il y eut
dans chaque province des personnes occupées à faire ce
choix. M. Tassin, commissaire ordinaire de la marine, fut
chargé de recueillir ceux de l'Auvergne, et, dit à ce sujet
l'abbé Caldaguès, homme érudit s'occupant beaucoup du
patois natal, je ne fus jamais si surpris que de voir entrer
dans mon cabinet, le 29 janvier, un grand homme de bonne
mine, né à Constantinople, qui, après un compliment fort
poli, se mit à me prier, avec les termes les plus choisis et
les plus engageants, de lui rendre un service important.
Je vous avoue, Monsieur, que je me crus un moment
homme de conséquence ; mais je rentrai bien vite dans ma
modestie ordinaire lorsque je vis que ce service important
aboutissait à faire un recueil de pièces choisies auvergnates. Je le fis, il fut reçu avec une reconnaissance presque
outrée de la part de M. Tassin, et estimée à Versailles infiniment plus qu'il ne valait. Je compris par là que l'on oblige
souvent plus les grands par des bagatelles que par des services plus essentiels. A cette réflexion, j'en ajouterai une

(1) Girod de Novillars, Essais sur quelques gens de lettres nés
dans le comté de Bourgogne, in-8, Besançon 1806 ; p. 145 à 147.

27

autre qui est, que leurs patois, dans cette occasion, m'a plus
valu que tout mon français, tout mon latin, et le peu que je
puis savoir de grec ne m'ont valu dans toute ma vie, car M.
Tassin m'envoya trois livres d'excellent tabac, et il n'aurait
tenu qu'à moi d'en recevoir davantage. De ce récit, je conclus qu'il serait très-aisé à un homme comme M. l'abbé Sallier d'avoir communication de tous les recueils de la Bibliothèque de M. le comte de Maurepas. *Si j'étais à Paris,
comme je suis sans vanité assez bon grammairien patois, que
je sais et prononce assez bien celui de plusieurs provinces, je
me ferais un vrai plaisir de soulager un savant, tel que M.
l'abbé Sallier, d'une infinité de détails et de minuties, qu'il ne
faut pas négliger dans ces sortes de recueils* (1).

Qu'est devenue cette belle collection? Si elle est perdue ne
serait-il pas naturel qu'au moment où le profond et spirituel
auteur du Tableau de la Littérature au moyen-âge occupe
un poste analogue à celui de Maurepas, on entreprît de la
reformer? Je me rappelle qu'en apprenant le vol fait au cabinet des Médailles, en 1831, j'écrivis sur-le-champ au ministre du commerce pour lui offrir tout mon médailler, afin
de cooperer à la réparation de ce désastre; aujourd'hui,
Messieurs, je mets à votre disposition les manuscrits, les
livres patois que j'ai recueillis à grands frais; j'y joindrai
même, s'il le faut, mes notes, mes recherches, mon Langatlas, etc., enfin tout ce qui pourrait servir à improviser
une pareille bibliothèque dans votre sein, et qui, par votre
impulsion seule, serait d'une richesse inattendue dans
moins d'une année, surtout si la bibliothèque du roi y
joignait ses trésors emballés, etc., etc.; et comme l'abbé de
Caldaguès, je mets encore à votre disposition la connaissance que j'ai acquise de tous nos patois.

Encouragez, Messieurs, par votre exemple et par vos conseils le culte égal des muses de la patrie, écoutons toutes
les langues, et principalement les nôtres, ne proscrivons
plus ni les personnes, ni les choses, ni les auteurs, ni leurs
langues. Je sais très-bien que l'on a dit que le moyen de
tout apprendre était celui de ne rien savoir. Cet axiôme est

(1) Mémoires de la Société Royale des Antiquaires, t. XII,
p. 350 et seq.

juste partout ailleurs qu'en philologie. Ici au contraire l'u-
nique moyen de tout connaître est précisément de tout apprendre; car, ainsi que l'a dit Platon, dans le Cratyle
ὃ ἂν τὰ ὀνόματα ἰῇ, εἴσεται καὶ τὰ πράγματα. Concluons donc
toujours que l'étude des patois est la méthode zététique la
plus certaine de connaître non seulement la raison et la nature des langues conservées, mais encore l'antiquité anté-
historique non écrite. C'est ainsi que les dialectes tudesques
de la Suisse et de la France nous conduisent au zend, et que
chacun de nos patois peuvent servir à l'étude des idiômes
antérieurs, c'est-à-dire aux différents dialectes du Celte.

Faisons observer d'ailleurs que c'est moins un travail, une
imitation, une étude, qu'une simple attention, qu'une fraternelle caresse donnée à des souvenirs d'enfance, que
nous réclamons en faveur de tant de titres, de tant de droits.
Ce que nous désirons excuser en nous-même et préconiser
auprès des autres, c'est tout au plus un plaisir fugitif, trouvé
dans la culture de l'une de nos gloires, au lieu d'aller le chercher dans l'Espagnol, l'Italien, le Portugais, etc.

Ainsi, apprenons toutes les langues à l'aide de nos patois,
étudions les uns et les autres avec le plus grand soin, ne
restons étrangers à aucune richesse littéraire, et surtout aux
nôtres (1). Ayons soin de ne point mélanger stupidement leurs

(1) Parmi les pièces inédites que j'ai recueillies, je me plairai à
citer seulement la suivante. Anacréon n'a certainement rien de plus
frais, de plus délicat, de plus gracieux :

LOU PARPAYOUN.

Picho couquin dé parpayoun,
Vole, vole, té prendraï proun !
  Et pondre d'or su séïsa léte,
Dé mille coulour bigara,
Un parpayoun su la vioouléte
Et pièï su la margaridéte
Vouléstréjave dius-un pra.
  Un énfan, pouli coume un angé,
Gaonte rounde coume un arangé,
Mita-nus, voulave après éou,
Et pan !.... manquave ; et pièï la bise

mots, leurs idiotismes, leur prononciation, sous peine de
n'en parler aucune, et de n'être entendu de personne,
comme dans le mythe de Babel, ou bien de constituer une
langue nouvelle, tout-à-fait analogue à celle qui achève de
se former en ce moment en Orient, sous le nom de langue franque, et qui bientôt aura de même ses dialectes,
avant d'avoir sa littérature et sa grammaire.

Vous l'avez senti comme moi, messieurs, elle est sans
doute unique au monde, cette race gauloise, et cette patrie
d'une myriade de langues élégantes et sonores, entre lesquelles l'homme de goût et de génie aurait tant de peine à
choisir, quoique le pouvoir ait jeté le mouchoir à la moins
belle. Laissons-lui cette belle physionomie exceptionnelle,
et soyons en orgueilleux. Plus vaste que la Grèce, la terre
natale est également bien plus riche en dialectes variés, sou-
ples et gracieux. Indiquons à l'intelligence nationale d'autres
investigations, recherchons soigneusement la marche, la
vigueur, la portée de tant de créations sublimes. Imitons
aussi le philosophe italien Anselme, qui maria si habilement
les lumières de la raison à l'autorité des écritures, et qui,
fidèle aux lois de l'esprit humain, arrivait, comme Platon,
à la connaissance des idées par l'appréciation des lois du
langage. Nous élèverons ainsi, au génie national, le monument le plus riche, le plus beau, le plus glorieux et le plus
digne de lui.

Qué bouffave din sa camise,
l'asic véiré soun picho quiéou....
   Picho couquin dé parpayoun,
Vole, vole.... té préndraï proun!
   Anfin lou parpayoun s'arrèste
Sus un boutoun d'or printanié;
Èt lou bèl ènfan pèr darnié
Vèn d'aisé, ben d'aisé... èt piéi, lèste!
Din sèï man lou fai présonnié.
Alor vite à sa cabanéte,
Lou porte amé mille poutoun.
Mai las! quan drube la présoun,
Trove piu dedin sèï manéte
Que poudre d'or dé sèis alète!...
   Picho couquin dé parpayoun

Rétablissez enfin, messieurs, au centre même de la na
tion, et sous votre haut patronage, cette académie néo-
celtique que, sous le règne de Charles-le-Bel, sept principaux
citoyens de Toulouse fondèrent en 1323, sous le titre de la
Gaie société des sept trobadors de Tholose (1). Ecrivez,
comme eux, à tous les poètes néo-celtiques de France, et si
ceux du Languedoc, invités à venir lire leurs ouvrages
dans la cité Palladienne le 1er mai suivant, avec promesse
d'une simple violette d'or pour le meilleur, s'empressèrent
de s'y rendre, nul doute que ceux de la France actuelle ne se
hâteront de vous adresser immédiatement leurs auteurs,
leurs travaux, leurs dictionnaires, leurs mots, leurs chants,
leurs statuts, leurs titres, leur bibliographie, etc., tout ce
qu'ils découvriront enfin en langues néo-celtiques. Alors
seulement il me sera possible de compléter le Langatlas que
je compose avec tant de peine, et si lentement; monument
précieux élevé à notre gloire nationale, en linguistique, en
ethnographie, dont il n'est point encore d'exemple, et qu'un
Prussien vient d'exécuter, en partie, à notre grande honte.

En attendant, la Société des Sciences et Arts d'Agen seule
aura eu l'honneur de vous devancer dans cette carrière,
puisque non seulement elle a fondé un prix pour cette littérature, mais qu'elle a couronné le poète Jasmyn (2). La so-

(1) Biographie Toulousaine, article de Mejanassea (Pierre de).

(2) J'ai éprouvé plus d'une fois qu'un semblable travail, résu-
mant tous les dialectes d'une même nation, siècle par siècle, ne
peut être conduit à bonne fin qu'avec l'aide du gouvernement. Les
correspondances, les demandes n'auraient que des refus plus ou
moins polis. Il faut tout faire par soi-même. Si je m'adresse à mon
savant ami de Golbéry, pour l'Alsace, sa patrie, il me répond :
« Je désirerais de tout mon cœur concourir à votre beau travail,
mais où prendre le temps? chambre, conseil général, assises, ven-
danges et encore chambre : ce que vous proposez est beau et utile,
mais le temps et les moyens me manquent. » Si j'écris aux Bas-Bretons les plus distingués, à MM. Habasque, Penquern, de Blois, de
Carné, Le Gœsbriant, etc., mêmes réponses à peu près. M. Legonidec se charge-t-il de ce travail de topographie philologique? Il
meurt avant de l'avoir commencé. Je ne suis pas plus heureux quand
je m'adresse à d'autres hommes de mérite, tels que MM. Ducondut,

ciété archéologique de Beziers l'a imité puisqu'elle avait mis au concours pour 1840 trois sujets à traiter en patois. Deux des sujets proposés l'ont été de manière à servir de modèle. M. Daveau, coiffeur à Carcassonne, a obtenu le prix, pour un poème *sur le Passage de la Mer Rouge*. C'est pour la troisième fois que ses vers étaient couronnés par la même société. Des mentions ont été décernées à M. Mengaud, bijoutier à Toulouse, et à M. Viguier, propriétaire à Villegailhen (Aude).

Le prix proposé pour une *Epitre sur les amusemens du dernier jour du Carnaval* a été obtenu par M. Giraud (d'Eguilles), neveu de l'auteur du beau poème intitulé : *Leï Magnan*. Une mention honorable a été accordée à M. Ricard-Bérard, maire de Pelissanne.

Un troisième sujet, *le Sac de Beziers en* 1209, a moins heureusement inspiré les poètes patois, etc.

Bientôt des lumières inespérées, et de toute nature, viendront s'accumuler dans le comité que vous auriez fondé dans ce but : vous les disperseriez ensuite en les faisant rayonner sur tous les points de l'Europe celtique par un journal spécial, exclusivement consacré aux innombrables matières qui touchent à cette immense question : histoire,

---

a Pau; Nouseilles, à Bordeaux; Depery, à Belley; Humbert, l'orientaliste, de Génève; de Baluze, à Egleton; Raymond, à Chambéry; Aubanel, à Nismes; Auguste Aymard, au Puy, etc.; fort heureux encore lorsque l'on ne prend point mes questions pour des injures ou des mystifications, tant ces recherches paraissent inexplicables, et alors je reçois, en réponse, des billets dans le genre de celui-ci : « Aix, 6 septembre. — Monsieur, tout honnête homme, comme dit Addisson, peut être trompé par un sot ; j'ai répondu honnêtement et franchement à votre première lettre, et certes, je ne rougirai pas de la publicité de ma réponse, mais comme je vois que ceci est une fade plaisanterie à quelqu'un qui vit cependant tranquille et ignoré, et dont les poésies obscures et inconnues ne peuvent exciter la haine comme la jalousie de personne, je réponds à la hâte, au moment d'un voyage, à un être réel ou imaginaire, pour lui dire que j'ai déjà fait prévenir à la poste que je ne recevrai plus de lettres de Grenoble. J'ai l'honneur de saluer la personne qui me lira. DIOULOUFET (L'auteur du poème des *Magnan*), etc.

antiquités, linguistique, philologie, ethnographie, littérature, etc, toutes les branches des connaissances humaines gagneraient à cette création, à cette publication, et la gloire nationale elle-même n'en serait que plus brillante. Pour concourir à cette œuvre patriotique, je m'empresserai donc de mettre à votre disposition les nombreux matériaux que vingt années de recherches ont mis entre mes mains, ainsi que le résultat de mes études à ce sujet. Dans peu d'années, enfin, on ne verrait plus la masse des citoyens ni l'élite de la nation, complètement étrangère aux dialectes nationaux et dans l'impossibilité même de traduire aux étrangers le couplet chanté (1) par Jeanne d'Albret, au moment où elle donnait au monde, à l'histoire, à la France :

Le seul roi dont le peuple ait gardé la mémoire.

Je termine, messieurs, ma lettre, que vous trouverez sans doute beaucoup trop longue, en disant encore avec l'un de vos illustres présidents : ces études ont leur intérêt, leur originalité historique et piquante, et vous ne me reprocherez pas de m'y arrêter (2).

J'ai l'honneur, etc.

(1) La voici :

> Nouste-Dame deü cap deü poun,
>
> Adyudat-me à d'aquest'hore ;
>
> Pregats aü Dioü deü ceü
>
> Qu'em bouille bié délioura leu ;
>
> D'u maynat qu'am hassie lou doun :
>
> Tout d'inqu'aü haüt d'oüs mounts l'implore.
>
> Nouste-Dame deü cap deü poun,
>
> Adyudat-me à d'aquest'hore !

(2) M. Villemain, Littérature du Moyen-Age.

BIBLIOGRAPHIE PATOISE.

La Bibliographie est l'expression la plus nette de l'état des connaissances dans une société.

CH. NODIER.

Sermones Patrum moresque requirit.

VIRGILE.

Initium plùs quàm dimidium operis est.

QUINTIL,

FRAGMENT

BIBLIOGRAPHIE PATOISE.

A. L. M. L. Bucz, ar pèvar, mab emon duc d'Ordon, la-
ete form un dragedi, ma reizet en urz gant, etc., in-12, Le-
an à Morlaix 1834 (dialogues en vers).

Abadie, Théodore, Littérature languedocienne : Pierre Godolin (Revue du Midi, in-8, Toulouse 1836, t. II, pag. 379
392.)

Abanture comique de meste Bernat ou Guillaoumet de re-
purdens sous fougueys, in-8, s. d., pp. 8.

Abrégé du Réveil du Peuple, sans date, in-8o, de VII, p.
à 7. La chanson du Barliou, sous le titre de *Complainte ré-
publicaine, en patois de Grenoble, sur la révolution française
antée par un pauvre aveugle, l'an* III *de la république.* (Or-
hographe différente, et 16 couplets au lieu de 10.)

Académie des inscriptions et belles lettres, t. XVII, p. 728.

Adam de la Halle, dit le bossu d'Arras, *Li Gens de Robin
t de Marion*, drame du XIIIe siècle, en patois d'Arras. (Voyez
élange de la société des bibliophiles, t. II.)

Abbadie, A. Th. d', Etudes Grammaticales sur la langue
uscarienne, in-8, Paris 1836.

Abergwm, Miss Williams , Fairy, Legends of Wales.

Abrégé practic eus an doctrin gristen, in-12, Ledan à Saint-
Brieuc 1835.

Abrégé eus an aviel , gant meditationou evit an oll suliou
na goueliou mobil eus az bloas, evit ober orèson a galon,
hac un instruction evit disgi a ez ha facil e ober. Leqèt e bro
zonec gant an autrou messir Clauda Guillou Marigo, person
eus a barres Beuzec-Conq, in-18, Ledan à Morlaix 1830, Blo
à Quimper 1832-1836 , Prudhom. à Saint-Brieuc 1832-1833.

Achard, Vocabulaire provençal : Dict. de la Provence et du
Comtat Venaissin , etc. , in-4 , Marseille 1785.

Ouvrage incomplet, arriéré, plein d'erreurs, mais utile à
cause de quelques heureuses étymologies.

Ackermann, Paul, voyez Fallot.

Action Facétieuse, en vers provençaux entre cinq personnes. Mss. du xviie siècle.

Ader, Guill., Lou Castounet gascoun, in-8, Tholose , Ra-
mond Colomiés 1610.

Ader, Guill., Lou gentilhome gascoun e lous heits de gouer-
re deu gran e pouderous Henric gascoun, rey de France e
de Naouarre : boudat à mounseignou lou duc d'Espernou
per , etc., in-8 , Tholose , Ramon Colomiés 1610.

Adrian D, Grundzeuge zu einer provensalischen grammatick nebst chrestomathie, in-8 , Francfort-sur-le-Mein
1825.

Ce n'est point du Provençal c'est du Roman, et des poésies des troubadours Pierre Vidal, etc.

Agar, Paul-Antoine, mort de la peste en 1531.

La belou Paysano-Mignard, et lou Rasselou lou capitani
Fanferlu , sont ses meilleures pièces.

Agius de Soldanis, Grammaire maltaise, suivie d'un vocabulaire, in-12, Rome 1750 (Italien).

Daigrefeuille, Hist. de la ville de Montpellier (actes du xie
siècle en patois.)

Alacis , voyez Pezant.

Albert, curé, Histoire du diocèse d'Embrun, 2 vol. in-8,
Embrun , impr. de Moyse 1783 , t. i.

Alegre, R. Minime , lou P.-H. Joseph , Instructions mora-
los sur tous leis evangilos dominicalos de l'an , compousados
en lengage provençau , per la comoditat de messieurs leis

curats et l'utitital dei paures parossiens, que n'entendon ni comprenon pas lou françois, in 12, Marseille 1688, pp. 577.

Allard, Ballet en langage forésien de trois bergers et trois bergères se gaussant des amoureux, in-12. s. d. ni L.

Allard, Guy : Bibliothèque du Dauphiné, nouvelle édition publiée par P.-L. Chalvet, in-8o, Grenoble, veuve Giroud 1797.

Alleluia, Leis, daou 1er mai, per l'aoutour deis alleluia de 1814, sur l'imprimé de G. Mouret à Aix. A Marseille de l'imprimerie de Dubié, in-8o, Marseille 1821.

Allou, Description des monuments des différents âges observés dans le département de la Haute-Vienne, etc., in-4, Limoges 1821, p. 242 et seq. 257 et seq. 260.

Almanach de Troyes pour l'année 1767.

Almanacco universale per l'anno del signore 1839, del gran Pescatore di Chiaravalle, in-32, Milano et Genova presso Casamara, Piazza 5 Lampadi, con permissione, p. 41.

Almanach historique de Marseille pour 1773.

Almanac brezounec, evit ar blavez commun 1837, in-18, Lefournier à Brest 1837; un autre pour 1832 et 1835.

Annales Encyclopédiques, t. v., Notice sur Codolet et sa comédie, la même à peu près que l'avocat Patelin.

Armanac brezonec, evit ar bloavez 1837, in-18, Ledan à St-Brieuc 1837; un autre pour 1831 et 1835, chez Ledan à Morlaix.

Aman ez dez vou an Passion-Ha he goude an Resurrection-Gat Tremeuan en ytron Maria-Ha he Penzec leuenez Hac en dinez credy. Buhez. mab den E Paris a neuez imprimat. sign A — Piiii à la fin du volume, 1530.

Amant ez dez raou buhez santes Barba die rym, euel maz custumer he hoary en goelet Breiz, in-12, E. Montrovles 1647, 1 feuillet, et 2-206 pages.

Aymon, les quatre fils, tragédie en bas-breton, in-12. Morlaix 1833.

Amanton, C. N., Lettres bourguignones ou correspondance sur divers points d'histoire littéraire, de biographie, de bibliographie, etc., in-8, Dijon 1823.

Amanton, Notice sur les traductions de la parabole de l'Enfant Prodigue, en patois, etc. (Acad. de Dijon 1830, pag. 93).

Amanton , C. N. , Parabole de l'Enfant Prodigue et le livre de Ruth, traduits pour la première fois en patois Bourguignon, in-8, Dijon 1831 , tiré à 60 exemplaires : 2e édition, corrigée et augmentée , in-8 , Frantin à Dijon 1831.

Amilha, Tableu dé la bido del parfet chrestia en berrsses , qué represento l'exerci de la fé per le Pero Amilha , in-12 , Toulouso 1672.

Autre édition : Le tableu de la bido del parfet crestia en bersses, etc. , in-12 , Toulouse 1759.

Avec un glossaire sous le titre de : Esclarcissomen des mots particuilhés d'aqueste pays , en fabou des estrangés. De la page 346 à la page 360 et quelques airs notés.

Ampère fils , dans le journal le *Temps* du 15 janvier 1836.

Ancient mysteries described , especially the english miracles plays , in-8 , figur-London 1823.

André le Chapelain , Code des cours d'amour, publié par Raynouard.

Angar , P. A. d'. , Poésies provençales , manuscrit égaré. L'auteur mourut en 1631.

Anglès de Veynes , Vers en l'hounour dou chef de l'empire.

V. Annuaire et Ladoucette.

Annuaire du département des Basses-Pyrénées de 1811 à 1835.

Annales de Toulouse , t. II , notes , p. 12.

Annales de l'Auvergne , in-8 , Clermont 1829 , pag. 149.

Anibert , Mém. sur l'ancienne république d'Arles , t. III , 2e partie, pag. 400, etc.

Dolce , de la Antiguedad y Universalidad del bascuenze , etc., in-12.

L'antiquité du triomphe de Béziers au jour de l'Ascension , contenant les plus rares histoires qui ont été représentées au susdit jour , ces dernières années , petit in-8o , Béziers, Jean Martel, 1628. Ce volume contient :

1o Histoire de Pepezuc, faite sur les mouvemens des guerres , représentée à Béziers , le 16 mai 1616 ; 2o le Jugement de Paris, par Bonnet , avocat; 3o Histoire des Chambrières de Béziers sur le nouveau réjaillissement d'eau des tuyaux de la fontaine.

Apologie des anciens historiens et des troubadours ou

poëtos provençaux, servant de réponse aux dissertations de Pierre-Joseph, sur divers points de l'histoire de Provence, in-8, Avignon, Jean du Perrier, 1704.

Aquestas Mandinas, (Màtines), sont de Katherine Gentille Molher de Mathieu deu Bost, demorant en la rue de Las Tàulas, auprès de Saint-Marsau (Martial). Mss. in 4o, orné de belles enluminures, et daté de 1470. (Ce livre appartient à Mme Texandier de l'Aumonerie, à Limoges.) Un autre mss. aussi riche, daté de 1496, porte : *à noble fema* Catherine de la Jugie, molher del sieur Johan de Julié, bourgeois de Limoges.

Arbanère, Voyage aux Pyrénées, t. II.

Armoyre, Dictionnaire Français Breton du diocèse de Vannes, in 8o, Leyde 1774.

Ar regleus a drede-urz Sant-Dominic, hanvet urz ai brunigenu gant offiç an itron-varia, herver usach as memes urz. Eil edicion, examinet a corriget gant an autrou Abyrall, person eus a barres sizun, in-18, Lefournier, à Brest, 1834.

Ar buquelfur da dri bloaz, in-32, Ledan, à Morlaix, 1835.

Arena (Anton. de) Carmina Macaronica, in-18, 1670, etc.

Armanac Brezonec, evit ar bloavez biseaust, 1836, in-18, chez Ledan, Saint-Brieuc, 1836.

Armento Ossoria, Théatro anti-critico y universal.

Arribade de Guillaoumet, dens lous enfers, in-8o, Bordeaux, chez J. Lebreton, rue des Lois, no 3.

Arrigot, d', supérieur du séminaire de Bayonne. — Dissertation sur la langue basque.

Arnaud, Joseph, cordonnier à l'Isle, département de Vaucluse, arrondissement d'Avignon, mort le 2 février 1815.

Nouveau recueil de Noëls provençaux, composés par, etc. in-18; Carpentras, chez Gaudibert-Penne, imprimeur-libraire, et in-12, Carpentras 1815.

Arrivée (l') d'une dame de l'autre monde habillée en papier, in 8o, s. d. Besançon, pp. 16.

Artaud, le P. Zacharie, de l'Oratoire, ancien bibliothécaire: Athenœum Massiliense. Manuscrit in-folio, de la bibliothèque de Marseille.

Artaud, Voyage à Die, dans l'ancien pays des Voconces

(Annales encyclopédiques de Millin, février 1808, p. 157 à 297.)

Aspiroz, La lengua primitiva de la Espana, etc.

Assemani, l'abbé Simon, Se gli arabi ebbero alcuna in_fluenza sull' origine della poesia moderna in Europa.

Astores, Dell'origine, de' progressi e dello stato d'ogni lit-teratura , t. 1, p. 267.

Astruc, Mem. pour servir à l'histoire du Languedoc, in-4o.

Astarloa, Dom., Apologie de la langue Basque.

Aubanel, Odes d'Anacréon, in-12, Nismes, an x-

Autre édition , in-12 , Nismes , 1814.

Aubigné, Théod.-Agrippa d', Les aventures du baron de Fœneste , nouvelle édition en 2 vol. in-12, Amsterdam 1721.

Audibert , le fortuné Marseillais , comédie en un acte , in-8o , Marseille 1775 , p. 47.

Augel Delpas.

Augier, Guill., troubadour du xiie siècle, et qui s'attacha à Raymond de Bérenger , comte de Provence.

Aulbe, comte d', La Tasse , comedie extraicte du cabinet de la Muse du , etc. , petit in-8o (vers 1650).

Auzias March : Las obras, traducidas por don Balthasar de Romans , in-4o , gothique. Valencia, Juan Navarro 1539 , en Espagnol et en Catalan.

Auzias March, Las obres ara novament, ab molt diligencia, revistes y ordenades y de molts cants aumentades, in-8o, Bar-celona 1560.

Auzias March : De amor, poëmo.

Auzias March, Las obras ara, novament revistes y estampadas ab gran cura y diligencia. Posades totes les daclarasions dels vocables seus molt largamen en la taula , in-8o , Barcelona, Carles Amoros 1545.

Avis à las Fillettas sus las picudas d'una ser qu'exista din las rocas d'aou mol, in-8, Montpellier , veuve Ricard , 18...; pp. 12.

Avril, J. T., Dictionnaire provençal-français , suivi d'un vocabulaire français-provençal , in-8o, typographie d'Edouard Carlier 1840.

Avanturo (l') d'un Lebrau , in-8o, Marseillo 1758.

Axular , Pierre , curé de Sarre , Gueroco guero , 1642.

Aycar, Marie : Ballades et chants populaires de la Provèn-
ce, in-18, Paris 1826.

Aysso sont las ordennanssas e franchesas de la vila et
chastel de Lemotges approbadas, dounadas e confermadas
per Oudouart, prince de Galas, et de Guyanna, filh avant nat
deu dich Oudouart, rey d'Angleterra. Mss. de 1370 (Limoges).

B. G. F. La Granoulratomacheo o la furioso e descarado
bataillo des rats et de las grenouillos couts le reyne de Ro-
dillard et Croacus, à l'imitacio del grec d'Homero, poemo
burlesco, in-12, Toloso, per Bernat Bosc, 1664, poème de
4330 vers, en quatre chants, pp. 155.

B....t, Pierre : Mossu Canulo, comédie en trois actes et
en vers provençaux et français, in-4o, Achard 1831. (Prospectus). Voyez Bellot.

B......, Lous plésis daou Peyrou, méssés én vers librés,
émbé de notas historiquas per M. B... é dédiadas à M. S.....,
soun amic., in-8o, à Mounpéyé aco dé x. Jullien, imprimur, plaça de Louis xvi, no 2, 1829.

Babu, feu Messire-Jean, docteur en théologie, prêtre et
curé de Soudan : Eglogues poitevines, sur différentes matières de controverse, pour l'utilité du vulgaire de Poitou,
dédiées à Monseigneur le maréchal d'Estrées, commandant
pour Sa Majesté dans les provinces de Poitou, Xaintonge er
Aunis, par etc., in-12, Nyort, chez Jean Elies, imprimeur
et marchand libraire, sous les Halles, MDCCI, avec approbation et permission, pp. 99.

Balazuc, Guillaume de, troubadour du xiie siècle.

Balazun, le chevalier Pons de, du diocèse de Viviers; il ac-
compagna Raymond de Saint-Gilles, comte de Toulouse, à
la première croisade, en 1095, écrivit l'histoire de cette expédition et fut tué en Syrie en 1099.

Balda, Louis : Mémoires sur la province de Roussillon, en
Catalan.

Baluze, Etienne, Histoire générale de la maison d'Auvergne, 2 vol. in-folio, 1708, t. ii, p. 77, 80, 106, 112, 132,
136, 162, 169, 201, 251, 252, 253, 511.

Barbazan, Fabliaux et contes des poëtes françaises, 3 vol.
in-18, Paris 1756.

Baragnon, Jules, d'Uzez, Poésies inédites.

Barjon, Dictionnaire patois de Montpellier. Mss.

29

Barberini, voyez *Ubaldini.*

Barny de Romanet, J.-A.-A. , Histoire de Limoges et du Haut et Bas Limousin , etc. , in-8o , Limoges 1821, p. 30 et et seqq. passim.

Baro (du), Mors et vis (Imitation d'un conte du xⅡe siècle,) grand in-12, Paris 1834.

Barutel, Grégoire de : Le triomphe de l'Eglantino , par le sieur etc. , in-4o. , Tolose, chez F.Boude, 1651.

Basselin, Vaux de Vire d'Ollivier, in-8o, Caen 1821.

Bastero, don Antonio , Nobile Barcelloneze , dottor in filo-sofia e nell' una e l'altra legge , canonico, e Sagrestano mag-giore della catedrale di Girona ed esaminatore sinodale della medesima diocesi , detto fra gli Arcadi , Iperide Bac-chico.

La Crusca provenzale ovvero le voci , frasi , forme e ma-niere di dire che la gentilissima e celebre lingua Toscana ha preso della provenzale; arrichite ed illustrate e difese con mo-tivi , con autorità e con esempj. Aggiuntivi alcune memorie, o notizie istoriche intorno a gli antichi poèti provenzali , l'adri della poesia volgare , particolarmente circa alcuni di quelli tra gli altri molti , che furono di Nazione catalana , cavate da' mss. Vaticani, Laurenziani e altronde : opera di , etc. Volume primo (l'autre n'a jamais paru), in-folio , Roma ⅯⅮⅭⅭⅩⅩⅠⅤ, nella stamperia di Antonio de' Rossi, nella strada del seminario Romano vicino alla Rotonda. Con licenza de' superiori, pp. 172.

Sull' fine, p. 146 et seqq ; Cataloghe della maggior parte delle voci provenzali usate dagli scritori Toscani.

Baurein, l'abbé Jean , Variétés Bordelaises , ou essai histo-rique et critique sur la topographie ancienne et moderne du diocèse de Bordeaux , 6 volumes in-12, Bordeaux, 1784-1786, parle d'un glossaire (manuscrit égaré ou perdu) de l'an-cien gascon des chartes. V. en outre , t. 1 , p. 149 , 150, 111, 82 , 199 , 356, 364 , et v. 109 , 176.

Batissier, L. : Les douze dames de Rhétorique , par maitre Jean Robertet, petit in-folio , Moulins 1839.

Beauchamp, Recherches sur les théâtres , n-12, Paris , 1735 , passim.

Bedout, C., Lou Parlerre gascoun, coumposat de quouate

correus, per G. Bedoul d'Auch, in-4, Bourdeus, Pierre de Coq 1642.

Bec, J.-R.-G. Quœstionum de originibus linguæ Franco-Gallicæ. Specimen, in-8o, Lipsiæ 1810.

Bekker, Emmanuel, Le Roman provençal de Fier-à Bras, etc., in-4o, Berlin 1829.

Begue, François de : Comédies et chansons. Ces dernières ont été imprimées dans : Lou jardin deis musos provençalos, ou recueil de plusieurs pessos en vers provençaux, recueillidos deis plus doctes pouetos d'aquest pays, in-12, Aix 1665.

Beranger de Palasol, Chansons catalanes.

Bergeret, Neveu, Fables choisies de La Fontaine, en vers gascons, in-12, Paris 1816.

Berger de Xivrey, Lettre à M. Hase, etc., in-8o, Paris 1833, p. 207 et seqq.

Bergier, l'abbé : Les éléments primitifs des langues, etc., in-12, Paris 1764. Passim.

Bergier, l'abbé, Vocabulaires des langues comtoises, lorraines et bourguignones. (Cités par Court de Gebelin, Histoire de la Parole, p. 216, col. 6.) : du patois de Vesoul (le même, Dictionna re étymologique de la langue française, in-4, Paris 1773, p. LXIX), etc.

Belaud de la Belaudière, Louis : Obros et rimos prowenssalos, revioudados per Pierre Paul, escuyer de Marscillo, dedicados al vertuoux et generoux seignours Louis d'Aix et Charles de Casaulx, premiers consous-capitanis de doues galeros, gubernatours de l'antiquo villo de Marscillo in-4, Marseillo 1595.

Poète dès l'enfance.

— Obras et rimos prowenssalos et lous passatens de Loys de la Bellaudiero, mes en sa luzour, par P. Pau. Marseille, par Pierre Mascaron 1595.

— Barbouillado et phantazies journalieros de P. Pau. Marseille, par Pierre Mascaron 1595, 3 tomes en 1 vol. petit in-4.

Belleval, Charles : Notice sur Montpellier, in-8, Montpellier an XII.

Bellot, Pierre, Moussu Canulo, vo lou liou ingrat, comédie en trois actes et en vers provençaux et français, repré-

sentée sur les théâtres de Marseille, in 8 , Achard , **Marseille**
1832.

Bellot, Pierre, l'Ermito de la Madeleno, ou l'Observatour
Marsiés, in-8, Marseille 1824, p. 56 , six livraisons.

Bellot, Pierre, Les loisirs d'un flaneur , ou le poète par
occasion, recueil de poésies provençales et françaises , **in-12**
Paris 1822 , Marseille , Achard , p. 120.

Bellot, Pierre , Lou Gymnaso e lou grand theatré, epitro
satyriquo, à Moussu G. Dairnvœll, in-8 , Marseille , chez Bou-
vet , libraire 1838.

Bellot, Pierre , OEuvres complètes , 3 vol. in-8 , Marseille 1837.

Benazet, Olympe : Les malheurs des femmes mariées , in-8,
Toulouse , Lagarrigue 1839.

Barthelemy, directeur du Muséum d'Histoire Naturelle,
Lei Leys doou Canoubier, Conte véritable de 1838 , dedia
aou poueto prouvençaou Pierre Bellot, in-8o , Marseille,
typographiè des Noirs Feissat ainé et Demonchy, rue Canebière, no 19, pp. 8.

Beattie, William , Vallées Vaudoises pittoresques , p. 105.

Bernard , Claude-Barth.: Histoire de Rhion , chef d'Auvergne , in-16 , Lyon 1559 , *passim*.

Bernada (La) Bugandiri, tragi-comedia, in-12, Lyon, H.
Perrin 1658, pp. 48.

Bergoing , R. de : le quatriesme libre de l'Eneido de Virgilio revestit de naou et habillat a la brullesco , par le sieur,
etc., pet , in-4, Narbouno, per Dominge le Cuizot 1652. A la
suite de l'exemplaire de M. Martin se trouve un poème de
quatre pages, intitulé : *Le Retour de Dieri*.

Benazet, P. , Le Véridique franco-patois , in-4o , Toulouse
1833 , pp. 2.

Benoni, Mathieu : Patroun prairé , vo lou pescadou tou-
rounnen , comédie en deux actes et en vers provençaux ,
mèlée de couplets , in-8, Duplessis-Ollivault à Toulon, 1833.

Beronie, Nicolas, Prêtre, professeur émérite de l'Université. Dictionnaire du Bas-Limousin (Corrèze), et plus particulièrement des environs de Tulle, ouvrage posthume de,
etc., mis en ordre, augmenté et publié par Joseph-Anne
Vialle , avocat, in-4, à Tulle, de l'imprimerie de J.-M. Drap-
peau, imprimeur de la préfecture. Il contient en outre :

Les Ursulines, dialogue en vers, avec traduction en regard, imprimé à la suite de ce Dictionnaire, dont quelques exemplaires en sont privés, p. 355 à 361.

La Moulinade, poème héroï-comique, avec traduction en regard, p. 372.

Berses Toulousains, in 8o, Toulouse 1828.

Bertat, la : petit in-4, Villemeur à Limoux, 1837 (en vers).

Berthet, Franç., Epigramme sur la prise de Maëstricht.

> San Peyré, emé sa testo raso,
> Diguét, davant Mastrec, l'autre jour à san Pau :
> Per coumbattre aujourd'hui prestomi toun espaso :
> Din doues jours, per intrar, ti prestarai ma clau.

Berthet, Jean. . . . . .

Bertoumiou à Bourdeou, ou Lou Peysan dupat, in-8o, àBordeaux, chez J. Lebreton, rue des Lois, no 3, pp. 16.

Bertrand, Elie. : Recherches sur les langues anciennes et modernes de la Suisse et principalement du pays de Vaud. 1758.

Bertrand-Boisset : Mémoires sur la Provence de 1376 à 1414.

Besançon, l'abbé, Dictionnaire des Gens de Campagne.

Besse, G., Histoire des Comtes de Carcassonne, petit in-4o, Beziers, Arn. Estrudier 1645.

Billot, ancien militaire : Cantiques d'Arbois, in-18, Arbois 1806 (introuvable.)

Bibliothèque de l'École des Charles, in-8o, Paris 1839-40, etc. *passim*.

Biblioth. Royale Mss. 2408, fol. 223. (vers 1270), *Credo* en langue romaïque ; transcriptions en lettres grecques du texte roman.

Le *Pater* en grec et en roman, fol. 224.

Biographie Dunkerquoise.

Blanc, dit la Goutte : Epitre en vers, en langage vulgaire de Grenoble, sur les réjouissances qu'on y a faites pour la naissance de monseigneur le Dauphin. A Mademoiselle ***, in-4o, Grenoble, Pierre Faure 1729, pp. 22. Citée en entier dans l'ouvrage de M. Champollion-Figeac, Rech. sur les Patois, p. 13 à 145.

Blanc, dit la Goutte : Coupi de la lettra ecrita per Blanc dit lo Goutte, à un de sos ami, u sujet de l'inondation arriva à Garnoblo, la veille de Saint-Thomas, 20 decembre 1740, in-4o, Grenoble, imp. de Faure, Pierre 1741, p. 7.

Blanc, dit la Goutte: Grenoble malherou. A Monsieur ***, in 4o, Grenoble, imprimerie d'André Faure 1733 , p. 26. — In-8o, Grenoble, imp. de J.-L.-A. Girou, vers 1800, p. 24. — In-8o, Grenoble, imp. de Cochet, vers 1800, p. 24. — Poésies en langage patois du Dauphiné, in-8o, Grenoble, Prudhomme 1829, p. 1 à 18.

Blanc, notaire, Réflexions des marchandes de melons de la place Saint-André, au moment de la nomination de l'abbé Grégoire, in-8o, Grenoble 1839, (Citées dans les mémoires de l'abbé Grégoire, t. I, p. 214.)

Gilles-Blanc : la Bienfaisance de Louis XVI , vo leis festos de la pax , drame lyrique en deux actes et en vers, mêlé de français et de provençal, composé à l'occasion de la paix glorieuse de 1783 , dédié à MM. les maires , échevins et assesseurs de la ville de Marseille , par un marseillais : avec cette épigraphe :

L'idéo d'un bouen Rey mi fa vira la testo.

Acte II , sc. III.

In-8o , nouvelle édition , à Marseille, de l'imprimerie de Guion, rue Saint-Ferréol, 1814. Elle fut représentée en 1783.

Blanchet, Hector, Dictionnaire étymologique du Voironnais. Mss.

Blondeau, curé de la Chaux-des-Crotenay, Jura , Récit de la mémorable campagne de Vise-lou-Bue, 1820, inédit, suivi de notes philologiques, prosodiques, grammaticales, d'un glossaire, etc., par l'abbé Dartois. Voyez ce nom.

Bombes, mort depuis peu de temps, a laissé une collection manuscrite de trente pièces catalanes en cinq ou trois actes. L'une d'elle est intitulée *Lo Campana de Glorianes, Comédio*.

Bistorts : Poésies catalanes perdues.

Bochat, Loïs de : Mémoires sur la Suisse , 3 vol. in-4o, 1750, (noms de lieux expliqués par le celte.)

Bodouin, J.-F : Les grands Noëls nouveaux, composés sur

plusieurs chansons, en français, en poitevin et en écossois, in 8o, Paris s. d. gothique.

Boiceau de la Porderie, J. : Le Monologue de Robin , lequeau a perdu son precez, in-8o, Poitiers 1555. Satyre contre les plaideurs, très-souvent réimprimée.

Boisseau : Lou Lém'ni de Monpareu et l'échat méz'ri. in-18 , Bezançon. s. d. ni. l.

Bœlec : Eus escopti Leon, etc. Voyez Introduction d'arvuez devot, etc.

Bonamy, Mémoire sur l'Introduction de la langue latine dans les Gaules, sous la domination des Romains. Ad calc : Académie des Inscriptions et Belles Lettres , t, XLI , p. 349.

— Réflexions sur la langue latine vulgaire, pour servir d'introduction à l'explication des serments, en langue romance , prononcés par Louis de Germanie et par les seigneurs français , sujets de Charles-le-Chauve , dans l'assemblée de Strasbourg de l'an 842, t. XXIV. p. 386.

— Discours sur les causes de la cessation de la langue tudesque en France et sur le système de gouvernement pendant le règne de Charlemagne et de ses successeurs , *ibid.* p. 486.

— Explication des serments en langue romance que Louis, roi des Germains, et les seigneurs français, sujets de Charles-le-Chauve , firent à Strasbourg en 842, *ibid.* t. XLV , p. 289.

— t. XXIV. , p. 597.

Bonal, Antoine , Histoire du comté et des évèques de Rodez, 3 vol in-fol., mss. de la Bibliothèque du Roi.

Bonardi, docteur en Sorbonne : Bibliothèque Provençale, Mss.

Bonnet , l'abbé......

Bonnet, avocat : le Jugement de Paris.

Bonnet, Poésies Toulousaines, vers 1640.

Bonnet, Pierre , né à Beaucaire, le 21 août 1786, tourneur et cafetier : Pichotou Révuou deis saisouns Bouqueirenquou, poëmou patois en quatre cants , dedia eis bons enfants doue peïs, per soun servitour Bonnet, cafetier de Beoucaïre, in-8o, Arles, Enco de D. Garcin, imprimur, plaçou Royalou, 1839. A la page 91, on trouve : *Imprè-catioun crontou lou Mayestraou.*

Bonnet, cafetier de Beaucaire : Cansou deis nouveaux aristocratous, in-8o. Tarascon, imprimerie et librairie de J. Bastide et Gondard, 1835, pp. 4.

Bonnet : Cansous de Carnaval, per l'instructioun de la jouinessou, sourtidou de la fabriquou à vapour dou sieur Bonnet de Beaucaire, in-8o, Garcin, imprimeur à Arles, 1835, pp. 8.

— Leis doux Rivaous de la Tartugou, ou l'Ase, lou cou-lobre et la tarasque, poëmou epi-coumique en quatre cants. — Dialecte bouquirén, iu 8o, Nimes, imprimarié de C. Du-rand-Belle, 1840.

Dans le même volume on trouve, p. 115 : *Leis Olympiyens Demasqua*, poème. Dans la Gazette du Bas-Languedoc, no du 10 septembre 1840, une fable du même, intitulée : *L'A-louvete, sa fiè et lou Mirayé.*

Bonnet, Abregea Historiquou, en vers patois, deis princi-paoux faits arriva din Beoucaïre, despieï 89 jusqu'en 1832, in-8o, Arles, Garcin 1832.

Bonnet de Beoucaire, Recueï de cansous patoises, in-8o, Garcin, imprimeur à Arles, pp. 15.

Bonnet de Beoucaire, Recueï de cansouns patoisous per lou carnaval dé 1837, de la fabriquou dé, etc., in-8o, Arles, Garcin, imprimeur, 1837.

Il prépare un volume de fables, de contes et d'épigram-mes.

Bonneville, Jean-Pierre : Ce qué esperavian pas ou Jean-Pierre, revengu de Brest, intermede provençal, terminé par le train de Saint-Giniès, in-8o, Marseille 1781. Autre édit. s. d. imprimée aussi à Marseille.

Bons Mots et Contes Provençaux : petit in-folio manuscrit de 658 pages. Bibliothèque Royale.

Bonstetten, de : Breefe über etc. Lettres sur une contrée pastorale de la Suisse, in-8o, Basle 1782, (partie de cette vallée parle français. Ces lettres ont été réimprimées dans la collection des écrits de l'auteur, in-8o, Zurich 1792.)

Bordeu, médecin illustre et non moins illustre poète béarnais.

Borel, Trésor des recherches et antiquités gauloises et françaises, p. 229 et 230. — Au mot *Glouper*, élégie anonyme de 54 vers. V. Recueil de poètes gascons, t. II, p. 189 et seq.

Bourguignon, le , contan , in-8o, Dijon 1690.

Borne de Gouvant, Nouvelle Méthode pour apprendre à lire, à parler, etc. , p. 309 et seq.

Borna, Bertoumiou de, Elegio prouvensalo sur la paz, in-8o, Paris 1609.

Bosch , Sinucazi, Index , o epitome dels admirables y nobilissims titols de honor de Cathalunya, Rossello , y Cerdania, in-fol. , Perpinya 1628.

Bossi, Préfet : Statistique du département de l'Ain , in-4o , Paris 1808 , p. 318 à 321.

Bouche, Histoire de Provence , vol. 1 , liv. 2.

Bouche (Charlé-Francés), députa de lo ci-davan sénéchaoussado d'Aix , membré de l'assemblado naciouna!o counstituanto , è enquey d'aou tribunaou de cassacién. La counstitucién Francézo , traducho counfourmamen eis decrets de l'Assemblado Naciounalo Counstituanto en lengua prouvensalo, é presentado à l'Assemblado Naciounalo Legislativo , in-18, Paris de l'imprimarié naciounalo 1792 , français et provençal - pp. 271.

Boucqueau, Mémoire statistique du département de Rhin et Moselle , in-folio , Paris an XII, p. 70.

Boudet , le Triomphe du Soucy , in-4o , Tholose 1679.

Bougerel (le P.) , Parnasse Provençal, manuscrit in-folio, 3 vol. dont M. de Saint-Vincent a communiqué une copie à Millin.

(Il parle de 40 poètes provençaux : il appartient aujourd'hui à M. Portier à Aix.)

Bouges, le P. : Histoire Ecclésiastique et Civile de la ville et diocèse de Carcassonne, avec les pièces justificatives, etc. in-4°, Paris, P. Gandouin 1741.

Bouillet, (J.-B.) : Description historique et scientifique de la Haute-Auvergne, 2 vol. in-8o, Clermont 1839.

Pouillet, (J.-B.) : Guide du voyageur à Clermont-Ferrand, et dans les localités les plus remarquables du Puy-de-Dôme, in-18, Clermond-Ferrand 1836, p. 192 à 205.

Bouillet, (J.-B.) : Tableau historique de l'Auvergne, in-8o, Clermont 1840, no 4, 385 à 410, p. 447.

Bouilly, le Portefeuille de la Jeunesse, in-8*, Paris, 1830, p. 158.

Bouquet, lou, Prouvençaou, vo leis troubadours revioudas, in-12, à Marsillo, imprimarié d'Achard, carriero Saint-Ferreol, no 64, 1823.

Bouquet de cauquos flouretos cuillidos sul Parnasso Biterrois, in-8o, E. Barbut 1723, pp. 18.

Bouquet, le, spirituel de la mission, en vers bretons, in-8o, Brest 1726.

Bouquet, Jh. : médecin, Vocabulaire Troye n (c'est-à-dire de la ville de Troye, en Champagne), contenant 784 mots

Bourg, v. Pezant.

Bourgeat, (L. A. M.) de Grenoble, analyse de l'ouvrage de M. J. J. Champollion-Figeac, intitulé : Nouvelles recherches. etc. V. Magasin encyclopédique de Millin, juillet 1810, t. IV, p. 219.

Boutade de la Mode, récitée par un perroquet, dans Beziers, le jour de l'Ascension 1633, in-12, Beziers J. Pech...

Bovisset, Bernard : xive siècle : a écrit des notes ou mémoires sur les événements contemporains. Son Mss a été perdu dans la révolution.

Branche, Jacques, prieur de Pebrac : Vie des Saints et Saintes d'Auvergne. *Passim*.

Brand, (John) : Observations on popular antiquities, 2 vol. in-4o, London 1813. Édition de sir Henry Ellis.

Breviaire d'Amour : copie de la première partie, en vers provençaux. Mss. de l'Arsenal.

Brach, P. de : Poèmes, in-4o, Bordeaux 1576, folio 162.

Bredin le Cocu, Formulaire fort récréatif de tous les contrats, etc., in-16, Lyon 1594, p. 68. Chanson en patois de Saint-Anduel.

Briançon, Laurent de : Lo Batifel de la gisen, poèmo : in-8o, Grenoble.

Priançon, Laurent de, recteur de l'université de Valence, avocat au parlement de Grenoble, né dans cette ville au **xvie** siècle.

Lo Banquet de la Faye, poème.

Briançon, Laurent de : la Vieutenanci du Courtisan, poème.

Les trois poèmes de cet auteur se trouvent dans le Recueil de diverses pièces, etc., p. 1 à 52.

Bridel, le Conservateur Suisse.

Brieude, le docteur : Topographie Médicale de la Haute-Auvergne. *Passim.*

Briguet, Sébastien, Valesia Christiana, Lyon 1744.

Briz, voyez : Réflexionou profitabl, etc.

Brizeux, A. : Barzonek pé kanaouen ar vretonad, in-8o, Duverger, à Paris 1836. (Les quatre poèmes de cet auteur ont été traduits en français.)

Brondex, Chan Heurlin, ou les fiançailles de Fanchon˙, poème en **vii** chants, in-8o, Metz 1787. Réimprimé et continué en 1825.

Brueys, Cl. Escuyer d'Aix : Lou Iardin deys Musos Provensalos, Diuisat en quatre partidos, 2 vol. in-12, Aix 1628· Chez Estienne David, (avec les comédies et autres poésies de Brueys).

. — Lou Jardin deys Musos Prouvençalos, ou Recueil de plusieurs pessos en vers prouvençaux, chausidos dins leys obros deys plus doctes poètos d'aques pays de Prouvenço, aumentat de prouverbis, sentencis, similitudos et mots per rire : 1666, avec des figures en bois, et cette épigraphe :

> Voues-tu faire figu' à la mouer ?
> Liege aques libre et t'en ris fouer.

Les principales pièces de cette collection sont : Coqualani, discours à baston romput ; — L'embarquement, leis conquestos, et l'hurous viagi de Caramantran ; — Leis statuts de seng Peyré, que tous leis confraires devon gardar et observar selon sa forma et tenour; — Leis amours dou Bergié Florisco et de la Bergieiro Ollivo ; — Comédie de l'intérest ou de la ressemblanço, à trois personnages en cinq actes, par Brueys ; — La Bugado provençalo ounte cadan l'y a un panouchoun, enliassado de proverbis, **sentençços**, similitudos et mots per rire, en provençau, infumado et coulado dins un linçou de dez sous, per la lavar, sabounar et eyssugar comme si deou.

Brun et Petit-Benoist, Essai d'un dictionnaire Comtois-Français, in 8o, Besançon 1755.

Bruiant, J., Clerc: Prière et confession à Nostre-Dame. Ad calc, Catalogue des mss. de la bibliothèque de Chartres, n-8o, Chartres 1840, p. 156 à 161.

Brun, *Me*: Essai d'un Dictionnaire Comtois-Français, in-8o, 2e édit., Besançon 1755, pp. 39, etc.

Brunet, de Bordeaux, Recueil d'Opuscules et de fragments en vers patois, extraits d'ouvrages devenus fors rares, in-18 oblong, Paris, Gayet et Lebrun 1839 (tiré à 120 exemplaires).

Brunet, de Bordeaux, Lettre à M. de…. sur les ouvrages écrits en patois, in-8o, Paris 1839. pp. 68. Brochure pleine d'erreurs de toute nature.

Catalogue classé *chronologiquement* et dans lequel on prend des titres pour des noms propres et des noms propres pour des titres. V. 1604, 1615 au 10.

Il estropie les titres et les noms propres. V. 1604, 1609, 1611, 1615, 1628, 1652, 1687, 1694, 1820, 1743, 1783, 1816, 1 2 et 3. 1821, 1827, 1831, etc.

Des doubles emplois, 1612, 1662, 1820, 1826, 1832, 1837, etc.

Il ignore les noms propres très-connus des auteurs et des principaux ouvrages. Ainsi il ne dit pas que le volume indiqué sous l'année 1792 est du célèbre Latour-d'Auvergne et ne dit pas qu'il a été réimprimé; il en est de même pour ceux des années 1827 et il est loin de connaitre nos patois. (V. p. 67.) etc,

Brunet, Nouvelles recherches bibliographiques, 3 vol in-8, Paris, Silvestre 1834.

Brunet, Manuel du libraire, 4 vol in-8o, Paris 1820, 3o édition.

Buez ar Pevar, etc., Dialogue en vers, in-12, Morlaix 1834.

La Bugadiero. — Leis tres femos de Peynier. Le lendemain Romance, in-8o. Digne, imprimerie de Repos, pp. 4.

Bugado, la, provençalo, enliassado de proverbis, sentencis et mouts per riré, in-18, poémes très-rares.

Buez Louis-Philip d'Orléans, Roue ar Francisien, in-12, Ledan à Morlaix 1830-1832.

Buchon, Revue Trimestrielle, in-8o, Paris 1830, no 5, p. 90 à 104.

Buhé er Sant, guet réflexioneu spirituel ar ou œuvreu caerran, in-12, Galles à Vannes (Guened) 1839.

Bulard, Annuaire Statistique du département de l'Hérault, in-18; chez tous les libraires du département, an xiv, p. 15.

Bullet, Dom J.-B. : Mémoires sur la langue celtique, contenant l'histoire de cette langue, une description étymologique des villes, rivières, montagnes, etc. des Gaules, un dictionnaire celtique, 3 vol. in-folio, Besançon 1754-60. (Détestable ouvrage.)

Bulletins de la Société Archéologique de Beziers, in-8o, Beziers 1836, etc.

Burle (Balthasar de la), poète du xvie siècle, valet de chambre du cardinal de Bourbon. Voici ce qu'il dit, dans un poème, à propos de sainte Magdeleine :

> Revengut lou jour lous angis la portavon
> Ben plus haut que lou roc.
>
> . . . . , ...
> Jamay, per mauvais temps que fessa, que frédura,
> Autre abit non avia que la siou cabellura,
> Que como un mantel d'or, tan eram bels et blonds,
> La coubria de la testa fin al bas des talons.

Buteau, François-Marie : né à Château-Chinon en 1744, où il est mort le 19 janvier 1832. Le R'voillon d'Noé, vaudeville en un acte. Inédit.

Buteau, François-Marie, Pot-Pourri sur un voyage fait avec ma sœur, en 1790, qui se mariait dans le Berry. Inédit.

M. Buteau a fait encore beaucoup de chansons et d'excellents Noëls. Rien n'a été imprimé. Je me propose d'en donner une édition.

Buchez Santez Nonn, ou Vie de Sainte Nonne et de son fils Devy (David) archevêque de Mennevie, en 519. Mystère composé en langue bretonne antérieurement au xiie siècle, publié d'après un manuscrit unique, avec une introduction par l'abbé Sionnet, et accompagné d'une traduction littérale de Legonidec, in-8o, Bourgogne, à Paris 1837, tirée à 300 exemplaires avec un *fac simile.*

C., B. G. : Lou novi para, coumedio prouvençalo en tres actes, Cracoviou 1743.

Cabanes, Jean de : Poésies. Mss. in-folio de la Bibliothèque Royale, contenant : *le paysan astrologuo*, *Lisetto amourouso*, *lei Bigots*, *lou jugi avaro*, *satiro.*

Cabanes, Jean de, écuyer d'Aix, l'Historien sincère sur lo guerro doou duc de Savoyo en Prouvenço, en 1707, etc., in-8o, Aix, de l'imprimerie de Pontier fils aîné, août MDCCCXXX.

Cabinet des plus belles chansons nouvelles, in-12, Lyon 1592.

Cadec, D.-J. : Tragédie sacrée, commencée au jardin des Olives, ou Méditation sur chaque mystère de la passion, composées et dressées en prières bretonnes, in-8o, Brest.

Caldagués, l'abbé ; Recueil de Poésies Auvergnates (inédites) et des auteurs de Mont-Ferrand, 1733.

Calendrier du département des Basses-Pyrénées pour l'an 1811, in-32, p. 120 et 121.

Canceron, le P......

Canco, Pierre : négociant et troubadour en 1323 : (l'un des sept poètes qui fondèrent le prix à Toulouse. Il ne reste de lui qu'une chanson)

Cantichs Catalans, in-8o, Perpinya 1826.

Canepel, Hulderic : Historia Rhaetica. Mss.

Cant Rouyal et le més de may à touts seignours jutgés de sas flous per le fil de Dono Bernado, Toulouse....

Canzou Patoizo, in-8o, Toulouso, chez Froment 1839.

Cansous spirituelos en provençau à l'usage dei P. P. de l'Oratoire, in-12, à Marseille chez la veuve d'Henri Martel, imprimeur du roy, de la ville et du collége, à l'enseigne du nom de Jésus, 1700, 1711, avec permission, pp. 213 et 1721, Aix, 1703, (par le R. P. Mignot de l'Oratoire.)

Autre édition in-18, Marseille, chez la veuve d'Henri Brebion et Jean-Pierre Brebion, imprimeur du roy, de Mgr l'évêque et du collége 1716, pp. 52.

Cansoun nouvelle sur la mort de Nicoula, in-12, pp. 4.

Cansoun nouvelo su lou changemen dei gous, sur un air couneissus, in-8.

Cansoun, la, dey Magnans, in-8o, Avignon, imprimerie de Et. Chaillot aîné, p. 4.

Cansoun déscriptivo de la festo patrounalo dé Manosquo que si cèlebro lou 12 may, in-8o, à Apt, de l'imprimerie de J. Tremollière.

Cansou al sutchet d'un courri d'azi, in-8o', Toulouse 1828.

Canzoni Contadinesche in dialetto corso, con annotazioni, in-8, pp. 31.

Cantiques Provençaux où les psaumes, les hymnes, etc. sont exposés d'une manière proportionnée à l'intelligence des plus simples, in-8o, Aix 1689.

Cantiques et Noëls Provençaux, in-12, Avignon 1698; 1 feuillet et 160 pages, 1735; 3 feuillets et 412 pages, 2 feuillets de table et 137 cantiques. Celle de 1734 est moins complète et n'a que 276 pages.

Cantiques spirituels des Missions, imprimés par ordre de Mgr Jérôme-Marie Champion de Cicé, archevéque d'Aix et d'Arles, à l'usage de son diocèse (en langue provençale), in-18, Marseille, chez Mossy, 1804, pp. 108.

Cantiques Spirituels à l'usage des Missions des prêtres séculiers, in-12, Marseille, Frebion 1783.

Cantiques Spirituels à l'usage des Missions de Provence, en langue vulgaire. Nouvelle édition augmentée et rétablie sur l'original, in-12, Marseille, chez Jean Mossy, libraire à Cannebière, MDCCLVI, avec approbation et permission, pp. 426 ; à Avignon, chez Fortunat-Labaye, imprimeur, proche le Noviciat des Révérends Pères Jésuites, in-12, avec approbation et permission, 1735.

Cantiques Provençaux, in-8o, Aix 1703.

Cantiques en languedocien et en français, in-12, Castres.

Cantiques spirituels, in-12, Alby.

Cantiques spirituels des missions, imprimés par ordre de monseigneur Jérome-Marie Champion de Cicé, archevêque d'Aix et d'Arle, à l'usage de son diocèse, en langues provençale, in 8o, Marseille, chez Mossy 1804, pp. 108.

Cantiques spirituels à l'usage des missions des prêtres seculiers, in-12, Marseille, Trebin 1783.

Cantiques Provençaux où les psaumes, les hymnes et les prières de l'église sont exposées d'une manière proportionnée à l'intelligence des plus simples, in-12, à Aix, chez

G. Legrand, imprimeur et marchand libraire, proche et derrière l'hôtel de M. le président d'Agut, MDCXCVIII, avec approbation et permission, pp. 160, et la table.

Autre édition in-18, Aix, chez la veuve de G. Legrand, imprimeur et libraire, MDCCIII, avec approbation et privilège pp. 242.

Cantic var imitation ar *Salve Regina*, en adoration e plouzane, 1 mae 1836, in-12, Lefournier, à Brest, 1836, ·

Cantiques de Vesoul : un exemplaire unique entre les mains de M. de Chateaugirons.

Cantiquo su la passien, in-folio, p. 1, (composé vers 1600 et réimprimé plusieurs fois.)

Canticou Spirituel composet evit usach ar missionou. Pempet edicion, in-18, chez Lefournier a Brest, 1836.

Canticqo Neve, approuvet gant an autro an treust, viquelgénéral eus a escopti Saint Briec ; composet gant eur person canton, in 18, Jollivet à Guingamp, 1833. Brest, 1836.

Cansons Spirituelos en Provençau à l'usagi dei missieus, in-18, à Marseille, chés la veuve Henri Martel, à l'enseigne du nom de Jésus, 1700, pp. 103. — 1703, pp. 160.

Champmas, de Layrat, voyez Jasmyn, las papillotos p. 101.

Chansons nouvelles, in-12, pp. 4, Marseille.

C***, Pièces fugitives en vers français et patois, sans frontispice, in-8o.

Ce recueil, imprimé à Montpellier, est de Chrestien, médecin de Sommières et père du médecin de Montpellier.

Chrestien, fils du précédent, Poésies inédites et entr'autres une Tragédie.

Carenet,   , à madama Fanny : Cansou : Norina, in-8o, Montpellier, s. d. pp. 4.

Carion, Henri, L'z'epistoles kaimberlottes d'Jerome Pleumecoq dit ch'fissiau, précédées d'une notice servant d'introduction et d'une épitre en vers à Jérome Pleumecoq, in-16, Cambran, etc. 1839.

Carnaval, Lou, dou rey Réné, comédie en 5 actes et en vers, in-4, de 66 feuillets. Mss. de la Bibliothèque du Roi.

Carmentière, moine des îles d'Hyères, Biographie des troubadours, d'après les ordres d'Alphonse II, roi d'Arragon et comte de Provence. Mss. du xii siècle.

Carpentier, Glossarium novum, seu supplementum ad auctiorem Glossarii Cangiani editionem, 4 vol in-fol, Parisiis, Lebreton 1766.

Corbiac (Pierre de), poète Catelan.

Capefigue, Essais sur les Invasions Maritimes des Normands dans les Gaules.

Capelle, D.: Poésies diverses en patois de Toulouse. (Il vivait encore en 1675.)

Cardonna, Joan de, Las Navas Naveras de Joan de Cardonna, Tolosane, dictadas à la maison communa, in-4o, Tholosa, G. Bondville 1558.

Cartelier, avocat à Aix : Recueil de Proverbes Provençaux choisis, 1736.

Cartulaire d'Alby, in-4o, du XIIIe siècle, Bibliothèque d'Aix.

Carvin, aîné, de Marseille, Misé Galineto et lou révénant, vo lou mariagi de Rasefin : comédie en un acte et en vers français et provençaux, faisant suite au Barbier Rasefin, in-8o, Avignon, Pierre Chaillot, imprimeur, 1830.

Carvin, aîné : Au prix fixe, vo Scarpin courdounié deis Damos, comédie en deux actes, mêlée de couplets en vers français et provençaux, in-8o, Marseille, chez Mille et Senés, 1824, p. 36, (plagiat éhonté d'une pièce de Bellot.)

Carvin, aîné : Le Marché de Marseille vo leis doues coumaires, comédie en deux actes et en vers, in-8o, Marseille, de l'imprimerie de Jean Mossy, MDCCLXXXV, avec approbation et permission.

Carvin, aîné : Le Marché de Marseille, vo leis doues coumaires, comédie en deux actes et en vers, par un commissionnaire chargeur de Marseille, in-8, Avignon, chez François Raymond, libraire près le collège royal, 1821.

Carvin aîné, de Marseille : Lou Barbié Rasefin vo tartellettos patés chauds, comédie en deux actes en vers français et provençaux, in-8, Marseille, Marius Olive, 1827.

Carvin, Counfessien d'un Jacob, dialogue tragi-coumique en vers provençaoux entre mestre Noura et Patroun Siblet, in-8o, Marsillo 1820.

Carvin, Mesté Mauchuan ou le Jugement de l'Ane, comé-

31

die en un acte et en vers provençaux, in 8o, Marseille 1825.

Carvin, Mesté Barna, marchand dé vin eis grands carmés vo soou fas, fas pas maou, comédie en un acte et en vers provençaux, in-8o, Marseille 1824.

— Lou mariagi de Margarido, comédie en un acte, en vers, in-8, Marseille 1781.

— Moussu Jus, comédie en un acte et en vers, in-8, Marseille an xii.

C. . . . . . ., Jean dé Cassis oou Martegue, Imitation burlesque de Jean de Paris, etc., comédie en un acte et en vers provençaux, mêlée de contes, saillies et bons mots attribués aux anciens habitants des Martigues, représentée pour la première fois sur le grand théâtre de Marseille, en mars 1817, in-8, Marseille, chez Masvert, libraire sur le port, 1816.

Deuxième édition, in-12, Marseille, chez Estelbon, libraire, 1829.

Cassan, D. C. : La saouçou d'espinar ou suitou funestou dé l'errour d'un cousinié capouchin, amé quaouquis er nouta, in-8, Bonnet fils, à Avignon, 1837.

Caseneuve, Catalogne Française.

Cary, de Marseille, Dictionnaire Etymologique du Provençal. Mss inédit.

Cassanea de Mondonville, Jean-Joseph : Daphnis et Alcimadur, in-4, Toulouse 1785. Pastorale Languedocienne, avec la traduction interlinéaire, in-4o, Paris 1754.

Catalogue Falconnet, 3 vol. in-8, Paris, Barrois 1783, tom. ii.

Catalogue des Rolles gascons, normands et françois, etc., 2 tom. in-fol., Londres 1743.

Catastrophe affruse arribade a meste Barnat, ou sa séparatioun dam Mariote, pp. 8, à Bordeaux, chez J. Lebreton, rue des Lois, no 3.

Catéchisme dogmatique et moral, traduit en la langue vulgaire de Toulouse, dans lequel on a inséré tout ce que contient le catéchisme de Toulouse, avec quelques additions et explications fort utiles, en faveur des pauvres et particulièrement des gens de la campagne, in 8o, Mss. de la Bibliothèque du poëte patois Martin. Voyez ce nom : Au verso du titre : *Imboucaciu del sant Esprit* et un *Pregario*. Puis : une préface dans laquelle on prouve la nécessité et l'utilité d'un catéchisme traduit en langue vulgaire, jusqu'à la page 19. Un avertissement : A la page 369 commencent les *Hymnos de la Gleisa tournados en gascou*, ils finissent à la page 411, et enfin une Table.

Catéchisme, le, de Bellarmin, traduit en Breton, in-12, Nantes 1618 et Morlaix 1628.

Catechismé del dioceso, in-12, Toulouso 1817.

Catechis San Briec, in-12, Saint-Brieuc 1817.

Cathala-Cloture, Hist. politiq., ecclésiast. et littér. du Quercy, 3 vol in-8o, Montauban 1785.

Catéchisme Historic de la Historia Sagrada, in-8o, Perpinya....

Catéchima edo fedea Laburzkĩ, in-12, Cluzeau à Bayonne 1832.

Catéchisme, in-18, Perpinya 1826.

Catel ou Cattel, Jean : Mémoires historiques manuscrits. (Ce troubadour remporta l'églantine, en 1474, pour un sirvente assez médiocre).

Catel, Guillaume : Histoire des Comtes de Tholose, in-fol., Tholose, P. Bosc 1623.

Catholicon, Cy est le, en troye langaige sçauoir en breton, françoys et latin, lequel a este construit, copilé et intitulé par maistre Auffret Quoatqueuran, imprimé en la cite de Latreguier, par J. Calvez, in-fol., goth. 1449. fllets, 101. On connaît deux autres éditions de ce dictionnaire trilingue.

Cavalier fils, de Calvisson : Dialogue en vers français et patois, entre l'ombre de Louis XVI et son jardinier de Saint-Cloud, originaire du Languedoc, in-8, veuve Gaude, à Nişmes 1832.

Cavenne, Statistique du département de la Meuse-Inférieure, in-8, Paris, an X, p. 120.

Cazaux, Dom. L. : Annuaire pour l'an XII, contenant des notices pour la description et la statistique du département du Gers, in-4o, Auch, an XII, 1803.

Cazeneuve, Traité des jeux floraux.

Cazeneuve, Pierre, Les Origines françoises, in-fol., Paris, 1694 (fondues par Jault, dans la dernière édition de Ménage).

Chabrol, Commentaire sur la coutume d'Auvergne, t. IV, p. 501.

Chabot, Vocabulaire Dauphinois. Manuscrit égaré.

Chaingenai, célèbre vigneron dijonais qui avait un merveilleux naturel pour la poésie bourguignone, et qui était très-éloquent en patois; de là le proverbe patois: *Donner un soufflet à Chaingeai.* (Faire un solecisme ou un barbarisme en Bourguignon).

V. p. 266 au mot Tape-Çarre du glossaire placé à la suite des noëls bourguignons, édit. de 1738.

Chalibari d'un cournard reboultat, in 12, Noubel, à Agen 1835. V. Jasmyn.

Chalette, ingénieur-arpenteur à Châlons (Seine et Marne): Vocabulaire champenois. Manuscrit.

Champollion-Figeac, Nouvelles recherches sur les patois ou Idiomes vulgaires de la France et en particulier sur ceux du département de l'Isère. In-12, Paris-Gaujon 1809, XII et 201 pag.

Champollion-Figeac, Charte de commune en langue romane pour la ville de Grealou, en Quercy, publiée avec la traduction française et des recherches sur quelques points de l'histoire et de la langue romane en Europe et dans le Levant, in-8, F. Didot à Paris 1829.

Châlons, de, Dictionnaire breton-français, in-12, Vannes 1723, pp. 170.

Chanson Novelle do Siege mis devant Poeters, in 8o, Poeters 1569. Elle n'a pas moins de trente-quatre couplets.

Chanson de la fête de Lens, in 18, Arras 1837.

Chaulnes, le marquis de, Recueil de Noëls composés au langage de Grenoble, in 12.

Chaho, Joseph-Auguste: De l'origine des Euscariens ou Basques, ad calc., Revue du Midi, mai 1833, t. II, p. 141 à 158.

Chansons spirituelles qui doivent se chanter à la mission des Pères de l'Oratoire de la présente année 1701, in-18, à Marseille, chez la veuve d'Henri Martel, à l'enseigne du nom de Jésus, 1701, p. 32, — 1703, p. 32.

Plus, dans le même volume:

Cansons spirituelos en provençau, à l'usagi dei missions in-8, Marseille, etc., 1703, avec permission, p. 32. La première édition ; chansons spirituelles qui se chantent à la mission des Pères de l'Oratoire de la présente année 1700, in-8, etc., p. 24.

Chanson nouvelle, in 8, chez Griset à Boulogne, 1836.

Chapelon, Jacques-Antoine et Jacques, Prêtre, OEuvres françaises et patoises (de Saint-Etienne), in-8, Saint-Etienne 1779. — *Ibid* 1820, p. 296, dix Noëls en patois du Forez.

Chapitro brouillia, Poésies en patois de Grenoble, in-8o, différent du recueil publié en 1662.

Charbot, Nicolas, avocat à Grenoble, où il est né au commencement du xviii⁰ siècle : Dictionnaire étymologique de la langue vulgaire qu'on parle dans le Dauphiné. Manuscrit inédit, grand in-8o de 404 pages.

Charles, conseiller d'état à Fribourg : Etudes sur les patois et la linguistique : mss perdu.

Charpentier de Saint-Priest, J.-P. : Essai sur l'histoire du Moyen-Age, in-8, Paris 1834, chap. xix, etc.

Charte municipale des communautés de la Roche et d'A-lanson (Drôme), 1513, inédite.

Charte de Fondation de la ville de Saint-Nicolas, par le prieur et l'abbé de Moissac, de concert avec le vicomte de Saxet. 1135. (V. Gallia Christiana, très curieuse, car il y a peu d'actes de ce genre en patois).

Charte de 1201, en patois d'Auvergne, conservée aux archives de Bourgogne, à Dijon.

Chartes (trois) en Gascon : à la bibliothèque de l'Arsenal.

Chasseloup, baron de, Guide pittoresque aux eaux d'Aix en janvier, in-8o, Paris 1834, p. 144.

Chaubard de Roquebrune, Poésies languedociennes ; manuscrit égaré.

Chasteuil, Galaup de : Poète provençal. V. Galaup.

Choes à Ganneau spirituel aveil er Retraid Guenol 1793.

Chronica (la) de Cavallers cathalans. (Manuscrit de la bibliothèque d'Aix en Provence.)

Chronique Bitteroise en langue vulgaire (Cartulaire de Raymond-le-Jeune, comte de Toulouse.)

Christié, sur le patois de Nice (Magasin Encyclopédique, juin 1811, p. 274 à 282.)

Chazelle, Jean de : Pièces et chansons provençales.

Su la pauretat.

Troupo de quinolas orguillouso paurillo
Que tan fouert d'aqueou mau monstras de vous piquar?
Pauretat es un mau que noun se pou liquar,
Mai non offenso pas l'hounour d'uno famillo.

　Au contrari leis dens que mouestro lo roupillo,
Dun paure que partout se laïsso publicar,
Soun d'armos que lou fon tallamen respectar,
Qu'és un grand cop d'hazar si qu'aouqu'un lou goupillo
　Eou pou senso regret rouda tout l'univers,
Et laissa soun houstaou et ses coffres ouberts;
Faou ben per lou voular qu'un larron siege habile;
　Tan ben per cadenau n'a besou que d'un fiou,
Puisque lou seou dou Rey serié même inutile,
Ounte la pauretat a deja mes lou siou.

Chesnel, Adolphe de : Usages, coutumes et superstitions des habitants de la Montagne Noire, in-8, Paris, décembre 1839, p. 14 et 15.

Cillard, grand vicaire de Vannes: Dictionnaire français-breton, in-8o, La Haye 1756.

Clément, Marius, La Comète de 1835, in-8o, Marseille, chez Mille et Sénés, imprimeur. S. d., pp. 4.

Coblas de la mort y passio de Jésus-Christ in-12, Perpinya.

Chorrier, Nicolas: Recherches sur les antiquités de la ville de Vienne, etc., in-8, Lyon 1828, p. 318.

Chorrier, Nicolas, Histoire du Dauphiné, t. 1, p. 873.

Clarac du Vernet, Arlequin gascoun ou Grapignan, coumédie en un acte, en vers, in-12, Toulouse, J. Boudo 1985 (1685.)

Cochard, Nicolas-François: Notice historique et statistique du canton de Saint-Symphorien-le-Château (Rhône), in-8, Lyon 1827.

Codolet, Louis-Tronc de : Leis Fourbariés dou siecle, comedic représentée à Salon en 1684, in-8o, Salon 1757.

Colomb de Batines, P.: Bibliographie des patois du Dauphiné, in-8, Grenoble, Prudhomme 1835.

Collection de farces, moralitéz, sermons ioyeux, petit in-8 (15 livraisons.)

Collombet, Cours de littérature profane et sacrée, t. II, p. 492 à 496 et 511.

Colloque des trois suppots du seigneur de la Coquille où le char triomphal de monseigneur le Dauphin (Louis XIII) est représenté par plusieurs personnages, figures, emblèmes et énigmes, petit in-8, Lyon, par les trois suppots de l'imprimerie 1610.

Colloque Français et Breton ou nouveau vocabulaire, in-8, Saint-Brieuc 1822. — Brest 1823 et 1834, in-12.

Collot d'Herbois : Almanach du P. Gerard pour 1792, imprimé par ordre de MM. les commissaires des états d'Avignon et du Comtat Venaissin, in-18, Carpentras 1792. 68 pages en patois.

Colomez, Jean-Pierre, Le triomphe de l'œillet, in-4, Toulouse, Desclassan 1687.

Comédie manuscrite en patois de Bourg, communiquée par M. de Fenil à Court de Gebelin (V. Dictionnaire étymologique de la langue française, in-4, Paris 1778, p. LXX.).

Comédie de Seignè Peyre et seigne Jean, petit in-4, Lyon Benoist Rigaud 1580, de 8 feuillets. — Petit in-8, (réimpression figurée) 1832, Paris, Pinard, figures en bois, 8 feuillets : 42 exemplaires.

Compendi de la doctrina christiana compost y posat en orde per lo illustrissim senyor Joan Hervieu Basan de Flamenville, bisbe de Elna, per ser sol ensenyat en son Bisbat, etc., in-18, Perpinya en Casa de J. Alzine 1815.

Commentaire sur la Bible, en gascon : manuscrit de l'Arsenal.

Commentariolus viri cujusdam docti anonymi in literas gothicas ex vetustissimo quodam codice argenteo (ut eum vocat) sumptas, in-18, sans frontispice, p. 110 aux pp. 68 et 89 et seq.

Compilation dalguns priviledges et reglamens deu pays de Bearn, in-4o, Orthez 1676 et Pau 1716.

Compliman de Vaigneron de Vougeot à l'abé de Citea, in-12, Dijon 1699.

Conférence de Janot et Pierrot Doucet, in-4o, Paris.

Comte (François) d'Isle : Géographie dels conclats de Rosillo y Cerdania

Compte-rendu de l'administration communale adressé aux conseillers municipaux de la ville d'Aubenas au XIVe siècle.

(Ce manuscrit patois a été soustrait aux archives de la ville d'Aubenas depuis quelques années. L'oncle de M. Vernet en avait pris une copie.

Comtesse (*la*) *de Fumeterre* , manuscrit en patois de Montpellier.

Confession générale de frère Olivier Maillard en languatge de Tolose, in-8, gothique, sans date ni lieu d'impression, 12 feuillets.

Confirmation des usages et des coutumes de Charroux (monastère de Civray, (Vienne),) par Henry II . roi d'Angleterre, et par Richard, son fils (1247.) Recueil de Fonteneau, in-folio, ch. X., p. 331. — Bibliothèque de Oviliers.

Conogude causa seit à tots ceus qui sunt et qui serunt à venir que Audebers li conts de la Marche et si ancessor aviant itaus costumas et usages ob l'abé de Charros et ob les Borzeis et li reis Henric fils d'Angleterre et li reis Richart si filx, les terignirent tant com il veynrent et les firent à los baillis et prior de Charros per sagrament, les quaus li Borzeis de Charros jurerent tenir et garder deu commandement Audebert, comte de la Marche, et en après de ce mandement au roi Henry et Richart, son fil : et je Hugues de Lezigners, coms de la Marche en après approvey et conformey lesdites costumas, les quaus sunt étauds, etc.

La Venerie de Jacques du Fouilloux, seigneur dudit lieu, gentilhomme du pays de Gastine en Poitou, etc., in-4o. Paris, 1601, p. 89 verso et 90 recto.

Conrad Von Orell, Alt-Franzoesische Grammatick Worm die conjugation vorzugweise berük sichtigt ist, etc., in-8, Zurich 1830.

Conradi, Mathieu : Praktische Deutch-Romanische Grammatike die Erste dieser alt rhaetischen und im Graubeunden meist noch eublichen romanischen sprache, Wodurch dieselbe auf eine sehr leichte art greundlichte erlernt Werden kann, mit moeglichster Bollsteandigkeit bearbeiten und Herausgegeben, in-8, Zurich 1820.

Conradi, Mathieu, etc. Tas chenwoerterbuch der Deutsch-Romanischen sprache, 2 vol. in-8, oblong Zurich 1828.

Conradi , Rhaetisch-Romanische, etc., mss.

Conradi , Cantiques romans.

Constitucion francezo, en lenguo provensalo, in 16, Paris 1792.

Continuation des mémoires de littérature et d'histoire, t. VIII, part. I, p. 298. — Lettre sur une ode provençale.

Conto, lo, dau Craisu, coq à l'ane dans le patoi du canton de Vaud: in-4, sans lieu ni date (1780.)

Cordier, M. F. S.: Vocabulaire des mots en usage dans le département de la Meuse, in-8, Paris 1833.

Corona, Raimond: Canso ab lo qual conoys om lo astre de la luna prima 1833 (calendrier en vers), Stanzas à Loyse d'Izalguier; Canso de la Violetta, etc.

Cosson, voyez Pezant.

Costumas de Perpignaa, 1300.

Coumbettes, dit *Couquel*, tourneur de Castelnaudary : Recuil de cansous patoisos, compousados pér, etc., in-12, Groc à Castelnaudary 1835.

Couplé d'un arlatén d'Arle a un de seis compatriotou à Paris à l'occasioun de la festou dou courounamen, in-18.... pp. 3.

Courson, Aurélien de : Essai sur l'histoire, la langue et les institutions de la Bretagne Armoricaine, in-8, Paris, Lenormand 1840.

Court de Gebelin, Grammaire universelle, in-4, p. 87 et 97 et seq. 180-500. — Histoire naturelle de la parole, p. 15, 45, 145, 149, 153, 156, 164, 167, 168, 169, 170, 176, 193, 194, 220, 222, 226, 234, 235, 256, 257. — Dictionnaire étymologique de la langue française, t. I, p. LXVIJ à LXXIV, etc.

Courtet de Prade, La Miramondo, pastoralé en lengatgé d'Agen, in-12, Agen 1685. — Ramounet.

Courtet, Capiotte, Pastourale limousine, comédie : in-12, Agen 1701 — Bordeaux, vers 1684, et Limoges.... (Elle a eu plusieurs éditions.)

Crebo-Cœur (lou) d'un paysant su la mouert de son ay emé la souffranço et la miseri dei forças que son en galero, in-12, à la Poele, chez Pierre Fricasse, rue Rognou, à l'enseigne des côtelettes, pp. 36.

Congrès scientifique de France, 6e session, in-8o, Clermont 1837, p. 132 à 137.

Coxe, *W*, lettres sur l'état politique civil et naturel de la

Suisse, 2 vol in 8o, Paris 1781, traduit par Ramon de Carbonnière.

Combat. le, des trente, poème mss. dont parle de La Rue et Dom Morice , histoire de Bretagne , ch. 225, p. 439.

Crescimbini (Giac.Mario) : Le vite de' piu celebri poëti provenzali , in 4o, Roma 1722.

Crescimbini , Istoria della volgare poesia. Passim.

Cristoou et Fresquière , ou la queue de l'âne arrachée , comédie en un acte et en vers, in-8 , Marseille 1825.

C***, J.-B. , Lou Novy para , coumediou-coumediou prouvençalou en très actes, per, etc. , in-8o, à Cracouviou enco d'sowart Pzzepéndorousky , MDCCYLIII , Arles , pp 62.

Coye , Jean Baptiste, mort en 1768 et né à Mouriès, à 4 lieues d'Arles , auteur de plusieurs ouvrages et entr'autres : Lou Novy Parat, le prétendu rejetté, comédie en 5 actes en en vers, in-8o , Arles 1763. — Lou Délire, ou la descente aux enfers , in-8o , Arles 1749. Et beaucoup de poésies encore inédites, recueillies en partie enfin sous le titre suivant :

OEuvres complètes de J. B. Coye , en vers provençaux , in-8o, Arles, Adolphe Mesnier, imprimeur du roi, 1839.

Crapelet , G.-A. , Remarques historiques , philologiques , critiques et littéraires sur quelques locutions , proverbes et dictons populaires inédits du moyen-âge, in-8o , Paris 1831.

Creuzé de Lesser , Hippolyte, Statistique du département de l'Hérault, in-4o, Montpellier 1824 , p. 200 à 209 , p. 241.

Curé, le, dé nostré billatgé, en vers, in-8o, Toulouse, Lagarrigue 1839.

Cruel , le , Assiégement de la ville de Gais qui a esté faict et mis en rime par un citoyen de la dicte ville de Gais , en leur langage, avec la joyeuse farce de Joannou dou Treu, in-12, Lyon 1594. Ce poème est suivi de la *Joyousa Farsa* , etc.

Cuvelier, Trouvère du XIVe siècle, Chronique de Bertrand Duguesclin, (22790 vers) publiée pour la première fois par E. Charrière, in-8o , Paris. C'est la première histoire écrite sur les particularités de la guerre de la succession de Bretagne, sur l'expédition d'Espagne et sur la guerre d'expulsion des Anglais.

Dafestrières-Murat, L'Art de cultiver les pays de montagnes, etc., in 12, Paris 1774. *Passim.*

D'Aigrefeuille, Histoire de la ville de Montpellier. (Acte du **ix**e siècle, en patois.)

Daire, le père : Histoire littéraire de la ville d'Amiens, in-4o, Paris 1757.

D'Alayrac, Raimond, troubadour d'Alby, couronné en 1325 par les sept trobadors de Tholose, pour sa *Canso de mossen Ramon d'Alayrac, capela d'Albegés el gazanhetne la violeta del aur à Tolosa, la seconda vetz en l'an* **mccccc xxv** (*Mss. des Jeux Floraux*).

Darrigol, l'abbé.

Dartois, l'abbé, curé à Villiers-sous-Montrond (Doubs), Recueil de pièces en différents patois de Franche-Comté, précédé d'observations générales sur les patois de Franche-Comté, et dédié à M. Pierquin de Gembloux. Inédit.

Ouvrage d'une érudition et d'une patience étonnantes, dans lequel ces patois sont tour-à-tour envisagés sous les points de vue divers de la philologie, de l'étymologie, de la grammaire, de la littérature et de la bibliographie.

Dartois, l'abbé, Lai revenge di caipucin, conte en patois de Besançon, en 450 vers, suivi d'un glossaire. Inédit.

Dartois, l'abbé, Lai feto das Andrai, poème en patois de Villers-sous Montrond, canton d'Ornans (Doubs), précédé d'une épitre dédicatoire, en vers patois, à Mme Pierquin de Gembloux, suivi d'une lettre en patois, à M. Pierquin de Gembloux. Le poème a 500 vers, et la lettre 38 pages. Le glossaire qui suit toutes ces pièces a 46 pages.

Dastros, Las quatre sazous, pouèmo, en patois de Saint-Cla de Loumagne, in-12, Tholose 1680.

Dastros, J.-G., Lou trimfe de la lengouo gascouno aus plaxderats de la quouate sasous et deous quouàte elomens daouant lou Pastou de Loumaigno, in-12, Toulouse 1700 et 1762.

Dastros, docteur en médecine, Fables Provençales, (extraites du troisième volume des mémoires de la Société Académique d'Aix) in-8o, Aix 1827, p. 21.

Daubasso, Arnaud, Les œuvres, in-8o, Villeneuve 1806.

Daunou, Histoire Littéraire de la France, t. xvi.

Davaile, Annales de la Bigorre, avec des poésies patoises, in-8o, Tarbes 1818.

Davies, Jean, Grammaire celtique, in 8o, Londres 1621.

Davies, Dictionnaire celtique, in-8o, Londres 1632.

Daubian, le citoyen, Le Misanthrope converti, comédie en cinq actes, en vers patois, in-8o, Castres, Rodière 1797, pp. 95. On trouve un petit glossaire à la suite. (C'est une imitation du Misanthrope de Molière.) Taschereau et Querard ne l'ont pas connue.

Daveau, coiffur, Odos presentados al concours oubert pér la soucietat archéologiquo de Béziers, in-8o, Carcassoune, chez Pommiés-Gardel 1839.

Daveau, coiffur, Lé passaché de la mar roujo. Odo qu'a oublengut lé prex al councours oubert per la souciétat archeologiquo de Béziers, le 28 mai 1840, in-8o, Carcassoune, imprimerie de C. Laban 1840.

Daveau, coiffur, Pouema en l'hounou de l'inauguratiou de la statuo de P. P. Riquet, à Béziers, courounat per la souciétat archéologiquo d'aquesto bilo, in-8o, Carcassouno, imprimarié dé L. Pommiés Gardel 1839.

Daveau, coiffeur, Poésies diverses en langue romane, 1 vol. grand in-12 (annoncé.)

Debussi, V. Mis Mac, etc.

Degrand, Jacques, Carnabal dens l'ilo das Satgès, pouemo, in-8o, Toulouse.

Degrand, Jacques, Las Matinados de Moussu, in-12, Carcassounno 1803.

Defenso de Janet Carnabal (en vers), in-8o, Toulouso, Bemchet ainé, 1831.

Dégut, J. F. M., A M. de Truchet, membre de l'académie de Marseille et de plusieurs sociétés d'économie rurale (épitre en vers), in-8o, Arles, Garcin, imprimeur de la ville et de la sous-préfecture, octobre 1832.

Delacroix, Statistique du département de la Drome, in-4o, Valence 1835, 2e édit., p. 296 à 300, 305.

Delacroix du Maine. Passim.

De la Fontenelle de Vaudoré, Recherches sur la langue poitevine, in-8o, Poitiers, sans date, pp. 28.

Delarbre, l'abbé, Notice sur l'ancien royaume des Auvergnats et sur la ville de Clermont, in-8o, Clermont 1805, p. 90.

Demons, Martin, Amb'aquel sirventes figurats Marti Demons, marchant de Malcosinat de Tholosa, gazanhet del Eglantina Mss. de l'académie des Jeux Floraux 1449.

Delprat, Guillaume, Las Bucolicos de Virgilo tournados en bers agenez per, etc. dambé lou lati à coustat, per fa beire la fidelitat de la traductiou, in 12, Agen, Timotheo Gayan, 1696, 55 feuillets, texte en regard.

Delprat, Guill., La Bucolicos de Virgilio, tournado en vers agenez, dambé lou lati a coustat, in-12, Agen 1694.

De La Rue, l'abbé, Essais historiques sur les Bardes, les Jongleurs et les Trouvères Normands et Anglo-Normands, 3 vol. in-8o, Paris 1834.

De la Rue, l'abbé, Essai Historique sur la ville de Caen, 2 vol. in-8o.

Delmas, Gaëlan, Les Poètes populaires de la France. Ad calc. Revue du xixe Siècle, t. iv, p. 115 et seqq., 2e série. — Godelin, p. 513. — Aubanel, p. 516.

Delpegh, Jean, Sirventes a l'honor del Rey nostre senhor, baillat, l'an 1450, per loqual gazanhet l'anglantina Johan Delpegh, estudiant. Mss. de l'académie des Jeux Floraux.

Depping, Histoire des Expéditions Maritimes des Normands, 2 vol. in-8o, Paris 1826.

Depping et Licquet, Histoire de Normandie, 2 vol. in-8o, Rouen 1834.

Deribier de Cheissac, Vocabulaire du patois du Velay. Dans la statistique de la Haute-Loire. (Mémoires de l'académie royale de Clermont, t. ix.)

Desanat fils, Lou Canaou deis Alpinos, odo, in-8o, Marseille, Mossy 1839.

Desanat fils, Vengenço natiounalo vo la destructioun d'Abd-el-Kader, chant guerrier, en vers prouvençaous in-8, Marseille 1840.

Desanat, La Festou de Nostrou-Damou-dé-Casteou, en vers prouvençaou, dedia à la jouinesso de Tarascoun, in-8o, Tarascon 1835.

Desanat fils, J., Critiquou controu de paouri vers publia aou sujé de la festou de Nostrou-Damou-dé-Casteou, poémou satiriqué, in-8o, Tarascon, c ez Bastide et Gondard, 1835, p. 16.

Desanat fils, Résufatien dirigeado contro la Gazette d'oou miéjou : epitro dediado aou duc d'Orléans, in-8o, Marseille 1839.

Desanat fils, Epitre councernant la festo dei Courtié de Tarascoun, in-8o, Marseille 1837, et d'abord in-4o, Limoux, 1834.

Desanat, fils, Epitro à Pierre Paul Riquet de Bon-Répaou, aoutour doou canaou doou Langadoc. Ad calc. L'*Echo du Rhône* du samedi 17 novembre 1838.

Desanat, Jh., Mazagram, cantate dediado à l'armado d'Afriquo, in 8o, sans lieu ni d. Imprimerie de Terrasson, rue du Pavillon, 20, pp. 4.

Desanat, fiéou, Napoleoun ou leis restes doou grand homme, poésio prouvençalo, in-8o, Marseille, chez Terrasson, mai 1840.

Desanat, fils, la San Bartelemi deis courtiés marrouns, in-8o, Marseille, chez Senés 1840.

Desanat, Jh., Lou troubadour natiounaou, vo lou chantré tarascounen, Recueil dé pouésiou poulitiquou, Bachiquou pastouralou, etc., en vers prouvençaou, 2 vol. in-18, Marseillé, typographie de Feissat ainé et Demonchy, rue Cannebière, no 19, 1831.

Description en vers bourguinons (Sic) de l'ordre tenu en l'infanterie Dijonaise pour la mascarade par elle représentée à Monseigneur de Bellegarde, grand é uyer de France et lieutenant-général pour le roy, en ses pays de Bourgogne et Bresse, récité (sic) par un vigneron à un sien compère, revu et corrigé par l'auteur, in-12, à Dijon, par Jean de Planches, imprimeur du roi, MDCX, pp. 32.

Desgrouais, N., Les Gasconismes corrigés, in-8o, Toulouse 1766-1769, in-12, Toulouse 1812, 2 vol. in-8o, 1825, etc.

Desastres, leis, de Barbakan, chin errant dins Avignoun, in-12, Aix 1744.

Desmousseaux, Tableau Statistique du département de l'Ourlhe, in-8o, Paris, an IX, p. 4.

Dessales, employé aux Archives du Royaume, les Patois du Midi de la France, considérés sous le double rapport de l'écriture et de la centexture matérielle des mots. (Journal de la Langue Française et des langues en général, février 1838, p. 337 à 352.)

Detaill demeus an torfet euzus coumettet e Paris au 28 eus
a vis gouere 1835, in-12, Lédan à Saint-Brieuc 1835.

Dessigny, G., Mémoire sur l'origine des patois picards,
in 8o, Peronne 1811.

Deudes de Prades, chanoine de Maguelonne, Dels Auzels
Cassadors. Rhodez.

Develay, Emmanuel, Observation sur le langage du pays
de Vaud, in-8o, Lausanne, Louis Lacombe, libraire 1824
2e édition.

Lo dialogo de le quatro comare, in-8o, Grenoble. . . . .
in-16, Montbelliard, imprimerie de Deckherr, pp. 16.

Réimprimé à la suite de : Grenoble malherou, éditions de
Giroud et Cuchet, vers 1800 : dans les poésies en langage
patois du Dauphiné, in-8o, Prudhomme 1829, pp. 19-26, etc.

Dialogue facetieux d'un gentilhomme se plaignant de l'a-
mour, in-24, Metz 1675, pp. 32, publié pour la première
fois en 1671.

Dialogo sur la cheuta de Brienne el Lamoignon (entre Ja-
neton et Deniza).

Ad calc. Nouveau recueil ou choix de pièces et d'écrits divers sur la révolution qui a été tentée en France par les
édits de mai 1788, in-8o, Grenoble 1788, pp. 30 et seq.

Dialogue entre Moussu Matheu l'électou, etc., en vers,
in-8°, Pau 1830.

Dictionnaire alphabetique des mots vulgaires du Dauphiné.
Mss de la bibliothèque royale, in-4o. Côté supplément français, no 109.

Dictionnaire Languedocien-Français, in 12, Montpellier
1820.

Dictionnaire de la Langue Toulousaine, in-8o, Toulouse
1638.

Dictionnaire Latin-Picard, in-fol. gothique, Rouen 1500.

Dictionnaire provençal el copte. Mss du XIII siècle de la
Bibliothèque Royale.

Dictionnaire gascon. Mss de l'Arsenal.

Diharcc, l'abbé, d'Hasparren, Histoire des premiers colons de l'Europe, in-8o.

Dinaux, Arthur, Les Trouvères Cambrésiens. Mémoire
qui a partagé le prix d'histoire décerné par la société d'émulation de Cambrai, in-8o, Valenciennes 1834.

Extrait des Annales du Nord, tiré à 25 exemplaires et réimprimé, in-8o, Paris, Techner 1837.

Dinaux, Arthur, Trouvères, Jongleurs et Menestrels du Nord et du Midi de la Belgique, in 8o, Paris 1835.

Dinaux, Arthur, Trouvères de la Flandre et du Hainault, in 8o, Valenciennes, Pregnet 1839.

Diouloufet, Leis Magnau, pouemo didactique en 4 chants, in-8o, à-z-ai 1819.

Diouloufet, Epitro a moussu Raynouard, sécretari dé countinu dé l'academio fianceso. Ad calc. Recueil de mem. de la société d'Aix, t. 1, p 489.

Diouloufet, Epitre en vers provençaux, avec les notes explicatives en français, sur l'existence de Dieu, in-4o, à-z-ai 1825.

Diouloufet, Fablos, contes, épitres et autres poésies provençalos, in-8o, à-z-ai 1829.

Diouloufet, Coumplainté su l'oouragé de 1815, etc., in 8, sans lieu ni date, 1816.

Discours sur l'origine et les révolutions des langues celtique et française.

Discour su lou paysan que viéou que de sa journadou, in-12, pp. 4, Marseille (1793?).

Discour su la daansou, in-12, imprimarié d'Auffrey.

Discours de deux Savoyards, lesquels changèrent de femmes, avec leurs disputes et cartels, in-12, Lyon 1604 (en vers patois savoyards.)

Discours funèbre fait par l'ambassadeur de Pepesuc sur la discontinuation des anciennes coustumes, à Messieurs les habitants de Béziers (en français), pp. 10. suivi de

1o La colère ou furieuse indignation de Pepesuc sur la discontinuation, pendant quelques années, du triomphe de Béziers au jour de l'Ascension, farce en vers patois, de la page 2 à 24.

2o Las Caritats de Beziers, farce en vers patois en quatre actes, jusqu'à la page 65.

3o Chanson intitulée *Lindas*.

4o Histoire mémorable sur le duel d'Isabels et de Cloris pour le jouissance de Philémon. Farce en vers patois en cinq actes. De la page 67 à la page 99, suivi d'un vaudeville final.

5o Plainte d'un paysan sur le mauvais traitement qu'ils

reçoivent des soldats. Farce en vers patois. De la page 101 à 112.

On trouve à la fin de cet exemplaire, sans frontispice :

Les aventnres de Gazetto. Farce en vers et en trois actes, pp. 1 à 46.

Chanson sur l'air de Gazette, p. 47 à 48.

Les amours de la Guimbarde. Farce en vers patois, dialogue, p. 49 à 80.

Historio de dono Peiroutouno. Dialogue en vers patois, p. 81 à 101.

Histoire du valct Guillaume et de la chambrière Antoigne. Dialogue en vers patois, mélé de chansons, comme les précédents, p. 102 à 136.

Discours de deux savovards, lesquels changèrent de femme, in-12, Lyon 1604, pp. 12.

Discours sur l'origine et les révolutions des langues celtique et française, in-8o, Paris.

Doat (de), Titres du Rouergue, 20 vol. in-fol. Mss.-Titres des maisons de Foix, Armagnac, Rhodez, Albret et Navarre, 77 vol. in-fol. Mss.

Douctrino (la) crestiano augmentado, meso en rimo segoundo impressiuon in-12, Toulouso, 1642, pp. 240, — p. 31 à 34. Observations sur la prononciation languedocienne. Les huit derniers airs notés.

Douctrino crestiano (la) meso en rimos, per poudé estré cantado sur diberses ayres, e per atal ajuda la memorio del pople de Toulouso, in-12, Toulouso, Arnaud Coulomiés 1641.

Douctrino crestiano (la) meso en rimos, per poude estré cantado sur diberses ayres. Dediado à Mounseignou l'illustr et reverend Charles de Montchel, archobesque de Toulouso, par un de sous missiounaris, douctou en Teoulougio.

Doctrinam magis quam aurum eligite. Prov. 8.

| Promet la douctrino | Aci es la mino |
| Que bal may que l'or | Del berey tresor. |

Segoundo impressiu, augmentado e enritjido de forso coupplets d'impourtanço, in-18, TOVLOVSO de l'imprimario d'Arnaud Couloumiés, imprimur ourdinari del Rey 1642.

Airs notés de la page 224 à la page 236.

D'Ougois d'Ambrun, Evangile selon Saint-Luc, chap. **xv**, en idiôme du patois d'Ambrun. V. Annuaire des Hautes-Alpes 1808 et M. de Ladoucette.

Doujat, Jean, Dictionnaire de la langue Toulousaine, in-8o, Toulouse 1638. — A la suite aussi de l'édition, in-4o, Toulouse 1645, des œuvres de Goudouli.

Douce, Francis, Illustrations of Shakeapeere. 1807, t. 11, p. 215.(Noël anglo-normand.)

Dochier, Mémoires sur la ville de Romans, in-8o. Valence, Jacques Montal 1812, p. 78.

Dominicy, Marc-Antoine, Disquisitio de prœrogativâ allodiorum in provinciis Narbonensi et Aquitanicâ quœ jure scripto reguntur, in-4o, Paris 1645.

Dominicy, Marc-Antoine, Ansberti familia rediviva, sive superior et inferior stemmatis beati Arnulfi linea.... vindicata, in-4o, Paris 1748.

D. M., Bucoliques messines, in-8o, Metz 1830.

Donat, Artus, vers per lo qual Mossen Artus Donat, licenciat en leys, gasanhet la violetta. (Mss. de l'Académie des Jeux Floraux, xve siècle.)

Donat Poésies languedociennes. Mss. é garé.

Dorée, de Mandieul, Lou liberaou dé bono fé, ou la revolutioun dé juié ben jujado, in-8o, Gaude à Nismes 1832 (en vers.)

Douci (Lei) gournaou, dialogo comique, in-8o, Marseille 1837, voyez F. H. E.

Doues (Leis) coumayrés doou marca de Marsillo, comédie en un acte et en vers, arrangée en vaudeville par le fils de l'auteur, in-8o, Marseille 1832.

Drojat, avocat à la cour royale de Paris, Parabole de l'enfant prodigue, en patois de Die. Ad calc. Mém. de la Société royale des ant. de France, t. vi.

Drouhet, Jean, apothicaire, La moirie de Sen-Moixent o lez vervede de tretoute lez autre, dédiée à madame la Duchesse de Mazarin (pp. 11), ensemble la mizaille à Tauni toute birulée de nouvea, que l'amprimou emmoulle, in-8o, Poictiers, par Pierre Amassard, imprimeur et libraire, dans l'allée du Palais, du côté de Saint-Didier, avec permission et privilège 1662. La dédicace même est en patois.

Drouhet, Jean, Me apothicaire à Saint-Maixent, la mizaille à Tauni toute birolée de nouvea et freschement poictevine : augmentée des arguments en françois sur tout le sujet et sur chaque acte, avec l'explication des mots en poictevin, les plus difficiles à savoir, pour la satisfaction du lecteur, dédiée à Madame la duchesse Mazarin, par, etc, in-8o, à Poictiers, par Pierre Amassard, imprimeur et libraire, dans l'allée du Palais, du côté de Saint-Didier, avec permission et privilége, 1662. pp. 60.

Drouhet, Jean, Me apothicaire à Saint-Maixent, Dialogue poitevin de M.chea, Perols, Jouset, Huguenots et Lucasca tholique, sur ce qui s'est passé à la conversion de M. Cotibit, ministre de Poictiers, le jeudi de la Cœne et le jour de Paques 1660, et autres poésies sur le même sujet, augmentées dans cette impression, in-8°, à Poictiers par Pierre Amassard imprimeur et libraire, dans l'entrée du Palais, près St-Did'er avec permission (sans date), pp. 20.

Drouhet, Jean, Le grou fremage d'Hollande, (sans frontispice), pp. 7.

Drouhet, Jean, Lez bon et bea prepou do boun-home Bretau, sur la mission de Monsiu Demur, foete à en St Moixont et le viremont de tré çonts Huguenau d'alentou. En la sason d'authonne 1664 (sans frontispice), pp. 7,

A la fin : A Poictiers de l'imprimerie de Pierre Amassard, imprimeur et libraire, au-dessous du Moulin à vent.

Drouhet, Jean, Les amours de Coals, comédie loudunoise, en beau langage, dédiée à Messieurs les œconomes de la Tour-Volu, in-8o, Loudun chez R. Billaut, imprimeur et marchand libraire, мdccxxxii, pp. 36.

· *Drouhet*, Jean, Les deloiremont d'in oncien des Huguenots de Chondené aprè la rouine do Prêche, sur tout ce qui s'est passé pendant la démolition du temple, le treizième septembre mil six cent soixante-trois, in-8o, à Poictiers, par Pierre Amassard, imprimeur et libraire, dans l'allée du Palais et au-dessous du Moulin à vent : avec permission (sans date), pp. 98.

Dreux du Radier, Bibliothèque historique et critique du Poitou, tc., 5 vol. in-12, Paris, Ganeau 1754. Passim. Troubadours poitevins

Dubartas, Vers sur l'accueil fait, à Nerac, à la reine de Navarre en 1577. V. Villeneuve-Bargemont.

Dubois, sarrayer, Membré de la soucieta deis amis de la counstitutioun (discours prounounsa per M.) à la seanço publiquo daou premier nouvembre 1790, in-4o, Aix, veuve André Audibert 1790.

Dubois, Recherches sur les mots populaires du département de l'Orne. Ad calc. Mémoires de l'Académie Celtique, t. v.

Dubreuil, l'abbé, Bibliothèque provençale. Mss de la bibliothèque d'Aix.

Du Cange, Ch.-Dufresne sieur, Glossarium ad scriptores mediæ et infimæ Latinitalis, édit. nova locupletior el auctior, opera et studio monachorum ordinis S. Benedicti, è congregatione S. Mauri, 6 vol. in-fol., Parisiis 1733-36, 1840, et l'édition in-4o, Paris 1841.

Duchat (le Savant éditeur de Rabelais), la Famille Ridicule, comédie en patois messin, in-8ɔ, Messine (Berlin) 1720 et Berlin sans date. (Ces deux éditions sont rares.)

Ducarel, Antiquités anglo-normandes, traduites de l'Anglais, par A.-L. Léchaudé d'Anisy, in-8ɔ, Caen 1823, p. 291.

Duclos, Second Mémoire sur l'origine et les révolutions de la langue françoise. Acad. des Inscr., t. xxvi, p. 277.

Ducoin, P.-A.-A., Catalogue de la bibliothèque de Grenoble, 2 vol. in-8o, Grenoble, Baratier 1831-34.

Ducoin, P.-A.-A., Notice sur le patois du département de l'Isère. V. *Courrier de l'Isère*, juillet et août 1834.

Duin, Marguerite de : Dom Dorland (Chronicon Cartusiense) la nomme Margarita Lugdunensis : Théophile Reynaud, Hagiologium, p. 101. — Colonia, Histoire litt. de Lyon, t. II, p. 334. — Pernetti, Lyonnais dignes de mémoire, t. I, p. 142., la nomment Doynt. — Le Laboureur la nomme d'Oin. M. Champollion-Fijeac a publié des fragmens de cette femme célèbre.

Dulaure, Description de l'Auvergne, 1789, p. 54, 275.

Dugay, Dominique, Recueil de toutes les pièces gasconnes et françaises qui ont été récitées à l'académie des Jeux Floraux dans l'Hôtel-de-Ville de Toulouse, in-8o, Toulouse, Antoine Colomiez 16ʝ2.

Dugay, Dominique, Le Triomphe de l'Eglantine, avec les pièces gasconnes qui ont été récitées dans l'académie des Jeux Floraux les années précédentes, in-8ɔ, Toulouse Ant.

Colomiez 1683-1691-1693. (Ce recueil contient en outre des vers patois de Mlles de Guilard, de Moisen, d'Epiau, de Cortade, etc.

Dumay, , ancien conseiller au parlement de Dijon. V. Virgile.

Dumege, Alexis, Statistique Pyrénéenne, t. II, p. 300 et seq.

Dumoulin, Al., Hent ar barados, pe ar guir voyen de savetei e ene, leque et e brezonez gant an autrou, etc., in-18, Blot, à Quimper 1836.

Dumoulin, A., Grammatica latino-celtica, in-8o, Pragæ, 1800, pp. 200.

Dupin, Mémoire statistique du département des Deux-Sèvres, in-fol., Paris an XII, p. 214.

Dupleix, l'historien, Lexique. (Manuscrit perdu). Il avait trouvé 1200 mots d'origines grecques ou romaines. V. Mém. des Gaules, lib. IV, cap. 14.

Dupré de Loire, Parabole de l'Enfant Prodigue, en patois de Valence. Ad. calc.

Mém. de la société R. des Antiq. de France, t. VI, 1821, p. 529.

Duprount, Aboucat, Lou Chalibari saoubat de las flammos, dialogo.

V. Jasmyn, las papillotas, p. 57, et seq.

Dupuy, de Carpentras, Maître de pension à Nyons (Drôme).

La Besti doou boun diou, dediada à Madama Pierquin de Gembloux. (*Courrier de l'Isère* du 14 novembre 1835.)

Lou Parpayoun (V. *Revue du Dauphiné*, t. I, p. 280). M. Dupuy a, en portefeuille, un *Recueil de poésies contadines* du plus rare mérite.

Durand de Toulon, Poète satyrique inédit. On a de lui : La Marotte, poème en XV chants ; La Couderenade ; l'Astre de Gibroun ; Adieux à l'aubergiste Bigaud, etc.

Dussaud, ancien directeur de la poste aux lettres de Tarascon, Ode sur la fête de Notre-Dame-du-Château. Mss.

Duverdier, Bibliothèque, 1re édit., p. 135.

Ebangely, le Sent, selon Sent-Jan, in 12, Toulouse 1820.

Ebel, J.-B., Manuel du voyageur en Suisse, 4 vol. in 12,

Zurich 1805, t. I, et Genève 1818, t. I, p. 256 et seqq. Vocabulaire des principales expressions patoises.

Eglogues poitevines sur différentes matières de controverses, pour l'utilité du vulgaire de Poitou, dédié à Monseigneur le maréchal d'Estrée, commandant pour sa majesté dans les provinces de Poitou, Xaintonge et Aunis, par feu messire Jean Babu, docteur en théologie, prêtre et curé de Soudan, in-12, à Nyort, chez Jean Eliés, imprimeur et marchand libraire, sous les Halles, MDCCI, avec approbation et permission, p. 99.

> Mé qui dans mon jargon fis do vers plus de mille,
> Pr'expliquer à nos gens les œuvres de Virgile;
> Me qui chanty Titire, Alexi, Coridon,
> Ei semele endormi so l'ombre d'on brandon,
> Y veux do même style expliquer la créance
> Et faire ver l'esprit dos hugueneaux de France, etc.
>
> p. 1.

Enavaraye, la grosse messine, ou devis amoureux, in-8o, Metz 1615. (Opuscule en vers.)

Encontre, Germain, Una coursa de Bioous, poème en quatre chants, en vers languedouciéns, in-8o, Nismes 1839.

Emery, Messire Esprit, prêtre, recteur de la chapellenie de Saint-Martin d'Aren, Exercices spirituels dont *il* se sert le jour qu'il fait faire la première communion aux garçons et aux filles; in-8o, Marseille, de l'imprimerie d'Antoine Favet, imprimeur du roi, de la ville, libraire sur le port, in-8o, MDCCLIX, avec permission des supérieurs, pp. 24.

Encyclopédie, l', a publié l'air et les paroles du *Ranz des Vaches*, écrit dans le dialecte des Alpes Occidentales de Fribourg et de Vaud. De Laborde et le genevois Jean-Jacques l'ont publié comme tant d'autres, et toujours ce texte est plus ou moins altéré. Il serait à souhaiter que le savant chanoine Bridel publiât enfin, celle qu'il a recueillie lui-même. Voici le premier couplet de ce chant célèbre, tel que je l'ai copié sur place :

> Lé zarmailli dei colombette,
> De bon matin sé san léba.
>
> Ha! ah! ho ha   ⎫
> Liauba! liauba! por aria! ⎭ Refrain.
>
> Vinidé loté,

Bllantz' et naire
Rodz' et motaile,
Dzouven' et otro,
Dezo on tschàno,
Jo vo z'ario,
Dezo on trembllo
Jo vo treintzo,
Liauba! liauba! por aria (*bis.*)

Eneido, L', de Virgilio, librés 1, 2, 4 et 6, petit in-12, Bésiés, J. Martel 1632.

Enfants, les, de Jacob, pastorale béarnèze en un acte et en vers, in-8o, Lescar 1751.

Enlébomen, l', d'un pastis, pouëme en 5 chants, in 8o, Mountalba. S.d.

Entretien de Jacqueline et de Colas, allant à la foire, in-8, Arras 1837.

Epitre en vers en langage vulgaire, in-4o, Grenoble 1729.

Epervier, L', registre conservé à l'Hôtel-de-Ville de Milhau, dans le genre du Petit Thalamus de Montpellier.

Erro, Alfabeto de la lengua primitiva de Espana-

Epitro dé patroun Coouvin à moussu lou Parfet, in-8o, Olive à Marseille 1831.

Epologie, petit in-12, Ressayre, vers 1704, p. 24. — Idem avec la date fausse de 1707, petit in-12, pp. 108. — Petit in-12, Plombières (Dijon) vers 1707, pp. 102. — Luxembourg (Dijon) Defay, in-12 1717. — In-12, Luxembourg (Dijon), vers 1718, p. 116.

Escole, L', d'Amour ou les Heros Docteurs, comédie en vers, in-12, Grenoble 1666. V. Catalogue Falconnet 11709.

Escriva, Jean, Ovide en catalan, in-4o, Barcelono 1494.

Esope en prose catalane, in-18, Barcelone 1501.

Espagnac, Girault, troubadour toulousain du xiiie siècle. On ne connait de lui que trois chansons d'amour, qui feraient présumer qu'il était attaché à Charles, comte d'Anjou et de Provence.

Espagnoa, Guiraud d', Troubadour toulousain. Peut-être le même que le précédent. *Cansos.* (Bibliothèque royale. Mss. No 7226 et 7698. (V. Rochegude.)

Essay d'un dictionnaire Comtois-Français, deuxième édition, revue, corrigée et augmentée, in-8o, Besançon, chez la veuve de Cl. Rochet, imp., et J. A. Vieille, libraire, MDCCLV

Essai d'un glossaire occitanien, in-8o, Toulouse 1819.

Essigny, Grégoire d', Quelle est l'origine de la langue picarde ? in-8o, Paris 1811, pp. 86.

Estrées Béarneses, in-18, Pau, 1820.

Estrennes Tourquenoises et Lilloises, en patois de Lille et de Turcoing, par feu F. de Cottignes, 5e édition, 9 vol. in-32, Turcoing.

Etat du lieu de la sénéchaussée de Castelnaudary, (dans un volume in-fol., daté de 1553, conservé au greffe du tribunal de première instance. Le patois y est à chaque pas mêlé au français.

Etchave, Baltosar, Antiguedad de la lengua bascongada, 1 vol. in 4o, Mex 1606.

Etcheberri, Joannes, Eliçara erabillceco liburna, etc., in-18, Bordelen Guillen Milanges Erzegueren, imprimatcaillea baith an 1636, p. 542.

Exercicio izpirituala. Edicione berria, in-18, Bayonne, Cluzeau 1839.

Explication an doctrin christen en brezonnec; ha da guentan, explication ar credo, composet gant an autrou Guillermie, person Callac, in-12, Jollivet à Guingamp 1833.

Eucologia-Hripia edo eliçaco liburna Bayonaco diocesacotz Ceinetau, etc., edicione berria, in-16, Mme veuve Cluzeau, Bayonne 1831.

F. H. E., Lei douei dournaoug ou Martin et Louis à la fiero de san Lazare : dialogue coumique, in-8, Achard à Marseille 1837 (en vers.)

Fabre, l'abbé, du séminaire de Cahors et né à Themines en Quercy, *Scatabronda*, in-8o, Rotterdam (Cahors) 1687, p. 11, 42. Cette pièce a été réimprimée récemment, in-8o, pp. VIII et 31.

Fabre d'Olivet, Poésies occitaniques du XIIIe siècle, traduites et publiées (texte en regard), 2 vol. in-8o, Paris, chez Henrichs 1804.

La Cour d'Amours et les amours de Rose n'ont point de texte.

Ce recueil ne vaut pas mieux que la *Langue Hébraïque restituée*, que le *Sage de l'Indostan*, etc., du même auteur.

Faceties Provençales ou Recueil de diverses pièces bouf-
fonnes, originales et inédites, en idiome provençal, dont le
manuscrit a été trouvé en 1796 sous les ruines de l'église des
Acoules, contenant entr'autres la comédie du Barbièr d'Au-
riol et plusieurs autres dialogues curieux et amusants, in-12,
Marseille, Chardon 1815,

Faidit, Hugues, Donatus Provincialis (Donat Provençal.)
Grammaire romane. Mss.

Falconnet, Diss. sur les principes de l'étymologie par rapport à la langue française. Académie des Inscriptions, t.
xxxiii, p. 1.

Fallot, différents articles dans l'*Echo du Monde savant* de
1840, v., p. 40, 80, 95, 103.

Fallot, Gustave, Recherches sur les formes grammaticales
de la langue française et de ses dialectes au xiiie siècle, publiées par l'aul Ackermann, et précédées d'une notice sur
l'auteur, par M. B. Guerard, in-8o, Paris 1839.

Fallot, S. F., de Montbeliard, Recherches sur le patois de
Franche-Comté, de Lorraine et d'Alsace, in-12, Montbeliard,
de l'imprimerie de Deckherr 1828.

Fanfares et Courvées Abbadesques, in-8o, Chambéry 1613,
p. 95 à 144.

Farce, la, de Quiolard, tirée d'un ancien proverbe normand, in-12, Rouen 1595

Franch-cos, pe perac abalamour ha Michel-Pipi, pa ar far-
cer Breton, in-16, Ledan à Morlaix 1839.

Farce joyeuse d'un Curia, en rithme savoyarde, in-16,
Lyon, pp. 16—réimprimé à 15 exemplaires, à Paris, en 1829.

Farnaud, P.-A., Traductiou littérale de la parabole de
l'Enfan Prodigue, tira dou chap. xv de l'Eivangilo seloun
San Luc, fache dou leti, en patois de la ville de Gap et de
plusieurs villages environnants, dins un raiou de très legue. — V. l'Annuaire des Hautes-Alpes 1808 et la Statistique
de ce département, par M. Ladoucette.

Farnaud, P.-A., Noué chanta dins la chapella de moussu
Ladoucette, préfet des Haoutes-Alpes, à la messe de miei-
nuech de l'an 1806. V. Annuaire des Hautes-Alpes 1808, et la
Statistique de ce département, par M. Ladoucette.

Fauchet, Description abrégée du département du Var, in-8,
Paris an ix, p. 29.

34

Fauchet, Claude, Recueil de l'origine de la langue et poésie française, ryme et romans, etc., in-4o, Paris 1581, p. 68.

Fauchet, Claude, Antiquités gauloises, in-4, Paris 1610.

Faucon, la Henriade travestie, in-18, chez Thibaud, imprimeur à Clermont d'Auvergne 1798, réimprimée en 1821.

Contrefaçon. V. Henriade en vers burlesques, etc.

Fauconier, Histoire de Dunkerque.

Fausse, La, magie découverte, histoire tragi-comique où après plusieurs combats et duels, est accompli le mariage de Cerisante et d'Olympe, représentée sur le théâtre des marchands le jour de l'Ascension en l'année 1635, in-12, Beziers, Jean Martel 1635.

Fauriel, Chants populaires de l'Auvergne, mss.

Fauriel, Histoire de la langue latine : ad calc, Journal général de l'instruction publique, nos 56 et 69.

Fauriel, Histoire de la Gaule méridionale. t. 11, p. 526.

Favre (l'abbé), (Né à Poudre, près Sommières selon les uns, selon d'autres à Nismes en 1728, dans la paroisse de Saint-Castor. Il était prieur de Celleneuve près Montpellier, où il est mort le 6 mars 1783.) Lou siège de Cadaroussa, poueme patois, en trés cants, in-12, in-8o, Mounpeyé 1797, chez Izarn.

Favre (l'abbé) Lou siége de Cadaroussa pouëma, patois en trés cants; per défun Fabre, priou dé Cellenova, èdition augmentada d'aou sermoun de Moussu Sistré, in-32, Alais, Jean-Martin, imprimeur-libraire..... pp. 96.

Favre (l'abbé), Lou siégé dé Cadaroussa, suivi daou sermoun de Moussu Sistré è dé la fam d'Erizicloun, nouvelle édition augmentée de la relation historique du siege de Caderousse, in-32, Chaillot jeune à Avignon, 1831.

Favre (l'abbé), Recul d'uvras patoises, 2 vol. petit in-12, Montpellier, J.-G. Tournel 1815.

Cette édition, à laquelle je n'ai point été étranger, a été donnée par Brunier, avocat d'un grand mérite et qui mourut très-jeune, peu d'années après cette publication. Il était lui-même auteur de poésies gracieuses que sa veuve a dû conserver. Le premier volume de cette édition contient les ouvrages déjà imprimés tels que le trésor de Substancioun, etc.

Le deuxième, quelques œuvres inédites telles que l'Opera d'Aoubai, pieça patoisa, en un acte ; la fan d'Erizictoun, imité d'Ovide (Métamorph. liv. III.) une traduction de la VIIIe satyre d'Horace, des traductions de quelques épigrammes de Martial, des fragments de l'Odyssée travestie (des cinq premiers livres.)

M. Brunier possédait beaucoup de manuscrits inédits de ce poète : il eût été à souhaiter qu'il eût eu moins de crainte et moins de goût, nous posséderions aujourd'hui tout ce que l'abbé Favre a fait de bon.

Favre (l'abbé), Lou siégé dé Cadaroussa, suivi de la muse méridionale, ou choix de chansons et de romances provençales et languedociennes, in-18, Avignon 1839.

Favre, Obras patouezas de M. Favre, priou-curat dé Célanova, editioun nouvela, la soula compléta, revista è courrijada émbè souèn per un troubadour d'aquesté tén. (Martin.) 4 vol. in-18, Montpellier 1839. La préface est la même que celle de l'édition de Brunier.

Faydit, Nouvelles remarques sur Virgile, p. 89.

Fenil, de, il commmnniqua à Court de Gebelin une comédie en vers bressans.

Feraud, Raymond, Vie de Saint-Honorat. Mss du XIVe siècle appartenant à la bibliothèque d'Aix, et suivi d'un autre sur la passion de Saint-Porcaire et de 500 autres moines massacrés par les Sarrasins vers 730.

Faraut, Dictionnaire provençal. Mss égaré.

Féau, A., Prêtre de l'Oratoire : Lou jardin deys musos provensales, in-12, Marseille 1665.

Ferrand, David, Inventaire général de la muse normande, divisée en XXVIII parties où sont descrites plusieurs batailles, assauts, prises de villes, guerres étrangères, victoires de la France, histoires comiques, esmotions populaires, grabuges et choses remarquables arrivées à Rouen depuis quarante années, in 8o, et se vendent à Rouen, chez l'avthevr, rue du Bac, à l'enseigne de l'imprimerie, M. DC. LV p . 484.

Plus, les Adieux de la Muse Normande aux Palinots, et quelques autres pièces, pp. 28.

Festo, la, de Moussu Barna, vo lou voucl de laCavalo, in-8o, Marseille 1730.

Festa, la, de Boutounet. Mss en patois de Montpellier.

Figuieira, Guillem, Troubadour toulousain du xiie siècle. (Tailleur et fils d'un tailleur), partisan véhément des Albigeois. On n'a de lui que trois sirventes et une pastorelle.

Floquet, Troubadour du xiiie siècle, Marseille.

Fleur de plusieurs belles chansons nouvelles, in-16, Lyon 1596, p. 35 et 38.

Fintou, La, dei fédéra d'Avignoun, in-12, pp. 4.

Fisher, Voyage en allemand, in-8o,   1805. (*Lou Lendouma*), romance languedocienne, imitée de Parny.

Florian, Estelle et Nemorin.

Flory, J., Dialogue français et bourguignon du récit des réjouissances, etc., in-4o, Dijon 1682.

Fondation d'un anniversaire dans l'église de Sainte-Eulalie de Bordeaux, en 1489 (en patois de Bordeaux. Mss de M. A. Monteil. V. t. i, p. 184.)

Fors, los, et Costumos de Bearn, in-4o, Paris 1552. — Lescar 1625, pp. 180. — Pau 1682.

Fortuné, le, Marseillois, comèdie en un acte, mise au théàtre, par M. Audibert, ordinaire de l'académie de musique à Marseille, in-8o, Marseille 1775.

Fontaine, Etienne, Poète burlesque macaronique (français provencal, et vice versà.)

Fontette, Liste des coutumes.

Formit, Poésies catalanes perdues.

Foucaud, J., Quelques fables choisies de La Fontaine, mises en vers patois limousins, dédiées à la société d'agriculture, des sciences et des arts, établie à Limoges, 2 vol. in-12, Limoges, chez J. B. Bargeas, imprimeur-libraire an 1809.

Foucaud, Traduction des Odes d'Horace en vers patois, dont quelques-unes sont imprimées à la fin de l'ouvrage précédent.

Foucaud, J., Cansou nouvello facho per no péyzanto dé lo bregero, lou beü jour d'au Mardi-Gras. V. Statistique de la Haute-Vienne, p. 108.

Fouilloux, Jacques du, Seigneur dudit lieu, gentilhomme du pays de Gastiné en Poitou, ec. La Venerie, in-4o, Paris 1601, p. 89, verso et 90 recto.

Foundeville, de Lescar, La Pastourale dü paysaa que

*cerque mestié à soun hilh chens ne trouba a soun grat ;
en quoate actes, in-12, Pau 1767, pp. 47, — in-8o, sans date
ni lieu d'impression, Pau 1827.

Fourjou, Barthélemy, Curé de Flassans, dans le diocèse
de Fréjus.

— Ses poésies, quoique non recueillies, l'ont fait surnom-
mer l'Ovide Provençal. Quelques-unes sont imprimées pourtant dans le recueil de M. le président de Valbelle-Sainte-
Tulle.

Fournier, Clément, dit Boudin, garde-champêtre à Cuers:
Privilégé dé Cuers. Rappel par davant la cour rouyalo d'Aix
d'un procès intenta per M. Perraché d'Ampus envers leis habitants de Cuers. Resuma dei vouyagé fa per leis Cuersans à
z'Aix, in-8o, imprimerie de Bellue à Toulon 1839.
François d'Aix.

François, Dom Jean, Dictionnaire roman, wallon, celtique et tudesque, pour servir à l'intelligence des anciennes
lois et contrats, etc., par un religieux de la congrégation
de Saint-Vannes, in-4o, Bouillon 1777.

François, Dom Jean, Vocabulaire austrasien, etc., in-8o,
Metz 1773.

François, Histoire de la ville de Metz avec les preuves, 4
vol. in-4o, Metz 1769 et années suivantes.

François d'Assises, Saint, Poésies en langue vulgaire
(catalogue de Spire 1826, article de Gœrres, intitulé : Saint-
François d'Assises, troubadour. — Revue Européenne, septembre et novembre 1833. — Duquesnel, Histoire des lettres
avant le Christianisme, t. I, p. 254 et seq., etc.) — J'en prépare une édition, avec traduction en regard et un glossaire.

Fremaye, de la, Nouvelle Histoire de Normandie, in-8o,
Versailles 1814.

Fréminville, Antiquités du Finistère, — du Morbihan, 2 vol.
in-8o.

Frapin, seigneur de Saint-Georges : Noëls Poitevins. V.
Rabelais dans l'ancien prologue du 1e livre.

G......, An devez christen. Grêt gant an autrou, etc., in-18,
Lion à Quimperlé 1834.

G......, Explication des cérémonies de la Fête-Dieu d'Aix
en Provence, etc., in-12, Aix, chez Esprit David, 1777, p.
170 et seq. (Fête grecque conservée.) Passim.

G..... L....., Cure Taule, Imitation ar verc hes vari, var model Imitation Jesus Christ laqueat e brezonec gan an autrou, etc., in-18, Guilmer à Saint-Brieuc 1836.

G....., Nouveau dictionnaire provençal-français, in-8o, Marseille 1823

Gabrieli, D., Manuel du Provençal ou Provencalismes corrigés, etc., in-12, Aix et Marseille 1836.

Gaillard, Augié, Obrous d'Augié Gaillard, roudié de Rabastens en Albigez, in-12, Paris 1584, Agen 1583, 1610, 1614, Paris 1612.

Gaillard, Augié, Les Amours (en vers français et en patois d'Alby) 1592.

Gaillard, Augié, Recommandatious al Rey, in-8o, Lyon, s d. (en caractères italiques) 1592.

Gaillac, N. de, Troubadour toulousain du xve siècle. (Il ne reste de lui qu'une *Canso* et plusieurs sirventes manuscrits. On lui doit aussi un recueil en vers faits par différents auteurs.

Galaup de Chasteuil, Pierre, Ode sur la prise de Maestricht par Louis XIV.

Galloas, mons, mogneu das rotes, ai mons Piarquin de Zembloux, inspecteu ai l'aquaidemie (sic) ai Borze. Ad cal. Almanac de la Nievre, in-18, Nevers, chez Pinet, imprimeur, 1841, p. 96 et seq.

Gaujal, baron de, Essais historiques sur le Rouergue, 2 vol. in-8o, Limoges 1824, t. i, p. 209, 251, 331, 364, t. ii, 66, 86.

Garros, Pierre de, Psalmes de David, virats en rimés gascounes per Pey de Garros Laytorez, in-8o, Tholoso, Jacques Colomiez 1565.

Garros Laytores, Pey de, poésies gascounas, in-4o, Tholosa 1567.

Gauffridi, J. Fr, Histoire de Provence, 2 vol. in-fol., Aix 1694.

Gaoude rougaraou, in-8o, Marseille 1824. (Chanson.)

Garlenc, Poesia moral catalana, o manual del Christia, in-18

Garon, Louis, Entrée magnifique de Bacchus avec madame Dimanche-Grasse, sa femme, faicte à Lyon le 14 février 1627, in-8o, Lyon, Léon Boitel 1838.

Gastinel, Jh., Lou Cordié maou counten, comédie en 2 actes et en vers provençaux, mêlée de vaudevilles, in 8o, Toulon 1839.

Gaudy-Lefort, Glossaire genevois, in-8o, Genève 1827.

Gaudy-Lefort, Notice sur le patois du canton de Fribourg. (Journal de Genève, jeudi 16 et jeudi 27 octobre 1826, p. 1 et 5.)

Gauthier, P., de l'oratoire : Cantiques pour les missions, in-12, Avignon 1735.

Gaussinel, J.-B., employé subalterne à la mairie de Montpellier, mort jeune et dans la misère en 182... Récul de can sous patoisas, in-12, Montpellier 1824.

Gaussinel, J.-B., Romances et chansons languedociennes de Montpellier, in-12....

Gauthier, François, imprimeur, mort en 1730, Recueil de Noëls anciens, au Patois de Besançon, nouvelle édition, 2 vol. in-18, Besançon, de l'imprimerie de Couché, imprimeur, rue des Granges, MDCCCIV, 2 vol. in-12, Besançon, chez Bogillot, 1773. La meilleure de toutes les éditions est celle de 1751, en 2 volumes in-12. Celle de 1775 n'est pas mauvaise. M. Weiss en annonça une autre avec un glossaire.

Gautier, , Cantiques à l'usage des missions de Provence, in-12, Marseille 1780.

Gavaret, Pierre de, troubadour du XIII siècle. Il nous reste peu de choses de lui, parmi lesquelles un dialogue obscène entre lui et son ami Pierre Durban.

Gazette de Franche-Comté. Decembre 1831.

Gazette du Midi, n. de mardi 20 janvier 1835. Patroun Coovin, à moussu Berryer, députa de Marsio. Epitre, n. 4, Epitro de patroun Coouvin à moussu lou parfet, (tirée à part).

Gellert, cantiques.

Gemareng, poésies Toulousaines du XVII siècle. Il vivait encore en 1677.

Gente poetevinerie, la, etc. oveque le precez de Jorget et de son vesin et chonsons jeouses compousie in bea poitevin (la Vendée) et le precés criminel d'in Marcacin Rolea divisi in beacol de peces ou l'universeou poetevinea tot pre dialoge, petit in-12, à Poeters pre Jon Fleurea, amprimour et librére do Re et de l'univresity 1660, pp., 113. Deux parties en un volume.

> O Lusignen forte mœson
> Tu ez en Pœctou ben assise
> Les Huguenos t'aviant grippy
> Mez lez Papau t'avant reprise
> Lez Huguenos t'aviant grippy
> Mez les Papaus t'aviant reprise ;
> O nertet point pre trahison
> Mez ben pre lour grond vaillontise, etc.   P. 105.

Geoffroi-Rudel, troubadour de Pau.

Gerantz de Yorneill.

Gerard de Roussillon, près d'Autun : Roman historique en prose, traduit maintes fois et dont on trouve des copies en langue d'oil à Beaune, en wallon, et en Provençal à la bibliothèque royale, etc.

Germain. Las obros, in-4, Toulouso 1680.

Germain, de Marsillo, La Bourrido dei Dieoux, pouemo in 8, sans lieu 1760.

Germain, Dictionnaire provençal, Mss égaré

Gerson, Jean, Instruction pour les recteurs, curés, vicaires, etc. traduite en patois rouergat, in 8, Rhodez 1556.

Gessenay, Sanenland (Suisse).

Glossaire du Patois-Savoyard.

Giraud, Charles, professeur à la faculté de droit d'Aix, Opuscules posthumes de Pons, in 8o, Paris 1836.

Gilly, D., mem. sur la paroisse de Neff.

Glossaire, Petit, pour l'intelligence de la coutume de Bretagne, avec leurs étymologies, in-12, Brest 1774.

Godefroy de Foxa, XII° siècle. — Las leys d'amors.

Goldman, Grammaire celtique.

Goldman, Dissertations.

Gontaut, Guillemide, L'un des sept troubadours toulousains qui, en 1323, fondèrent le collège de la gaie science.

Goësbriand, P.-D. de, Fables choisies de La Fontaine, traduits en vers breton, in-8, chez Guilmer, à Morlaix 1836.

Golar, poète basque du XVII siècle, en Basse-Navarre.

Gonod, B., professeur de rhétorique au collége royal de Clermont, etc.

Notice historique de la cathédrale de Clermont-Ferrand, in-8, Clermont, imprimerie de Thibaud-Landriot, libraire, rue St-Genès, n. 8, 1839, p. 60 à 62.

Gouan, Hortus Monspeliensis, in-8, Montpellier 1762.

Goudouli, P., Lou Ramelet Moundi, petit in-8o, Toulouse 1617 et 1621, 1637, 1638. Las obras, in-12, Toulouse 1694, 1700, 1716, 1713; in-4o, Toulouse 1645 et 1648; in-12, 1678, 1637, 1693.

In-12, Amsterdam, 1766, 1811; in-8, 1774, édition donnée par M. de Cazeneuve. Traduction par le P. Vanière de : Lou Ramelet moundi.

Goudouli, las pouésios de Pierré Goudouli, é d'autrés pouétos dé Toulouso, in-18, Caunes à Toulouse 1831 (Dictionnaire de la langue Toulousaine à la fin).— Magasin pittoresque 1839, p. 402.

Goujet, Bibliothèque française, Passim.

Gradloneur : Titre d'un poëme, en vers bretons sur les faits et gestes de Gradlon-le-Grand, quatrième comte ou roi connu de la Cornwaille Armorique. Le mss. existait à la bibliothèque du roi : le P. Montfaucon, qui l'a vu, dit que l'écriture était du ve siècle. On l'y a inutilement cherché depuis.

Gradlon-Mur, le Lai de : recueilli et traduit par Marie de France (l'original est perdu).

(Plusieurs trouvères du XIII siècle nous ont ainsi conservé une idée des poésies bretonnes, si communes encore du temps de saint Louis.)

Grammaire Française expliquée au moyen de la langue Provençale, in-8, Marseille 1826.

Gramatica Ramonscha per emprender il Lungaig Tudeschg, etc., in-12, Bregenz 1805.

Grand d'Haussy, Le, Fabliaux ou Contes du XIIe et du XIIIe siècles, 3 vol. in-8, Paris 1781.

Grande Bible, la, de Noëls anciens et nouveaux, in 12, Toul 1823.

Grands Noëls nouveaux en français, en Poitevin et en Ecossais, in-8° gothique, sans date, Paris. (On en connait une autre édition.)

Gravieros, Jean Patriço, prestré. Jean ou lou cousiné del

seminari d'Agen, poëme burlesque en dus chants et en bers patois, in-12, Agen 1825, pel primé cop. (composé en 1762.)

Grave, le chanoine de, République des Champs-Elysées, 3 vol. in-8o, Gand, 1802. (Il cherche à prouver, par la science étymologique flamande, qu'Homère était Belge et que les scènes de l'Illiade se sont passées dans l'île d'Heligoland.)

Grégoire, ancien évêque de Blois, etc., Mémoires publiés par H. Carnot, t.1, p. 76, 214, 359.

Grégoire le Grand, Dialogues manuscrits.

Grégoire d'Essigny, Mémoire sur cette question : Quelle est l'origine de la langue Picarde, in-8o, Paris 1811, pp. 86.

Grénier poétique de Clermont-Lodève, publié par Durand, in-18, imp. Grillières, Lodève 1839.

Gresset, le spirituel auteur de Vert-Vert: Chanson inédite en patois tourangeau.

Grimaldi, Gio. Vito : Gli amanti, ossia la promessa sposa di Niolo, novella storica, in-8o, Bastia, dalla typografia Fabiani, 1837, p. 33.

Grimaud, Le dret cami del cel dins le pays moundi, o la bido del gran patriarcho sant Benoist. Lé tout despartit en diberses cants, tan jouyouses que deboucliouses ; e clausit de mouralos tirados del texto sacrat, é de la douctrina des Sants Peyres. Generatio Rectorum benedicetur. Psal. 111, par B. Grimaud. T. R. D., in-8o, Tovlovso, per Frances Boude, imprimur, daban le couletge dos Payres de la coumpagno de Jesus, 1659, dambé approubaciu et permissiu.

Grivel, Vocabulaire toulousain.

Grivet, Guillaume, Vocabulaire limousin considérable, communiqué à Court de Gebelin. (V Dictionnaire étymologique de la langue française, in-4o, Paris 1778, p. LXXII.)

Gros, Antoine, né à Trinquetaille le 2 novembre 1794, employé à l'octroi de Trinquetaille : Poésies patoises, in-8o, Garcin à Arles 1837, — Satyrou. Mss.

Gros, M. F. T. de Marsillo, Recueil de pouesiés prouvençalos, courrigeado et augmentado per l'aoutour, amé uno explicacien dei mots lei plus difficiles, in-8o, Marseille, chez Sibié, 1763, avec approbation et permission, pp, 227. Nouvelle édicien.

Voici le titre de la première édition.

Recuil de Pouesiés Prouvençalos de M. F. T. G. de Marsillo, in-8o, à Marseille, chez François Berte, libraire, et D. Sibié, imprimeur-libraire, sur le port, avec approbation et permission, MDCCXXXIV, pp. 178 et table, pp. 2. Errata, pag. 1.

Grosson, Poésies patoises. Mss. égaré.

Guadet, J., Saint-Emilion, son histoire et ses monuments, 2e partie, sect. II, § δ.

Gueguen, Tanguy, Prêtre: Noels en breton, in-8o, Quimper 1650.

Guasco, l'abbé de, Dissertation sur le temps que les sciences et les arts commencèrent d'être en usage chez les Volsces, etc., in-4o, Toulouse 1749.

Guerz Gabriella a Vergy, in-12, Ledan à Morlaix 1832 (en vers.)

Guessard, F., Grammaires romanes inédites, du XIIIe siècle, in 8o, Paris 1840.

Guido lo Ros, page du comte de Toulouse, vers 1130. Sept *Cansos.*

Guizreguez ar Pautr-cos-Richard. Troet eus al leur galleï B. Franklin, in-18, Ledan à Morlaix 1832.

Guitard, Jean-Louis, traduction languedocienne de l'Eneide, et poésies diverses. Mss égaré.

Guillaume de Cabestanh, Poésies Catalanes.

Guillaume, Pierre, Troubadour toulousain : Poésies manuscrites de la bibliothèque royale avec portrait, no 7225.

Guimbaud, Jean, Troubadour toulousain qui remporta l'églantine en 1466. La pièce couronnée est tout ce qui nous reste de lui. Elle est dans les archives de l'académie des Jeux Floraux.

Guiraudet d'Alais, Poésies inédites.

Guiret, Perros, Abrege deus a histoar revolution franc, laquet en guers cant an autrou lay, person Perros Guirec en pad he exil en brosaoz, in-8o, Guingamp, chez Tanguy, 1839 (Poésies).

Guir pronosticou an den savant meurbed Michel Nostradamus, in-8o, petit papier, Ledan à Morlaix 1832.

Guitard, J.-L., Le Triomphe du Soucy, in-4o, Toulouse, Desclassan 1686.

Guiristinoki bicitceco eta hiltecco moldea , in-32, Bayonne, Cluzeau 1839.

Haënel, G. , Catalogus manuscriptorum , in-4o , Lipsiae , 1828-30.

Haute-Serre, Antoine Dodin de , Jurisconsulte à Toulouse.

Hécart, G. A. F., Dictionnaire Rouchi-Français , précédé de notions sur les altérations qu'éprouve la langue française en passant par ce patois , in-18 , Valencien nes 1826. Edition tirée à 300 , et in-8o , 1834 , pp. 337.

Hécart, Serventois et sottes chansons couronnées à Valenciennes , tirées des manuscrits de la bibliothèque du Roi, grand in-8o, Valenciennes 1827 , in-8, tiré à 100 exemplaires , 1830.

Hécart, Recherches historiques , bibliographiques , etc. , sur le théâtre de Valenciennes , in-8o , Valenciennes 1816.

Hélie, Pierre, Poésies toulousaines inédites. (Il mourut le 8 octobre 1724.)

Henry, Recherches sur la géographie ancienne et les antiquités des Basses-Alpes, in-8o, Forcalquier 1818.

Henriade , La, en vers burlesques Auvergnats, imités de ceux de la Henriade travestie de Marivaux, suivie du ive livre de l'Eneide , in-18, 1798. Suivi de poésies, pp. 174. V. Faucon.

Hervas, Lorenzo, Catalogo delle lengue sconosciute, cap. iv, art. iv, no 628.

Heures de Saint-Brieuc (en Breton) in-12, 1818.

Herbay-Dessessart, Traduction d'Amadis de Gaule 1340, Epitre dédicatoire.

Creuzé de Lesser, Préface à Amadis, poème, in-18, Paris , p. xiv.

Heuriou brezonnec ha latin , in-18, Prudhomme à Saint-Brieuc 1833.

Histoire pastorale, représentée dans Béziers, sur le théâtre des marchands , le jour de l'Ascension , avec le carcel et devises de la partie de masques des cavaliers fidèles , in 12 , Béziers , Jean Martel 1633.

Histoire du mauvais traitement fait par ceux de Villeneufve à la ville de Béziers, pendant la contagion, représentée sur le théâtre des marchands, le jour de l'Ascension 1632, imprimée à Béziers par Jean Martel , 1628 , pp. 3 à 52. (Co-

médie en trois actes et en vers. — P. 53 à 54. chanson en patois. On en a ajouté une autre à l'exemplaire que possède
la bibliothèque de Bordeaux.

Histoire plaisante de la jalousie de Jennin, mise en rime
et langage picard, in-8o, Rouen. . . . Autre édition, in-8o,
Rouen 1598, réimprimé avec le *Discours du curé de Bersy*
(en picard), dans le tome IV des *Joyeusetez.*

Histoire de Joseph, en vers bretons, in-8o, Morlaix 1814.

Histoire de Jean l'an prés, tirada das archivas de Sou-
lorgues. Ouvrage inédit qui se trouve réuni aux Mss. (v. t.
II), de l'abbé Favre que possède le Musée-Favre, et publiée
aujourd'hui dans l'édition en 4 vol. in-18.

Histori de la naissanco dou fils de Diou, in-12, Avignon
1670.

Histoire de la Guerre des Albigeois. V. Dom Vaissette,
Histoire du Languedoc, 5 vol. in-fol.

Histoire du gentil seigneur de Bayart, chap. VIII.

Histoire Littéraire de la France, in-4o, t. XV, p. 446. *Pass.*

Historio de las Caritats de Béziers, représentée sur le
théâtre des Praticiens le jour de l'Ascension de l'année 1635,
Béziers, Jean Martel, in-12.

Hoffman de Fallersleben, Elnonensia. Monuments des langues romane et tudesque, dans le neuvième siècle, contenus dans un manuscrit de l'abbaye de Saint Amand, conservé à la bibliothèque de Valenciennes, in-4o, Gand 1837,
pp. 34.

Hortola, Cosme, Damien : Poésies catalanes.

(*Hory et Michel*) Annuaire du département des Hautes Alpes, in 8o, Gap, Jean Allier 1808, p. 146 à 173.

Hopital, Béranger de l', Troubadour toulousain du XVe
siècle. *Vers figurat dels nobles capitols de Tolosa.*

Honorat, Médecin à Digne, Dictionnaire étymologique
des patois du midi, en 6 vol in-4o. Mss. que M. de Corbière
voulait faire éditer par l'imprimerie royale.

Houard, David, Anciennes lois des François ou additions
aux remarques sur les coutumes anglaises, recueillies par
Littleton, 2 vol. in-4o, Rouen 1766.

* *Hourcastremé*, Poésies et œuvres diverses, 2 vol. in-12,
Londres 1773, p. 163 et seqq.

Hugo, Abel, France Pittoresque, département de l'Ain,

p. 123. Col. A.—Rhône, p. 151. Col. A.—Meurthe, p. 243. Col. a et b.— Maine-et-Loire, p. 203. Col. a.

Humbert, Missionnaire, Noels en patois de Vauclans, paroisse de Nods et de quelques autres villages au voisinage de Vercel, in-12, Besançon, Bogillot, 1746, pp. 36. Vendu 60 ou 70 f .

Ces Noëls sont ou de l'auteur des *Pensées sur les vérités de la Religion*, etc., ou de son neveu, missionnaire comme lui.

Humboldt, Von Wilhelm Von, Prüfung der untersuchungen über die urbewohner Hispaniens vermittelst der Vaskizchen sprache, in-8o, Berlin 1821, Bei Ferdinand Dümniler.

Idiome Champenois, en usage dans le département de la Marne et environs. Mss.

Imitation ar veré hes santel, var model imitation Jésus-Christ, pedennou evit an oferen, etc., grant abbat ***, in-8, Ledan à Saint-Brieuc 1836.

Introduction d'ar vuez devot, composet gant sant Frances de Sales, escop ha prince à Geneve, hat lequeat e Brezonec gant ar Bœlec eus a escopti Leon, in-18, Blot à Quimper 1836.

Imitation hor salver Jesu-Christ, lequet e brezonec gant ur béleg eus a escopti querne. Reizet gant ar Brassa Soing, in-18, Ledan à Saint-Brieuc 1836.

Instructionou var fondation privilachou induljançou ha deveriou breuriez Scapuler an itron varia a venez Carmel, in-24, Ledan à Morlaix (1832.)

*J. B. C****, Lou Novy Para, Comediou prouvençalou en tres acte, in-8o, a Cracouviou ener d'Owart Przepéndorousky, 1743. V. Coye.

Idylle ou Essai de poésies créoles par un colon de Saint-Domingue, in-8o, New-York 1804.

Instruction sur les accouchemens en Breton, in-8o, Morlaix 1774.

Influence, de l', de la Civilisation, suivie d'une analyse raisonnée des origines gauloises de Latour-d'Auvergne, in-8, Paris 1822-24.

Isnard, d', chanoine de salon, cantiques patois, in-8. Aix 698.

Isnardoun, Louis, Pouésios prouvençalos, in-12, Marsillo, chez Chaix et Chardoun, libraires 1836, pp. 12.

M. Isnardoun avait publié d'autres poésies en 1832 , chez les mêmes libraires et sous le même titre, sous le pseudonyme de Louis J., pp. 24. — D'autres en 1830 , sans frontispice, mais avec le nom de l'auteur, pp. 16, et enfin :

Isnardoun, Louis, Leis amours de Vanus, vo lou Paysan oou théatré, in-8o , Marseille, Senés 1837 , pp. 13.

Isnardoun, Louis, Pouesios prouvençalos, in-12, Marius Olive, à Marseille 1837.

Isaure, Louis, Canso de Nostra-Dona que dictec mossen Luys Isaure de Tolosa. (Composée de cinq strophes et d'une *Tornada* ou envoi.) Il vivait encore en 1469.

Isaure, Clémence, fille du précédent, née vers 1450. Poésies imprimées en 1505 à Toulouse, par Granjean, libraire rue de la Porterie, petit in-4o gothiqne, sous le titre de *Dictats de Dona Clamensa Isaura*. (J'en ai vu deux exemplaires , dont un sans frontispice.)

Ismenias, in-12, Dijon 1609, poème de pp. 16. Supprimé dès son apparition.

Iztueta, D. Juan Ignacio de, né à Zaldivia, dans la province noble de Guypuzcoa Dantza gogoamgarrien condaira edo historia beren sonu zar, eta itz neurtu edo versoaguin, Baita Berou ongui Dantzatzeco iracaste edo instruccioa c ere etc. — Donastian, Ignacio Ramon Baruja 1824.

J. E. ou Verdié Cadet, Le Mariage Secret ou l'Enfant du Mystère , dialogue entre Berniche lou rébénant, sa femme bête et Pierrillot lou sentinelle, in-8o, Duviella à Bordeaux 1833.

J. E. L. Verdié Cadet, Berthoumeou, lou playdur rouynat, in-8o , Lebreton à Bordeaux 1831.

Janillac , Pierre de, né à Paris. Il obtint le prix de poésie aux Jeux Floraux en 1471, *quoique Français, parce qu'il composa des vers en langage toulousain*, dit le registre de l'académie des Jeux Floraux, dans lequel on trouve la pièce couronnée.

Jansemyn, coiffeur, Las Papillotas de Jasmin coiffur, membre de la société de scienços et arts d'Agen, in-8o, Agen , imprimerie de Prosper Noubel, janvier 1835.

Jansemin, Lou tres de may, pouemo, per Jausmyn , coiffur, autur del Chalibary, peço couronnado per la societat d'agriculturo, sciençzos et arts d'Agen, lou 5 de may 1830, in-8o, Noubel 1836, (avec une lithographie.)

Jansmin, Yer et aney. Dialogue en vers. Ad calc. Gazette du Languedoc du 27 novembre 1840.

Jansemyn, coiffur, Lou Chalibary, poëme heroï-comique burlesque en tres chans, en patois agenes, in-12, Agen 1825.

Jaubert, (le comte) Vocabulaire du Berry et des provinces voisines, recueilli par un amateur du vieux langage. Première édition, in-8o, Paris, de l'imprimerie de Crapelet 1838.

Jaubert de Passa, Recherches historiques sur la langue catalane. V. Mémoire de la Société Royale des Antiquaires, t. **VI.**

Jauffret, , Notice sur la vie et les ouvrages, tant imprimés qu'inédits de Pierre Joseph de Haitze, dont la bibliothèque de Marseille possède les manuscrits autographes, formant neuf volumes, in-4o. Ad calc. Le conservateur Marseillais, etc., livraison ve, Marseille, in-8o, 1828, p. 161 à 200.

Jaunhac, Antoine de, Curé de l'église de Saint-Saturnin de Toulouse, obtint le prix de la violette le 3 mai 1455. Ses vers ont du mérite.

Johannis, Jean, Excellent troubadour toulousain. Il remporta l'églantine pour son *Sirventes per lo qual mossen Johan Johannis gazanhet l'englantina l'an* 1451.

Johanneau, Eloy, Vie de Gargantua et de Pantagruel, par Rabelais. Notes. *Passim.*

Jesus-Christo gure jaunaren testament berria. Lapurdico escuararat itçulia. Bayonan Lamaigneren, imprimreian 1828, Ebangelio Saindua St.-Luka, arebera-xy capitulua V.

Jesus-Christen imitacionia, in-18, Montbelliard, Deckherr 1839. A Oleron, chez Vivent.

Jesusen bihotz sakratuaren alderako debocionearen exercicio izpiritualac, in-24, Cluzeau à Bayonne 1831.

Jenkins, J., An abk, pe kenteliou bér Hak eas evit deski leun brezonek en nebendik. Composet gant etc, in-12, Ledan à Morlaix1835.

Joffredi, ( ), Alpes Maritimæ.

Jons, Owen , voyez Myvirian.

Joyat, N., Jongleur Toulousain dont il ne reste que quelques chansons peu remarquables.

Jongleurs et Trouvères , ou choix de saluts, épîtres, rêveries et autres pièces des XIIIe et XIVe siècles , in-8o , Paris 1839.

Jordan ; J. J. Balth., Histoire de la ville d'Agde depuis sa fondation et sa statistique au 1er janvier 1824 , etc., in-8o , Montpellier 1824 , p. 212-319.

Jourdan , 1o le deuxième livre de l'Énéide , traduit en vers burlesques ; 2o poème badin (sur Fizes et son domestique.)

Journal de la langue française , soit exacte , soit ornée, in-12 , Pau 1789. *Passim.*

Journal de la langue françoise et des langues en général· *Passim.* et cahiers de mai et juin 1840 , p. 205.

Journal de Perpignan et des Pyrénées-Orientales , 1829 , p. 31.

Journal de Toulouse, no 28 , année 1814.

Joyousa farsa de Jouannov dov Trov, petit in-12, pp. 8, MDXCIV. Bn patois savoyard (Bibliothèque royale.)

Joyeuse farce d'un Curia qui trompa par finesse la femme d'un laboureur , 1595 , pp. 8. — Réimprimé , à quinze exemplaires , à Paris , en 1829 , chez Guiraudet.

Joyeuselez et facéties , 16 vol. in-16, Paris , Techner 1829-1833. (Tiré à 76 exemplaires.)

Jouy, de , L'Ermite en Province , t. 11.

Jubinal , Achille , Le fablel dou dieu d'amours, extrait d'un manuscrit de la bibliothèque royale, publié pour la première fois , in-8o , Paris 1834.

Jubinal, Achille , OEuvres complètes de Rutebeuf, trouvère du XIIIe siècle , etc., 2 vol. in-8o.

Jubinal, Achille, Mystères inédits du XVe siècle, 2 vol. in-8o , Paris 1836-1837.

Jubinal, Achille, Nouveau recueil de contes dits fabliaux et autres pièces inédites des XIIIe et XIVe siècles , 2 vol., in-8e , Paris , Roussin 1839.

Jubinal, Achille , La égende latine de[S. Brandaines, avec une traduction inédite en prose et en poésie romanes, etc., in-8o , Techner 1836.

Jullien, Jean Joseph, Nouveau commentaire sur les statuts de Provence, 2 vol. in-4o, Aix 1778, t. 1, p. 58, 60, 63, 66, 82, 84, 90, 91, 95, 98, 180, 246, 255, 259, 261, 350, 433 et seq., 525, 554 et seq., 538, 542, 550, 572 et seq., 588, 596, 598, 600. — T. 11, p. 1 à 6, 282, 335 et seq., 377 et seq., 430 à 432, 457, 460 à 462, 469, 472, et seq., 481, 485, 490, 492 et seq.

Jus Adan de la Feuillé. V. Mélanges de la société des bibliophiles, t. vi.

Just, ( ), Manicle, vo lou Groulié bel esprit, par un machiniste de Marseille (M. Just.) in-8o, Marseille.

Justel, Christophe, Histoire généalogique de la maison d'Auvergne, in-folio, Paris 1645.

Kakaouennou gant brizeux, in-16, Duverger, Paris 1837. (Chanson.)

Kelham, Dictionnary of the norman or old french language, in-8o, London 1779.

L. E., avocat, Traductieou de l'Énéido, (livres 1, 2, 4 et 6,) in-12, à Bésiés 1689, pp. 279.

Labastide, de, Dissertations sur les basques, in-8o, (Le premier volume seulement a été publié.)

Labbe, le P., Abrégé royal, etc., in-4o, 1651. — Assises du royaume de Jérusalem, p. 456 à 565.

Laborde, Poésies toulousaines, dont le *Cant royal* a probablement été couronné.

Laboulinière, Annuaire statistique des Hautes-Pyrénées, in-8o, Tarbes 1812, p. 297 à 304.

Labouderie, J., Parabole de l'éfon prodigue, en patois de Nahrte Auvergna, in-8o, Paris 1823.

Labouderie, J., Vocabulaire du patois usité sur la rive gauche de l'Allagnon, depuis Murat jusqu'à Molompise. (V. mémoire de la société royale des antiquaires, t. xii, p. 339 à 389.)

L. A. D. F., Recueil des proverbes météorologiques et agronomiques des Cevennols, suivi des pronostics des paysans languedociens sur les changements de temps : in-8o, Paris, Madame Huzard, 1822, pp. 56.

Laborieux, chanoine de Montferrand, Limanici idiomatis vindiciæ, in-fol. Mss appartenant à M. Bouillet de Clermont.

Ce précieux mss contient entr'autres choses des recher-

ches sur la prononciation des lettres dans le langage Lima-
gnien, p. 33; et enfin un recueil de quelques pièces de
poësie Limagnienne, de divers auteurs, pp. 55. dans le même
volume: l'home conten de Joseph Pasturel, p. 99. Ce mss a
180 pp. et 2 de table.

La Chaume, chanoine à Dijon, Lucifar prin au baitan
(Noëls célèbres dont on disait *in toto libro nil melius titulo*.)

Lacombe, Dictionnaire du vieux françois, in-8o, 1766-67.

Lacurne de Sainte Palaye, Ad calc. Académie des inscriptions et belles lettres, t. xxiv, p. 671. (*Remarques sur la langue française des xiie et xiiie siècles, comparées avec les langues provençales, italienne et espagnole dans les mêmes siècles*.)

Lacurne de Ste Palaye, Remarques sur la langue française
aux xiie et xiie siècles, comparée avec les langues provençale, italienne et espagnole dans les mêmes siècles. Académie des inscriptions et belles-lettres, t. xli, p. 510.

Lacurne de Sainte Palaye, Glossaire de l'ancienne langue
française.

Lacurne de Sainte Palaye, Glossaire de la langue des Troubadours. Mss. de la bibliothèque du roi.

Lacurne de Sainte Palaye, Trois mémoires sur la chevalerie. Acad. des inscriptions, t. xxxv, p, 123, 129 et 287.

Ladoucette (J. C. F.), Histoire, topographie, usages, antiquités, dialectes des Hautes-Alpes, in-8o, Paris, Fantin 1834-
p. 480 à 516. Dans la première édition de la page 160 à 182.

Lafaille (Germain de), Lettre servant de biographie pour
le célèbre poète Godolin, avec une dissertation sur ses ouvrages (en tête des œuvres de Godolin.)

Lafaille, Annales de Toulouse, t. 11, notes, p. 12, etc.

Lafon, Mary, Essai historique et comparatif sur la langue
romano-provençale.

Lafont de Cujula, notice sur le langage et les usages particuliers des habitants du département de Lot-et-Garonne.

Ad calc. Second recueil des travaux de la société d'agriculture, des siences et arts d'Agen.

La Fontaine, Fables causidas en bers gascouns, à Bayoune,
de l'imprimerie de Paul Fauvet-Duhart, in-8o, mdcclxxvi.

A la fin se trouve un: Dicciounariot gascoun et francès
p. 262 à 284.

Lagadec (Yves), Dictionnaire français-breton-latin, in-4o,

gothique 1499. Tréguier, chez Jéhan Calvez, (bibliothèque historiq. de la France, no 3768.) L'auteur était né à Ploe-
genen, le 16 août 1464. Introuvable.

Lagoutte (B), Fables, contes et légendes marchoises, in-8o,
Guéret, chez l'auteur, place Rochefort....

Lai Souercie de Laivron (Besançon.) ⎰
Lai féto das Andraı (Besançon.) ⎱ V. Dartois.
Lai revenge di Caipucin (Besançon.) ⎰

Lamentations de Jérémie (en breton), in-16 , Morlaix.

Lamarque, Statistique du département du Tarn, in-8o,
Paris an x, p. 10.

La Monnoye (Bernard de) Noei Borguignon de Gui Barozai,
petit in-12, Dijon, Ressayre 1700, p. 25. — Idem 1701, pp. 90.
— Petit in-8o, 1720 (musique), pp. 429. — Idem, pp. 416. —
Idem, pp. 416. — Idem, pp. 403. (Il y eut encore cinq autres
contrefaçons dans la même année.) — In-12, J. Serot, 1724.
Traduits en vers français, in-4o, Dijon, Verets 1735, pp. 64.
(Rapsodie que l'on trouve dans le *Recueil de pièces choisies
rassemblées par les soins du cosmopolite*, in-4o, Dijon, Verets
1735, p. 369 à 433. Il n'y a que 32 noëls de traduits sur 35. pp.
452.) — In-12, Dijon, Desay 1737. (Toutes ces éditions ont
un glossaire ainsi qu'une partie des suivantes), in-12, en
en Bregogne, Dijon 1738, (musique), pp. 461. — 1738, pp.
461. — 1738, pp. 112. — Deux autres in-12 et in-8o, en 1748.
— Traduction manuscrite en vers français, petit in-8o, 1771.
— In-8o, 1772, pp. 416. — Petit in-8o, Dijon 1776, pp. 422. —
B. Desay, petit in-42, 1780, pp. 101. — Petit in-24, aut. Desay, 1792, pp. 170. — Réimpression de la traduction de Verets, petit in 8o, Paris, Caron vers 1801, pp. 28. — Petit ın-
12, à Châtillon-sur-Seine, Cornillac, 1817, pp. 122. — Autre
édition augmentée, Châtillon-sur-Seine, petit in 12, 1825,
p. xıx-144.

Lanquetain de Rochejean, Lou lemeni de Monpareu. Tsan-
son in-12, Paris 1824.

Larramendi, Diccionario trilingue, etc 2 vol. in-folio, San
Sebastien 1745.

Laravalière, Memoires de l'acad. des inscriptions et belles
lettres, t. xxıı, p. 244. — V. Levesque.

Larade, la Margaride gascoune, in-12, Tholose, 1604.

(*De la Rue de Lutry*,) Lo Conto d'au craisu. Coq-à-l'Âne dans

le patoi (sic) du canton de Vaud , in-4o (Lausane.) S. d. p.
11. (Imprimé vers le milien du xviiie siècle.)

Las darnieros esperros des fanatiquos, amb' una cansou
sur lou même sujet, in-8o, ... 1703.

Latouche , l'abbé , Clef de l'étymologie , in-8o , Paris 1836.
Passim.

La promesse de mariage , et autres chansons provençales,
in-12, Mounpeyé 1823.

Latour-d'Auvergne, Nouvelles recherches sur la langue , l'o-
rigine et les antiquités des Bretons , pour servir à l'histoire
de ce peuple, in 8o, Bayonne, Pierre Fauvet 1792. (Première
édition presque complètement rachetée par l'auteur.)

Latour-d'Auvergne , Origines gauloises , celles des plus anciens peuples de l'Europe puisées dans leur vraie source ,
ou recherches sur la langue , l'origine et les antiquités des
Cello-Bretons de l'Armorique, etc., in-8o, Hambourg 1801.

Laugier , baron de Chartrousse , ancien député : Nomenclature patoise des plantes des environs d'Arles, etc., in-8o ,
Arles , Garcin , imprimeur , 1838, pp. 59.

Lavaudière de Grenoble, représentée en un ballet , in 8o
. . . (xvie siècle.) V. Recueil de diverses pièces faites , etc.,
p. 53 à 74.

Laurez, Pierre, chirurgien de Lyon. Chansons inédites en
patois de Lyon.

Lebœuf, Dissertation sur les plus anciennes traductions en
langue française. (Académie des inscriptions, in-12, t. xvii.)

Lebœuf, État des sciences en France depuis le roi Robert
jusqu'à Philippe-le-Bel.

Lebœuf, Traité historique et pratique sur le chant ecclésiastique.

Leber, De l'état réel de la presse , p. 79.

Leclair, Histoire des brigands , chauffeurs et assassins
d'Orgeres, avec un dictionnaire d'argot, in-8o, Chartres An
viii, p. 146.

Lebrun (Me), Essai d'un dictionnaire comtois-français, 2e
édition revue corrigée et augmentée , in-8o, Besançon 1755 ,
pp. 39.

Lebrigant , Dissertation adressée aux académies savantes
de l'Europe, sur une nation de Celtes, nommés Brigantes ou

Brigants, lesquels se trouvent encore en Bretagne, in-4o, Breghente 1762;

Lebrigant, Détachements de la langue primitive, celle des parisiens avant l'invasion des Germains, la venue de César et le ravage des Gaules, in-4o, Paris 1787.

Lebrigant, Éléments de la langue des Celtes Gomerites ou Bretons : Introduction à cette langue et par elle à celles de tous les peuples connus, in-4o, Strasbourg 1779 ; pp. 63.

Lecarpentier, Jh.: Histoire de Cambrai, t. 11, p. 18, des preuves.

Leclerc (J.-B.), Archéologie celto-romaine de l'arrondissement de Châtillon-sur-Seine (Côte-dOr.) 1re partie suivie d'un glossaire celtique et d'exemples d'abréviations et de corruptions latines, in 8o, Châtillon 1839.

Lefèvre, Jh., évêque de Chartres, chancelier de Louis II, comte de Provence. Journal de 1381 à 1387.

Lédan, Alex. L. Mari, Simon a vontroulez, pé ar maréba-dour mercer, heuillet eus a œuvrou dalif Simon à Vontrou-lez ; troet e brezonnec, eus à lever gallec Simon de Nantua, der an autrou Lauraç de Jussieu, in-12, Lédan à Morlaix 1834.

Légende de Théophile, en grec. — La même en vieux flamand et en vers français du XIIIe siècfe.

Léger, Jean, Histoire générale des églises évangéliques des vallées du Piémont, in fol. Leyde, 1669, p. 23, 26, etc.

Ledesma doctrin an Christenien, in-16, Montrouilles1622, pp. 63. (On trouve le stabat et quelques cantiques en vers à la suite.)

Lecluse, Grammaire basque, in-8o, Toulouse 1825.

Lédan, neveu Derotrie.

Legonidec, Testament nevez hon autrou Jezuz Krist troet è brezouneck, in-8o, à Angoulême 1827. — Caviel santel Jezuz Krist nerve santz Lukuaz-xv. Pennad II, kalz.

Legonidec, Grammaire celto-bretonne, contenant les principes de l'ortographe, de la prononciation, de la construction des mots et des phrases, seton le génie de la langue celto-bretonne. in-8*, Paris 1839.

Legonidec, Dictionnaire celto-breton, in-8o, Paris 1839.

Lei Passo-Tems de mesté Martin, iu-12, Nismes 1822.

Lepelletier (Dom), Dictionnaire français-breton, in fol...., 1752.

Leys d'amor, las,Mss.inédit,dont l'exemplaire le plus complet est celui qui appartient aux jeux floraux de Toulouse. Il en existe des copies dans les bibliothèques de Sarragosse, de Barcelone, etc.

Lequinio, J.-M., Agent forestier, Voyage pittoresque et physico-économique dans le Jura, 2 vol. in-8o, Paris 15 frimaire an IX, t. 11, p. 447.

Cet ouvrage contient : 1o observations sur la langue et les termes propres au Jura ; 2o richesse de cette langue; 3o expressions défectueuses ; 4o idiôme des campagnes et citation d'une lettre écrite en patois, le tout fort insignifiant.

Leroux de Lincy, Le roman de Brut, par Robert Wace, poète normand du XIIe siècle, 2 vol. in-8o, Paris 1839.

Lerouge, Glossaire lorrain. Mss égaré.

Lesage, (les folies du sieur) de Montpellier, in-8o, Montpellier. V. Recueil de poète gascons, 2 vol. in-12, Amsterdam 1700, t. 11.

Le Secq, Egloga à Madama, en romance.

Lettro de Rousoun deis grans carmés à Margarido daou panié, in-8o, Marseille, de l'imprimerie de Dubié, rue de la Loge, no 15, pp. 4.

Lettro de Margarido daou panié a un acabaïre, in-12, Marseille, de l'imprimerie de Dubié, rue de la Loge, no 15, pp. 4.

Lesbroussart, Collections des poètes Belges, t. 1, p. 45.

Lescop, J. Voyez Vega.

Lescop, J., An devez mad, pe façon du sanctifian an oll actiono Deus an de; disposet en brezonec gant an autro, etc., in-32, Prud'homme à Saint-Brieuc, 1835.

Lescop, J., Instruction voar ar mang a rer deus a leseuno an abstinanç ac ar yun gant un abrege voar an alusen composet gant autro J. Marguet; ha troet en brezonec gant an autro, etc., in-18, Prud'homme à Saint-Brieuc 18?9.

Levesque de la Revaillière, Les poésies du roy de Navarre, avec notes et un glossaire français : précédées de l'histoire des révolutions de la langue française, depuis Charlemagne jusqu'à saint Louis; d'un discours sur l'ancienneté de chansons françaises, etc., 2 vol., petit in-8o, Paris 1742.

Licarague, Jean, Traduction de la bible en patois basque, dédiée à Jeanne d'Albret, reine de Navarre, mére de Henri IV, 1571.

Levr aour pe autramant an humilité gristen et pratiq in-32, Lefournier à Brest 1836-1837.

Levric an oel-gardien, evit usach ar yaouaquis christen, in-32, Lédan à Morlaix 1835.

Livre (le) de Seneque. Recueil de moralités dont il existe plusieurs copies en roman du midi et du nord.

Leyris, Amédée du, Chansons dédiées à Béranger, in-8o, Nevers 1840. Chanson morvandèle. p. 395.

Libre de privilegis, usos, stils y ordinations de consulat de mar de la fidelissima vila de Perpinya, in-4o, gothique 1527.

Liguori, Alphonse de, Bisitou d'ar sacramant adorabl ha d'ar verc'hes santel, evit peb deiz eus ar miz, composet gant an aoutrou etc. ouvrach nèves laqueat a c'hallec è brezounec, in-18, Lefournier à Brest 1830-1832.

Ligonne, Claude, La Bragardo indigento. Roundel, in-8o' Toulouse 1540. (Elle réclama pour son sexe le droit accordé par Clémence Isaure, de concourir aux jeux floraux.)

Limousin, le, Historique, in-4o, avec planches, 1839.

Lobra, Guillelm de, troubadour Toulousain du XIIIe siècle. (Rien ne nous est resté de ce juge *del gai saber*.)

Lombarda, Dona, troubadour Toulousain du XIIIe siècle. (Les mss. du Vatican et de la bibliothèque royale contiennent seuls quelques vers de cette dame, dont Millot, Raynouard, Rochegude, etc., n'ont point parlé.)

Lobineau, Dom, Histoire de Bretagne. (Preuves.)

Lloris ?, Vocabulaire basque. (A la bibliothèque impériale de Vienne.)

Linçoain, Simon de, poète basque de la Haute-Navarre au XVIIe siècle.

Liron, Dom, Singularités historiques, t 1, p. 103 et seqq.

Long, Saint, Les amours de Colas, Comédie Loudunoise comédie en 5 actes et en vers, in-8o, Loudun 1691.

Los fors et costumas de Bearn, petit in-4o, Pau, Joh. de Vingles 1552.

Los Fors et Costumas deu royaume de Navarre deca-ports avec l'estil et aranzel deu dit royaume, in-8o, Pau 1681.

Los set salms de la penitencia y coblas in-12 , Perpinya 1809.

Loubet, J., oubrié imprimur, Poemo sur lous malhurs d'Embaquès, in-8o, Roger à Auch 1836

Loye, Recherches historiques sur Rochejean.

Loye, Tsequion sot bèsougne , eu bin l'échat niezri pal Boisseau, in-8o, Rochejean 1824.

Loys, Thomas , Sirventes sobre aquels que no usan de caritat per lo qual foc jutjada l'englantit a à Mossen Thomas Loys , bachelier en leys, l'an MCCCCLXV.

Lucchesini, César ,Essai d'un vocabulaire de la langue provençale.

Lucchesini, César, Des sources des langues anciennes et modernes.

Lucchesini, César, Essai sur l'histoire du théatre italien dans le moyen âge , in-8o, Paris 1788.

M. B. H. D. S. le jargon ou langage de l'argot réformé, à l'usage des merciers, porte-balles et autres , tiré et recueilli des plus fameux argotiers de ce temps. Nouvelle édition corrigée et augmentée de tous les mots qui n'étaient point dans les précédentes éditions, in-32, Deckherr à Montbelliard 1836.

M*** , Les bucoliques messines, pièces queriouses dou temps pessé, dou temps preusent, in-8, Verronais, à Metz 1830. (Ce volume contient entr'autres choses une comédie en deux actes, intitulée Le *Mariège des braves ou les dous R'venans*).

Macariennes , Les , poëme en vers gascons, in-8, à Nankin, chez Romain-Macarony, imprimeur ordinaire du public , à l'enseigne de la Vérité ... 1763.

Macpherson, Jacob de , Histoire d'Angleterre.

Maffés ou *Maffrés*, vie de Saint Gerauld , comte d'Aurillac, mort en 918, composée en langue vulgaire de la Haute-Auvergne.

*Mq. V. J***, ancien élèvo de l'écolo nourmalo : Lou Naufrage de la Meduso arriba dins l'annado 1816. Pichout, poèmo en vers provençaux segui d'uno pastouralo et d'un

37

dialogo de la coumpousitien de etc., in-8, Toulon, imprimarié d'Auguste Aurel, 1824, pp. 31.

Majorel, Jean-Joseph, Poésies patoises, in-18, Milhau, chez Carrère, imprimeur libraire.

Malpey, Pierre, avocat et conseiller de la ville de Dijon, où il est mort le 7 juillet 1644, éditeur du Recueil de nouvelles poésies galantes critiques, latines, françaises et bourguignonnes, in-12, Londres, vers 1740; et auteur de la première des pièces patoises licentieuses de ce volume.

Mascaro, Jacques, aisso es lo libre de Memorias lo qual Jaime Mascaro escudier dels honorables senhors cossols de la villa de Bezes, a fach e hordenat de motas et diversas causas que son endevengudas; aissi quan se seq. (Ad. calc. Bulletin de la sociéte archéologique de Béziers, in-8. Béziers, Mme veuve Bory, imprimeur libraire, 1836. Première livraison, p. 69 à 144.)

Massé, Isidore, La Vendée poétique et pittoresque, in-8, Nantes 1829.

M. G. Le nouveau dictionnaire provençal-français, contenant généralement tous les termes des différentes régions de la Provence, les plus difficiles à rendre en français, tels que ceux des plantes, des oiseaux, de marine, d'agriculture, des arts mécaniques; les locutions populaires, etc., etc., précédé d'un abrégé de grammaire provençale-française et suivi de la collection la plus complète des proverbes provençaux, in-8. Marseille, imprimerie de madame veuve Roche, rue du Pavillon, n° 20, octobre 1382.

Magaou et Canazo, vo lou proucès daou pouar, comédie en deux actes et en vers, in-8. Toulon 1386. — V. *Pelabon*.

Magnol, Botanicum Monspeliense, petit in-8. Lugduni 1676.

Magny, Relation de la fête des Prudhommes, corps et communauté des patrons pêcheurs de Marseille, célébrée le 16 février 1687 sur l'heureux rétablissement de la santé du roi, in-8. Marseille 1687.

Magasin encyclopédique. Octobre, novembre et décembre 1809. — Avril 1810, p. 452, etc.

Magasin pittoresque 1839, p. 95.

Maigre, Lou retour dau souleou. V. l'Annuaire des Hautes-Alpes 1808, p. 147 à 151.—M. Ladoucette, p. 471 à 475.

Maja, N. de, Ramassadis gascou, ou réunion des ouvrages

imprimés ou manuscrits d'environ 200 auteurs qui ont écrit
dans le dialecte de Toulouse ou des environs.

Maja , N. de, Gay saber ou collection de tous les ouvrages
en langue romane lus dans les séances publiques des mainteneurs du Gai Savoir , depuis 1321 jusqu'en 1694; 15 volumes in-4.

Malpois , curé bourguignon , lou véritable vey de Gôdô.
Vers 1620. — V. Malpey.

Malpois , V. Morisot.

Maillard de Chambure, Charle (*partita*) de 1201, en patois
de la Haute Auvergne , mss.

Maltotiers , les , ou les pescheurs en eau trouble , iu-4.
Paris 1649 , en vers normands.

Mamial de Cantichs, etc. en Perpinya 1766.

Marchall, traduction de la parabole de l'Enfant prodigue
(dans les mémoires de l'académie royale des antiquaires ,
t. xii , p. 334).

Manuel evit an adoration perpetuel a zacrament an auter ,
in-18 , chez Blot, à Quimper , 1836.

Marguet , J. , V. Lescop , instruction vour, etc.

Marigo , Messir Clauda-Guillon , Buezarsant , gant reflexionou spituel , etc. , lequet e brezonnec gant an outron , etc.,
in-8 , Prudhomme, à St.-Brieuc 1834.

Marca , de , Histoire du Bearn ; passim.

Manuscrits Colbert de la bibliothèque royale , Fol. n. 165 ,
t. 1. (Titres divers en Patois de 940 à 1117.)

Mancini-Nivernais , OEuvres Complètes , t. 111. (Quelques
vies de troubadours).

Mandet, Francisque , Histoire de la langue romane (roman provençal) , in-8. Paris , chez Dauvin et Fontaine , libraires, 1840.

Marché , Le , de Marseille , vo lei doues coumaires , comédie en deux actes et en vers , in-8. Marseille 1785 ; in-8. Avignon 1821.

Mardo , Bernard , poëte basque de la Soule , au xviie siècle.

Marmier , X. , Chants de guerre de la Suisse (ad calc. Revue des deux Mondes 1836 , p. 215.)

Marot, Clém. , Epitre de la dame au jeune Fi de Pazi (l'auteur du Dictionn. des Noëls bourguignons en fait mention).

Mariagi, lou, de Margarido, comédie en un acte et en vers, in 8. Marsillio 1781.

Martène, Dom., de Antiquis Ecclesiæ Ritibus, t. 1, p. 281.

Martial de Paris, dit d'Auvergne, Arresta Amorum, 2 vol. in-12. Paris 1731.

Marquis, Mémoire statistique du département de la Meurthe, in-fol. Paris, an XIII, p. 140.

Martigaou ravi, lou.

Martin, Ch., de Lens, Chanson de la fête de Lens, in-8. Degeorge, à Arras 1837.

Martin, N., Noëls et chansons françaises et savoisien, petit in-8. Lyon 1556, avec musique.

Martin, F.-R., Loisirs d'un Languedocien, in-8. Montpellier 1827.

Martin, F.-R., dictionnaire étymologique du Patois de Montpellier, mss.

Martin, F.-R., Fables, contes et poésies patoises, in-8. Montpellier 1805.

Martin, F.-R., Confession de Zulmé, en vers patois de Montpellier, in-8....

Martin, , Retour d'Henri, granadié din la légioun d'oou Gard, ou lou mariageo de Margarido, vaudeville francès e patois, mêla de forço divertissomen: analoguo à la neissanço d'oou duque de Bourdeou, in-8, Nimé 1821.

Martin, Mesté, Leis passo-tems de, countenen leis quatre Saisouns e aoutrei peços en vers patois, in-12, Nimé-Guibert 1822, pp. 24.

Martonne, de, Li Roman de Parise la duchesse.

Massip, J.-B., Censeur royal, né à Montauban en 1676, mort en 1751. (Cansous).

Mathieu, A., Morceaux choisis sur la Kermesse de Mons, in-12. Mons Hoyois-Derely, libraire, rue des Clercs, n. 10, pp. 25, à la suite se trouve: *El'Doudou* par H. Delmotte et un cantique spirituel par le même, en tout 6 et 12 pages.

Maunoir, Julien, Sacré collège de la société de Jésus, divisé en cinq classes où l'on enseigne, en langue armorique, les leçons chretiennes, ou grammaire, syntaxe, dictionnaire et catéchisme en armorique, in-8. Quimper 1569.

Maunoir, canticou spirituel, in-8. Quimper 1642, 1662, et Morlaix 1826.

Mathieu, Benoni, Pa troun Praire vo lou pescadou tourounen, comédie en deux actes et en vers provençaux, mêlée de couplets, in-8. Toulon, Duplessis, Olivault 1833.

Mausolée, le, de monseigneur le Dauphin dans l'église de Jaicòpin, dialogue de Sanson-Grive à et d'Antonie Brneâ, in-12 Dijon 1711, pp. 11.

Mayans y Siscar, Gregorio, Origines de la lengua espanola, 2 vol. in-12, 1787.

Mayer, Lou retour daou Martigaou : Coumedio en trois actes, représentée le 5 avril 1775, in-8o, Marseille, pp. 51.

Meynier, Honorat, natif de la ville de Pertuis, Le bouqι et bigarré, dédié à Monseigneur le marquis d'Oraison, visconte de Cadenet, in 18, à Aix, ǂar Jean Tholosan, Imprimeur du roy et de ladite ville 1608, pp. 136.

Mercier, Tableau de Paris.

Méditations chrétiennes (en breton), in-18, Quimper 1761.

Meizonnet, J, de Vouvert, Pouema aou sugié dé la salada de l'estan d'Escamandre, situa sus li terraire de Vouvert et de San Gille, arrivada en l'annada 1825, in-8o, Nimé. . . et in-12, Nimé, Durand Belle.

Mélanges sur les langues, dialectes et patois, précédé d'un essai sur la géographie de la langue française, in-8o, Paris 1825. (Extrait des mémoires de la société royale des antiquaires de France, par Coquebert de Montbret.)

Memorias de la réal academia de Barcelona, 2e partie, p. 575.

Memorias de la real academia de Madrid.

Mémoires de l'académie de Dijon, 1835, p. 112, 1836, p. 237.

Mémoires de la société d'émulation de Quimper, in-8o, Morlaix 1834.

Mémoires de la commission d'antiquités de la Côte-d'Or, in 8o, Dijon 1836, p. 169.

Mémoires de l'académie des inscriptions et belles-lettres, t. xvii, p 716.

Mémoires de la société des antiquaires de Normandie, 8 vol. in-8o.

Mémoires de l'académie celtique, t. 11, p. 118 à 127, p. 127 à 131. passim.

Ménage, Dictionnaire étymologique. *Passim.*

Menard, Histoire de la ville de Nismes. (Monuments littéraires anciens et quelques vocabulaires.)

Ménil-Grand, né à Grenoble dans le XIXe siècle. Poésies et morceaux de prose en patois de Grenoble, in-8o (Grenoble Allier 1808, de 16 puis 40 pages.)

Mercure de France, août 1721. (Chanson en l'honneur de Louis XV, en dansant le chevalet) et octobre 1744, p. 2206.

Merlin, Catéchisme extrait de celui de Genève avec la translation en langue de Béarn, in-8o, Limoges 1563.

Merindol, le P., de l'oratoire, Petit traité sur les accents grecs, Aix.

Mezellour, Le miroir de l'ame, traduit en bas-breton, in-8o, Saint-Brieuc 1832.

Michalho, Pastourale del bergé Silvestre ambé la bergeyro Esquibo, representado din Bésiés lou jour de l'Assencieou de l'an 1650, petit in-8o, Béziers, par Jean Martel. 1 feuillet, p. 3 à 48. On trouve à la fin une chanson sur l'air de *Ioli cocombre.*

Michel, Dictionnaire des expressions vicieuses, usitées dans un grand nombre de départements et notamment dans la ci-devant province de Lorraine, in-8. Nancy 1807, pp. 197, suppl. 15.

Michel, Francisque, les chansons du Chatelain de Coucy, publiées d'après tous les manuscrits, suivies de l'ancienne musique mise en notation moderne par M. Perne de l'institut, 1 vol., grand in-8.

Michel, Francisque, chroniques anglo-normandes. Recueil d'extraits et d'écrits relatifs à l'histoire de Normandie, et d'Angleterre, pendant les XI et XII siècles, publiés pour la première fois, d'après les manuscrits de Londres, de Cambridge, de Douai, de Bruxelles et de Paris, 3 vol., in-8. Rouen 1839.

Michel, Francisque, La chanson de Rolland ou de Roncevaux du XII siècle, publiée pour la première fois d'après le manuscrit de la bibliothèque Bodleienne à Oxfort, in-8, Paris 1837.

Michel, Francisque, Chanson des Saxons, par J. Bodel, publiée pour la première fois, 2 vol. in-8. Paris 1839-40.

Michel, Francisque, Charlemagne an anglo-norman poem

of the twelfth century, now first published, with an introduction and glossarial Index, in-8o, London 1836.

Michel, Francisque, Lais inédits des xii et xii siècles, in 8o, Paris 1839.

Michel, Francisque, Rapports à M. le ministre de l'instruction publique sur les anciens monuments de l'histoire et de la littérature de la France, qui se trouvent dans les bibliothèques de l'Angleterre et de l'Ecosse, in-8o, Paris 1838.

Michel, Jean, L'embarras de la fieiro de Beaucaire en vers bulgaris, in-8o et in-12, Amsterdam 1700, in-12, Beaucaire 1783.

Michel, Augustin, Traité d'Agriculture en Catalan, qu'il traduisit ensuite en Castillan.

Michelet, Histoire de France, t. i, p. 92 et 437.

Millet, Jean, né à Grenoble dans le xviie siècle, La Faye de Sassenage, in-4o, Grenoble 1631.

Millet, Jean, Chanson contre les femmes. V. Champollion-Figeac, p. 150.

Millet, Jean, la Bourgeoisie de Grenoble, comédie en cinq actes et en vers, dédiée à Monseigneur le comte de Sault, in-8o, Grenoble, Philippe Charuys 1665, p. 145.

Millet, Jean, Pastorale et tragi-comédie de Janin, représentée dans la ville de Grenoble, dédiée à M. le président de Pourroy, in-4o, Grenoble, Richard Cocson, pp. 122.

In-8o, Grenoble, Jean-Nicolas, 1642, pp. 144. — In-8o, Grenoble, Claude Bureau, imprimeur pour St.-Nicolas, 1648, pp. 144. — In-8o, Lyon, Nicolas Gay, 1660, pp. 120. — Petit in-8o, Grenoble, Edouard R. Dumon, 1676, pp. 127. — Petit in-8o, Lyon, Louis Servant, 1692, pp. 126. — Petit in-8o, Lyon, Antoine Molin, 1706, pp. 126. — Petit in-8, Lyon, Antoine Besson, 1706, pp. 126. (Les trois dernières portent : dernière édition revue et corrigée par l'auteur.)

Petit in-8o, Grenoble, adouard Raban, 1636, pp.   . — In-8o, Lyon, Servant, 1686, pp.   . In-8o, Grenoble, . . . 1700, pp. 119. — In-12, Grenoble, 1706. — In-12, Lyon, 1738, pp.   . — In-8o, Lyon, 1738, pp.   . — In-8o, Grenoble, 1800, pp.   .

Millet, Jean, la Pastorale de la constance de Philin et Margoton, dédiée à monseigneur le comte de Sault (précédée d'un prologue récité par la Nymphe de Grenoble à Monseigneur le comte de Sault et à la comtesse), petit in-4o, Greuoble , Edouard Raban, 1635 , p. 132.

Millin, Essai sur la langue et la littérature provençales , p. 36 et seq.

Cette brochure n'est qu'un article du journal que publiait l'auteur , c'est ce qui peut expliquer son inanité. L'orthographie qu'il a suivie prouve d'ailleurs qu'il ne comprenait rien à tout ce qu'il voulait faire connaître (Magasin Encyclopédique , mars 1808 , p. 62 à 80.)

Millin, Voyage dans les départemens du Midi, t. II , p. 215' 46o. IV. 163.

Millot, Histoire des Troubadours , 3 vol. in-12.

Miorcec de Kerdanet, Dan. L. , Histoire de la langue des Gaules , et par suite de celle des Bretons , etc., in-8o, à Rennes, chez Ducheme 1821.

Miorcec de Kerdanet , Dan. L., Notices chronologiques sur les théologiens , jurisconsultes , philosophes , artistes, littérateurs, poètes, bardes, troubadours et historiens de la Bretagne, depuis le commencement de l'ère chrétienne jusqu'à nos jours, etc., in-8o , Brest 1818.

Miquel Hot , de Ribera , poésies.

Mis mac, mis ar verc'hes vari, great e gallec gat an autrou'n abbat Debussi, gat G. L....., curé Taule. Wit'brassa glor Jesu a Mari, in-18, chez Lefournier à Brest 1836.

Miral , le , Moundi , pouemo en bint et un libré , ambé soun dicciounari, in-12 , Toulouso 1781.

Miroir, le , de la Mort, poëme breton en quatre parties , imprimé en 1575 à Saint François Cuburien, couvent situé au bas de la rivière de Morlaix.

Miramondo , Pastorale en patois d'Agen.

Modeste de Saint-Amable, le ┌ère , Monarchie sainte et historique de France , t. II , p. 504.

Molnier, Li, de Nemox (imitation d'un) conte de la fin du XIe siècle, grand in-12, Paris 1832.

Mondonville, M. de , Daphnis et Alcimaduro, pastouralo toulouzeno, accoumoudadou à noste patois de Montpellié , etc., et dediado à las damos et doumaisellos d'aquesto villo, in-8o , Mountpellié chez Augustin François Rochard , 1758. Voyez *Cassanea*.

Molinier, Guill., Las leys d'amors (oul' art poétique) 1356.
— Voyez mestre Bernard , Oth.

Monard, Victor, d'Orpierre, troubadour des Alpes, Recueil de chansons nouvelles, in 12, Apt, imprimerie d'Edouard Carter s. d. 1834, pp. 12.

Monge, le moine, *des Iles d'Or* (Genois de la famille Cebo.) Biographie des troubadours de Carmentière , revue et corrigée au XIVe siècle et dédiée au comte de Provence alors régnant, Louis II, roi de Naples, de la seconde maison d'Anjou.

Monnier, Vocabulaire de la langue rustique du Jura, in-8o.

Monier, S., Canso en lo honor de la Armada francesa sobre la preso de Constantino, in-plano, chez Tastu , imprimeur , Paris 1839.

Monologue borguignon por être prenonçai devan son altesse serenissime Monseigneur le duc. ... pp. 15.

Morlanes, François de, Canso de nostra dona , vio etta nobilis Franciscum de Morlanis anno Domini , MCCCCLXVIII. — Danssa de Nostra Dona (la première de ces pièces est tout entière en vers fraternisés.)

Monlasur, Pierre de, Lauréat toulousain de l'ann ée 1373.
Voici le titre de son manuscrit : Per aquest vers lo noble mossen Peyre de Monlasur , cavalier , gasanhet la violetta à Tholosa l'an MCCCLXXIII.

Montlaur, Pons de, Troubadour toulousain. *Canso*, dialoguée et fort curieuse.

Moquin-Tandon, Carya Magalonensis, in 8o , Toulouse, Lavergne 1836 (tirée à 50 exemplaires)

Morel, Jacinthou , Lou Galoubé ou pouesious prouvençalous d'aquel outour reculidous per sels amis, in 12, en Avignoun, de l'imprimayé dé Bonnet fils 1828, pp. 248.

Montvallon, de, Dictionnaire provençal étymologique. Mss appartenant à M. le comte de Montvallon.

Montvallon, de ,Fables. Mss.

Morisot, Claude Barthélemy , Epistolæ selectæ. Divione, 1656. Epistola 6. Centur 1.

Morlas, François de , Bachelier toulousain ; sirventes faits en 1471.

Morteirolle, ancien chef de division à la préfecture de
38

l'Oise. Martoulet, poëme heroi-comique en trois chants et poésies en patois de Périgueux (manuscrit.)

Morland, Samuel, History of the evangelical churches of the valleys of Pie mont , in-fol, Londres 1658.

Morel, l'abbé ,

Moreri, Dictionnaire historique , 10 vol. in-fol , 1759, dernière édit.

Mort, la, de Mariote , ou Bernat vengé , pp. 8, à Bordeaux, de l'imprimerie de J. Lebreton, rue des Lois, no 3.

Mouskes, Philippe , Chronique rimée , publiée avec notes, appendices , etc. , par de Reiffenberg , 2 vol. in-4, Bruxelles 1836-30.

Moutet, Troubadour, Recueil de chansons nouvelles chantées par...., in-12, Avignon , Offray ainé.

Musée des Familles, avril 1836, p. 220, col. 6, et seq.

Muses , les , Sans-Culotides ou le parnasse des Républicains , 2 vol. in-18, Grenoble, an II, t. II, p. 348.

Myvirian (Pseudonime d'Owen - Jons), Archœology of Wales, 3 vol. grand in-8o , Londres 1802 , à double colonne. Epuisé.

Mystères inédits du xve siècle, 2 vol. in-8o , Paris.

Mystère de Sainte Nonne, in-8o, Paris, Merlin 1837. (En Bas-Breton, antérieur au xIIe siècle).

Nalis, J.-B. , ancien maire, Cantiques, Noëls et autres ouvrages en vers, partie en Français et partie en langue vulgaire de la ville de Beaucaire, in-12 , Arles 1769. — Beaucaire 1764 et 1766.

Napian, P. Doctrin. , Le Miral Moundi, pouemo en bint et un libré , ambé soun Dictiounari , ount soun enginats principalomen les mots les plus escariés, an l'esplicatiu franceso , in-12, Toulouso , che D. Desclassan , mestres es arts, imprimur de l'académia rouyalo dé Scienços , MDCCLXXXI, ambé pribiletgé del Rey 1784.

Nat de Mons. Il nous reste six ouvrages de ce troubadour remarquable, dont Millot a parlé le premier.

Nathac , Astorg de , troubadour toulousain de la première moitié du xve siècle. (Il obtint la violette).

Natte, né à Cucuron , Cantiques spirituels inédits.

Navarrot, X. , Dialogue entré moussu Matheu , l'électou y Jean de Mingequannas lou Bouhemi , in-8o, Pau, de l'imprimerie de Veronese 1838 , pp. 32.

Naufrage, Lou , de la Meduso, pichoun pouemo en vers provençaux, segui d'une pastouralo et d'un dialogo , in-8. Toulon 1824.

Nayade , la , de la Fontaine de Bordeu aux Eaux-Bonnes
poëme béarnais avec la traduction en français , in-8. Pau
1811.

Nerie, Recueil de divers chants d'Eglise et vers patois , in-
12. Carcassonne 1827.

Neps , li , del Pastur , imitation d'un , conte du xiie siècle ,
publié par Ch. Richelet, grand in-12. Paris 1833.

Neveu-Derotrie, A.-L.-J. , Beilladegou tud divar ar meaz
pe conferançou var ar feçonniou nevaz da Labourat an
douar , reizet hervez enten lamant an ou , dre an etc. Troet e
brezonec gant A.-L.-M. Ledan , in-12. St.-Brieuc , imprimerie
de Ledan 1836.

Nodier, Ch. , Mélanges d'une petite bibliothèque , in-8.
Paris 1829 , p. 148 et seqq. (ive livre du *Virgile-Viray*).

Nodier, Ch. , Notions élémentaires de linguistique , in-8.
Paris 1836.

Nodier, Ch. , Comment les Patois furent détruits en France. Conte fantastique, in-8, pp. 8.

Nodier, Ch. , De quelques langues artificielles qui se sont
introduites dans la langue vulgaire , in-8... pp. 20.

Nodier, Ch. , Du langage factice, appelé macaronique ,
in-8. Paris, chez Techner , 1834 , pp. 11.

Noël en musico cantat dins la gleyso de sent Estienno ,
in-4. Toulouse 1702.

Noëls Bressands pour Pont-de-Veaux , et les paroisses circonvoisines , in-12. Chambery 1787. — Petit in-8. Pont-de-
veaux 1797. Autre édition in-16 publiée à Bourg sans date ,
corrigée et augmentée.

Noëls anciens et nouveaux et cantiques sur les mystères de
la religion , nouvelle édition, revue, corrigée sur les éditions anciennes , et mise par ordre de matière, in-12. Bourges , chez Menagé 1838.

Noëls en patois de Besançon , in-12. Dole , chez J.-B. Ton
net, 1758. 2 feuillets, p. 5 , 49 , en tout douze noëls.

Noël inédit , en patois des environs de Grenoble. — Chanson sur les femmes de Jean Millet. — Désespoir d'amour. —
postrophe à l'amour.

V. Champollion. — Figeac.

Noëls et cantiques en langue vulgaire de Beaucaire, in-12. Arles 1769.

Noëls nouveaux où l'on voit les principaux points de l'histoire de ce qui a précédé , accompagné et suivi la naissance de Jésus-Christ, in-12. Clermont-Ferrand , chez P. Viallanes, imprimeur libraire, près les RR. P. P. , jésuites, avec permission , 26 novembre 1739, pp. 36.

Noëls nouveaux en français et en auvergnat , in-12. Clermont-Ferrand. S. D.

Noëls très-nouveaux , composés par un pasteur, in-12. Fontenay 1738. — In-12 , 1742 , pp. 84 (ceux en patois sont aux pages 10 , 23 , 27 et 30). L'édition de 1742 est enrichie de notes et d'une pastorale en cantique.

Noëls nouveaux , en patois , pour l'année 1826 , in-12. Carcassonne. s. d. — autre édition augmentée en 1827.

Noëls vieux et nouveaux , in-18. Bordeaux 1720 , pp. 65.

Noëls nouveaux pour 1765 — pour 1766.

Pai un Reolois pour 1767 , brochure de 24 pp.

Noëls (87) poitevins mss. (bulletin du bibliophile, 2e série, no 371).

Noëls provençaux et français , ou cantiques sur la naissance du Sauveur , in 18. Carpentras. s. d.

Noëls provençaux et français , ou cantiques , in-12. Carpentras.

Noëls de Vauclans , canton de Vercel, arrondissement de Beaumes (Doubs), in 18, s. d. (introuvable. M. l'abbé Dartois a joint un glossaire à la copie qu'il a eu la bonté de m'en faire.)

Noëls en patois de Vesoul (introuvable).

Noëls en français et en languedocien , in-folio, manuscrit de la bibliothèque d'Avignon.

Noëls nouvellement composés , in-8. Lyon , vers 1520 , de 8 feuillets.

Nogeroles , Pierre de, Requête au langage, contenant plusieurs belles, merveilleuses et grandes receptes seulement appropriées à l'usage des femmes et conservation de leurs cas avec plusieurs ballades couronnées, enchaînées et batelées, kirielles, couplets, rondeaux , partie en rimes françaises , partie en langage tholosain ; plus une pronostication pour toujours et à jamais ; le tout fait et baillé aux maîtres et mainteneurs de la gaie science de rhétorique, au consistoire de la maison commune de Toulouse par maistre Pierre de Nogerolles, docteur en la gaie science, in-4. Toulouse 1545 (très-rare).

Notice sur deux manuscrits (patois) des archives de la commune de Montpellier, in-18. Montpellier, juin 1835.

Nouveau recueil de contes, fabliaux, etc, de XIII, XIV et XV siècles, premier volume in-8.Paris 1839.

Nompareilhas, las, receptas per fa las femmas tindend as rizentas, plasentas, polidas et bellas, petit in-8, Tholose 1555.

Nouveau recueil ou choix de pièces et d'écrits divers, in-8. ......, décembre 1788.

Dialogo su la chenta de Brienne et Lamoignon. Ad calcem.

Nouveau recueil des plus beaux noëls, nouvelle édition augmentée, in 12. Poitiers 1838.

Nouveau Testament Vaudois. Manuscrit sur parchemin vélin, in-8o, sur deux colonnes, écrit dans le XIIIe siècle, terminé par un Rituel Vaudois. —Bibliothèque du Palais des Arts à Lyon.

Nouvelle chanson patoise, in-12, pp. 4.

Novena al Glorios Patriarcha san Joseph, in-8o, Perpinya. S. D.

Nostra-Damus, Jehan de, Les Vies des plus célèbres et anciens Poètes provençaux, petit in-8o, Alexandre Marsilio, 1575 (insérées dans l'histoire de Provence de son neveu César Nostra-Damus, in-folio, 1614), traduit en Italien par Giudici, l'année même de sa publication, et beaucoup mieux plus tard par Crescimbini, in-4o, Rome 1710; réimprimées ensuite à part avec de nouvelles augmentations, in-4o, Rome 1722.

Il avait composé beaucoup de poésies provençales qui sont probablement perdues.

Oberlin, Essai sur le patois lorrain des environs du ban de la Roche, in-12, Strasbourg 1775.

O don de Noei bourguignon compòsai de messire Chénon, sur des ar vieu et novea, in-12, ai Dijon, chī Claude Michaud, sans date, pp. 48.

Ode de Triors (Drôme), Joyeuses recherches de la langue

tholosaine, in-8o, Tholose 1579. (Cet opuscule a eu plusieurs éditions.

Oinchart, Recueil de proverbes (en Basque), in-8o, Paris 1657, pp. 94 et 76.

Oth, mestre Bernard, a eu part au recueil de Guillaume Molinier. Ses autres ouvrages sont perdus.

Ollivier, Jules, Essais historiques sur Valence, in-8o, Valence, Borel 1831, ch. xi, notes 23 et 39, p. 207, 212, 215, 296 et 324.

Ollivier, Jules, de l'Origine et de la Formation des Dialectes vulgaires du Dauphiné. (Revue du Dauphiné, t. iv, p. 5 à 35.)

Ollivier, Jules, et Colomb de Batines, Mélanges Biographiques et Bibliographiques relatifs à l'Histoire Littéraire du Dauphiné, in-8o, Valence 1839, 2e livraison.

Ollivier, Jules, et Paul Colomb de Batines, Essai sur l'origine et la formation des dialectes vulgaires du Dauphiné ， suivi d'une bibliographie raisonnée des patois de la même province, in-4o, imprimerie de Borel 1839, pp. 104.

Opéra, l', de Frountignan, Mss inédit.

Oumbro, l', de Moussu de Nant : Nombre d'éditions incalculable.

Ordenensas, las, et Coustumas del libre blanc, petit in-8, Tholose 1555.

Oudin, Glossaire Celtique (Bibl. Hist. de la France, no 5766.)

Pamart, Entretien de Jacqueline et de Colas allant à la fête d'Arras de 1837, in-8o, Degeorge à Arras 1837 (Chanson picarde).

Pamart, Chansons de la fête d'Arras, in-8o, Degeorges à Arras 1839.

Papon, Histoire de Provence, t. ii, p. 453.

Papon, Lettres sur les troubadours.

Papon, Diss. sur l'origine et les progrès de la langue provençale.

Papillon, Bibliothèque de Bourgogne. Passim.

Paradin, Chronique de Savoie, liv. ii, chap. 67, sur le mot dauphinois : Bret.

P...., l., Liste des Fédérés, in-12, pp. 4.

Parabole de l'Enfant Prodigue, en patois du Monétier

(Hautes-Alpes) avec des notes relatives à la prononciation de ce patois. V. Ladoucette, des observations sur le patois de Briançon.

Pastorale gascoune sur la mort d'Anric-Quart, in-8o, Tolose 1611.

Pascal de la Fare, employé à Aix dans les droits réunis, vers à Mousu Sauzé, per un amatour de sa pouesio et de seis artichaou, p. 1.

Passe-Temps, leis, de Meste Martin, in-12, Nismes 1822.

Passion, la, et la Résurrection de Jésus-Christ avec le trépas et les 15 jours de Madame Marie et la vie de l'homme, in-16, Paris 1530, tragédie en vers bretons.

Parabole de l'Enfant Prodigue, avec une introduction en patois du Devoluy. V. Ladoucette.

Paravey, de, Mém. sur l'origine japonnaise, arabe et basque de la civilisation des peuples du pays de Bogota dans l'Amérique du Sud, grand in-8o, Paris 1835. (Cette opinion a été combattue par M. de Humboldt lui-même da ns l aGazette de Berlin du 9 mars 1835.).

Paris, Paulin, Le Romancero Français, ou hi stoirede quelques trouvères et choix de leurs chansons, nouvellement recueillies, grand in-12, Paris, Firmin Didot, 1833.

Paris, Paulin, Le Roman de Garin le Loherains, précédé d'un examen des romans Carlovingiens, 2 vol. grand in-12, Paris 1833.

Paris, Paulin, Li Romans de Berte aux grans piés, précédés d'une dissertation sur les romans des douze pairs de France, 1 vol. grand in-12, Paris 1822.

Pastorale du berger Celidor et de Florimonde la bergère, représentée sur le théâtre des marchands le jour de l'Ascension 1629, in-12, Béziers, chez Jean Martel.

Pastural, Th., Noëls auvergnats, recueillis par, in-18, Riom, 1733, 1739, etc. Avant ces additions il en avait été publié plusieurs autres éditions.

Pasturel, Thomas, traduction en vers et par dizains de l'Imitation de J.-C.

Pasturel, Jh., L'Home countent, in-8o, Riom 1733,—in-16, 1798.

Pasturel, Jh., Le quatrième livre de l'Éneide, in-8o, Riom 1733 et 1798.

Pasturel, Jh., Le Couclure , Riom 1733 et 1798.

Pasturel, Jh. , Chanson patoise faite après un jubilé.

Pasturel, Jh. , Poésies auvergnates , in-8o , Riom , de l'im‑
primerie de P. Thomas , imprimeur de la ville et du college,
1733, avec permission , réimprimé en 1798.

Pate, La, enlevada , pouemo coumiquo, in-12 , Carpentras ,
1740.

Jude Patissié. V. Jasmyn.

Pau , Pierre, Escuyer de Marseille , Barbouillado el phan‑
tazies journalieros de , in-4 Marseille , par Pierre Mascaron,
1595. On trouve à la suite :

Lous passa-tens de Louys de la Bellaudière , gentilhomme
prouvenssau : mes en sa luzour par Pierre-Paul , escuyer de
Marseille , in-4. Marseille 1595.

Paul, Pierre, ancien militaire et légataire de la Bellau‑
dière de Grasse.

Pautex , recueil de mots français, rangés par ordre de
matière , 3e édition, in 8. Genève 1835.

Pegulha, Aimeric, fils d'un mercader de drap. Trouba‑
dour toulousain fort célèbre du xiie siècle.

Peços nouvelos el curiousos au sejet d'oou san parlamen
de Prouvenço , in-4 , à Gardanos chez Toni-Midas 1756 ,
pp. 8.

Peignot, G. , l'illustre Jacquemart de Dijon., et histoire ins‑
tructive sur ce haut personnage domicilié en plein air dans
cette charmante ville depuis 1382, publiées avec sa permis‑
sion en 1832 , et pièce en patois bourguignon par Berigal ,
in-8. Dijon 1832.

Peignot, G., Quelques recherches sur d'anciennes tra‑
ductions françaises de l'oraison dominicale et d'autres pièces
religieuses, in-8. Dijon , Lagier 1839.

Peignot, G. , Nouvelles recherches chronologiques, litté‑
raires et philologiques sur la vie et les ouvrages de Bernard
de la Monnoye , lues à l'académie royale de Dijon (Mém.
de cette académie 1831 , p. 49.)

Peignot, G. , Recherches sur la philotésie (mém. de Dijon
1835 , p. 112).

Peignot , G., Bibliothèque idio-bourguignonne. Mss.

Peignot, G., Amusements philologiques, in-8. Dijon 1824 (iv
livre du *Virgile-Virai*).

Peignot, G., Essai analytique sur l'origine de la langue française et sur un recueil de monuments de cette langue' classés chronologiquement, depuis le ix jusqu'au xviie siècle. (Académie de Dijon 1824, p. 5.)

Pelabon, Lou groulié bel esprit vo Suzeto et Tribord, comédie en deux actes et en vers provençaux, mêlés de chants, in 8. Avignon 1805, 1813 et 1821.

Pelabon, Louis, Magaou et Canoro, vo lou proucès doou pouar, comédie en deux actes et en vers provençaux, in-8. Beaume à Toulon 1836.

Pelabon, Louis, Victor et Madaloun, comédie-vaudeville en un acte et en vers provençaux, in-8. Beaume à Toulon 1837.

Pelabon, Louis, petit-fils de l'auteur de *Maniclo*, Tranchet et Crestino ou lou charivarin, comédie en un acte et en vers provençaux, mêlée de chants, in 8. Beaume à Toulon 1835.

Pellissié-Romain, Traduction libre des trois premières églogues de Virgile en vers patois, in-12. Cahors, de l'imprimerie de J.-P. Combarrieu, S. D. pp. 20.

Perle, Johanc, née vers 1520. Voyez le recueil de Nogeroles.

Pellas, le P. Sauveur André, religieux minime.

Dictionnaire provençal et françois dans lequel on trouvera les mots provençaux et quelques phrases et proverbes expliqués en françois, avec les termes des arts libéraux et mécaniques. Le tout pour l'instruction des Provençaux qui n'ont pas une entière intelligence ni l'usage parfait de la langue française, et pour la stupéfaction des personnes des autres provinces de France qui désirent apprendre l'explication des mots et des phrases provençales, in-4. A Avignon, chez François Sebastien Offray, imprimeur et libraire à la place de St.-Didier, MDCCXXIII, avec privilége.

Pellerin, deuxième supplément aux six volumes des : Médailles des Peuples et des Rois, p. 5.

Pensées chrétiennes en Bas-Breton, in-8. Morlaix 1699.

Perrault, Noëls auvergnats, in-8. Clermont 1652.

Pelletier, Dom Louis Le, Dictionnaire de la langue bretonne, in-fol. Paris 1752.

Pelloutier, Simon, Histoire des Celtes, des Gaulois et des Germains, publiée par de Chiniac, 2 vol. in-4. Paris 1771.

Pépin, Simon, ancien législateur, né à Argenton le 24 août 1746. Notice historique sur la ville d'Argenton, son ancien château et quelques environs, in-12, manuscrit, chapitre XIII. Langage.

Il cite la phrase suivante qu'il regarde comme du latin corrompu : *Que querre tu iqui dreux teux? Vos-tu ben saillir defor!* — Quid quœris hic directè tu ? Vis-ne salire foras!

Pernut, J., Noëls des bergers auvergnats, in-8. Clermont 1652

Perrin, Histoire des Vaudois.

Penerez, ar, a Keroulas : ballade charmante d'un barde inconnu sur la Gabrielle de Vergy du Finistère. V. de Freminville, Antiquités du Finistère, p. 203 à 208.

Perraud, Artiste, Cadichonne et Mayan, in-8. Bordeaux, s. d. pp. 20.

Perry, l'abbé de, Histoire hagiologique du diocèse de Belley, 2 vol. in 8. Bourg 1836.

Peschaira, Andieta, poetesse toulousaine du XIVe siècle. Voyez le Recueil de Nogeroles.

Pezant, Maître François, Noël Nouveau composé par, etc., in-12. Clermont-Ferrand. s. d. pp. 88.

Pezant, Cosson, Alacris, le curé *Bourg*, Noëls nouveaux et chant pastoral des bergers auvergnats, composés par, etc. et nouvellement augmentés par plusieurs autres, in-12. Clermont, J. Barbier 1752, pp. 104. La première édition avait été publiée par G. Jacquard, à Clermont, sans date.

Pesunt, François, Noëls auvergnats, in-12. Riom 1580, et nouvelles éditions données par Thomas Paturel en 1733 et 1739. (L'auteur fut présenté à Charles IX, qui l'accueillit avec distinction).

Petit, l'abbé, Epitro ai monsieu Gearmoin Bereigne Legouz, chevalei, présidon ai motei au pairleman de Bregogne. Ad calcem *Virgile Viray* (voyez ce titre), en trois volumes, de M. Charbonnier.

Petitier père, mort avant la révolution, à Château-Chinon, où il était né, a fait beaucoup de chansons morvandèles inédites.

Peyrier, Ch. de,

Peyrols, Troubadour Auvergnat : Trente pièces.

Peyrot, Menuisier à Avignon, Recueil de Noëls Provençaux, nouvelle édition, revue et exactement corrigée par le fils de l'auteur, in-12, Avignon 1740 et Chaillot 1828, pp. 248. Il en existe une édition sans date, contenant 41 noëls, 3 chansons et 3 rocantins, 1 feuillet, 135 pages et tables.

(*M. P** APDP*) Poésies diverses, patoises et françaises, in-12, en Rouerguo 1774, — in-8o, Milhau 1774.

Première partie, Poucsios Rouergassos, pp. 104.

Deuxième partie, Poésies françaises, de la pag. 107 à 262

Peyrot, Claude, OEuvres patoises et françaises, 3e édition, in-8, Milhau : Chanson, 1810, 1re partie, pp. 128, 2e partie, pp. 95. — 4e édition, in-8o, Millau Carère, Je, 1823. Je ne connais que ces quatre éditions des *Géorgiques Patoises*, poëme digne de Virgile.

Pezron, Dom., Antiquités de la nature et de la langue des Celtes, Paris 1703.

Pichard, Auguste, Le livre d'Enoch sur l'Amitié, traduit de l'Hebreu, in-8o, Paris 1838. Passim.

Peyrottes, J.-A., Lous orcholets de J.-A. Peyrottes, espeça de tarallié qué s'es mes dins lou cap d'estre poueta. Lou poueta desapointat, a Moussu-Tristan lou cuistré (M. Beauclair, juge de paix de l'arrondissement de Lodève, qui l'avait condamné à 5 fr. d'amende), in-18. Lodève, imprimerie de Guillieres, décembre 1835 (saisi et très-rare), pp. 12, y compris les *fragmens del Léproux*, p. 9, et *la filla de la mountagna*, *oda*, p. 11.

Peyrottes, Jean-Antoine, Apouthéosa de P. P. Riquet, in-8. Clermont-l'Hérault 1838.

Peyrottes, J.-A., Pouésias patouezas del Taralié, in-8. Montpellier 1840.

Pictet, Adolphe, de l'Affinité des langues celtiques avec le Sanscrit, mémoire couronné par l'Institut, in-8o, Paris 1837.

Pièces récréatives ou le patois picard, in-18, Gybitonne, 1823.

Pierquin de Gembloux, L'Origine de la Langue Basque, ramenée au xie siècle. Ad. cal. La France Littéraire, octobre 1835, p. 130 à 147.

Pierquin de Gembloux, Notices Historiques, Archéologiques et Philologiques sur Bourges et le département du Cher, in-8o, Bourges 1840, p. 25 à 57.

Pierquin de Gembloux, Histoire Monétaire et Philologique du Berry, in-4o, Bourges 1840, tom. I, pp. 111 à 118; 232 à 72, etc.

Pierquin de Gembloux, Lettre à l'évêque de Nevers sur un Musée catholique du Nivernais, in-8, Nevers 1838.

Pierquin de Gembloux, Essai de Paléographie et de Numismatique romanes, in-8o, Bourges 1841.

Pierquin de Gembloux, Histoire littéraire, philologique et bibliographique des Patois et de l'utilité de leur étude, in-8o, Paris 1841.

Pierquin de Gembloux, Langatlas topographique, bibliographique et chronologique de la France, de la Belgique Wallonne et de la Suisse Romande. In-plano.

Pierquin de Gembloux, Histoire Littéraire des dialectes vulgaires de la France, de la Belgique Wallonne et de la Suisse Romande.

Pierquin de Gembloux, Essai sur la langue et la littérature Morvandèles, in-8o, Nevers 1841.

Pierquin de Gembloux, Romancero du midi de la France, in-8o.

Pierquin de Gembloux, Vocabulaire français à étymologie immédiate, in-4o.

Pierquin de Gembloux, sur les traces laissées par le Phénicien, le Punique, le Grec et l'Arabe dans les dialectes vulgaires du Dauphiné.

Pierquin de Gembloux, Trouvaires du Berry, précédés d'un discours sur la langue et la littérature de cette province, avant le XIIIe siècle, in-8o, Moulins 1841.

Piers, H., Bibliothécaire, Variétés Historiques sur la ville de Saint-Omer, in-8o, Saint-Omer 1832.

Pileur, Le, Tableaux Synoptiques de mots similaires, etc., in-8o, Paris et autres. S. D., p. 11.

Piron, Aimé, né à Dijon le 1er octobre 1640, pharmacien et père de l'auteur de la *Métromanie*. Lai Gade Dijonnois, in-12, Dijon 1722.

Piron, Aimé, Boutan de Retox, opéra grionche, in-8o, ai Dijon, cha Defay, vê le Palai, aivo permission 1714. Ce vaudeville très-populaire, qu'Alexis Piron estimait beaucoup (V.

Lettre de Paris du 10 novembre 1750) fut fait à propos du traité de paix conclu entre Louis XIV et l'Empire, à Baden, en Argaw, le 7 septembre 1714.

Piron, Aimé, l'Evaireman de lai peste, poëme bourguignon sur les moyens de se préserver des maladies contagieuses, précédé d'une introduction et de notes philologiques, par M. B***, in-8o, Châtillon-sur-Seine 1832, pp. 50, tiré à 206.

Piron, Aimé, précéda l'illustre auteur des *Noei Bourguignon*, publia encore un grand nombre de cantiques, et, sous le titre d'*Avents* : presque tous sont perdus. Il est également auteur de vingt-huit autres pièces toutes très-satyriques.

Pithou, avocat, Bucolicos de Virgile, traduites in vers heroïcos et dialecte Gruveren, per on poete Helveto-Niulhorien et dediages à tits les compatriotos amatours de la poésie, etc., in-8o, Fribourg 1788.

Pitton, Hist. de la ville d'Aix, in-12, chap. 8, etc.

Placet à Messius lous Pouliciens de la villa de Béziers, Satyre inédite en 120 vers.

Plancat, Beringuer de St., Troubadour du xive siècle. Ses poésies sont perdues.

Planchs, Leis, de Sant Estève, in 8o, Marscille, de l'imprimerie de Jh -Fr. Achard 1819.

Planta, Histoire de la langue des Grisons. Geschichte, etc

Pierre Alfonse, ou *Rabbi Moïse Séfardy*, c'est-à dire l'Espagnol, Disciplina Clericani.

Il existe trois traductions romanes de cet ouvrage, traduit aussi en Hébreu et dont le livre d'Henoch sur l'amitié, traduit pour la première fois en Français par M. Pichard, d'après le texte hébreu, n'est que le commencement. L'une des versions, en vers romans, fut imprimée en 1760 par Barbazan; la seconde, en vers aussi, le fut en 1808, par Méon; Le Grand d'Aussi en a donné l'analyse. La dernière traduction, en vers, fut imprimée en 1824, aux frais de la société des Bibliophiles qui, en 1834, publia aussi la traduction en prose.

Plauzolet, de, Théologal de l'église cathédrale de Viviers· Épitre anonyme de 226 vers qui lui fut adressée ,dans le xviiie siècle, par le curé de Gros-Pierre. Mss.

Pluche, Spectacle de la nature, t. vii, p. 251 et seq·

Pluquet, F., Essai historique sur la ville de Bayeux et son arrondissement, in-8o, Caen 1829, p. 313 et 306.

Pluquet, Fr., Extrait des observations sur l'origine, la culture et l'usage de quelques plantes du Bassin, avec leur synonimie en patois de ce pays, in-8o, Caen 1824.

Pluquet, Fr., Curiosités littéraires concernant la province de Normandie, in-8o, Caen 1827.

Pluquet, Fr., Contes populaires, préjugés, patois, proverbes, noms de lieux de l'arrondissement de Bayeux, in-8o, Rouen 1834.

Poça, André De, de la Antigua Lengua de las Espanas, in-8, Bilbao 1587.

Poëme en vers patois sur les saintes paroles : Dieu soit béni ! in-12, Avignon 1780.

Poemo en l'hounou de l'inauguratiou de la Statuo de Riquet, in-8o, Carcassonne 1838.

Poésies en langage patois du Dauphiné, in-8o, Grenoble, chez Prudhomme 1829 et 1840. Cette brochure contient :

1o Grenoble, Malherou; — 2o Dialogo de le quatro Comare; — le monologue de Janin.

Poésies patoises fort curieuses, sans nom d'auteur, in-4o, sur vélin, manuscrit de Carcassonne.

Poésies picardes du XIIIe siècle, sur vélin, in-8o, manuscrit de la Bibliothèque de l'Arsenal.

Poésies en Périgourdin (Bibliothèque particulière de sir Pillips à Middlehill.)

Pocy, Bernard du, Odes du Gave, fleuve du Bearn, du fleuve de Garonne, avec les tristes chants à sa Caranite, in-8o, Tholose 1551.

Poitevin, Théodore, Réflexions sur quelques étymologies languedociennes qui dérivent directement du grec. Ad. Cal. Recueil de la Société libre des sciences et belles-lettres de Montpellier, t. II, p. 37 à 54.

Poitevin-Peitavi, Philippe, Vincent, Mémoires pour servir à l'histoire des Jeux Floraux, 2 vol. in-8o, Toulouse, Dalles 1815.

Pons, sous-préfet, Parabole de l'Enfant Prodigue, en patois de Nyons et du Buis. (Mémoire de la Société Royale des Antiquaires de France, t. VI.)

Pons, Mémoire sur quelques mots de la langue phœnico-punique qui se sont conservés dans l'idiome provençal. Ad Cal. Mémoires de la Société des Antiquaires.

Ponsan, Guil. de, Histoire de l'académie des Jeux Floraux, etc, in-12, Toulouse, veuve Pijon 1764.

Pontier, Notice sur quelques poètes provençaux des trois derniers siècles. Ad. Calc. Recueil de Mémoires de la société d'Aix, t. III, p. 307 à 313.

Proverbes provençaux. V. Annales du département de l'Isère, du 9 octobre 1808.

Provverbes provvenc. (sic), in 4o, sans date, pp. 99 (Manuscrit précieux et beau de la bibliothèque d'Aix. M. de Mejanes a écrit dessus : *Exemplaire de M. l'abbé de Mons* (depuis archevêque d'Avignon) *de Valbonelle, prevot de Saint-Sauveur à Aix, échange avec son neveu , M. l'abbé de Mons, pour les deux premiers volumes de l'Histoire de Provence du P. Papon, en décembre* 1778..

Porta, P. R. D. da, Ministre du Saint-Evangile, Historia Reform. Ecclesiarum Rhæticarum, 2 vol. in-4o , Curiœ Rhœtorum 1777.

Porta, P. R. de da, Chronica Rhetica , oder l'historia dal origine, guerras, alleanzas et auters eveniments da nossa chiara patria, la Rhetia , in-12, Scuol an MDCXLII.

Porta, P. R. D. da, Compendio della storia della Rezia, Chiavenna 1787.

Pougens, Charles, Archéologie française ou Vocabulaire de mots anciens tombés en désuétude et propres à être restitués au langage moderne , 2 vol. in-8o , Paris 1821.

Poudi, lé, de l'argen , cansou, in-4o, Toulouse 1826.

Pouemo en vers patois , concernan leis événamens qué sé soun passas dins nosté fatal interregno, desempieï 1789 jusqu'en 1815 en racourci , in-8o , Nimes 1816.

Prinhac, Pons de, Quelques *Cansos* et *Sirventes*, en toulousain 1348.

Pratico a devotion d'az galon sacra Jesus, in 24, Prudhomme à Saint-Brieuc 1835.

Proverbes provençaux. (Bibliothèque particulière de sir Phillips à Middlehill.)

Procès , lou, de Carmentran, comedio nouvello et galanto , in-12, Paris 1701 , pp. 24. In-12 à Venasque chez Crufeux, rue Malpropre, à l'enseigne du Dégoùtant. S. D.

(Cette pièce est reproduite dans le recueil de Brueys. **Voyez** ce nom).

Prudhomme , Anatole Oscar , Scènes populaires Montoises, calligraphius , suivies du glossaire , in-8o , Mons 1834, tiré à un petit nombre.

Ptiat Ermonech Messin po l'ennaye 1819,

Préjugés, les , démasqués (en vers patois sarcelais), in-12, Port Mahon 1756.

Privilèges de Cuers , in-8o , Toulon 1838.

Prologue fait par un messager savoyard sur la rencontre de trois nymphes prisonnières (en vers patois savoyards) in-8o , 1690, pp. 14.

Promesse , la , de mariage et autres chansons provençales, in-12, Mountpeyé 1823.

Puech , Ses Noëls ont été réunis à ceux de Saboly et sont meilleurs : on peut en juger par celui des Bohémiens , que d'Argens et Lamétrie chantaient, en petit comité, à la cour du grand Frédéric. Du reste Puech a traduit ce cantique des Bohémiens de l'Espagnol de Lopez de Vega ?

Puiggari , Essai sur l'étymologie de quelques noms de lieux dans le département des Pyrénées-Orientales, suivi de quelques recherches sur les Cérétani. Mss.

Puivert , Berenger de , Troubadour Toulousain du xiie siècle , deux *Cansos*.

Pujet , P. , Dictionnaire provençal. Mss égaré.

Puyot , poète béarnais.

Quelennadures d'an dud yaouane, in-18, Lefournier à Brest 1835.

Quelques mots en patois auvergnat. Mss.

Quelques mots tirés d'un glossaire (mélange singulier du jargon du midi et de mots de bas-anglais). Mss.

Quimbal , Guill. de , troubadour du xiiie siècle. — **Voyez** Nogeroles.

Quinte-Curce , traduit en catalan, 1 vol. in-12. S. d.

Quatre Fins , des , de l'Homme, en vers bretons, vie de Saint-Guenolé et vie de Sainte-Barbe (en bas breton), in-8o, 1570.

Quiquier de Roscof , le P. , Dictionnaire et Colloques français-bretons, in-16 , Morlaix 1633 , 1640, 1722 , etc.

Quoatqueuran , Voyez Catholicon.

R....., défun Mossu, Lou mariage de Margarido, comédie en un acte, nouvello éditien, in-8. Si vende a Marsillio, aquo de Jean Mossy, imprimur doou rey, de la marino et libraïre aou Parc ᴍᴅᴄᴄʟxxxɪ, pp. 32, et in-8. Avignoun an ᴠɪ. *Rabelais*.

Liv. ɪᴠ, ch. 22. Car ce jour est feriau

Nau, nau, nau. Poitevin, etc.

Livre ɪᴠ, ch. 67. Aga men èmi. Tourangeau·

Racina, Esther, tragedia sancta, traduhida en versos catalans, in-8. Voyez Reybaud.

Ramounet ou lou paysan agenez tournat de la guerro, pastouralo en lengatge d'Agen, (comédie en cinq actes et en vers), aumentado de quantitat de bers qu'eron estats oublidats a la prumero impression et courrijado de quantitat de fautos, in-12. A Agen, chez F. Gayau, marchand, librayre et imprimur ourdinari del rey et de la bile ᴍᴅᴄʟxxxɪᴠ. — In-8, Agen 1701 aumentado de quantitat de bers que eron estats oublidats à la primero impression, in-12. Bordeaux 1740, 3 feuillets et 90 pp.

Ransart, Joseph, garçon-tailleur, Jean d'Escaudœuvres, comédie en prose, pp. 81 : à la suite de la troisième édition du dictionnaire Rouchi-français de M. Hécart. Valenciennes 1833.

Ranuccio Scotti, Helvetia profana et sacra, in-4. Macerata 1642.

Ranz, le, des Vaches, composé dans le patois des Alpes occidentales de Fribourg et de Vaud, réimprimé plusieurs fois et toujours mal, même par Jean-Jacques Rousseau et de Laborde. Quoiqu'on ignore quels sont les auteurs des paroles et de la musique, on peut présumer que ce chant national n'est pas antérieur au xᴠe siècle. Voyez Encyclopédie.

Ravanas, ancien curé de la Magdelaine. L'Escoumesso, conte, in-8. (Aix, de l'imprimerie de Pontier 1807.)

Ravel, C. A., la Paysade ou les mulets blancs, épopée tirée d'une histoire auvergnate, en vers auvergnats, suivie d'une épitre à Babet et du combat des rats et des belettes et autres fables de La Fontaine travesties, 2e édition in-8. Clermont-Ferrand 1839, chez l'auteur, boulevard du Grand-Séminaire.

M. Ravel a publié beaucoup de poésies patoises dans les journaux de sa province.

40

Raymond Lulio, auteur catalan.

Raymond-Vidal, de Basalie (1190), Las leys d'amors.

Raymond, Jourdain, vicomte de Saint-Antonin, quelques *cansos et sirventes* que Prinhac parait s'être attribuées.

Raymond, Pierre, Le preux et le vaillant, plusieurs chansons en toulousain.

Raynal, Jean, Histoire de Toulouse, in 4. Toulouse, François Forest, 1759.

Raynier de Briançon, né à Aix.

L'ai de Paulet ou lou crebo-couer d'un paysan a la mouer de soun aï, in 8 et in-16. Marseyou 1836. S. d.

Imprimé plusieurs fois séparément, et primitivement dans un des recueils intitulé : Jardin des Muses provençales.

Raynouard, Choix et Nouveaux Choix des poésies des Troubadours.

Raynouard, Obs, philosoph. et grammaticales sur le roman de Rou et sur quelques règles de la langue des Trouvères au XIIIe siècle.

Reboul, Jn. André, notaire royal, Recueil tant de plusieurs et divers statuts et règlements et ordonnances de police de ceste ville de Marseille, édicts, arest et autres actes, que de l'histoire des Roix des Gaules ou de France et de la généalogie de leurs noms et reignes, ensemble celles des évèques, des consuls et échevins, des viguiers, des notaires et des greffiers de la dicte ville; le tout très utile et nécessaire au publiq, dans les occurrences.

Manuscrit, in-4, de la bibliothèque de Marseille (rubrique des priviléges de Marseille), contenant des lettres patentes des anciens comtes de Provence, etc., fort importantes pour l'histoire locale et générale.

Reboul, les actes du synode de la sainte réformation. Lyon 1600, pp. 560, voyez encore p. 13, 218 et seq. 247, 542 et seq.

Reboul, La cabale des réformés 1598 et 1601, p. 131 et seq.

Recaut, Jean de, troubadour toulousain du XVe siècle. *Cansos*.

Recollecta de tots los privilegis , provisions pragmatiques e ordinacions d'la fidelissima vila de Perpenya.

Recherches historiques sur les ouvrages des Bardes armoricains dans le moyen âge, in 8. Caen, Poisson 1815.

Recueil contenant les proses et les hymnes des heures de Carcassone, en vers patois; des proses et des hymnes nouvelles , en vers et dans les deux langues, in-12. Carcassonne. S. d.

Recueil de noëls en français et en patois , in-12. Besançon. S. d.

Recueil de noëls en patois de Vesoul , in-12. . . . . 1741.

Recueil de noëls et autres petites poésies en patois, in-18. Besançon 1717.

Recueil de cantiques spirituels sur les principales fêtes de l'année à l'usage des missions de France , in-12. Avignon, chez Offray 1712 et 1734.

Recueil de cantiques spirituels à l'usage des missions de Provence en langue vulgaire, avec les airs notés à la fin, in-12. Avignon , chez François-Jean Domergue, imprimeur et marchand libraire de l'université, proche le collége des RR. PP. , jésuites, avec permission et approbation, 1734, p. 276. — Musique , pp. 44.

Recueil de cantiques spirituels imprimés par ordre de Mgr Jerôme-Marie Champion de Cicé, etc. , in-18. Marseille 1806.

Recueil de cantiques et de noëls en languedocien ou patois de Montpellier , in-12. Montpellier 1825.

Recueil de proverbes ou sentences populaires en langue provençale , nouvelle édition corrigée et augmentée considérablement, imprimé au profit des pauvres, in-12. Brignoles, chez Dufort cadet, imprimeur-libraire, 1821, pp. 32.

Recueil de cantiques Bressans, in-18. Bourg, chez Brottier, libraire. S. d.

Recueil de Noëls in-12. Poitiers 1824.

Recueil de prières, de réveillés et de cantiques, tant en français qu'en langue vulgaire , en l'honneur de Notre-Dame des Anges , pour l'usage de la ville de Pignans; le tout recueilli par un homme de retraite, occupé à l'éducation de la jeunesse, in 12. Draguignan, Barthélemy Bus, 1778.

Recueil de poésies, sermons et discours picards, in-12. Abbeville an VI.

Recueil des épitaphes ou inscriptions pour Guillaume Renaud, libraire à Montpellier, in-8. Montpellier, de l'imprimerie de Mme veuve Picot, imprimeur du roi, 1830, p. 9 et 11.

Recueil des plus anciennes chansons de l'Escalade, précédé du précis historique de cet événement, in-12. Genève, Abrah. Cherbuliez, libraire.

Recueil de poésies provençales, mss, in-folio, de la bibliothèque de l'Arsenal.

Recueil de chansons en patois de Grenoble, in-8. (Grenoble, sans date, mais après la chute de Robespierre, si l'on en juge par la hardiesse politique de certains couplets), pp. 4.

Recueil de l'Académie des Jeux Floraux de 1789 à 1790, p.200.

Recueil de chansons patoises, in-12. Agen, imprim. de Guillot, 1836.

Recueil de nouvelles poésies galantes et critiques, in-12. Londres. Cette présente année. (Paris, vers 1740). Trois pièces bourguignones, p. 173-183. V. Malpey.

Recueil de poésies béarnaises, in-8. Pau, chez Vignancourt 1823 ; même ouvrage, mais augmenté, in-8o, Pau 1827.

Recueil de noms propres dérivés de la langue romane. Ad calc. *Magasin pittoresque* 1838, p. 70, 98, 154, 310 et 386.

Recueil de diverses pièces faites à l'antien (sic) langage de Grenoble, par les plus beaux esprits de ce temps-là, petit in-8. Grenoble, Philippe Charuys, 1662, p. 74.

Recueil de poëtes gascons, 2 vol. in-12. Amsterdam, chez Daniel. Paris 1700, t. 11, p. 197, œuvres de Michel, Jean.

Recul de cansous patouésas daou rouyaoumé de la Beouféra, in-8. Jullien, Montpellier 1831.

Recul de cansous patouésas daou rouyaoume de la Sounayé, in-8. Jullien, Montpellier 1831.

Reflexionou profitabl var ar fin vezou diveza eus an den, gant ar preparationou dar maro, composet gant an autrou Briz, Bœlec à Leon, in-12. Blot, à Quimper 1830.

Redi, Francesco, Bacco in Toscana, Ditirambo con le annotazioni, in-12. Napoli 1687. Passim.

Réflexions des marchands de melons de la place St-André, au moment de la nomination de l'abbé Grégoire, in-8. Grenoble 1819.

Cette pièce fort rare se termine ainsi :

Gregoiro sara députa
Choisi, nomma pe nostra villa ;
Tou sou zefan zen son gloriou
Grenoblo n'é plu malerou.

Registre manuscrit des Annales de Toulouse : au Capitole.

Registre des rentes léguées à l'hôtel de ville de Périgueux et destinées aux pauvres, mss de 1247.

Registre contenant des statuts municipaux de la ville de Périgueux au xv et xvie siècles (1477). Ces deux manuscrits sont aux archives de la ville de Périgueux.

Regla de vida, in-8. Perpinya 1802.

Règle intime des Templiers. Mss gothique du xiiie siècle, in-8. (Le conservateur des Archives de Bourgogne à Dijon la publie en ce moment).

Reglen evit societe merched Calon Mari, mam doue, in-18. Prudhomme, à St-Brieuc 1839.

Reiffemberg, Baron de, Nouvelles Observations sur les patois romans de la Belgique : ad calc. Echo du Monde savant 1840, p. 138 et seq.

Remy, les R'venans, comédie en dous actes et en pétois messin. in-8. Metz 1823.

Remy, Bucaliques messines, pièces queuriouses dou tems passé, dou tems prensent, in-folio. Metz 1829.

Rencontre villageoise, in-8. (Grenoble vers 1793), pp. 4.

Repaich, le, campestre, pouëmo coumique, in-8. Carcassonne. S. d.

Reponse aux poëtes, auteurs du poëme de la Pâte enlevée, in-12. Carpentras 1741.

Requeste, la, faite et baillée par les dames de la ville de Tolose, avec plusieurs sortes de rimes en divers langaiges petit in-8. Tolose 1515.

Respounsou d'un home que s'és retira dou mounde, in-12. Carpentras 1741.

Retour, lou, doou martegaou, paroudio, in-8. Marseille 1775.

Reverony, Chansons manuscrites en patois de Lyon.

Revue du Lyonnais, in-8. Léon Boitel, Lyon 1838, t. vii, p. 478 et seqq.

Revue du midi, in-8. Toulouse 1836, n° de mai, p. 379. Notice sur Goudouli.

Rey de Fortville, Version litterale de la parabole de l'enfant prodigue, en idiome général de la vallée de Queyras, arrondissement de Briançon.

V. Annuaire des Hautes-Alpes et M. Ladoucette, Statistique.

Reybaud, Esther, tragédie traduite de Racine. V. Racina.

Reybaud, de Carpentras, La tentation de St.-Antoine, poëme héroï-comique inédit.

Reybaud, de Carpentras, Poësie Contadine (Revue de Lyon du 15 août au 15 octobre 1836, p. 31 à 34).

Reymoneng, Eusèbe, Fables, contes et historiettes en vers provençaux, in-8. Toulon, imprimerie de M. J. Baume, place d'armes, n. 12, 1835, pp. 80. — In-8. Paris, Delalain 1836.

Reynier, J.-B., Corrections raisonnées des fautes de langage et de prononciation qui se commettent, même au sein de la bonne société, dans la Provence et quelques autres provinces du midi, in-12. Marseille 1829, p. 208.

Rhœsus, David, Cambrobritannicæ, Cymricæve linguæ institutiones et rudimenta, in-8. London 1562.

Richard, l'abbé, recueil de poésies patoises et françaises et choix de pièces patoises de divers auteurs limousins, 2 vol. in-12. Limoges, chez Chapoulaud.

Richard, Thomas, Welsh-English Dictionnary.

Richelet, Charles, Bibliothécaire de la ville du Mans. V. Baro, Molnier et Neps.

Rigaud, P.-A, Médecin et rédacteur de tous les ouvrages d'Auguste Broussonnet. Il est mort dans la misère en 1824.

Las vendemias dé Pignan, pouëma coumpaousat en 1780, in-16. A Mounpéïé, de l'imprimarié de J. G. Tournel, an II dé la républica. (1794)

Ce poëme est suivi de poésies fugitives qu'on retrouve dans l'édition de 1806 à l'exception de l'*aristocratia chassada de Mounpéïé*, p. 31.

Rigaud, Auguste et Cyrille, Pouesias Patouesas, in-12. Mounpeyé 1806.

Cette édition ne contient pas l'*aristocratia chassada de Mounpéïé*.

Ritson, Joseph, Ancient Songs and Ballads, petit in 8. London 1829.

Ritson, Joseph, Ancient engleish (sic.) metrical romancēes (sic.) selected and published by , etc. , 3 vol. in-8. London 1802.

Rituel manuscrit de Viviers (Ardèche), Ad cal. mem. de l'Acad. des Inscr. et Belles Lettres, in-12, t. IV , p. 397.

xive siècle.

> De part Mossenhor l'évesque
> Que Dieus vos done grand mal al bescle
> Aves una plena banasta de pardos
> E dos des de raycha de sot lo mento.
>
> Mossenhor ques ayssi presenz
> Vos dona xx banastas de mal de dens
> E a vos autras donas a tressi
> Dona una coa de Rossi.

Roaix, Bertrand de , reçut l'églantine en 1461 pour un *complanh moral à forma de madona ou canso d'amors. Mss.* — *Canso per lo qual mossen Roaix*, Bertrand de , gazanhet l'églantina novella que focdada per dona Clamensa l'an MCCCCLXXXXVIII. Mss.

Rivet, Dom., Histoire littéraire de la France, t. I et VII.

Robert, A.-C.-M. , Fabliaux inédits, tirés du mss de la biblioth. du roi, n. 1830, ou 1239, in-8. Paris 1834.

Robertet, V. Batissier.

Roby, l'abbé , Traduction de Virgile en vers patois (travesti), mss appartenant à M. Bouriaud aîné.

Roche, P., Recollet, Cantiques pour les missions, in-12. Marseille 1805 et 1828.

Roche, de R. P. , Recollet, noëls français et provençaux , nouvelle édition corrigée, in-12. Marseille, J. Mossy, 1810.

Rochegude, le Parnasse Occitanien, ou choix de poésies originales des troubadours , tirées des manuscrits nationaux, in-8. Toulouse 1819.

Rochegude, Essai d'un glossaire occitanien , pour servir à l'intelligence des poésies des troubadours , 2 vol. in-8. Toulouse 1819.

Roig, Jaume, Llibre de conseils.

Rolea divisi in beacot de peces ou l'universeou poetevinea fat pre dialoge (deux parties en un volume petit in-12). Poeters 1660.

Rolland, dictionnaire des expressions vicieuses des Hautes-Alpes, in-8. Gap 1810.

Roman, le, de Tristan de Léonnais, traduit du Bas-Breton en langue romane, au xiie siècle, par le chevalier Luce, seigneur du château du Guast, près Bayeux, d'après l'original de *la plus haute antiquité*.

Roman, le, du Brut, traduit du Bas-Breton en latin par Geoffroi de Mont-Mouth, par ordre d'Henri II, roi d'Angleterre (1154). Le trouvaire Wace, natif de Jersey, mit la version latine en langue romane et en vers.

Roman, le, de St.-Graal traduit du Bas-Breton en français par Luce du Guast, Robert et Helys de Borron, en langue romane.

Roman, le, de Lancelot du Lac, traduit du Bas-Breton en français par Gauthier Mapp, dans le xiie siècle.

Roman, le, de Merlin et de Joseph d'Arimathie, traduit du Bas-Breton par Robert et Helys de Borron, cousins.

Roman, le, de Meliadus.

Roman, le, de Gyron le Courtois, mis tous les deux du Bas-Breton en français par Rusticien de Puise, seul.

Roman, Balthazard.

Roquille, Guillaume, Lo députo manquo, poemo ein patuais de vait vardegi, in-8. Lyon 1839, à Rive-de-Gier, chez Pouit, cafetier, et chez l'auteur, rue de Lyon.

Roparz, Yves, L'imitation de J.-C., traduite en Bas-Breton, in-8. Quimper 1689, 1743, 1774, 1814, 1825, etc.

Roquefort, J.-B., Glossaire de la langue Romane, 2 vol. in-8o. Paris 1808. Supplément, in-8o, broché, 1820.

Roquefort, Mem. sur la nécessité d'un Glossaire général de l'ancienne langue Française. Ad calc. Magasin Encyclopédique, avril 1811, et à la suite de son ouvrage sur l'Etat de la Poésie française dans les xii et xiiie siècles, p. 405 et passim.

Rouard, Notice sur la bibliothèque d'Aix, in-8°. Aix 1831, p. 297 à 308.

Rostrenen, Grég. de, Dictionnaire français celtique ou breton, in-4o. Rennes 1732, pp. 978, — 2 vol. in-8o; Guingamps pp. 468 et 482.

Rostrenen, Gr., Grammaire française, celtique et bretonne, in-8o. Rennes 1738. — In-8°, Brest an III. — in 8ᵥ, Guingamp 1833.

Roudil. (V. Dumège , Statistiq. Pyrénéenne , t. 11 , p. 327).
Roudil, avocat.

Roure, marquis du , Analecta Biblion , t. 1 , p. 124.

Richelet. V. Neps., etc.

Rousset, Jean de , Lo Cerbero, Cant rouyal. V. Colomez.

Rousset, O Sorlat , la Disputo de Bacus et de Priapus , compousado per lou siur, etc., in-12 , per Jacques Coulombet 1694.

Rousset, O Sorlat , Grizoulet, lou jaloux atropat et los omours de Floridor et Olimpo , comédie en cinq actes et en vers, in-8o. Sarlat 1694. On trouve à la suite : la *Solitudo del Sr Rousset* et une *Consou sur so Mestresso*, pp. 80.

Roussi, le, de lougatge , in-8o. Toulouse, vers 1650.

Roustan,   , Boufounados en vers patois ounté i a dé qué riré é dé qué ploura. 3e édit., revisto, corrigiado e ooumentado , in-12. Nimé 1826.

La première édition est de 1824, et la quatrième de 1829.

Roustan, Lou troubadour languedocien , ouvrage nouvel, in-8ᵥ. Nimé enco dé Durand-Belle 1832.

Roustan, Leïs Passo-Tems dé meste Martin counténen léïs quatre saisouns e aoutrei péços én vers patois, in-8o ; à Nimé, ché J.-B. Guibert , imprimur daou rey , 1822.

C'est ce que l'auteur considérait comme la première édition de ses poésies.

Roustan, Boufounados en vers patois ounté i a de que rire è de que ploura, in-18; à Nimé, Durand-Belle 1824 , pp. 52.

Roustan, Boufounados en vers patois ounté i a dé que rire è de que ploura ; troisième éditioun revisto, courigiado et oumentado , in 18; à Nimé, enco de Durand-Belle, imprimur , 1826 , pp. 59.

Roustan, Boufounados en vers patois ounté y a dé qué rire et dé qué ploura ; quatriémo éditioun revisto, corrigiado , e ooumentado , in-18 , enco dé Durand-Belle , 1832, pp. 16.

Ruffi, Robert de, Coumplainto historico su la pesto de 1580.

41

Rupé, Pierre de , bachelier en 1465. Il remporta la violette pour ses : *vers figurats de antechrist* , Mss. des archives de la société des Jeux Floraux.

Rutebeuf, la complainte d'Outre-Mer et celle de Constantinople, in-8o. Paris 1834 , pp. 32 , publiées par M. Achille Jubinal.

Roy , J. , de Gelles , ancien juge de paix du canton de Rochefort : le Tirage ou les Sorciers , poème en langue auvergnate , in-8o. Clermont, imprimerie de Thibaud-Landriot , rue Saint-Genès , no 8 , 1856 et 1837 , in-18 , pp. 34.

Ruche, la , Provençale , 6 vol. in-8o. Marseille 1819 — 22.

Revue de Vienne , in 8°. Vienne 1839 , t. 11 , p. 200 et seq.

Saboly , Nicolas, né à Monteaux , maître de chapelle à St.-Pierre-d'Avignon. Recueil de Noëls Provençaux , in-12. Avignon 1670 — 1674 — 1699 — 1704 — 1820 — 1824, meilleure et plus complète , contenant 2 feuillets, 99 pages et 62 noëls. Nouvelle édition augmentée du noël fait à la mémoire de M. Saboly et de celui des rois , faits par Domergue , doyen d'Arançon , in-18. Avignon , chez Chaillot ainé , place du Change , 1829. — In-18 , Aubanel, Avignon , 1839.

Sacre, le, de Charles X , suivi de plusieurs autres pièces en patois et en français , par la Muse Campagnarde ; nouvelle édition , in-8o ; Martial Ardant, à Limoges 1830.

Salette , Arnaud de , Psalmos de David metus en rima bernesa , in-8o. Ortez 1583.

Sandfort, Genealogical history of the Kings of England. Passim.

Sage, de Mounpellié , (las foulïes dau) revistos , augmentados de diversos peços de l'autur , ambe soun Testomen , obro tant desirado , in-8o..... 1650. — Las foulié dau sage de Mounpelié , revistos è augmentados de diversos piessos de l'authur embé son testamen : obro tan desirado, in-12; à Amsterdam , chez Nicolas Deborde , au Palais MDCCXXV. — Voyez Recueil des poëtes gascons , etc.

Sambucy, N. , obtint l'Eglantine en 1694. Plusieurs poésies manuscrites.

Saporta, Pierre de , remporta les prix floraux dans le XVIIe siècle et mérita des vers de Godolin.

Saint-André, Guillaume de, Le livre du bon Jehan, duc de Bretaigne. — V. Lobineau et Cuvelier.

Saint-Simon, Seigneur de Bomont en Condomois, Coutumes manuscrites. (Court de Gebelin, Dictionnaire étymologique de la langue française, p. LXXII).

Sainte-Beuve, Souvenirs et Portraits, t. IV (Jasmyn.)

Sallier, l'abbé, Recueil de poésies auvergnates.

Salveti, Moine, obtint la violette en 1466, pour ses vers toulousains sur la Passion de J.-C. Il a composé aussi des cantiques.

Salvini, Anton. Maria, Prose Toscaneo Lezzioni sopra le Poésie del Petrarca. Passim.

Sandys, W., Christmas carols ancient and modern, in 8o, London 1833, pp. CLIV. — 188, avec 12 feuillets de musique.

Santes Vendroc, patrones Treff-lez : Cantic, in-18, Lefournier à Brest 1836.

Sarladais, le, journal de Sarlat. Passim.

Satyre d'un curé picard sur les vérités du temps (en patois picard), par le R. P.**, jésuite, in-12, Avignon 1750, pp. 29 et 98. — in-8. Avignon, chez A. Lenclume 1754, pp 118.

Saumaise, (Homonyme) des Plantes, chap. XV, p. 201.

Saurel, Pons de, Troubadour toulousain du XIIIe siècle : Complainte sur la mort de Guillaume de Montagnagout, etc.

Savaron, Jean, Origines de la ville de Clermont. Édition de Pierre Durand, in-folio, Paris 1662, p. 102.

Sauzé, propriétaire à Aix, Pouemo prouvençaou divisa en plusieurs cants per un propriétari daou Tarradou d'Aïs, in-8o, l'an 1803. — Pouemo su la desunien doou mariagi, qu'ooucasiéouno lou divorço et su lei vertu et genio de Bonaparte, in-8o, p. 43. — Pouemo su lei ramboursamens en assignats, pp. 22. — Pouemo prouvençaou divisa en plusiurs cants, an 1803, pp. 54. — Dctai en pouesié su leis atroucita que s'es fach à la villo d'Aïs dins lou coumensamen de la revoulucien, pp. 12.— Nouvé su la neicensso doou fieoù de Dieou, pp. 4. — Respouenso d'uno critiquo facho per un gargaméou de la vilo d'Aïs, su lei ver prouvençau dei sept peca mourtaou, pp. 13.

Sauvages, l'abbé de, Dictionnaire languedocien-français, suivi d'une collection de proverbes languedociens et provençaux. Deux parties en 1 vol. in-18, Alais 1756.—2 vol in-8, Nismes 1785. — 1 vol. in-8o, Alais 1820.

Scalabrounda, coumedia (composée en patois de Cahors, vers le commencement du XVIIIe siècle.)

Sceaux, Charles, Ses principales comédies sont *Brusquet I* et *Brusquet II*. C'est une imitation du Sosie de Plaute, tirée de la vie de Strozzi, prieur de Capoue, par Brantôme. Elles ont été représentées dans les colléges : on le ne croirait pas. Il a fait aussi des chansons.

Scheuzer, Savant physicien de Zurich, Voyage littéraire très-curieux fait dans les cantons.

Schlegel, A. W., Observations sur la langue et la littérature provençales, in-8o, Paris 1818.

Schmid, Dr. Reinhold, Die Gesetze der Angelsachsen. .....Herausgegeben Erster Theil, in 8, Leipzig 1832, p. 174-188.

Schnakenburg, J. F., Tableau synoptique et comparatif des idiomes populaires ou patois de la France, in-8o, Berlin 1840.

Séguin, le capitaine, Comédies.

Voici de ses vers :

> Lou Printen douno la varduro ,
> L'Estiou remplis leis magasins ,
> L'Aoutouno prouduit leis rasins ,
> Et de l'Hiver naisse la glasso ;
> De la tempesto la bounasso
> Et dou mau se tiro lou ben.

Seigneux de Correvon, de l'académie de Marseille, Vocabulaire du dialecte parlé aux environs du Lac Leman.

Charle, de Loys et Muret l'ont augmenté successivement.

Seldenus, Johan., Opera omnia tam edita quam inedita, 4 parties in-fol., Londres 1726, vol. 2, t. II. (Lois de Guillaume-le-Conquérant, en latin et en normand.)

Sennebier, Histoire Littéraire de Genève, 3 vol. in-8o, Genève 1786.

Sént, lé, Ebangely dé nostré Seignou Jesus-Christ, seloun Sént-Jan, traduit en léngo toulouzeno, in-8o, à Toulouso, de l'enprimario de beouzo Nabarro, Carriero des tiersceros, no 84, 1820.

Sermet, le P., Discours prounounçat dabant la Lagiou de

Saint-Ginest, à l'ouccasioun de la Fédération Générale, in-8,
Toulouse   .

Sermet, lou R. P. Hyacinta, ex-Provincial das Carmés
descaoussés, prédicatou ourdinari daóu Rey, de l'academia
dé las scienças, inscriptiouns et belas-lettras de Toulousa,
d'aquela de Mountaouban, et aumounié de la lagioun de
Saint-Ginest, dins lou cantoun de Bruyeros et lou district
de Toulousa, discours proumounçat dabant la Lagiou de St.-
Ginest à l'oucasioun dé la Federatioun Générala, in-8o, à
Mounpélié, de l'imprimarié dé Tournel 1790.

Sermon naïf, fait par un bon vieux curé de village, en
bos patois de Tourcoing, in-18. S. d. ni lieu.

Sermon sur la Pénitence, au Patois de Besançon, suivi
du sermon en proverbes, in-18, Dôle 1815.—in-18, Besançon, chez J. B. Joly, imprimeur-libraire, rue des Arènes,
1820.— in-8, Decklierr à Montbeliard 1837.

Serventois et sottes chansons couronnés à Valenciennes,
tirés des manuscrits de la bibliothèque du Roi, in-8o, Valenciennes 1830.

Shaw, Vocabulaire Celtique.

Sibour, ancien avocat, sécretaire de la mairie de Mugni-
guame (Bouches-du-Rhòne), un volume de poésies patoises
inédites.

Sicàoud, M. A., Course de Bioou, ponemopatois, in 12,
Arles 1827, pp 12.

Sicard, Jean, de la Tour d'Aigués, Paraphraso prouvensalo sur leys sept Pseaumés Pénitenciaux, in-8o, à Aix, chez
Estienne Roize et la vefve de Jean-Baptiste Roize, imprimeurs
du Roy et de l'Université, avec approbation, MDCLXXIII,
pp. 46.

Sigismond de ***, baron, Voyage fait en 1790, etc., in-8o,
1792. s. d. ni lieu, p. 147 et seq.

Simleri, Jos., Descriptio Valesiæ, in-8. Tiguri 1574.

Sinner, Voyage historique et littéraire dans la Suisse occidentale, 2 vol., in 8o, Neufchâtel 1784.

Soilly, André de, Philologie, idiome picard en usage à Abbeville, publié par la société royale d'Emulation d'Abbeville,
in-8o, Abbeville 1833.

Société d'Emulation de Quimper, en breton et en français, in-4o, Morlans 1804.

Soleinne, de, Catalogue manuscrit de sa collection dramatique.

Solier, Hug., Aëtii Medici, etc., Accesserunt scholia. in-16, Lugduni 1540. §

Synonimie française, provençale, languedocienne, Dauphinoise, italienne, etc., des plantes.

Solier, N. Jules, Raymond de, Les Antiquitéz de la ville de Marseille, translatées de latin en français, par Ch. Anibal Fabrot, advocat au parlement de Provence. Cologny, 1615. — Petit in-8), Lyon 1632. — (Première partie, la seule qui ait été publiée du beau manuscrit autographe de la bibliothèque d'Aix.)

Songesonou Christen evit an ell deiziou eus ar miez, in-18, Blot à Quimper (1830.)

Specha, P. Placidusa, Capitulaire de Disentis et curé dans la vallée de Lugnetz. Ad. calc. Isis, no de janvier 1805.

Spinette, Esclarmonde, Musicienne et poète de Toulouse. V. Nogerolles.

Spon, Histoire de Genève, 2 vol. in-4o, Genève 1730 (revue et annotée par Abauzit.)

Sprecher à Berneck, Fortunatus, Chronicon Rhætiæ, etc. in-4o, Cur. 1672.

Sprecher à Berneck, Fortun. Pallas Rhætica, in-4o, Basil, 1616.

Stalder, Franz-Joseph, Die Landersprachen der Schweiz oder Schweizerische dialektologie, etc.

Stalder, curé d'Escholzmatt, Dictionnaire des idiomes de la Suisse, 2 vol. in-8. Genève, 1804.

Statuts de l'ordre de Malthe (Archives de la ville de Toulouse.)

Statuts et privilèges de la ville de Moissac (Archives de cette ville.)

Statuts de la counfrério de Noustre-Damo de San Sauvour (Saint-Martial de Limoges) establido en 1212.

Ils commencent ainsi : *En honor de Dieu e de mis domps Sta Maria an établi una cofrairia. Ly Prodome de Lymoges et prezen les coffrars que à la vida la tenchan selon lor podey et chacun cofray deu a jurar convenir à la honor de la mair de Dieu*, etc.

Statistique du département du Lot, 1831, t. ɪ, p. 229, 255.

Stuart-Castello, Miss Loüisa, Specimens of the Early Poetry of France, in-8o, Londres 1835.

Struve, le Prof., Description topographique, philologique et politique du pays de Vaud, in 8ₒ, Lausanne.

Sulsmich, Lexicon Britanno-germanicum.

Swaen, Michel de, chirurgien-major à Dunkerque, Le Cid, tragédie de Corneille, traduit en vers flamands, in 8ₒ, Dunkerque 1694.

Swaen, Michel de, La vie de Jésus-Christ, 2 vol. in-8ₒ, Dunkerque 1694. (Fauconnier et la biographie Dunkerquoise ont oublié ce poète vulgaire.)

Tabourot, Seigneur des Accords, de Dijon, Bigarrures du sieur, ch. 21, (s'est servi du mot bourguignon : encharboté, comme français)

Taillandier, Résumé de l'histoire d'Auvergne, in-18, Paris 1826, p. 189 et 190.

Taillard, conseiller à la cour de Douai, Relation inédite de la bataille d'Azincourt (21 octobre 1415) in-8ₒ, Douai 1835, pp. 9.

Taillard, Recherches sur la langue romane du nord, au xɪɪᵉ et au xɪɪɪᵉ siècles. Mss.

Talgorn, Buez hor Salver Jesus-Christ, etc., Laqueat e Brezonnec gant autrou, etc., in-18, Lion fils à Quimperlé 1836. — A Brest, chez Nicole. — V. Tenzor, etc.

Tableu de la Bido del parfat cristia e un diccionari, in-8ₒ, Toulouse 1673.

Tableou allégourique de la Neissenso doou duc de Bourdeou, in-8ₒ, Marseille 1820.

Tallemant des Réaux, Mémoires, 6 vol. in-8ₒ, Paris 1836, t. ɪ, p. 309. — t. vɪ, p. 149.

Tandon, Aug., Fables et Contes en vers patois, in-8ₒ, Montpellier an vɪɪɪ, (1803).

Tandon, Auguste, Traité sur les lettres, les diphthongues, les différents sens et l'orthographe du patois. Mss.

Tarifs des droits d'entrée des xɪɪᵉ et xɪɪɪᵉ siècles payés aux Archevêques de Lyon.

Tastu, N., Los Contrabanders, cansonetta nova, grand in-4o. (Paris) S. D. (1834).

Taule dels Estils de la Cort del veguer de Rossello et de Vallespir, in-fol., Barcelona 1510.

Tellon, évêque de Coire, Son testament (766).

Tenzor ar christenien, se leuvr necesser da bep gristen evit en em instrui eus ar religion. Groet gant an autrou Talgorn, personeus a barrœs melgren, in-12, chez Léon Quimper 1836.

Tercier, Diss. dans laquelle on entreprend de prouver que de toutes les langues que l'on parle actuellement en Europe, la langue allemande est celle qui conserve le plus de vestiges de son ancienneté. Acad. des Inscriptions et Belles Lettres, t. XLI, p. 327.

Terrin, J. C., de l'Origine, des Progrès et de l'influence de la langue provençale (Revue de Provence, in-8o, Marseille 1830, t. II, p. 150 à 156).

Testament d'un Juif de la ville de Carpentras, in-16. S. d.

Testament, Nouveau, et quelques livres de l'ancien, traduits en provençal, vers les premières années du XIIe siècle si, comme on le présume, ce travail a été fait par les ordres de Raymond-Beranger I, mort en 1130. (Bibliothèque de Carpentras).

Testamen de l'ai (en provençal.) (V. Mercure de France, octobre 1741, p. 2206.)

Testament (nouveau) breton, in 8o, Angoulème 1827.

Tixier-Olivier, L., Préfet, Statistique du département de la Haute Vienne, in-4o, Paris 1808, p. 106 à 110.

Thierry, Aug., Histoire de la conquète d'Angleterre par les Normands, t. I, p. 323 et 328. 5e édition.

Thierry, Augustin, Récits des temps mérovingiens, 2 vol. in-8o, Paris 1840.

C'est à ces articles de journaux, pleins d'adulation lucrative et marqueterie incohérente, que l'Académie Française n'a pas craint d'accorder le prix Gobert. La première partie forme une revue rétrospective des doctrines historiques : la seconde est un recueil de contes historiques, imaginés par Mme de Genlis et Walter-Scott, et nommés par l'auteur Histoire Narrative, genre nouveau qui ne demanderait pas moins de 5 à 600,000 volumes pour retracer ainsi l'histoire de France seulement.

Théàte Ligeois , in-32 , Liége 1827.

Thaumas de la Thaumassière, Coutumes de Beauvoisis, in-fol., Bourges 1690 (Alphonsine.)

Thaumas de la Thaumassière, les anciennes et nouvelles coutumes locales du Berri, celles de Lorris et de la Pae-rose, etc., in-fol. , Bourges 1679 , p. 97 à 102

Thomas d'Aquin de Saint-Joseph, le P., Voyez Pasturel (Thomas)

Thomas , J. P., Mémoires historiques sur Montpellier et sur le département de l'Hérault , in-8o , Montpellier 1827 , p. 388.

Tillot , du , Mémoires pour servir à l'histoire de la fête des Fous , etc. , in-12 , Lausanne et Genève 1751.

Thonnelier, Jules, Recherches sur les origines sémitiques et indo-tartares de la nation et de la langue celtiques ou des anciens Gaulois , in-4o , Paris 1840, p. 31.

Thorin . médecin à Gruyère , Bucoliques de Virgile traduites en vers fribourgeois ; inédites.

Tour , Antoine , Geoffroy de La , né à Digne , diverses poésies latines , françaises et provençales , présentées au roi, au retour de ses armées de Flandres, par le sieur Th. Girard, in-8o , Paris , 1677 , pp. 2.

Touchy , ancien avocat , etc., A Sa Majesté Napoléon-le-Grand , empereur des Français et roi d'Italie , Ode en idiome languedocien de Montpellier , in 8o , Montpellier 1808 , pp. 20.

Tresvaux , Buez an autrou S. Ervoan , official ha cure Deus a escopty Landreguer , corriget hac augmantet gant an au-trou Tresvaux , in-18, Guingamp , Tanguy 1839.

Tragédia Rosselonesa dels martyrs sants Cosma y Damia (en cinq actes) in 8o . Tehuir 1797.

Traduction d'un morceau de poésie armoricaine , com-posé le lendemain de la cérémonie qui a eu lieu le 10 juillet 1819 entre Ploermel et Josselin , in-8o , Vannes 1819.

Trastabol , Pierre, Troubadour toulousain du xvie siècle , maître ès Jeux Floraux.

Troby , Hugues , traduction en vers de l'historien Galfredus (Mss de la Bibliothèque d'Aix.)

Truchet , de , la Pastressou vo leis escooufestrés , coumediou en un acte et en vers prouvençaous d'oau dialecte d'Arlés , in-8o , Paris, chez Moreau, 1824 , pp. 39.

Truchet , de , Cansouns prouvençales escapadas doou supount , vo lésirs dé mesté Miqueou, in-18 , Paris en co dé Moreau , 1827 , pp. 250.

Truchet , lou Vermet , Poueme didactique en vers provençaoux d'oou dialecte d'Arli (autographié) in-8o. S. d.

Truchet , Epitre per anar de counserve ém une ode sur l'amour de la patrie , adréïssado, lou 5 janvier 1833, à moussu Sicaud (autographié), in-8o , s. d., pp. 3.

Truchet , Noutice Poético-Biographique de quaoqueis trobadors d'Antan adréïssado à M. França Tousten , in-8o ; autographié , s d., pp. 28.

Truchet , Epitre adréïssade à moussu D. Ant. Sicaud , lou 10 febrier 1828, par, etc. , in-8 , autographié , s. d , p. 1.

Truchet , Epitre estiquant à la biographie Arlatenque adréïssado lou 28 décembre 1832 , à moussu Sicaud, in-8o , autographié , s. d., pp. 4.

Truchet , de , La Rusou innoucentou , vaudevillou provençaou , representa dins leis festous faches en Arlé a l'oucasioun doou courounamen de Charlé X, in 8o , de l'imprimerie de Goelschy, 1825.

Truchet , de , Couplets prouvençaux canta , le 8 mai 1825 , oou banquet deis Arlatens , reunis à Paris per festa moussu lou baroun de Chastrouse, maire d'Arles , in-8o , s. d., pp. 2.

Truchet, Ode prouvençalou sus lou cholera, adreissadou de Paris à moussu Dégut d'Arles , in-4o , lithographié. S. d.

Troncy , Benoit de, Formulaire Récréatif de Bredin le cocu, chevauchée de l'ane , de l'année 1566 , in-12 , Lyon 1566.

Trueller. Voyez Cuvelier , Trouvaire du XIVe siècle.

Triomphé , lou, dé Nonotou ou mesté Pierré battu , vodevilo en dos actous , représénta , à la suite d'un charivari , à Aigous-Mortous , lou 22 mars 1832, per un ami de mestré Pierré , in-8o , Durand-Belle à Nismes 1832.

Trioumphe , lou , de Marsillo , Odo , in-4o , Marseille, chez Mossy , libraire à la Canebière , 1756.

Trouvé , le baron , Statistique du département de l'Aude , in-8o , Carcassonne, 1813.

Turenne , Raymond de , Discours das troublés que fouron

en Prouvenso del temps de Loys Segond dal nom, filz de Loys Premier, reys de Sicilio et contés de Prouvenso, per aquet Raymond Rougier dict de Thouraino, surnoumat lou viscontié de Thouraino et Aliénor de Commingés, sa maire, en l'annado 1389. (Mss. de la bibliothèque d'Aix, postérieur à cette date.)

U. I. O. G. D. Grammatica Ramonscha , in-8. Bregentz 1805.

Us et costumas de Castelnaudary. (Mss enlevé, depuis peu d'années, aux archives de la ville).

Ubaldini, Federigo, Tavola dei documenti d'amore da Barberini.

Uchard, Bernardin, Seigneur de Monspey , lo Guemen dou pouro Lebory de Breissey sur la pau que la de la guerra , in-4o, sans lieu , 1615 (en vers bressans.)

Uchard, Bernardin, Seigneur de Monspey , la Piedmontoise, in-8o, Dijon 1619 ; — in-4o , Bourg 1661 (en vers bressans.)

Uscara libru Berria eta Khiristiaren egui orozco exercicio espiritualac. Lehen editionia , in-8o , (Bayonne) 1839.

V. B. Lou maou d'amour , cansonnetto prouvençalo. Ad Calc. l'Argus, journal, t. ii, liv. ii , samedi 25 mai , p. 18.

Vaissette, Dom. , Histoire du Languedoc , t. i, p. 238, 327, 379 , 532, 561 et 584. T. ii , p. 112 , 246 , 517 et 520, etc.

V. N. D. P. D., Impromptu provençal sur la prise de Maëstricht, in 4o, sans indication de lieu , ni d'imprimeur , 1749.

V. B. D., Scatabronda, coumedio noubelo et historico, in-8o, Rotterdam 1687 , pp. 42.

Valbelle-Sainte-Tulle, le Président, Mon Sottisier, Tourues (Var). S. D.

Valerc-Maxime, traduit en catalan.

Valés, J. D. , de Mountech , Virgilo déguisat , o l'Eneido burlesco del sieur Valés de Mountech, in 4 , Toulouso de l'imprimario de F. Boudes 1648.

Vega, Mezellour an ineo pe exposition Deus an etajo differant en pere eu em gav an ineo dirac daoulgat doue , composet gant and Tad Vega (le Miroir de l'Ame, traduit en breton par M. Lescop), in-18, Prudhomme à St Brieuc 1832.

Valier et Brulot, le Tribut du cœur ou les fêtes citoyennes , comédie-ballet, in-8o, Avignon 1790.

Venel, Gaspard, Magistrat à Aix

Vers naïfs en patois de Lille sur les conquêtes du roi, in 8, Lille 1745.

Veyre, J. B., Vers patois en l'honneur de P. P. Riquet, etc., in-8o, Aurillac 1838, pp. 8.

Vénérable, la, abbaye de Bongouvert de Grenoble, sur la réjouissance de la paix, etc., in-4o, Grenoble 1660.

Vengut de Craft, Jean-Pierre, vo qu'espera n'a pas. Dialogue, sans indication de lieu, ni d'imprimeur, 1783.

Verneilh, Statistique du Mont-Blanc, in-4o, Paris 1807, p. 301 à 307. Val de Tigne, p. 128.

Verdié, Lou sabat d'aou Médoc, ou Jacoutin lou Debinaeyre dam Piarille lou boussut (en berses), in-8o, pp. 15, à Bordeaux, de l'imprimario de J. Lebreton, rue des Lois, no 3.

Verdié, Antony lou dansaney ou la rebue dos Champs-Elyseyes de Bourdeou, in-8o, pp. 12, à Bordeaux, chez J. Lebreton, rue des Lois, no 3.

Verdié, Cadichouné é Mayan, ou les Doyennes des fortésen-gulé d'aou Marcat. Dialogue recardey, en patois bourdelés, in-8o, S. D. pp. 8.

Verdier, le Procès de carnaval ou les masques en insurrection, comédie-folie en un acte et en vers, in-8o, s. d. pp. 16 ; à Bordeaux, chez J. Lebreton, imprimeur, rue des Lois, no 13.

Vialle, Joseph-Anne. Voyez Beronie.

Viandasso, comédie en 5 actes et en vers, in-4o de 67 feuillets. Mss. de la bibliothèque royale, représentée devant Louis XIV.

Vialle, avocat, *lo pesto de Tulo*, poème en 28 vers. Mss.

Vianès, notaire à Montpellier, Poésies inédites.

Viardot, Etudes sur l'histoire des institutions, de la littérature, du théâtre et des beaux arts en Espagne, in-8o. Paris 1835, p. 97, 112 et 115.

Vida y novena dels invincibles martyrs sants Abdon y Sennen, in-8o. Perpinya 1817.

Vida de santa Valeria, Mss. sur parchemin velin, daté de 1641. Voici quelques quatrains de cet ouvrage, qui est à Limoges :

> Lou prince que elligit fut
> En avio noum Tévé lou duc,

Cougi germ' à l'emperadour
Et de so noblesso la flour ,

Beu chevaillé , fort et vaillent
Per coumbattré aquello gent ,
Pro avisa et de grand scinço
Per regi aquello provinço ,

Teve lou duc en Guienno vet
Et à Limogey s'arreytet ,
Fut reçaubut en grand honnour
Per sou baron coumo seignour , etc.

Vidal , Arnaud, remporta la violetta d'or, donnée par les sept trobadors de Tolosa , pour son sirventes , en patois de Castelnaudary, en l'an 1324. (Rec. de l'Acad. des Jeux Floraux, p. 200.)

Vidal , Pierre , troubadour toulousain du xɪɪe siècle.

Vidal , Raimond , la dreita maniera de trobar.

Vidocq , E. F. , les Voleurs , Physiologie des mœurs et du langage; Dictionnaire complet du langage argotique , avec l'étymologie des mots , l'indication de la classe à laquelle ils appartiennent, etc., 2 vol. in-8o. Paris 1826.

Vie de sainte Barbe, in-8o. Quimper 1647 , (tragédie en vers bas-bretons).

Vie, la , des quatre fils Aymon, mise en tragédie, en patois breton , in-8o Morlaix 1818.

Vie de saint Amant , (xɪe siècle). de Gaujal, t. ɪɪ, p. 160.)

Vie de saint Trophime , en vers provençaux , Mss. de l'Arsénal.

Vigne , l'abbé , Contes en vers prouvençaux , imprimas per la première fés en avous 1806, in-12 ; sans lieu (Aix), ni date (1806), pp. 16,

Vigneul , de Carpentras, Petrarque en vers patois. (Ce manuscrit se trouve , dit-on , à la Bibliothèque publique d'Avignon.)

Viguier, fils, avoucat, Lé Christ , Odo qu'a oubtengut lé pré das suchets bibliqués emboyats al councours qué a agut loc à Beziers le 12 mai 1839, in-8o. Carcassonne , Labau 1839.

Villars , Flore du Dauphiné, in-4o, t. ɪ , préface p. xɪj-lxxvɪɪj. et Passim.

Villanova , la Dona de , poétesse toulousaine qui remporta le prix *del gai saber* en 1643. Manuscrit de l'Académie des Jeux Floraux.

Villemain, Tableau de la littérature au moyen âge , 2 vol. in-8o. Paris 1825 et 1840.

Villemarqué, Th. de la , Barzas-Breiz , chants populaires de la Bretagne , recueillis et publiés avec une traduction française , des éclaircissements , des notes et des mélodies originales, 2 vol. in-8o. Paris, Techener 1839.

Villeneuve, comte de , Statistique des Bouches-du-Rhône , in-4o. Marseille 1826 , t. III , p. 127-197.

Villeneuve-Bargemont, Histoire de Réné d'Anjou , 3 vol. in-8o. Paris 1825 , t. II , p. 215 et 365.

Villeneuve-Bargemont, Notice sur la ville de Nérac , in-8o. Paris 1807.

Villon, François , la Passion , en gestes et langage poitevin. (Rabelais raconte que Villon , dans sa vieillesse , après avoir échappé à la potence, et s'étant retiré à Saint-Maxent , composa ce drame patois.)

Vincent, de Saint- , Mémoire et notices imprimés , 1817 , p. 21.

Vincens, Pierre , cultivateur , le Ravage du choléra à Manosque, in-4o. Digne, Mme veuve A. Guichard, imprimeur, place de l'Evêché , 7.

Vincent-St.-Laurens et Beaumes, Topographie de la ville de Nismes et de sa banlieue , in-4o. Nismes 1802, p. 72 et seq.

Virgile, Traduction libre des trois premières églogues , en vers patois, in-8o. Cahors , s. d., pp. 20.

Virgille virai an Borguignon : — livre premei , petit in-12, ai Dijon, ché Antone de Fay , imprimou vè le Palai 1718 , pp. 56 ; — livre deuzaime , petit in-12 , ai Dijon , etc. , 1719 , pp. 58 , plus un feuillet blanc ; — livre troisaime , etc. , petit in-12 , ai Dijon 1720 , pp. 24.

Le même ouvrage , manuscrit in-4o , du XVIIIe siècle, appartenant à la Bibliothèque de Dijon , pp. 656. — Autre, appartenant à M. Charbonnier et intercalé dans la traduction , en vers , de l'Enéide, par Desmazures, 3 vol. in-8o, au lieu de 2. Paris 1572. (M. Buchon s'est trompé lorsqu'il a dit qu'on avait imprimé les quatre premiers livres ; M. Barbier , t. VII du Virgile-Lemaire , ignorait au contraire l'impression du iiie et se trompe aussi en attribuant à Tassinot la traduction du premier livre, tandis qu'elle est de Pierre Dumay; enfin M. Charles Nodier se trompe également en supposant que ces traductions furent suggérées par le succès des Noëls, puisque les premiers livres furent faits plus de trente ans avant que La Monnoie, d'après les conseils d'Aimé Piron, songeât à en faire. V. Gueret, Parnasse réformé, 2e édition, in-12. Paris 1669, p. 30. Enfin M. Amanton a récemment publié l'édition suivante de ce curieux ouvrage :

Virgile virai an Borguignon, in-8o. Dijon, Frantin 1831.

De cette manière, la plupart des langues ont leur Virgile travesti, puisque Scarron en France, Blumauer en Allemagne, Cotton en Angleterre, etc. ont perdu leur temps à un semblable travail, qui n'est supportable après tout que dans les dialectes vulgaires.

Vocabulaire Langrois, in-12. Langres 1822.

Vocabulaire Bas-Breton, manuscrit in-4o de l'Arsénal.

Vocabulaire tiré des Noëls Provençaux de 1660. Mss.

Vocabulaire de Châlons-sur-Marne. Mss.

Vocabulaire nouveau et colloques français et breton, in-12. Quimper. S. d.....

Vocabulaire nouveau, français et breton.

Walkenaèr, Encyclopédie des gens du monde, t. iii, p. 117.

Westrenen de Tiellandt, le baron de, Recherches sur la langue naturelle de la majeure partie du royaume des Pays-Bas, in-8o, pp. 24.

Wace, Robert. V. Leroux de Lincy.

Wrigth, Thomas, Anglo-Norman Poem on the conquest of Ireland, by Henry the second, from a manuscrit preserved in the archiepiscopal library at Lambeth-Palace, edited by Fr. Michel; With an introduction, an essay on the history of the arglo-norman conquest of Ireland, in-12. London 1837.

Zerbin, Gaspard, avocat à Aix, mort en 1650.

La perlo deys Musos et Coumédios provensalos, in-12, à Ays 1655.

FIN.

TABLE ANALYTIQUE.

Dédicace à Charles Nodier et à Champollion-Figeac.

Préface.   j

De l'utilité de l'étude des Patois.   1

Toutes les langues ont des dialectes.   2

Travaux des Allemands, des Italiens, des Espagnols,
etc., sur les Patois.   3

Des Patois de la France, de la Belgique-Wallonne et de
la Suisse-Romande.   4

Éloge des Patois.   5, 11

De la proscription des Patois.   6, 21

Des savants français qui étudièrent les Patois.   9 162

De l'importance politique des Patois.   10, 8, 30

Les Patois sont des langues chrétiennes.   12

Des Patois comme langues premières.   XXI, 15

Nos Patois sont d'origine celtique.   XXVII. XXXII. 14, 133 à
149, 157, 192

Ils furent gâtés par Charlemagne et ses successeurs.   15

Les langues slaves n'ont eu aucune influence sur
nos Patois.   XI et seq.

Fusion des dialectes celtiques dans une langue de transition.   18, 117, 140

Des limites géographiques des Patois de France.   19

Patois couronnés.   20

Quelle est la valeur réelle des Patois?   22

De l'utilité des Patois quant à l'étymologie immédiate.   VII et seq. XVI et seq. XXVII. 26, 95, 112

    ——   à la philologie   IX, 27

    ——   à l'ethnographie   28, 123

    ——   à la littérature.   XIV, XXXIII, 29, 108

    ——   à la poésie.   XV, 31, 175

L'Université ne les proscrit pas.   34

De l'utilité des patois de la France quant aux premiers poètes de la France, de l'Italie, de l'Espagne,
de l'Angleterre, du Portugal, etc.   38

    ——   à l'histoire.   X et seq. XIII 35, 76

    ——   aux études classiques.   37, 129

Le latin, comme nos Patois, possédait l'article.   34

De l'utilité des Patois pour l'étude des langues vivantes.   40

De l'utilité de l'étude des Patois quant aux langues
mortes.   XXX, 45
Des patois basques, gasques ou vasques.   XXII, 42
Des Patois russes, serbes, bohêmes, polonais, etc.   196
Plaisirs de l'étude des langues par les Patois.   XXXI, 55
Unité des idiomes chrétiens.   64
De l'utilité des Patois quant à la géographie.   66, 83, 84
            — —   à notre langue.   VI, XV, 69
            — —   à celle des troubadours
                           et des trouvaires, XXV, 71
Digression philologique et littéraire sur les Vaudois.   71
Pertes littéraires dues au mépris des Patois.   74, 110
De l'utilité des Patois quant à la diplomatique.   77
            — —   à la linguistique.   XX
            — —   à la biographie et à la bibliographie. XXXIX
            — —   à l'archéologie, à la numismatique.   79
            — —   à la filiation des peuples.   89
            — —   aux noms de peuples, de villes, de
                     fleuves, etc.   XXV, 92
            — —   aux légendes et aux rebus antiques.   96
            — —   aux monuments sigillaires·   97
            — —   à la paléographie.   98
            — —   à la science héraldique.   XVIII, 99
            — —   à l'histoire des mœurs.   101
            — —   à l'insectologie et à la zoologie.   102
            — —   à la botanique.   104
            — —   à la géologie.   107
            — —   à l'étymologie.   112
            — —   à la grammaire nationale.   XXIII, XXXIII
            — —   aux langues romanes·   114

Universalité des langues romanes.   118
Bévues des savants à propos des Patois.   XXV, XXXII, 119
Utilité des Patois quant aux langues étrangères.   XXXI, 123
Lumières étymologiques dues aux Patois. IV, XXVI, 124, 159
Les mots latins de nos Patois sont de dates récentes.   133
Erreurs de M. Charles Lenormand à ce sujet.   138
Des dialectes néo-celtiques de la France.   151
Utilité philologique de ces dialectes.   XXXII, 154
            — quant à la numismatique gauloise.   156
Traces philologiques des invasions étrangères.   157

De l'influence des Patois sur les langues nationales. 160

Des inepties néologiques et orthographiques dues à l'ignorance des Patois. 163

De l'influence des Patois sur la prononciation des langues nationales. 167

—— sur l'orthographe des langues nationales. 168

—— sur leur étymologie immédiate. 170

—— sur la littérature couronnée. 176

— — sur la prononciation des langues mortes. 179

—— sur les idiotismes indigènes et exotiques. 187

— — sur l'euphonie nationale. 185

—— sur la langue officielle. 186

De la proscription des Patois. 188

De l'ignorance et de l'injustice des proscripteurs. xxxi, 189

Des motifs de leur proscription. 192

Arrêté du Comité d'Instruction Primaire de Cahors. 193

Réfutation scientifique de ce document. 194

Les Patois protégés par la Constituante et l'Empire. 203

Auteurs patois qui écrivirent bien dans la langue nationale. 204

Ligue scientifique protectrice des Patois. 208

Commencée par M. de Maurepas. 209

Académie centrale à fonder dans ce but. xix, 213

Prix accordés de nos jours aux poètes patois. 104

Difficultés et dégoûts de l'étude isolée des Patois. 215

Bibliographie des Patois de la France, de la Belgique-Wallonne et de la Suisse-Romande. 217 à 335

FIN DE LA TABLE.

BOURGES, IMP. DE P. A. MANCERON.

BIBLIOGRAPHIE BASQUE

HOMMAGE

A SON ALTESSE

LE PRINCE LOUIS-LUCIEN BONAPARTE

SÉNATEUR

—

Février 1858

P. D. G.

1

EUSCARA LIBRUTEGUIA

ou

ESQUISSE BIBLIOGRAPHIQUE GÉNÉRALE

DES PHONOPOLISMES BASQUES.

Le basque a partagé avec le celtique le privilége
de faire dire, à son sujet, d'innombrables extrava-
gances.

J.-J. Ampère.

XVIᵉ SIÈCLE.

*N. B. On remarquera qu'aucun monument écrit, en cette langue ou sur cette
langue, antérieure au sanscrit ou à l'hébreu, n'existe antérieurement à
ce siècle.*

* Maurus (Joannes): Constantianus, *Traductio vocabu-
lorum de partibus Ædium in linguam gallicam et vasconicam*

⸪ Dans cette Bibliographie phonopolite, faite dès 1834, nous nous bornons : 1º à
ajouter un astérique à tous les ouvrages inconnus ou mal indiqués dans la bibliographie de M. Michel (Fr.), si pauvre d'ailleurs pour la partie espagnole, qu'il n'a
pas trouvée dans ses nombreux prédécesseurs, ce qui aurait dû le rendre moins
sévère pour eux et entre autres pour notre condisciple M. d'Abbadie (p. LXII), à
qui du reste il devait tant d'excellentes citations, ainsi qu'à tant d'autres
(v. p. LXXV et seq.) 1847 ; 2º à la citation des ouvrages que nous avons vus : aussi
ne parlons-nous nullement des ouvrages de Schloeser (*Histoire universelle du
Nord*), don Pedro Salazar de Mendoza, Rodrigo Mendez Silba, Fraile Alonzo Ve-
nero, Fraile Miquel de Alonsotegui, Estevan de Garibay, Velazquez, Covarruvias,
Dʳ Wallis, Millin, Dʳ Ware, Henau (liv. i), Bourgoing (p. 133), Manuel (Vocabulaire
basque-français), Mardo, poète basque de la Soule (XVIIᵉ siècle), Jh. Scaliger
(Opuscula 119-125). Jules Scaliger, Viardot, Ch. Nodier, Larramendi (nouvelle
édition), Terreros (*Paléografia Española*): Juan Iniguez de Ibarguen (Chant

ex Francisco Mario Grapaldo, in-18. Mons Albani in ædibus Johannis Gilberti, bibliopole. s. d. (Duverdier en parle dès 1586 et la dédicace porte : Aginni X Kalendas Martias quingenta (1500).) Rarissime.

* LUCIO MARINEO SICULO : *Cosas illustres y excellentes de España*, in-fol. Alcala de Henares 1539, fol. xxix et seq. *(Qual fué antiguamente la lengua española* ; 38 mots et 19 noms de nombres, avec l'équivalent espagnol).

* RABELAIS (Maître François) : *La vie inestimable du grand Gargantua, père de Pantagruel, jadis composée par l'abstracteur de quintessence. Livre plein de pantagruelisme*, in-8, Lyon 1535, (livre i, ch. v, et livre ii, ch. viii. Comment Pantagruel trouva Panurge, lequel il ayma toute sa vie).

Ce qu'il y a de remarquable dans l'histoire chronologique de la bibliographie basque, c'est que la première édition de l'admirable ouvrage du curé de Meudon ne contient point ces passages basques. Pourquoi? Parce qu'avant d'arriver à l'école de Montpellier, il ignorait fort probablement l'existence de ces phonopolismes. Mais lorsque, par sa nouvelle position de professeur à l'École de médecine de Montpellier, il eut été journellement en contact avec les étudiants de cette célèbre école venus des pays basques, il dut naturellement être frappé de leurs idiomes; et comme alors les étudiants de tous les pays avaient l'habitude de se parquer, de s'isoler par nations, la nation basque dut lui inspirer la plus vive curiosité scientifique, et dès lors il dut aussi se mettre à étudier ces idiomes.

Un fait non moins remarquable encore, c'est que ces mêmes passages diffèrent pour ainsi dire dans chacune des éditions subséquentes qui les contiennent, probablement parce que les différents éditeurs auront voulu rajeunir l'archaïsme basque du professeur de Montpellier; et c'est ainsi que, de correction en correction, pas une édition n'offre un texte identique et intelligible pour nous, et de là les mauvaises restitutions si malhabilement et si souvent proposées.

de la Bataille de Beotivar, le 19 septembre 1321, et deux pièces en prétendu basque de 574 et 748), El P. Fr. Gregorio de Argaiz (*Contra la Antiguedad del Bascuence*); Garcia Fernandez Gachopia; Bopp, Catherinot, Hernan de Illanes (*Dialego de las lenguas*); Beuter, Raphael de Volterra; D. Franc. Xav. de la Huerta; D. Franc. Xav. de Garma; Padre Don Juan Cortes de Osorio, Pedro Alcocer, Pedro de Medina, etc.; 3° j'ai omis enfin les ouvrages manuscrits que nous connaissons, ainsi que ceux indiqués par M. Michel (p. 18 à 27), ainsi qu'un grand nombre de ceux qui ne parlent que transitoirement et légèrement de l'objet de ces recherches.

Ce chapitre atteste aussi l'érudition inouïe du savant professeur polyglotte, qui peut réclamer à bon droit l'honneur d'avoir été le troisieme à donner la vie typographique à l'idiome pyrénéen , et , grâce à cette même innovation , il fait parler quatorze langues différentes à ses personnages.

Rabelais écrivit-il bien ou mal ce nouvel idiome? Il dut naturellement l'orthographier phonétiquement, de la manière dont les syllabes frappaient son attention et avec son exactitude habituelle, et cependant aucun de ses éditeurs ne le comprit. L'érudition profonde, réelle et si variée du professeur de Montpellier, ne permet pas de supposer qu'il ne comprenait nullement ce qu'il écrivait de son libre choix, et il est tout naturellement arrivé pour le basque de Rabelais ce qu'il advint au phénicien de Plaute, qui, d'après Iztueta, Bartholomé de Santander, etc., n'était également que du basque, comme il n'était que du breton pour Lebrigant, de l'écossais pour le colonel Valencey, etc. ; c'est-à-dire que chacun employa son propre idiome pour reconstituer et traduire le passage devenu inintelligible , par suite des altérations que le temps imprime aux langues. Dans ces deux cas, les expérimentateurs aveugles furent aussi nombreux que divers et malheureux, sans même en excepter le pseudonyme Lor. Urherdigarria (voisin dont il faut se garer). Somme toute, j'aime donc mieux croire que l'érudit Rabelais, comme Plaute, se servait d'un idiome qu'il connaissait, que le basque de Rabelais est mort, ou mieux s'est métamorphosé comme le punique du comique romain, et que nous cherchons vainement à ressusciter l'un et l'autre.

DECHEPARE (1) (D^{us}. Bernardus): Rector sancti Michaelis veteris. *Linguæ Vasconum Primitiæ*, etc., petit in-4, Bourdeaux, François Morpain 1545, feuillets 28 (Bibliothèque impériale, fonds de réserve). Rarissime. (V. Mém. de l'Académie de Bordeaux 1847, p. 77-158.)

* Kalendara Basco , petit in-8, La Rochelle, P. Haultain, 1571.

POÇA (Andrés de) : Natural de la Ciudad de Orduña, y avogado en el muy noble y mui leal Señorio de Viscaya, dirigido à don Diego de Avendaño y Gamboa , señor de las Casas de Urquiça y Olasso y de la villa de Villareal y sus valles, y Balestero mayor del Rey nuestro señor, etc. *De la antigua lengua, poblaciones y comarcas de las Españas en que de paso se tocan algunas cosas de la Cantabria,*

(1) J'ignore pourquoi M. Michel écrit d'*Etchepare.*

compuesto por el licenciado, etc. Con privilegio real, impresso en Bilbao por Mathias Mares, primer impressor de Vizcaya ; in-4 espagnol, año de 1587, pp. IV-70 (40 fr. La Serna Satander et Charles Nodier (1844).

* GALZA (don Francisco) : *De Cataloniâ*, in-18, Barci-nonæ 1588.

* Trésor des Langues française, espagnole et basque. in-8 oblong, s. d. ni nom de lieu.

LEIÇARRAGUE (Jean de) de Briscous : *Jésus-Christ gure jaunaren Testamentu Berria*, in-8, Rochellan, Pierre Haul-tain 1591. (Ouvrage rarissime, fait par ordre de Jeanne d'Albret, reine de Navarre, dans lequel on trouve un petit glossaire comparatif.) — Lambert, 50 fr. — Lava-lière, 37 fr.

* VULCANIUS (Bonavent.) de Bruges : *De Litteris et Lingua Getarum sive Gothorum, item de Notis Lombardicis, qui-bus accesserunt specimina variarum linguarum.* in-8. Lugduni Batavorum 1597, pp. 89 à 96 (Vocabulaire basque).

—

XVIIᵉ SIÈCLE.

* ALDERETE (Bernardo) : Del origen y principio de la Lengua Castellana o Romance que oi se usa en España. in-4, Rome 1606 ; in-fol., Madrid 1682.

ETCHAVE (Balthazar de) : natural de la villa de Çumaya, en la provincia de Guypuzcoa, y vecino de Mexico. *Dis-cursos de la antiguedad de la Lengua cantabra Bascongada, compuestos por,* etc. Introducese la misma lengua, en for-ma una Matrona venerable y anciana que se quexa de que siendo ella la primera que se habla en España, y general en todo ella, la ayan olvidado sus naturales, y admitido otras estrangeras. Habla con las Provincias de Guypuzcoa y Vizcaya, que le han sido fieles, y algunas vezes con la misma España. Con licencia y privilegio, in-4, Mexico, en la imprenta de Henrico Martinez, año de 1607, pp. xii-84.

* MARIANA (el P. Juan de) : Historia general de España, in-folio, Madrid 1608 (libro 1º, capitulo v, p. 9 et seq.)

* MAYENNE-TURQUET (Louis) : *Histoire du Royaume de Navarre*, 2 vol. in-folio, Pau 1608-1635.

FIGUEROA (el illustrissimo don Antonio Venegas de) : Obispo de Pamplona : *Relacion de las fiestas que*, etc., *hizo el dia del Santissimo Sacramento y por todo su octavario, este año de* 1609, *con las poesias que fueron premiadas, conforme à los certamenes...* , petit in-8, Pamplona 1609 en casa de la viuda de Mathias Mares, impressora del Reyno de Navarre, ff. 92.

LANCRE (Pierre de) : *Tableau de l'inconstance des mauvais anges et démons*, etc., in-4, Paris, Nicolas Buon 1612 (liv. i, p. 30 et seq.)

VOLTOIRE : *l'Interprect ou Traduction du François, Espagnol et Basque*, etc., in-8, Lyon. (1615) format oblong à trois colonnes, (pp. vi-280.)

MATERRE (le R. P. Fr. Etienne), cordelier : *Doctrina cristiana*, in-12, Bayonan 1616.

Le même : *Catechisme*, in-12, Bourdeaux, Pierre de la Court, 1617.

BERIAIN (don Juan de) : Doctrine chrétienne, en Castillan d'abord, puis en Basque, in-12, Pamplona 1626, pp. 83.

ETCHEBERRI (Juan), docteur en théologie : *Manual devocionezcoa, edo ezperen, oren oro escuetan erabilltçeco liburutchoa. Escarazco rersutan eguiña, eta guztia bi partetan berecia.* In-f., Bordelen, Guillen Millanges, 1627, (pp. 138, première partie.)

Le même : *Bigarren liburüa guiristinoac erran behar lituzquen othoitcez,* ...., in-8, Bordelen 1627, deuxième partie, (pp. 208.) — Nouvelle édition en 1669, chez le même imprimeur.

Le même : *Noelac eta berce canta espiritual berriac,* in-12, Bordeaux 1630, pp. 250.

ARAMBURU (Fr.-Jean d') : *Devocino escuarra Mirailla eta oracinoteguia*, in-12, Bordeaux 1635.

ETCHEBERRI (Juan): *Eliçara erabillieco Liburua*, etc., in-18, Bordelen, Guillen Milanges Erzegueren, imprimateçaillea bathan, 1636, pp. 542.

OIHENARTO (Arnaldo), Mauleosolensi : *Notitia utriusque Vasconiae, tum Ibericae tum Aquitanicae ... authore*, etc., in-4, Parisiis, sumptibus Sebastiani Cramoisy 1638. cap. VI p. 35-XII p. 37-XIII p. 44-XIIII p. 57.)

Exposition assez claire et précise de la constitution grammaticale de sa langue maternelle (liv. I, cap. XI.)

MARCA (de) : *Histoire de Béarn*, in-folio, Paris 1640, (pp. 130, 152 et 361.)

DARGUINARATS (Pierre), prêtre et prédicateur ordinaire de Ciboure : *Aphez eta Ciburneo predicari ordinarioae, egumec arisu eta exortacionea probetchosac bekhatorcareniçal, nola artha principalena scharduen bere arimoz, eta ez bere gorputçaz contricioncaren eguiteco, eta manamendua gaifican conscienciaren examinaiceco arteareguien,* in-24, très-étroit, Bordelen G. Milanges Erreguerea imprimateçaillea baitan 1641, pp. 372 (sermons en douze chapitres).

AXULAR (Pierre), curé de Sarre : *Gueroco guero, edo gueroco luçamendutan ibiltceac, eta arimaren eguitecoac*

*guerocotz uzteac cembat calte eguiten duen. Escritura
Saindutic, Eliçaço doctor-etaric, eta liburu devocione-
zcoetaric Axular, Saraco Erretorac, vildua, eta arguitara
emana. Bigarren edicionea corrigetua, eta emendatua.*
Petit in-8. Bordelen, eguina G. Milanges, Erregueren
imprimatçaillea, baithan 1642 (pp. 623-8.)

GARCIA ORDOÑEX DE LLORIS (Vicente) : *Thesora hirour
linguietaqua Francho, Española eta Hasquara*, in-8,
Bayonan 1642.

M. Michel regarde ce volume comme étant le *premier Dictionnaire
basque connu.*

ARGOTE Y DE MOLINA (Gonzalo de) : *Discurso hecho
por*, etc., *sobre la poesia castellana contenida en este libro*
(del conde de Lucanor), édition de 1642 (folio 227.)

* GALLAND (A.): *Histoire de Navarre*, in-folio, Paris
1648.

* BREREWOOD (Ed.): Recherches curieuses sur la diversité des langues et religions en toutes les principales
parties du monde, in-8, Saumur et Paris 1663.

* CAPANAGA (el Licenciado), Presbitero de Manaria :
Catecismo de Ripalda, in-8, 1657.

* Catecismo de Villa-Franca, petit in-8 espagnol, 1657.

* PREVOST (J.) : *Catalogue des plantes qui croissent en
Béarn, Navarre et Bigorre, ès côtes de la mer de Biscaye*,
in-8, Paris 1665.

OIHENART (Arnauld d'), historien, né à Mauléon, petite
ville de l'Armagnac, reçu avocat au parlement de Navarre : les *Proverbes basques recueillis par le sieur*, etc.; plus
les *Poésies basques du même auteur*, en deux parties, in-8,
Paris 1657 . — Première partie : *Atsotisac edo refranac*
(Adages basques), pp. 537, et Proverbes, 94 pages (1). —

_____

(1) C'est précisément dans ce siècle que la théologie se substitua à la philologie
et trancha des questions dont elle ne devait même pas s'occuper. En effet, le cha-

Deuxième partie : *Oten Ga taroa nevrthizetan* (la Jeunesse
d'O, en vers basques), contient quinze petites pièces ou
chansons, un poëme un peu plus étendu et trois cantiques ou poésies religieuses. La préface, en deux pages,
donne quelques règles générales sur la versification
basque, et le petit vocabulaire qui termine le volume
(pp. 68-75) offre l'explication de 117 mots qui ne se
trouvent que dans l'un ou l'autre des six dialectes que
l'auteur reconnaît dans cet idiome (ceux du Labour occidental, de la Basse-Navarre, de la Soule, de la Soule
méridionale et de la Haute-Navarre).

M. Michel donna une nouvelle édition de ces poésies, aux frais de
deux amateurs, sous ce titre : *Proverbes basques, recueillis par Arnaud*
(sic) *Oihenart, suivis des poésies basques du même auteur. Seconde édition revue, corrigée, augmentée* (sic) *d'une traduction française des
poésies et d'un appendice, et précédée d'une introduction* (sic) *bibliographique,* in-8, Bordeaux, 1847, mais ne comprenant pas le supplément
que possède la Bibliothèque impériale.

POUVREAU. (Sylvain), prêtre du diocèse de Bourges :
*Guiristinoaren Dotrina, Eminentissimo Jaun cardina
duke de Richelieuc eguina,* etc., in-8, Parisen, chez Jean
Roger, 1656 (p. VIII-307, et cinq pages non chiffrées à
la fin.)

Le même : Jesusen Imitacionea, Grammaire basque et
française, avec quelques dialogues familiers pour le
commerce des deux langues et de plus un dictionnaire
basque, français, espagnol et latin (Bibliothèque impériale, 7700-4, olim Colbertinus) petit in-folio Mss. sur

pitre métropolitain de Pampelune se réunit alors pour les résoudre, et leur solution sacrée fut consignée dans le registre de ses délibérations. La première
question posée fut celle-ci : La langue basque est-elle la langue primitive ? Malgré
la fermeté de leurs convictions, les docteurs de ce sacré Collége n'osèrent point se
prononcer pour l'affirmative. Ils passèrent ensuite à celle-ci : La langue basque est-
elle la seule qu'Adam et Eve parlassent dans le paradis terrestre ? Le chapitre
déclara, et à l'unanimité, qu'il n'existait absolument aucun doute dans les esprits
sur ce point, et déclara en outre qu'il était impossible d'élever à ce sujet aucune
contestation sérieuse : de nombreux Pampelunistes furent bientôt de leur avis,
tant l'homme aime le merveilleux !

papier, écriture du xviie siècle. Ce vocabulaire commence à l'article ÇAFARDA, mais il est completé par un autre manuscrit du même établissement.

Le même : San Frances de Sales, Genevaco ipizpicauaren, Philothea, eta chapeletaren Andrédena Mariaren ohoretan Devocionerequin erraiteco Antcea, in-8, Parisen 1664, pp. xiv-557, et deux pour les approbations civiles et religieuses,

Le même : le Combat spirituel, traduit de l'italien du R. P. Lorenzo Scupoli, par Sylvain Pouvreau, sous ce titre : *Gudu espirituala il Lorenzo Scupoli. Sylvain Pouvreau apezac escaras emana*, etc., in-12, Parisen 1665; in-12, Toulouse 1750; in-4, Bayonne 1827.

Honores funebres que hizo el real consexo de Navarra à la piadosa memoria del Rey N. S. Philippo IV el Grande, etc., in-4, Pamplona 1666, pp. 51 et seq. (quarante vers).

Eliçan erabilceco liburia, in-24, Pau 1667.

ETCHEBERRI (Jean) : *Manual devotionezcoa, edo ezperen, oren oro escuetan errabilltçeco liburutchoa. Ezcarazco versutan eguiña, eta guztia bi partelan berecia*, in-8, Bordelen J. Mongiron Millanges, 1669. Première partie.

Bi-garren liburüa guiristonac erran behar litusquen othoicez, etc., in-8, Bordelen, Mongiron Millanges, 1669. Deuxième partie (1).

DETCHEVERRY ou DORREC (Pierre) : *Liburu hau da ixasoco nabigacionecoa Martin de Hoyarzabalec egiña francezes. Eta Pierres Detchaverry, edo Dorrec, escararat emana, eta cerbait guehiago abançatuba*, in-8, Bayonan, Duhart-Fauvet, imprimerian Carmesseteco aldean, 1677, pp. 164, plus deux feuillets non chiffrés. (Traduction du

(1) Ici devrait figurer ensuite l'ouvrage de don Jh. Pellicer (in-4, Valencia, año de 1672), qui ne dit pas un mot des phonopoïismes basques, quoique M. F. Michel l'ait mis dans sa Bibliothèque basque.

Voyage Français, publié à Bordeaux en 1633 et fort rare.)

POISSON · *Le Poëte basque,* comédie, in-12, Paris, Jean Ribon , 1679.

Le passage basque, de la scène quatrième, a été réimprimé à deux exemplaires, sur papier vert, par le savant phonopoliphile Burgaux Desmarets : l'un pour lui et l'autre pour Son Altesse le prince Louis-Lucien Bonaparte, le seul qui sache parfaitement toutes les langues et tous les phonopolismes de l'Europe (1856).

* LUDEKENIUS (Th.). *Orationis Dominicæ versiones præter authenticam ferè centum, singulae genuinis linguae suae characteribus,* in-4, Berlin 1680.

MORET (el padre Jose de). *Annales del Reyno de Navarra,* in-fol., Pamplona 1684. (Capitulo primero.)

Thresor des trois lengues francèse, espagnol et basque, livre très util et nécessaire pour ceux qui désirent avoir l'intelligence des susdites lengues, in-8 oblong, Bayonne, chez Antoine Fauvet, imprimeur de Monseigneur l'Évesque et de la ville, 1684, avec permission et privilége, pp. 104, sur trois colonnes jusqu'à la page 101.

* ARAMBILLAGA (d'), prêtre à Ciboure, dans le Labourdan : Jesu Christoren Imitacionea apheçac escaraz emana. Hiru garren liburua. Petit in-8, Bayonan, Antonio Fauvet, Erregueren, Iphispicuaren, eta Hirico imprimatçaillea baithan eguiña 1684, pp. vii-234, quatre feuillets pour la table et quatre grandes gravures sur bois. — Autre édition en 1720.

* BELAPEYRE (Athanase de) : Catechima laburra eta Jesus-Christ, Goure Gineo Jaunaren eçagutcia, salvatu içateco, etc., petit in-4, Pauvem, Jérôme Dupoux, 1696, pp. 310. — Un autre Catéchisme semblable avait été imprimé dix ans auparavant.

* GASTELUÇAR (le P. Bernard de), de la Compagnie de Jés s : Eguia Catholicac, Salvamendu eternabaren egui-

teco necessario direnac : Aita B., etc., in-12, Pau, Jean
Desbaretz, 1686 (voy. Larramendi, Prolégomènes du
Dictionnaire, p. xxxv), pp. 479.

* Haramburu (le P. Jean) : Devocino escara Mirailla eta
oracinoteguia, in-18, Bordeaux 1635 — 2ᵉ édition, in-18,
1690 (pp. 500.)

* Thomassin (le P. L.), prêtre de l'Oratoire : la Méthode d'étudier et d'enseigner chrestiennement et utile-
ment la grammaire ou les langues par rapport à l'Ecriture sainte, en les réduisant toutes à l'hébreu, 2 vol.
in-8, Paris 1690 (liv. i, cap. cvi. — Liv. ii, cap. vii à ix ;
xi à xiv. T. i, p. 482. — T. ii, p. 493 et seqq.)

XVIIIᵉ SIÈCLE.

* Maytie (Jacques de) : Catechima Oloroeco Diocesaren
cerbuchuco, in-8, Pau, chez Jérôme Dupoux, imprimeur,
1706 (traduction basque de Zuberoa).

* Chamberlayne : *Oratio Dominica in diversas omnium
ferè gentium plus centum linguis versionibus aut characteribus reddita et expressa*, in-folio, Londini 1700 ; in-4,
Londini, 1707 ; — in-4, Amstelodami 1715, pp. 43
et seq.

* Catichima, edo fediaren eta guiristino - eguien
explicacione laburra. Luis Maria de Suarez d'Aulan,
aquireco Jaun aphezpika ossoqui illustre eta Ohorregar-
riaren manuz imprimatia choila haren diocesa gucian
eracaxia içaiteco. Aquicen G. Roger Leclercq (1740),
pp. 164 ; — in-8, Bayonne, Michel Cluzeau, 1815, pp. 174.

Chourio (Miguel), curé de St-Jean-de-Luz : *Jesus-
Christoren Imitacionea*, etc., in-8, Bordelen (Bayonan)

1720, pp. 11-246, et six feuilles de table; — in-18, Bayonan 1769, pp. xxiv-377, et sept feuilles de table; — in-12, Bayonne 1825, — in-18, Tolosa 1850.

M. D. L. (le R. P. Manuel de Larramendi, de la Compagnie de Jésus) : *De la antiguedad y universalidad del Bascuenze en España : de sus perfecciones y ventajas sobre otras muchas Lenguas. Demostracion previa al arte que se dará a luz desta Lengua*, petit in–8 espagnol, en Salamanca, par Eugenio Garcia de Honorato, año de 1728.

C'est le premier ouvrage d'un savant Pampeluniste, dans le genre de Rudbeck, de Hardouin, de Lebrigant, de Bacon-Tacon, etc., qui mit également la plus vaste érudition au service d'un paradoxe.

Cet ouvrage vient d'être réimprimé dans la même ville, petit in–8, pp. iv–180.

LARRAMENDI (el P. Manuel de) : *El impossible vencido : Arte de la Lengua bascongada*, petit in–8 espagnol : en Salamanca, par Ant.-J. Villagordo Alcaraz, año de 1729, (pp. xviii-404, et les armes du Guipuzcoa (1), 6 à 10 f. Anquetil : -- 12. Caillau : 18.)

VIEUXVILLE (Pierre de la), évêque de Bayonne : *Guiristinoen Doctrina laburra, haur gaztei irakhasteco*, etc., in–8, Bayonan 1731, pp. 128 ; — dans la même ville en 1760; — in-12, Bayonne 1788, pp. 112, — in-12, Bayonne 1814, 1823, 1832, etc., etc.

Le même : *Bayonaco diocesaco bi-garren Catichima, lehenbicico communionea eguitera preparatcen diren Haurençat*, in–12, Bayonan, Paul Fauvet, 1733, pp. 466.

* ELIZALDE (Fr. de), jésuite : *Apecendaco doctrina cristiana uscaraz*, in-18, Pampelune 1735.

(1) C'est encore évidemment par erreur que M. F. Michel affirme qu'il est plus que douteux qu'un contemporain du savant jésuite ait composé une autre grammaire, et qu'elle ait été même publiée, puisqu'il dit lui-même, et positivement, dans une note : « La grammaire du P. Oyanguren se trouvait dans la bibliothèque de M. Klaproth, sous le n° 676 de son catalogue; or, ce numéro n'a absolument rien de commun avec une grammaire basque ! »

* MAYENS Y SISCAR (Gregorio) : *Origenes de la lengua española, compuestas por varios autores recogidas por*, etc., 2 vol. in-12, Madrid 1737.

* *Orationis Dominicæ versiones ferè centum. . . genuinis cujuslibet linguæ characteribus*, typis vel aere expressæ, in-8, Lipsiæ 1740.

LARRAMENDI (el P. Manuel de) : *Exercicio spirituala : Bere salbamendua eguiteco desira duten Guiristiñoençat lagunça handitacoa ; Bigarrena edicionea*, etc., in-8, Bayonan, Paul Fauvet (1742), pp. vii-371 ; — in-18, Bayonan 1755, 1810, 1814, 1823, 1825, 1829, 1838, in-18, in-24 et in-32.

SUAREZ D'AULAN (Louis-Marie`, évêque de Dax : *Catichima edo fediaren eta guiristino-eguien explicacione laburra*, etc., in-8, Dax 1741 (pp. 164).

HARRIET (M. M.) , notari erreialac : *Grammatica escuaraz eta francesez, composatua francez hitzcunça ikhasi nahi dutenen faboretan*, in-8, Bayonan, Fauvet alarguna eta J. Fauvet. Erregueren imprimadoriac baitan 1741, pp. 508, plus 4 pages de table et d'*Errata*. Rarissime.

* OLAECHEA (don Bartolomé de), aumonier de l'hôpital de Bilbao : Cristauben Doctriñia, in-8, Bayonan 1742.

ASTETE (G.) : Doctrina cristiana, en bascuence, in-18, Iruñean 1742.

LARRAMENDI (el P. Manuel de) : *Diccionario trilingue del Castellano, bascuence y latin, dedicado à la muy noble y muy leal provincia de Guipuzcoa*, 2 vol. in-folio, en San Sébastian, 1745 (bibliographie considérable).

* MENDIBURU (le P. Sébastien de), de la Compagnie de Jésus : Jesusen biotz Maitearen Devocioa, in-8, Pampelune 1747.

Introduction à la vie dévote, traduite par un prêtre

du diocèse de Bayonne, in-18, Bayonne 1748, pp. 564 (d'Abbadie).

* SCHULTZE (Benjamin): *le Maître de langues orientales et occidentales*, etc., 2 vol. in-8, Leipzig (en allemand). L'Oraison dominicale en 200 langues.

* HARANEDER (M. Joannes de) : Philotea, edo devocioneraco bide erakuşçaillea, S. Franses Salescoac, Genevaco aphezpicu eta princeac, Visitacioneco ordenaren fundatçailleac, eguina, etc., in-12, Tolosa, J.-Fr. Robert, 1749.

N. J. D. (Joannes Haraneder, Doctor), curé de St-Jean-de-Luz : *Gudu izpirituala, apezac escaras emana* (traduction du Combat spirituel de Scupoli), etc., petit in-12, Tolosa, chez Robert, 1750, pp. 355.

On lit, dans l'approbation, que la traduction de Sylvain Pouvreau (1665) était déjà inintelligible à cette époque. — Réimprimée in-24, Bayonne, L. M. Cluzeau, 1827, pp. XI-372.

* Urthe sainduco jubilaneco Othoitzac, Bayonaco Gure Jaun aphezpicuaz ordenatuac, in-12, Bayonan 1751, pp. 44.

Trésor des trois langues, française, espagnole et basque, livre très-utile et nécessaire pour ceux qui désirent en avoir l'intelligence, avec un mémoire en espagnol et en français, composé de toutes sortes de mots très-curieux et nécessaires à savoir, aux studieux et amateurs des susdites langues, in-8 oblong, Bayonne, chez Paul Fauvet, imprimeur du roi, de monseigneur l'évêque et de la ville, sans date (1754?), réimprimé en 1684 et 1706.

* BULLET (dom) : *Mémoires sur la langue celtique*, 3 vol. in-folio, Besançon 1754-60.

« D'après un passage (t. I, p. 49), on voit, dit M. F. Michel, que les mots basques doivent se trouver en grand nombre dans l'ouvrage de dom Bullet (p. LXXII). » S'il avait ouvert ce beau travail, il se serait bientôt aperçu que ce Dictionnaire était le seul qui commençât par le basque et qu'il n'était, à la lettre, que la contre-partie de celui de Larramendi.

Jesu-Kristen Imitacionia çuberouaco uscarala, Herri beraurtaco apheç batec, bere Jaun apheçuapiaren baimentouareki utçulia, in-12, Pauben, G. Dugué, eta J. Desbaratz, etc., 1757, pp. xxii-405, plus le titre et cinq feuillets de table. — Montbelliard, Decker, 1828.

Eucologia ttipia, edo eliçaco liburua, Bayonaco diocesacotz, ceiñetan baitdire breviario eta missel berrien arabera cantatcen diren gueiac ..., etc., in-12, Parisen 1758. — 1817-1831.

* Catéchisme en langue basque, in-12, Bayonne 1779, 6 f., — 1809.

* MARCHAND (Prosper) : Dictionnaire historique, ou Mémoires critiques et littéraires, concernant la vie et les ouvrages de divers personnages distingués, particulièrement dans la république des lettres, 2 vol. in-fol., la Haye, 1759 (t. ii, p. 15, article : Jean de Leiçarrague).

FRANCISTEGUIC (M.-G.) : *Jesusen bihotz sacratuaren aldareco Devocionea, meça sainduco exercicio izpiritual batequin*, etc., in-8, Toulouse, pp. viiij 160, 1759, 1831 et 1850. — Nouvelle édition in-24, Bayonnan, Cluzeau, S. D. 10 feuilles et 7 12.

MENDIBURU (A.-Sébastien), de la Compagnie de Jésus : *Jesusen amore-nequeci dagozten, cembait otoitz gai, Jesusen compañiaco*, etc. 11 vol. in-12, Pamplona 1760. — Une édition en 3 vol. in-4 parut en même temps.

PEROCHEGUI (el coronel don Juan de), Teniente provincial de artilleria, y commandante de la de este regno de Navarra : *Origen de la nacion bascongada y de su lengua, de que han dimanado las Monarquias Española, y Francesa, y la Republica de Venecia, que existen al presente*. Petit in-8, en Pamplona, en la imprenta de los Herederos de Martinez, año de 1760, (pp. xiv-105.) — 17 fr. 50 c. chez Kilaproth, et 30 fr. 50 c. en 1837. (V. de Humboldt.)

2

CARDAVERAZ (el P. Augustin), de la Compagnie de Jésus : *Aita san Ingnacioren Egercicioen gañean afectoac, beren egemplo, eta doctrinaquin : edo Egercicioen* 11 *en partea : Jaincoaren ministro celosoai,* etc. Petit in-8, Irunean 1761, pp. 392 et 2 feuillets de table ou d'*Errata.* — Pampelune 1765, pp. 120. — Nouvelle édition in-12, en 1765, à Pampelune, pp. 120. — In-8, Tolosa 1824. pp. 284, et une feuille pour la table.

Le même : *Retorica vascongada,* petit in-8, en Pamplona, par Castilla, 1761.

Cantica izpiritualac, in-8, Bayonan 1763 et in-12 1775, pp. 7; in-12 Bayonan 1815, pp. 80 ; in-24, Saint-Esprit 1817; petit in-8, *ibid* 1829; petit in-8, Pau 1824-1825; in-18, Bayonne 1826, pp. 56, 1829 (d'Abbadie).

MORET el P. D. Jose de) : *Investigaciones historicas de las antiguedades del reyno de Navarra,* in-fol., Pamplona año de 1766 (lib. I, cap. V, p. 96 à 117).

Le même : *Congresiones apologeticas sobre la verdad de las investigaciones,* etc, in-fol., Pamplona 1766. (De la poblacion y lengua primitiva de España. Congression XVI, pp. 36.)

CARDAVERAZ (el P. Augustin) : *Senar emazte sanctuac. S. Isidro achurlari, tabere emazte santa Mariaren Bicitza, virtuteac eta milagroac,* in-8 espagnol, Iruñean 1766.

* LEIBNIZ (G. G.) : *Opera omnia. Edente Dutens,* 6 vol. in-4, Genevæ 1768 (collecta etymologica, t. VI, p. 217-220, etc.)

* *Jesus Cristoren imitacionea,* in-12, Bayonan 1769.

* MACPHERSON (James) : *An introduction to the history of Great Britain,* in-4, London 1771, (p. 76 à 86.)

* LARIZ (Fr. X, de) : Vocabulario bascuence (Bibliothèque impériale de Vienne).

Le même : Doctrina cristianea, in-8 espagnol, Bilbao 1775.

Le même (basque et espagnol) : in-8 Madrid 1773 (d'Abbadie).

LARREGUY (B.), curé de Bassussary : *Testamen Çaharreco eta Berrico Historia, M. de Royaumontec egun içan duenetic berriro escararat itçulia...... Lehenbicico liburua. Testament Çaharra*, in-8, Bayonan 1775, pp. XII-377, et 3 pour la table.

Le même publia le t. II de sa traduction, avec le même titre, dont la fin seulement porte : Bi-garren liburua : Testamen Berria, cembeit Sainduen Bicitcarequin, in-8, Bayonan 1777, pp. 454; plus, 2 feuillets de titre et préliminaires, et 3 de table.

* SABLIER : Essai sur les langues en général, etc., in-8, Paris, 1777, (p. 49, 92 et 96.)

Jesu Christo gure jaunaren Passioa, euzcarazco versoetan Jesusaren beraren biotz maitatzuari, biotzarequin batora ofrendatzen acoi, Aita san Ignacio Loyolacoaaren seine, in-32, Bilbao 1777, pp. 27, gravure sur bois au verso du frontispice.

* Andredena Mariaren Imitacionea, Jesus Christoren Imitacionearen gañean moldatua. Bayonaco diocezaco Jaun aphez batec francessetic, escuararat itçulia, grand in-12, Bayonan 1778. pp. XXXVI-305.

* Sur les miracles de la Vierge d'Aranzazu, en Guypuzcoa. Soixante quatre quatrains en vers de huit ou de sept syllabes (traduction d'un livre espagnol, par un prêtre du Labourd)....., 1778 (ouvrage perdu).

* Errosario edo Corea Santua, petit in-8, Bilbao 1780.

* ALPHONSA RODRIGUEZ, Jesusen compagnhaco aitaren, guiristhinho perfeccioniaren praticaren ppartebat, heuzcarala itçulia, heuscara becco eztakitenen daco, in-12, Avignhonen, Antonio Aubanel, 1772, — pp. 466.

Baratziart (André), prêtre : Guiristinoki biciceco eta hilceco moldea, in-8, Bayonan 1784, pp. 272.

* Masdeu (l'abbé D. Juan Francisco de) : Historia critica de España y de la cultura española en todo genere, escrita en italiano por, etc., y traducida al idiome español por N. N.; 2 tomes en 1 vol. petit in-4, Madrid 1784.

* Hervas (l'abbate D. Lorenzo) : Catalogo delle lingue conosciute e notizia delle loro affinita e diversita, in-4, espagnol Cesena, per Gregorio Biasini 1784 (capitolo iv, § 330 à 456.)

Ubillosco (Frayle Jn.-Ant.) : Christau doctriñ berri-ecarlea christañari dagozcan eguia sinis-beharren-berria dacarrena. Jaun Claudio Fleuri, abadeac arguitara atera zuanetic Bi parte etc., edo zatitan berecia, ta erdiratua. Lendavicico zatiac dacar, Jaincoaren legue zarrean, ta berian guertaturicaco gauzen berri laburra : Bigarrenac, Christavac jaquin, ta sinistu behardituan, eguien eracustea, ta icas-videa. Petit in-8 espagnol. Tolosa 1785, pp. 224 et trois feuilles de table ou d'*Errata.*

* Bastide (Mathieu Chiniac de la) : Dissertation et notes sur le Basque; in-8, Paris, Monory (1786), t. i, le seul qui ait paru de la traduction de César. Très-rare.

* Pallas : Linguarum totius orbis vocabularia comparativa ; sectionis primæ, linguas Europæ et Asiæ complexæ (pars prior et secunda) ; 2 vol. in-4, Petropolit. 1786-89.

* Guiristinoki biciceco eta hilceco Moldea, etc., in-18, Bayonan 1787, pp. 310. (Par opposition aux grandes Méditations de Duhalde, on nomme celle-ci : les Petites-Méditations.)

* Sermon de l'abbé Saint-Antoine, abbé de D. Miguel : Ignacio de Zavaleta, in-8, Tolosa, chez Lama père, 1786.

CARDAVERAZ (el P. Augustin), de la compagnie de Jésus : Ondo illtcen icusteco, eta ondo illtcen laguntes Egercicioac. Ondo ill nai dutenai, ta ondo illtcen lagundu naduten Jaincoaren Ministroai, Jesus en compañiaco aita Agustin Cardaberazec esqüentcen diztenac, in-8 espagnol, Tolosan 1787, (pp. iv-110.)

* MASDEU (l'abbate Joan. Francesco de) : Storia critica di Spagna e della coltura spagnuola in ogni genere, in-4, Firenza 1787 (t. i, Spagna antiqua, parte prima).

* HERVAS (l'abbate Lorenzo) : Saggio prattico delle lingue, con prolegomeni e una raccolta di Orazioni dominicali in piu trecente lingue, dialetti, etc., in-4, Cesena Biasini 1787.

* TREBOS (Fr.) : Liburu saltçaillea baitan, Apoumaiouco carrican, in-12, Bayonan 1788 (pp. 506) (Voyez : 1720.)

* SANADON (dom) : Essai sur la noblesse des Basques, pour servir d'introduction à l'Histoire générale de ces peuples, rédigé sur les mémoires d'un militaire basque, par un ami de la nation, in-8, Paris 1788.

* REVOL (Jh de), évêque d'Oléron : Catechisma Oloroeco diocesaren cerbutchuco, etc., etc., in-12, Pau, J.-P. Vignancour, 1788, (pp. viii-94.)

Cahier des Vœux et des Instructions des Basques français du Labourt, pour leurs députés aux Etats généraux de la nation, in-folio, Bayonne. Paul Fauvet, 1789 (colonne française et l'autre basque).

* Persecucionezco dembora huntan Christañ leyalec itchiqui behar duten bicimoldea, in-12, sans date ni nom d'imprimeur, pp. 30.

BEAUMONT, Instructionea gazteriarentçat, in-18..... (1793), pp. 24.

* Aisa san Ignacio Loyolacoaren exercicioac beren
consideracioa ta afectoaquin, petit in-8, Tolosan
1790, 13 f.

* (LATOUR D'AUVERGNE-CORRET), Nouvelles recherches
sur la langue, l'origine et les antiquités des Bretons,
in-8, Bayonne 1792 (p. 33 à 36).

XIXᵉ SIÈCLE.

TRAGGIA (don Joaquin) : Diccionario geografico. —
Historia de España, t. II, p. 151, col. 2. — p. 166, col. 1,
art. XIII du mot NAVARRA.

MOGUEL (don Juan, Antonio de), curé de Marquina :
Confesio ta comunioco sacramentua gañean eracusteac,
etc., in-4 espagnol, Pampelona, chez la veuve Ezquerro,
1800.

* HERVAZ (el abate don Lorenzo) : *Catalogo de las len-*
guas de las naciones conocidas, y numeracion, division y
classes des estas segun la diversidad de sus idiomas y dia-
lectos, 4 vol. in-4 espagnol, Madrid, 1800 (t. 1, p. 224 et
seqq.)

* LATOUR D'AUVERGNE-CORRET, premier grenadier de
France : *Origines gauloises, celles des plus anciens peuples*
de l'Europe, puisées dans leur vraie source, etc., in-8,
Hambourg chez Fauche, et à Paris 1801. (De la langue
des Basques regardée comme un dialecte des Celtes,
p. 125 à 132).

MOGUEL (don J. Antonio), curé de Marguina : Nomenclatura de las voces guipuzcoanas sus correspondientes
vizcaynas y castellanas para que se puedan entender
ambos dialectos, in-4, S. L. N. D.

Le même : *Morceaux choisis des Catilinaires*, in-12, Tolosa, chez La Lama, 1802.

Le même . *Cofesina ona*, in-8, Vittoria, 1802 (p. 300 à 400). (Peut-être est-ce une autre édition de l'ouvrage publié deux ans auparavant ?)

Diccionario geographico-historico de España por la real Academia de la Historia, 2 vol. in-4, Madrid 1802, t. i, p. 72, col. 1, — p. 164, col. 2. Six vers du chant sur la bataille de Beotivar, du 19 septembre 1321. — p. 327, col. 1. Distique sur la danse des épées, qu'on retrouve dans le département des Hautes-Alpes. — t. ii, p. 151, col. 2. — p. 166, col. 1, art. xiii. Verbo NAVARRA où se lit l'article de Joaquin Traggia, *del Origen de la lengua vascongada*. — p. 344, une octave du poëme comique du P. Dominique Meagher de Valladolid, sur les propriétés du vin. — p. 385. col. 1. Quatre vers d'une chanson en l'honneur de Domenjon Gonzalez de Andia.

Uscarra Libria, in-12, Vittoria 1802, pp. 196.— In-18, Limoges, S. D., 1824, chez Chapoulard, imprimeur ; six feuilles 2 3, petit in-12, Bayonan 1825 (1).

* AÑIBARRO (le P. Fr.-Pierre-Antoine) : Lora sorta espirituala, in-8, Tolosa, chez D.-Fr. de La Lama, 1803.

Uscara Libru berria, in-12....., 1804, pp. 196. — in-18, Limoges, 6 feuilles 2 3. — in-12, Bayonne, sept feuilles. (Lehen editionia.)

ASTARLOA (don Pablo Pedro de), Presbitero : *Apologia de la lengua bascongada, o ensayo critico filosofico de su perfeccion y antiguedad sobre todas las que se conocen : en respuesta a los reparos propuestos en el Diccionario geografico-historico de España, tomo segundo, palabra Nabarra.* in-4 Espagnol, Madrid 1803. (pp. xxiv-452.)

---

(1) M. F. Michel prétend que ce livre est écrit en vasco-souletin ?

* Jubilan guisa ematen den perdunantça osoaren Crida edo publicacionea, aita saindu Pio, etc., in-12, Bayonan 1805, pp. 77e 1/2.

Sorreguieta (don Thomas de), presbitero : *Semana hispano-bascongada, la unica de la Europa y la mas antigua del orbe, con dos suplementos de otros ciclos, y etymologias bascongadas.* — Primera parte, dedicada a la muy noble y muy leal provincia de Guipuzcoa por su autor, etc., con privilegio real, in-4, en Pamplona, por la viuda y hijo de Longas, año de 1804 (pp. xi-208). Rarissime.

Le même : *Monumentos del Bascuence, o Prosecucion de los precedentes del astea, eguna, illa, urtea y demas.* — Hay Juan Antonio Ubilloscoac Eusquerara itzulia. Segunda parte, dedicada a la muy noble y muy leal provincia de Guipuzcoa, con privilegio real, in-4 espagnol en Pamplona, etc., año de 1804 (pp. 134, et un tableau synoptique). Rarissime.

* Moguel (doña Vicenta Antonia de), y Juan Antonio de Moguel (Satio): Ipui onac, in-8, St-Sébastien 1804.

* *Carta de un Bascongado al Señor D. Tomas de Sorreguieta, advertiendole rarias equivocaciones que ha padecido en su obra,* in-8, Madrid, en la imprenta de Caño 1804.

* Diario de Madrid del 12 mars 1804 (article anonyme contre la *Semana Bascongada :* sous le titre de : *el Español.*)

* Moguel (V. A.): *Ta Euquezabal Ipui onac : ceintzuetan arquituco ditusten euscaldun necazari ta gazte gueiac eracaste ederrac beren vicitza zucentzeco,* in-8, Donostian 1804.

D. J. A. C. (Conde), cura de Montuenga : Censura critica de la pretendida excelencia y antiguedad del Vascuence, petit in-8 espagnol, Madrid, en la imprenta real, año de 1804 (pp. 85.)

ASTARLOA (don Pablo Pedro de) : Reflexiones filosoficas en defensa de la Apologia de la lengua Bascongada , o respuesta a la critica del cura de Montuenga , in-8 espagnol, Madrid 1804.

* MARCEL (J. J.) : Oratio dominica CL linguis versa et propriis cujusque linguæ characteribus plerumque expressa edente, etc., grand in-4, typis imperial. 1805.

* SORREGUIETA (don Tomas de) : Triunfo de la semana Hispano-bascongada y del Bascuence contra varios censores enmascarados. En tres cartas dirigidas à dos literatos Españoles , petit in-8 espagnol, Madrid , en la imprenta de Ibarra 1805 (pp. 150), rarissime.

* ADELUNG et VATER : Mithridates , oder allgemeine sprachenkunde, etc., 6 vol. in-4, et un fascicule contenant des specimina de plusieurs langues, Berlin 1806-17. (Oraison dominicale en 500 langues.)

* Abecedea Escuaraz iracurten ikhasi nahi dutenenzat, in-12, Bayonan 1805. pp. 56.

* DUHALDE, fils d'un notaire de Saint-Pé : Fables de la Fontaine , traduites en basque.

ERRO Y ASPIROZ (don Juan Bautista), ancien ministre du prétendant (don Carlos) contador principal por S. M. de rentas reales, propios y arbitrios de la ciudad y provincia de Soria : Alfabeto de la lengua primitiva de España, y explicacion de sus mas antiguos monumentos, de inscripciones y medallas, in-4, Madrid, en la imprenta de Repulles 1806 (pp. v-164 et 13 planches) Rare.

Ouvrage analysé par Eloy Johanneau, dans les Mémoires de l'Académie celtique, dont il a été fait un tirage à part, offrant ceci de remarquable qu'il contient plus et moins que ce recueil. Du reste, voici comment l'auteur lui-même s'exprime, à ce sujet, dans une note qu'il avait jointe à son exemplaire, qu'il nous donna le 27 décembre 1841 :

N. B. Ce volume. qui n'a pas été terminé et qui ne contient pas même tout ce qui a été imprimé dans les Mémoires de l'Académie cel-

tique (1), est une traduction par extrait : 1º de l'ouvrage de Erro ;
2º de la critique qu'en a faite le curé de Montuenga ; 3º de l'Essai de
Velazquez, auquel j'ai ajouté : 1º un avertissement de six pages ;
2º l'annonce que j'avais faite dans le *Moniteur* du premier de ces trois
ouvrages, lorsqu'il parut ; 3º quinze notes imprimées ; 4º dix caractères
celtibériens, avec leur valeur à la planche v.

TABLE DES PLANCHES.

Planches i et ii, in-8, alphabet celtibérien.
Pl. iii, in-8, deux inscriptions celtibériennes.
Pl. iv, in-8, quatre inscriptions celtibériennes.
Pl. v, in-8, une inscription celtibérienne et addition à l'alphabet
celtibérien de Erro.
Pl. vi, in-8, inscription celtibérienne.
Pl. vii, in-4, alphabet celtibérien et turdetain de Velasquez.

E. J.

A la page 4 de cette analyse, E. Johanneau dit qu'il regardait avec
Erro le basque comme étant l'ancienne langue de l'Hispanie ; puis, au
bas de la page, il écrivit presque immédiatement : *J'ai changé presque aussitôt d'opinion à ce sujet, ainsi que pour le breton et le gallois.*
Cette opinion dernière, il la professa jusqu'à sa mort, pour adopter
complétement celle du curé de Montuenga, dans laquelle toutes ses
recherches ultérieures ne firent que le confirmer. Il garda donc pendant si peu de temps l'opinion, ou plutôt la préoccupation des Larramendi, des Asturloa, etc., que dans deux notes postérieures (p. 18
et 19) il la combattit déjà (2).

**D. J. A. C., cura de Montuenga. Censura critica del
Alfabeto primitivo de España, y pretendidos monumentos literarios del Vascuence. Petit in-8, en la imprenta
real, 1806, pp. 70.**

* **Francesen Impereadoaren eremuetaco eliça gucieta-
cotz eguina-den Catichimæ, J.-J. Loison, Bayonaco Jaun
Aphezpicuaren manuz imprimatua, in-12, Bayonan 1807,
pp. 96. — La deuxième édition est de 1812.**

(1) Il manque à ce tirage à part : 1º les 22 dernières pages de ma traduction
de Velazquez, qui sont imprimées p. 428 du t. iii et 484 du t. iv des Mémoires de
l'Académie celtique ; 2º 19 pages de mon manuscrit, d'une écriture fine et serrée,
ce qui fait environ quatre feuilles d'impression.　　　　　　　　　E. J.

(2) Je lis ce qui suit dans le roman philologique publié en 1857 par M. Michel :
Ainsi se trouve confirmée la théorie du P. Larramendi *et ruinée sans retour celle
de M. Pierquin de Gembloux,* dont j'ai eu l'occasion de parler en des termes,
qu'il ne lui serait pas agréable de retrouver ici, etc., etc.; *(Le Pays basque,* etc.,
p. 584.)

D. J. B. E. Observaciones filosoficas en favor del alfabeto primitivo, o respuesta apologetica à la censura critica del cura de Montuenga, in-4 espagnol, Pamplona, en la imprenta de Longas, año de 1807. — pp. 11-196.

Analysé par E. Johanneau. (*Voy.* la note précédente.)

GOLDMANN (Georges-Auguste-Frid.): Commentatio quatrinarum linguarum Vasconum, Belgarum et Celtarum, quarum reliquiae in linguis Vasconica, Cymry, et Galici supersunt, discrimen et diversa cujusque indoles docetur, in certamine litterario civium Academiæ Georgiæ Augustæ, die iv junii 1807... proemio ornata, in-4, Gottingae. Typis Heinr. Dieterich (1807), pp. 64.

*Essai de quelques notes sur la langue basque, par un vicaire de campagne, sauvage d'origine, in-12, Bayonne 1808.

(DUHALDE): Meditacioneac gei premiatsuenen gainean, cembait abisuekin, othoitcekin eta bicitceco erregela batekin. Arima jaincotiarren oneraco Bayonaco diocesaco Eliza-gizon batec eginac, in-8, Bayonan 1809, pp. iv-582 et un feuillet d'*Errata.*

C'est l'ouvrage désigné par l'expression de Grandes Méditations de Duhalde. *(Duhaldezen meditationeac handiac.)*

DEPPING : Histoire générale de l'Espagne, etc., 2 vol., Paris 1811, t. i, p xxxiii, en note.

REHFUES (J. F.) : l'Espagne en mil huit cent huit, etc., 2 vol. in-8, Paris et Strasbourg, Treuttel et Wurtz 1811, (t. i, pp. 321 et seqq.)

*Le même : la Langue et la Littérature des Basques de l'Espagne en 1808, in-8, Paris et Strasbourg, Treuttel et Wurtz 1811.

Cantiques et Catéchisme en basque, 2 vol. in-12, Bayonne 1813 (bibliothèque de Courcelles).

ˇ ERRO Y ASPIROZ (don Juan-Bautista) : el Mundo primitivo o ensayo sobre la antiguedad y la civilisacion de la nacion bascongada, in-4, Madrid 1814 (pp. xx-304, t. 1ro.)

* Francesen Imperadoaren eremuetaraco eliça gucie taracotz eguina den Catichima, in-8, Bayonne, Chereau frères, 1814.

* Mercure de France, in-8, Paris 1814, no de juillet (sur le basque de Rabelais).

* Cantico izpiritualac, dembora gucietaco hainitz abantaillosac; guehienac erreberrituac, eta hurren eçagutuac etcirenez emendatuac, in-18, Bayonan, Fauvet jeune, août 1815; — in-8, Bayonne (Pau), Vignancourt 1814; — in-8, Bayonan 1825; — in-8, St-Esprit, imprimerie Ducluzeau, 1829.

* CATICHIMA edo fedaren eta guiristino-eguien explicacione laburra, etc., in-8 Bayonan, Ducluzeau, 1815; — in-12, Bayonan, le même 1832.

* Guiristinoen doctrina laburra, in-8, Bayonan, Ducluzeau 1815.

ˇ Uscarra libria confessionaz, communionaz eta meçac sacrificio sanitiaz breituco erreglamentu baleki, petit in-12, Bayonan, imprenta Ducluzeau 1815.

* Guiristinoqui bicitceco eta hiltaco maldeac, in-18, Bayonan, Ducluzeau 1816; — in-24, ibid. 1824; — le même 1839.

* Cantico izpiritualac, lehen eçagutuci hanitçac iratchiquiac, artha edo ohartçapeneguin cantatuz, etc., Fauvet, Bayonne (1816.) — Pau 1824. — Bayonne 1844.

ˇ Guiristinoen doctrina laburra haur gastec irakharteco, in-16, Bayonan, Ducluzeau 1816.

ASTARLOA (le P. François Pierre), prédicateur célèbre de l'ordre de Saint-François et frère du savant linguiste :

Urteco domeca gustijetaraco verbaldı icabisdecuac cein-
zubetan azalduten dan erromaco catecismua, etc., com-
ponduba Aita, etc., in-8, Bilbon, 1816, pp. xLII-275,
plus quatre feuillets liminaires et cinq pages de table.

A la suite du titre, le second volume porte : *Bigarren liburuba*,
in-8, Bilbao 1818, pp. xv-290, plus un feuillet d'*Errata* et 48 pages
à la fin.

* D. J.-J. de M. (don Juan José de Moguel, curé de
Marquina) : Traité (en dialogue) sur l'éducation des enfants, in-8, Bilbao, chez D. Pedro Antonio de Apraiz,
1816.

Santa Teresa (el P. Fr. Bartolome de), prédicateur
des carmes déchaux de Marquina : Jaungoicoaren amar
aguindubeetaco lelengo bosteen icasiquizunac, Aita,
etc., in-8, Pamplona, 1816, pp. 278.

Le même : Jaungoicoaren amar aguindubeetaco as-
queneco bosteen icasiquizunac, in-8, Pamplona 1817,
pp. 300.

* Le même : Euscal-erri-jetaco olgueta ta dantzen
neurrizco gatz ospin duba, petit in-8, Pamplona, chez
Joaquin Domingo, 1816.

* Rancy (de) : Description géographique, historique
et statistique de la Navarre, contenant la notice historique de son Etat ancien et moderne, sa division territoriale, civile, politique, etc., etc., in-8, Paris 1817.

Eucologia ttipia, edo eliçaco liburua Bayonaco diocesacotz, in-16, Bayonan 1817, pp. 596 ; — 1817, pp. 612;
— in-16, 1831, dix-neuf feuilles. — 1843, pp. 50.

Humboldt (Willelm von) : Berichtigungen und Zusätze
zum ersten Abschnitt des zweiten Bandes des Mithridates über die Cantabrische und Baskische Sprache,
in-8, Berlin 1817, pp. 94.

Additions et rectifications au premier chapitre du deuxième volume
du Mithridates d'Adelung et Vater, dans lesquelles se trouve la chanson composée en mémoire de la bataille de Beotivar, gagnée le 19 septembre 1331, par les habitants du Guipuzcoa sur les Navarrais.

Depping : Romancero castellano, in-12, Leipzik 1817.
(p. xxi, chant en mémoire de la bataille de Beotivar,
traduit plus tard en basque) — édition de 1844 (t. 1,
p. lxi, et une autre vieille chanson rapportée par le général Saint-Yon).

* Deville (J. M. Jos.) : Annales de Bigorre, in-8, Paris
1818.

Zamacola (don J. A. de) : Historia de las Naciones
Bascas de una y otra parte del Pirineo septentrional y
costas del mar cantabrico desde sus primeros pobladores
hasta nuestros dias, etc., escrita en español por, etc.,
3 vol. in-8, Auch, en la imprenta de la viuda Duprat,
impresora del Rey y de la Ciudad, 1818. (t. ii, pp. 305 à
346).

* Arndt (Chr. Gottlieb) : Ueber den Ursprung und die
verschiedenartige Werwandtschafft der Europæischen
Sprachen, etc., in-8, Francfurt am Main, Bronner 1818,
pp. 20.

* Moguel (don Juan-Antonio), curé de Marquina : la
Historia et la Geografia de España, illustradas por el
idioma bascuence en que se da la noticia de los antiguos
cantabros; de la unitad del idioma primitivo español
contra el systema del abate Masdeu : demostracion de
los vocables bascongados que se hallen en toda la Pe-
ninsula segun el mapo general de España : nombres de
la Historia antigua de ella y nomenclatura de Cataluña
por, etc., in-fol. en doze cuadernillos.....

Le même : Cristanaubaren Jacquin videa. (L'auteur
accommoda plus tard son excellent travail au phonopo-
lisme de la vicairie de Busturia, sous le titre de : Cris-
tiñau Doctriña.

Le même : Nomenclatura de las voces guipuscoanas :
sus correspondientes Viscaynas y Castellanas para que
se pueden entender ambos dialectos, in-4, pp. 8.

Eleisaco zazpi sacramentuben Icasiquizunac III Satya, 3 vol. in-8, Bayonan 1819, pp. 376.

*ADELUNG (Fried) : Ubersicht aller bekannten sprachen, etc., in-8, Saint-Pétesburg 1820. pp. 185.

'MOGUEL (D. J.-José de), curé de Marquina : Egunoroco lan on, ta erregubac, in-8.

*SALES (San Francisco de) : Devociozeo vicitzaraco sarrera, aita fray José Erciz Etcheverria euscarraz ipini duena, in-8, Tolosa 1821.

*ETCHEVERRIA (fray José Erciz). Voyez l'ouvrage précédent.

MUSCAL Y GUSMAN (F. D.) : Miscellanea litteraria, in-4, Madrid, S. D.

HUMBOLDT (Willelm von) : Prüfung der untersuchungen über die Urbewohner Hispaniens vermittelst der Vaskiscnen sprache, in-4, Berlin, Ferdinand Dummler 1821. pp. VIII-192.

Réimprimé dans les Œuvres complètes de l'auteur, in-8, Berlin, G. Renner 1841, t. III, p. 1 à 214, et analysé dans le t. I (p. 437 à 447), de l'Histoire de France de Michelet. — Compte rendu de ce travail par Sylvestre de Sacy (Journal des savants, année 1821, p. 587-593 et 643-650).

*AGUIRRE (D.-J.-B.) : Confessioco eta communioco sacramentuan guñean eraculçadiac, in-8, Tolosa 1823.

*Grammaire basque, 2 vol. in-8, Paris 1823.

Catichima edo fedea laburzki, in-12, Bayonan 1823, pp. 132, in-12, à St-Esprit, 1832.

G. B. Souvenirs des pays basques et des Pyrenées, in-8, Paris 1823.

LUDEMANN (Wilhelm von) : Züge durch die Hochgebirge und Thaledes, Pyrenaen im Iahre 1822; in-8, Berlin, Dunckor et Humblot 1825, p. 313-326.

IZTUETA (don Juan Ignacio de), né à Zaldivia, loyal bourg du Guipuzcoa, et surnommé le Barde basque, mort le 20 mai 1845, à Mondragon, âgé de 81 ans : Guipuscoaco Dantza gogoangarrien Condaira edo Historia beren soñu zar, eta itz neurtu edo versoaquin. Baita berac ongui dantzatzeco iracaste edo instrucicoac ere. obrabalio andicoa eta chit premiascoa, Guipuscoatarren jostaldia gaitzic gabecoaquin lendabicico etorqui España arqui eta garbi aien oitura maitagarrien gordacaiatceco. Berraren eguillea, etc., in-8, Donostian 1824, pp. VI-185, et 9 feuillets, le titre et les liminaires.

ECHEVERRIA (Fr. José Cruz de) : Devociozco vicitzaren sarrera, in-8, Tolosa 1824.

CHAHO (J.-Augustin) : Comparaison du basque avec le sanscrit, ad calcem *Journal de la Société asiatique*, in-8, Paris 1824, cah. XVI.

* Exercicio izpirituala, in-12, Bayonan 1824.

* Uscarra libria confessinaz, etc., in-12, Bayonan 1824.

Cantico izpiritualac, in-12, Bayonan 1824.

* Guiristinoqui liciteceo, in-12, Bayonan S. D. (1824?)

Jesus Christoren Evangelio saindua, S. Mathiuren arabera. Itçulia escuarara, lapurdico Lenguayaz, in-8, Bayonan, Lamaigniere imprimerian 1825, pp. 82 et 1 feuillet d'errata.

Curutcearen Bidearen gaineco Instruccione laburra, petit in-8, Bayonan, Fauvet 1825, une feuille.

* (COQUEBERT DE MONTBRET) : Mélange sur les langues, dialectes et patois, précédé d'un Essai sur une géographie de la langue française, in-8, Paris 1825-1831, p. 17 et 92.

IHARCE DE BIDASSOUET (l'abbé d'), d'Hasparen, maître

de pension : Histoire des cantabres ou des premiers colons de toute l'Europe, avec celle des Basques, leurs
descendants directs, qui existent encore et leur langue
asiatique-basque, traduite et réduite aux principes de
la langue française, in-8, Paris 1825, chez Jules Didot,
t. i, pp. xviii-416.

IZTUETA (D. J. Ignacio de) : Euscaldun anciña anciñaco
ta are lendabicico etorquien Dantza on iritci pozcarri
gaitzic gabecoen soñu gogoangarriac beren itz neurtu
edo versoaquin, in-fol., Donastian 1826, pp. 35, plus
3 feuillets de titre et de liminaires.

Irakhaspena eta othoitzac 1826, urthe sainduco jubi-
lanecotçat, etc., in-12, Bayonne 1826, pp. 92.

FLEURY-LECLUSE : Dissertation sur la langue basque,
lue à l'Académie des sciences de Toulouse, le 26 février 1824, in-8, Toulouse, Vieusseux 1826, pp. 32
(tirage à part).

Le même : Ἥγθον, ἴδον, εἴγον, Manuel de la langue
basque. Première partie : Grammaire, in-8, Toulouse
1826, pp. 112. — Deuxième partie : Vocabulaire, p. 113
à 124 (Bibliographie § iii). (Voyez l'analyse insérée dans
le Journal de la Haute-Garonne du 3 juin, et l'ouvrage
suivant.)

* LOR. URHERSIGARRIA (voisin dont il faut se garer :
Pseudonyme) : Examen critique du Manuel de la langue
basque (de Lécluze), in-8, Bayonne et Mauleon (Toulouse), décembre 1826, 2 feuilles.

* ADER . Résumé de l'Histoire du Béarn et de la Gascogne supérieure et des Basques, in-18, Paris 1826.

BALBI (Adrien) : Atlas ethnographique du Globe, in-8,
Paris 1826, t. i. Introduction, p. 162 et seq. — Atlas in
plano, tableau xi.

ABBADIE (A. M. d'), père du savant collaborateur de

M. Chaho. Prospectus d'un Dictionnaire Basque, Espagnol et Français, in-8, Toulouse 1827, pp. 28.

* Añibarro (P.-A.) : Bici bidi Jesus esculiburua eta berean eguneango cristianau eereguinac Biscayno euskeran iminiac. Urteten dau irugarrenes beardan leguez, in-12, Tolosa 1827 (Guipuscoan).

Darrigolle (l'abbé) : Dissertation critique et apologétique sur la langue basque, par un ecclésiastique du diocèse de Bayonne, in 8, Bayonne, de l'imprimerie de Duhart-Fauvet, sans date (1827), pp. iv-163.

* Moguel (J.J.) : Plauto bascongado, el bascuenceco de Plauto en su comedia Pœnulo, petit in-8, Tolosa 1828.

* Urhersiagaria (Lor.) : Plauto Poligloto, o sea hablando hebreo, cantabro, celtico, irlandés. hungaro etc., seguido de una respuesta à la impugnacion del manual de la lengua basca, in-12, Tolosa 1828,

* Santa Teresa (el P. Bartolomeo de) : Dissertacion sobre la escena punica de Plauto, ad calcem : El Diario titulado : El universal. del primero de marso 1828.

* Jesus-Christo Gure Jaunarem Testament Berria. Lapurdico escuararat itçulia, in 8, Bayonan Lamaigneren, Bournefteco Carrican, no 66, 1828, pp. 584 et 3 feuillets de titres ou de table, et 3 pages d'errata. — Ebangelio saindua S. Luka, areberera xv, capitulua v.

* Arbanere (Et.-Gabriel) : *Tableau des Pyrénées françaises, contenant une description complète de cette chaîne de montagnes et de ses principales vallées, depuis la Méditerranée jusqu'à l'Océan, accompagnée d'observations sur le caractère, les mœurs et les idiomes des peuples des Pyrénées*, etc., 2 vol. in-8, Paris 1828.

* *The Alphabet of the primitive language of Spein and philosophical examination of the antiquity and civilisation* *of the basque people. An extract from the Works of don Juan Bautista de Erro,* in-8, Boston 1829.

HARAMBOURE, supérieur du petit séminaire de Laressorre : Egun ona, edo egunaren santificatceco moldea languile, nehkaçale eta basterretcharençat liburu presuna suerthe gucientzat progotchosa, orai fransesetic Escuarat itzulia eta asco gaucez emendatua Bayonaco diocesaco eliça guiçon batez, in-18, Saltcen da Bayonan, Cluzeau en 1829, pp. 192.

Imitation de Jésus-Christ, in-12, Tolosa 1829 (Guipuzcoan).

ISTUETA (D. Juan-Ignacio) : Carta de etc. al Prebistero D. Juan Jose Moguel, sobre un folleto titulado : Plauto bascongado, escrito por el R.P.Fr. Bartolomé de Santa Teresa, y publicado por el mismo sr Moguel, con licencia, in-18, en la imprenta de Ignacio Ramon Paroja, año de 1829, p. 43.

* KLAPROTH (J.) : Asia polyglotta, 2e édition, in-4, Paris, Schubert, 1829.

DUMEGE (Alexandre) : Statistique générale des départements pyrénéens ou des provinces de Guyenne et de Languedoc, 2 vol. in-8, Paris, Truttel et Wurtz 1829, t. II, p. 123, 285 à 292.

* DIFFENBACH (Dr Lor.) : Celtica sprachliche documents zur geschichte der Kelten : Zugleich als Beitrag zur Sprachforschung überhaupt, 3 vol. in-8, Stuttgard 1839-40, t. III, p. 5 et seqq. (Die Ibrischer Kelten, p. 13 et seqq.)

* BUCHON : Revue trimestrielle, grand in-8, Paris 1830. t. III, p. 90 à 104.

* Jesusen bihotz sakratuaren alderako debocionearen exercieco izpiritualac, in-24, Bayonan, Cluzeau 1831.

* Eucologia ttipia edo eliçaco liburua Bayonaco dio-cesaco ceinetaco, etc., editione berria, in-16, Mme v^e Clu-zeau, 1831.

FLEURY-LECLUZE : Sermon sur la montagne , en grec et en basque (emprunté à la tradition de Leiçarraga. Voyez ce nom au xvie siècle), précédé du paradigme de la conjugaison basque, in-8, Toulouse 1831, pp. 24.

REID (John) : Bibliotheca scoto-celtica, etc., in-8, Glas-gow, 1832.

LUDEMANN (Wilh. Von) : Züge durch die Hochgebirge und Thäler der Pyreneen, im iahre 1832, in-8, Berlin 1832. p. 313-326.

ASTETE (el P. Gaspard) : Doctrina christiana, etc., in-16, Tolosa 1832, pp. 72.

CARDAVERAZ (el P. Augustin) : Escu librua , in-16, To-losan 1832, pp. 240.

Le même : Livre de dévotion, etc., in-16, Tolosa, S. D. pp. 192 et 28 de cantiques.

* POTT (le Dr Auguste, fr.) : Etymologische Forschun-gen auf dem Gebiete der indogermanischen Sprachen, etc., in-8, Lemgo 1833.

CHAHO (J. Augustin) : De l'origine des Euskariens ou Basques, ad calc. *Revue du Midi*, in-8, Toulouse 1833. p. 141 à 158.

WALKENAER (b^on) : Encyclopédie des gens du monde, in-8, Paris 1833 (t. III, v^o *Basque*, p. 113 à 119).

* GARAI : Dictionnaire de la conversation et de la lec-ture , in-8 , Paris , Belin-Mandar 1833 (t. III, p. 433 et seqq., v^o *Basque*).

RICHARD : Guide aux Pyrénées , in-8, Paris 1834.

CHAHO (J. Augustin) : Azti-Beguia, Agosti Chaho Bassa-burutarrak , Ziberou herri Maïtiari , Pariserik igorririk, beste hanitchen aitzindari, arguidibian, goiz izarra, in-8, Paris, librairie orientale de Prosper Dondey-Dupré, 1834, pp. 14.

GARAI : Journal de l'Institut historique, première année, t. I, n° d'octobre, 3e livraison, grand in-8, Paris 1835, p. 179.

C'est le texte et la traduction du prétendu chant d'Altabiçar, sur la bataille de Roncevaux, en huit couplets, de six vers chacun, si toutefois on peut nommer ainsi des lignes irrégulières, quant au nombre, à la mesure et aux rimes.

PIERQUIN DE GEMBLOUX : Origine de la langue basque ramenée au XIe siècle, ad calcem : Charles Malo; la France littéraire, n° de septembre 1835 (t. XXI, p. 129 à 145.)

* MOKE (H. G) : Histoire des Francs, 2 vol. in-8, Paris 1835 (t. I, p. 217 à 224).

* PEIGNOT Gabriel : Monuments de la langue française depuis son origine jusqu'au XVIIe siècle, ad calcem : Charles Malo, *France littéraire*, IVe année, mai 1835, Ve livraison, p. 54.

* AMPÈRE (J.-J.) : Compte rendu de sa deuxième leçon du Cours de littérature française (sur les Ibères), ad calcem : *Journal de l'instruction publique* du 31 décembre 1835.

* PARAVEY (M. de) : Mémoire sur l'origine japonaise, arabe et basque de la civilisation des peuples du plateau de Bogota, d'après les travaux récents de MM. de Humboldt et Siebold, in-8, Paris 1835. (Extrait des *Annales de philosophie chrétienne*, n° 56, et combattu par M. de Humboldt dans la *Gazette de Berlin* du 9 mars 1835.)

LAGARDE (Prosper) : Voyage dans le pays Basque, et aux bains de Biarritz, mars 1835, contenant des observations sur la langue des Basques, leurs mœurs, leurs

caractères, etc., in-18, Paris, Audin 1835, p. 44-51 et
198-200.

* CHAUSENQUE : Les Pyrénées, ou Voyages pédestres
dans toutes les régions de ces montagnes, depuis l'O-
céan jusqu'à la Méditerranée, contenant la description
générale de cette chaine ; des observations botaniques
et géologiques, des remarques sur l'histoire, les mœurs
et les idiomes des diverses races qui l'habitent, 2 vol.
n-8, Paris 1835-40.

* DUFOUR (Léon) : Acta Linneana Societatis Burdiga-
lensis, in-8, Bordeaux 1836, t. VIII, p. 102.

* Essai historique sur les provinces basques, in-8, Paris 1836.

EICHOFF : Parallèle des langues de l'Europe et de
l'Inde, in-4, Paris 1836 (p. 12 et seqq., 42.)

ABBADIE (A. Th. d') et CHAHO (J. Augustin) de Navarre :
Etudes grammaticales sur la langue euscarienne, in-8,
Toulouse 1836 ; douze feuilles d'article bibliographique,
mis à profit également par M. F. Michel, remplit les
pages 28 à 50.

FAURIEL : Histoire de la Gaule méridionale sous la
domination des conquérants germains, 4 vol. in-8,
Paris 1836, t. II, p. 354 et seq. 507 à 528. — Il cite l'Altabiçar cantua et en donne une traduction.

CHAHO (J.-Augustin) : Voyage en Navarre pendant
l'insurrection des Basques, avec portraits et costumes,
in-8, Paris, Arthus Bertrand, 1836, pp. VIII-II-456 ; plus,
deux feuillets de titre.

A la page 29, trois couplets d'une romance souletine, avec variantes
labourdines ; p. 69, noms des mois labourdins ; p. 82, six vers d'un
chant basque ; p. 194 et seq., vieux couplet arrangé en l'honneur de
Zumala-Carreguy ; p. 250 et seq., nomenclature zoologique ; p. 313,
sur le Gueroco guero d'Axular ; p. 347, huit vers seulement d'une
chanson sur le Mulet de la Forge ; p. 356, premier couplet de huit
vers d'une romance souletine ; p. 383, racines basques ; p. 386 à 388,
de l'Eskuara et de son ancienneté.

Chaho (J.-Augustin) : Lettre à M. Xavier Raymond sur les analogies qui existent entre la langue basque et le sanscrit, in-8, Paris 1836, pp. 39. (Réponse à un feuilleton du journal le *Temps* du 6 janvier 1836, intitulé · Voyage en Navarre pendant l'insurrection des Basques.

Rossew-Saint-Hilaire : Histoire d'Espagne, 2 vol. in-8, Paris 1836-37, t. i, p. 454; t. ii, p. 459, chant d'Altabiçar (altabiçaren cantua).

Vic (dom Claude) et Vaïssette (dom J.) : Histoire générale du Languedoc, etc., commentée et continuée jusqu'en 1830 par Alexandre du Mége, grand in-8, Toulouse 1840, t. i, p. 646 à 649, reproduction du chant d'Altabiçar, mis au jour par W. von Humboldt dans le supplément au Mithridates de Vater, avec la traduction littérale de Fauriel. (*Voy.* ce nom.)

Michel (F.) : Chanson de Roland ou de Roncevaux, in-8, Paris, Silvestre 1837 (p. 225 à 227, l'*Altabiçaren cantua.*)

Graslin (L.-F.) : De l'Ibérie, ou Essai sur l'origine des premières populations de l'Espagne, in-8, Paris 1838, pp. 226 à 279.

* Stoeger (Franç.-X.) : Oratio dominica polyglotta, singularum linguarum expressa et delineationibus Alberti Dureri cincta, grand in-4, Monachii 1838.

Jesus Christen Imitacionia, in-8, Montbelliard 1838, 12 feuilles et demie

Baratziart (André), prêtre : Guiristinoki bicitceco eta hiltceco moldea, ceinetan causitcen baitdire egunaren guiristinoki iragateco moldea meça sainduco, hagoniaco, confessioco eta communioneco othroitçac, igandeco bezperac ilhabatearen egun gucietaco meditacioneac, arima penatuen contsolamenduac eta contcientciaren examina, in-32, saltcen da Bayonan Cluzeau liburu, etc.,

1838, pp. 276 et 13 non chiffrées ; plus, 2 pages de table.

C'est le célèbre ouvrage connu sous la dénomination de *Meditacione ttipiac*, publié en 1784. — Il contient aussi un catalogue d'ouvrages basques modernes.

Evangelioa san Lucasen guisan, etc. ; — el Evangelio segun S. Lucas, traducido al Vascuence, in-18, Madrid 1838 (pp. 176 ; plus le frontispice.)

WILKINSON (Henry) : Sketches of Scenery in the Basque Provinces of Spain, with a Selection of national Music, etc., in-fol., London 1838.

* DUPONCEAU : Mémoires sur le système grammatical des langues de l'Amérique du nord, in-8, Paris 1838 (p. 6, 10, 20 et 21, 197.)

* MAZURE (A.) : Histoire du Béarn et du pays basque, suivie d'une Notice sur les archives de Pau, in-8, Paris 1839, p. 486 à 521.

* BETHARN (sir Williams) : De l'identité de l'étrusque et du basque, ad calcem. Annales de philosophie chrétienne, t. XVII, p. 315.

ARTIGARRAGA Y UGARTE (don Luis de) : Diccionario manual bascongado y castellano, y elementos de Gramatica, para el uso de la juventud de la muy noble y muy leal provincia de Guipuzcoa, con ejemplos y parte de la doctrina cristiana en ambos idiomas, petit in-8, Tolosa año de 1839, pp. XIV-64.

* Jesus Cristen imitacionea, in-8, Montbelliard, Deckher et Bleronvivent 1839.

* Uscarra Libru berria eta christiaren egun orozco exercicio espiritualac. Lehen edicionea, in-18, Bayonan 1839, 7 feuilles.

* BOPP (Franz) : Die Celtischen Sprachen in irhen Verhültnische, etc. Les Langues celtiques dans leurs rapports avec le sanscrit, le zend, le grec, le latin, le ger-

manique, le lithuanien et le slave, etc., in-4 Berlin, F. Dümmler 1839, pp. 88.

* Exercicio izpirituala, edicione berria, in-8, Bayonne, Cluzeau 1839.

* PIERQUIN DE GEMBLOUX : Histoire monétaire et philologique du Berry, in-4, Bourges 1840 (t. I, p 230 à 250.)

CADAVERAZ (el P. Agustin), de la Compagnie de Jésus : Escu librua ceñean dauden cristabaren eguneroco egercicioac, Mandamentu santuetatic esamiña, eguiteco confesatzeco eta comulgatzeco prestaerac, guerozco oracioaquin. Meza santua. Calbarioa eta beste devocioac Jesusen, etc., in-18, Tolosa, chez la veuve Mendizabal 1840, pp. 237.

HIRIART (A.), maître de pension à Ustaritz : Introduction à la langue française et à la langue basque, in-12, Bayonne 1840, pp. XII-231. — 10 fr.

* PIERQUIN DE GEMBLOUX : Histoire des patois de la France, in-8, Paris 1841 (p. XXVI et 44 à 55.)

BRUCE-WHYTE (la) : Histoire des langues romanes et de leur littérature depuis leur origine jusqu'au XIVe siècle, 3 vol. in 8, Paris 1841, t. I, p. 126 à 169.

* DUVOISIN (J.) : Album pyrénéen. Revue béarnaise, grand in-8, Pau 1841. Janvier 1841. Des Basques et de leurs poésies, p. 1 à 11. — Mars : Poésie dramatique des Basques, p. 90-102. — Mai : Comédie des Basques, p. 207 à 215. — Août : Jeu de paume, p. p. 334 à 345 (Dialogue en vers basques insérés dans cette nouvelle).

ITURRIAGA (don Augustin-Pasqual) : Arte de aprender à hablar la lengua castellana para el uso de las escuelas de primeras letras de Guipuscoa, in-12, Hernani 1841, pp. 86.

Le même : Dialogos basco-castellanos para las escuelas de primeras letras de Guipuzcoa, in-12, Hernam 1842, pp. 86.

YRIZAR Y MOYA, ou le Vieux de Vergara : De l'Usquere et de ses erderes, ou de la langue basque et de ses dérivés, 4 vol. in-8, Paris, Poussielgue-Rusand 1841-46.

* LEROUX DE LINCY : Le livre des Proverbes français, post 8, Paris 1842 (t. I, p. IX.)

* PHILOMNESTE (G. Peignot) : Amusements philologiques, 3e édit. in-8, Dijon 1842 (p. 251 à 254.)

IZTUETA (don Juan-Ignacio) : Fabulas y otras composiciones en verso vascongado, dialecto guipuzcoano, con un Diccionario Vasco-Castellano de las voces que son differentes en los diversos dialectos, in-8 espagnol. San Sebastian en la imprenta de Ignacio Ramon Baroja año de 1842 (pp. III-199, plus le titre.)

BORROW (Georges) : The Bible in Spain, etc., in-8, London 1843, p. 217 à 220. Escarra-Basque not Irish. — Sanscrit and Tartar Dialects. — A Wowel Language. — Popular poetry. — The Basques. — Their Persons. — Basque Women (Sommaire du XXXVIIIe chapitre). Voyez en outre les chapitres XXXIX à XLII, p. 224 à 242.

J. B. (Badé), ancien professeur au collége royal de Pau, puis maître de pension à Auch, où il est mort : l'*Observateur des Pyrénées*, in-4, Pau 1843, nos des 11, 13, 15, 22, 27 et 29 octobre.

TAYLOR (bon) · les Pyrénées, grand in-8, Paris 1843. p. 614 à 617.

* Polyglotte religieuse, ou l'Oraison dominicale en 83 langues, in-12, Poissy 1843, pp. 26.

BRUNET (G.) : Bulletin de l'Alliance des arts, in-8, Paris 1844, p. 96.

STUART-COSTELLO (miss Louisa) : Bearn and the Pyre-

nées, 2 vol. in-8, London, Richard Bentley 1844 , t. ii ,
p. 232 à 259.

IZTUETA (don Juan Ignacio de) : Iztuetac bere emazte
conceciri biac ezcongai ceudela ifinitaco itz neurtuac,
in-fol., Donestian Ignacio Ramon Baroja 1844 (dix couplets sur une page à deux colonnes).

Le même : *Paquea pozcarriaren atseguin leloac zortci-
coan*, in-fol. sans lieu ni date (Donastian 1844?), dix
couplets en deux colonnes sur une planche.

CHAHO (J. Augustin) : Exposition théorique de la langue basque et parallèle de cet idiome et des patois gasco-
romans, al calcem : Ariel, *Courrier des Pyrénées,* nos des
30 mars, 6 et 7 avril 1845.

* AZAIS (J.) : Essai sur la formation et sur le développement du langage des hommes, in-8, Béziers 1845.

G. B. (Brunet) : Anciens proverbes basques et gascons,
recueillis par Voltoire, etc., in-8, Paris, Techener 1845,
pp. 14, tiré à 60 exemplaires.

THIERRY (Amédée) : Histoire des Gaulois, 3 vol. in-8,
Paris 1845 (t. i, p. XCVII à CI.)

Esplicacion de las mudanzas del antiguo Baile cono-
cido en el païs Vasco con el nombre de Broquel-Dan-
tza, petit in-fol., San Sebastian, imprenta de Pio Baroja
1845.

CHAHO (J.-Augustin) : Ariel, *Courrier des Pyrénées,
journal international,* in-fol., Bayonne 1845. — no 1 :
Chant sur les conquêtes d'Annibal en Italie!! (sept vers
seulement et le reste en français). — no 19 : *Nazioneko
Besta,* treize couplets composés pendant la révolution.
— 16 février : Fable extraite du Recueil de D. Agustin-
Pasqual Ituriaga (le Rat de ville et le Rat des champs).
— 2 mars : Sept couplets seulement sur le Rossignol. —
9 mars : *Lehen floria,* chanson souletine en neuf couplets.

— 16 mars : *Maïtena* (l'Amant), et à la suite un article intitulé : *Orthographe basque*. — 25 avril : Douze couplets dialogués : Amour et Devoir, avec traduction. — 4 mai : *Belzunce Biscondia*, Eloge du vicomte de Belzunce, en dix couplets. — 14 septembre : Dix-huit couplets du Mulet du charbonnier, avec traduction. — 28 septembre : Dialogue, un couplet entre le Vin et l'Eau. — Du 5 octobre, etc., Relation en vers labourdins des fêtes données à Pampelune à LL. AA. RR. le duc et la duchesse de Nemours, etc., etc.

Courrier de la Gironde du 8 septembre 1845 : (Zorcico basque de trente-deux vers, à la suite des fêtes du 4 septembre, en l'honneur du duc et de la duchesse de Nemours.)

* Cantica espiritualac, in-12, Bayonne, 1846, pp. 142.

* LIZARRAGA (don Joaquin), doyen de la Navarre et vicaire du même pays. Urteco igande guztietaraco platicac, edo itzaldiac nafarroan, elcano deritzan errian, bertaco vicario Jaun don Joaquin, etc., in-8, Saint-Sébastien, 1846, pp. 447, plus deux feuillets (1847).

* IZTUETA (don J.-Ignacio de) : Guipuzcoaco provinciaren condaira edo Historia ceñetan jarritzen diraden arguiro beraren asielatic orain arte dagozquion barri gogoangarriac, in-8, Donostian, 1847, pp. x-519.

* ECHEGARAY (don Vicente) : Zorcico compuesto para las corridas de toros del carnaval del año 1848, 2 feuillets in-fol.

* MURAT (F.-R. de) : Vocabulaire celto-breton, basque et patois d'Auvergne, manuscrit, in-fol. (1).

LIZARRAGA (don Joaquin) : Urteco igande guztietaraco

---

(1) Voyez Gonod, Catalogue des ouvrages imprimés et manuscrits concernant l'Auvergne, in-8, Clermont, 1849, p. 188.

platicac edo itzaldiac nafarroan, elcano deritzan errian,
bertaco vicario jaun, etc., in-8, Donostian Ignacio Ramon Baroja 1846.

* LARRALDE, dit Bordachoure, de Hasparen : Cantate
(neuf couplets) sur le mariage du duc de Montpensier,
ad calc. L'Adour, journal de Bayonne du 30 octobre 1846.

FAURIEL (C.) : Histoire de la poésie provençale, 2 vol.
in-8, Paris, Benjamin Duprat, 1846 (t. I, p. 194 et 201,
douze mots communs au basque et au provençal.)

LIZARRAGA (don Joaquin), doyen de la Navarre et vicaire du même pays. Orleco igande gustietaraco platicac edo itzaldiac nafarroan elcanode ritzan errian,
bertaco vicario jaun, in-8, Donostian 1846.

ELLISEN (Adolf.) : Versuch einer Polyglotte der Euro-
päischen Poesie. Mit einer Völker-und Sprachen-Karter-
Europas. Tome I. Poesie der Cantabrer, Kelten, Kymren
und Griechen, in-8, Leipzig 1846, chap. I, die Kantabrer
oder Basker, p. 1 à 10. (Chant de guerre de Beotivar.)

G. B. (Gustave Brunet) : De la Poésie populaire des
Basques, ad calcem : *Cabinet de lecture, le Voleur et le
Cercle réunis,* XVIIe année, no du 25 mars, 1846, p. 268.

MICHEL (F.) : Histoire des races maudites de la France
et de l'Espagne, 2 vol. in-8, Paris 1847, t. I, p. 255 et
seqq.; — t. II, p. 150 et seqq.

* DECHEPARE (Bernard) : Poésies basques, in-8, Bordeaux 1847.

Le même : Poésies basques, avec traduction par Archu, instituteur primaire à la Réole, ad calcem : Actes
de l'Académie royale des sciences, belles-lettres et arts
de Bordeaux, in-8, Bordeaux 1847 (neuvième année,
premier trimestre.)

* BONAPARTE (S. A. le prince Louis-Lucien), sénateur :
Vocabularium comparativum omnium linguarum europæarum, opera et studio, etc. Pars prior, nomina
substantiva complectens, petit in-fol., Florentiæ 1847.
pp. 56.

* Le même : Specimen Lexici comparativi omnium
linguarum europæarum, opera et studio Ludovici Lu-
ciani Bonaparte, petit in-fol., Florentiæ 1847 (1855).
pp. 56.

C'est le même ouvrage, dont la titre a seul été changé.

* ARCHU (J.-B.), instituteur primaire à la Réole (Gironde) : Lafontainaren, aleghia-berheziak, neurt-hitzez
Francesetik uskarara itzuliak, in-8, la Réole, 1848,
pp. 316. (La Grammaire va de la p. 16 à 72.)

* GOYHETCHE, prêtre : Fableac edo aleguiac Lafonte-
naric berechiz hartuac, eta Goyhetche apheçac franxe-
setic escoarara berxutan itçuliac, in-18, Bayonan, 1852,
(pp. XII-344.)

BOUDARD (P.-A.) : Etudes sur l'alphabet ibérien et sur
quelques monnaies autonomes d'Espagne, in-8, Paris
1852 (XVIIIe livraison des Bulletins de la Société archéologique de Béziers). *Voy.* dans le *Messager de Bayonne*, du
9 avril 1857, un compte rendu de cet ouvrage.)

INCHAUSPE (l'abbé), aumônier de l'hôpital de Saint-
Léon, de Bayonne : Jincoac guiçonareki eguin patoac,
edo eguiazco religionia, etc., in-24, Bayonan, fore eta
Laserre, 1851, pp. 147. — 1856, pp. 321.

LEJOSNE, professeur d'histoire au collége de Béziers :
Vide Annuaire de la Société impériale des antiquaires
de France, pour 1854, in-8, Paris 1854, p. 147.

HARRIET et DASSANCE : Iesu Christo Jaunaren Testament Berria lehenago I. N. Haraneder, Done Ioane Lo-
hitsuco iaun aphez batec, escuararat itçulia ; orai, artha

bereci batequin, garbiquiago, lehembicico aldicotçat aguer-aracia, Laphurtar bi aun aphecec, iaun Aphezpicuaren baimenarequin, in-12, Baionan, E. Laserre, 1855, pp. xxiv-480.

* GALLATIN : Ad calcem : Smithsonian contributions to knowledge, vol. viii, City of Washington, 1856, in-fol., p. 54. (Analogie du basque avec les langues de l'Amérique et du Congo.)

BONAPARTE (S. A. le prince Louis-Lucien), sénateur : traduction de l'Evangile de S. Matthieu en dialecte souletin, in-8, Bayonne 1856, pp. 171 et 4 p. de notes. — Tiré à 12 exemplaires.

Le même : Traduction de l'Evangile de S. Matthieu en basque de la Basse-Navarre, in-8, Bayonne 1856, pp. 188. — Douze exemplaires.

Le même : Traduction de l'Evangile de S. Matthieu en basque de la Haute-Navarre, in-8, Londres 1857 (de l'imprimerie particulière du prince), pp. 122. — Dix exemplaires.

Le même : Traduction de l'Evangile selon S. Matthieu, en basque de la Biscaye, in-8, Londres (de l'imprimerie du prince) 1857, pp. 154. — Onze exemplaires.

Le même : Traduction de l'Evangile de S. Matthieu en basque du Guipuzcoan, in-8, Londres (de l'imprimerie du prince), 1857. — Neuf ou dix exemplaires.

Le même : Parabola de seminatore lxxii linguis versa, in-8, Londini 1857. — Deux cent cinquante exemplaires. (Les six premières traductions sont dans les dialectes basques cités ci-dessus.)

Le même : Prodromus Evangeli Matthæi octupli, in-8, Londini 1857. (C'est l'Oraison dominicale traduite en français et dans les six dialectes basques.

Le même : l'Apocalypse, traduit en biscayen, in-8, Londres 1857.

Le même : Dialogos Guypuscoanos y vizcainos. Dialogues labourdins et souletins. in-8 oblong, 1857, pp. 240.

ASTETE (G.) : Doctrina cristiana orderec eguiña ipiñi zuan eresquesaz, in-32, D. Juan de Frazustac, Donastian 1850. (Nouvelle édition.)

* ARCHU (J.-B.), instituteur primaire communal à la Réole (Gironde), dont l'obligeance, dit M. F. Michel, égale le savoir. — Grammaire basque-française à l'usage des écoles du pays basque, Uscarra, in-12, Bayonne 1853.

* HIRRIBAREN (J.-M.), curé de Bardos, Eskaldunac-Iberia, Cantabria, Eskal-Herriac, Eskal-Herri bakotcha eta hari darraciona, in-18, Bayonan 1853, pp. 238, plus deux feuillets de préliminaires et un pour la table.

* J. M. H. (HIRRIBAREN) : Montebideoco Berriac, in-8, Bayonan 1853, pp. 43. (Poëme en II chants, relatif à l'émigration des Basques dans l'Amérique du Sud.)

* BAUDRIMONT : Histoire des Basques ou Escualdunais (sic) primitifs, restaurée d'après la langue, les caractères étymologiques et les mœurs des Basques actuels, in-8, Paris (Bordeaux) 1854. (Extrait des Mémoires de l'Académie de Bordeaux), pp. 284.

Moniteur universel du 20 mai 1855, pp. 4.

* LARDIZABAL (D. Francisco-Ignacio de) : Testamentu Zarreco eta Berrico condaira, edo Munduaren asieratic Jesu-Christo-ren Evangelioa apostoluac eracutsi zuten arterañoco berri, escritura santatic atera, eta euscaraz ipiñi dituenne apaiz D. fr., etc., in 4 espagnol, Tolosa 1855, pp. 548, plus deux feuillets et neuf de table ou d'errata.

Le même : Grammatica vascongada escrita por, etc., in-4, S. Sébastien, 1856.

CHAHO (Augustin) : Dictionnaire basque, français, espagnol et latin, d'après les meilleurs auteurs *classiques* (?), et les Dictionnaires des Académies française et espagnole , in-4, Paris 1856.

ZABULA (le P.) : Noticia de las obras vascongadas que han salido à luz despues de las que cuenta el P. Larramendi (Bibliographie basque, depuis la publication du Dictionnaire de Larramendi (1748) jusqu'à nos jours (en espagnol). Imprimée aux frais du prince Louis-Lucien Bonaparte, in-4 espagnol, San-Sebastian 1856.)

MAURY (A) : la Philologie comparée, ses principes et ses applications nouvelles. (V. *Revue des Deux Mondes*, livraison du 15 avril 1857, p. 921.)

SALABERRY (d'Ibarotte) : Vocabulaire de mots basques, bas-navarrais , traduits en langue française , in-12 , Bayonne 1857.

MICHEL (Francisque) : le Pays basque, sa population, sa langue, ses mœurs, sa littérature et sa musique, in 8, Paris, 1857, pp. 547, avec musique gravée. — (Compte rendu dans le *Bulletin du Bouquiniste* du 1er novembre 1857, par M. G. Brunet.)

Imprimé en France
FROC032102210120
23239FR00014B/157/P